Über Ingeborg Bachmann 1
Rezensionen (1952-1992)

Herausgegeben von Michael Matthias Schardt

Über Ingeborg Bachmann:
Rezensionen (1952-1992)

Rezeptionsdokumente aus vier Jahrzehnten

In Zusammenarbeit mit Heike Kretschmer
herausgegeben von Michael Matthias Schardt

Michael Matthias Schardt (Hg.)
Über Ingeborg Bachmann 1: Rezensionen (1952-1992).
Rezeptionsdokumente aus vier Jahrzehnten

1. Auflage 1994 | 2. Auflage 2011
ISBN: 978-3-86815-528-0
© IGEL Verlag *Literatur & Wissenschaft*, Hamburg, 2011
Alle Rechte vorbehalten.
www.igelverlag.com

Igel Verlag Literatur & Wissenschaft ist ein Imprint der Diplomica Verlag GmbH
Hermannstal 119 k, 22119 Hamburg
Printed in Germany

Die Deutsche Bibliothek verzeichnet diesen Titel in der Deutschen Nationalbibliografie.
Bibliografische Daten sind unter http://dnb.d-nb.de verfügbar.

INHALT

1. Abteilung: Rezensionen

Die gestundete Zeit (1953)	9
Anrufung des Großen Bären (1956)	27
Der gute Gott von Manhattan (1958)	41
Das dreißigste Jahr (1961)	52
Gedichte, Erzählungen, Hörspiel, Essays (1964)	90
Ein Ort für Zufälle (1965)	103
Malina (1971)	105
Simultan (1972)	163
Die Hörspiele (1976)	193
Werkausgabe (1978 und 1982)	195
Der Fall Franza - Requiem für Fanny Goldmann (1979)	254
Sämtliche Erzählungen (1980)	264
Die Wahrheit ist dem Menschen zumutbar (1981)	266
Die Fähre (1982)	269
Gier (1982)	271
Sämtliche Gedichte (1983)	275
Wir müssen wahre Sätze finden (1983)	281
Ingeborg Bachmann. Bilder aus ihrem Leben (1983)	294
Die kritische Aufnahme der Existentialphilosophie Martin Heideggers (1985)	298
Ausgewählte Werke (1987)	301
Briefe an Felician (1991)	305

Anhang

Zur Edition und Auswahl	306
Zur Edition	311
Register der Rezensenten	316
Register der Zeitungen und Zeitschriften	318

1. ABTEILUNG

DIE GESTUNDETE ZEIT (1953)

Stenogramm der Zeit

Von Klaus Wagner

Im schlampigen Make up einer Anna Magnani, mit furiosen Gebärden, die sie ihrer großen Landsmännin nicht zu entlehnen braucht, überschüttet eine junge schwarze Römerin zwei Carabinieri mit wildem Wortschwall. Ein Chor kleiner Leute, die das Gratis-Schauspiel auf dem Frühmorgenwege zur Arbeit genießen, umsteht den Auftritt, spendet Beifall und feuert an.

Immer wieder schießt der Arm des Mädchens in die Richtung des grauen Palazzinos, des Palästchens, das sich mit schwer kreuzvergitterten Fenstern als stiller Aristokrat vom rotgelben Gewimmel der wirr ineinandergebauten Häuschen abhebt. Endlich nicken die beiden Vertreter der römischen Staatsgewalt und setzen sich würdevoll in Bewegung. Die Menge beobachtet und kommentiert aus dem Stehparkett.

Die Signorina, die, noch halb im Schlaf, auf das polizeiliche Sturmläuten im Palazzino öffnet, ist keine Römerin: viel blondes Haar, sanftbraune Augen, still und scheu in Ausdruck und Rede: Der Lärm? Ja, der sei mitunter so groß auf der Piazza Quercia, daß man auch bei fest angezogenen Läden kaum arbeiten könne.

Nein, sagen die Carabinieri, die Signorina verstehe falsch: nicht um den genußvollen Lärm ihrer Nachbarn tagsüber auf der Piazza gehe es, sondern um den entsetzlichen Radau, den die Signorina nachts mache. Das Mädchen dort drüben könne nicht mehr schlafen - vor Schreibmaschinengeklapper.

Endlich hat die Fremde begriffen. Sie holt eine uralte Koffermaschine herbei: So klein sei der Lärmapparat und sie müsse nachts arbeiten, nur nachts kämen die Gedanken.

Was die Signorina denn nachts arbeite?

Verklärtes Verständnis bei der Polizei, als ein Blatt mit ein paar Zeilen in einer barbarischen Sprache vorgewiesen wird: "Oh, poeta!" Aber beim Rückzug gibt es doch Kopfschütteln: "So kleine Gedichte und so viel Lärm!"

Die kleinen Gedichte trugen der aus Kärnten gebürtigen Römerin Ingeborg Bachmann 1953 den vielleicht nicht exklusivsten, aber im Effekt folgereichsten Literaturpreis ein, den der Schriftsteller-"Gruppe 47". Die jungen Preis-Richter bekundeten mit der Verleihung, daß sie eine Handvoll damals noch ungedruckter Lyrik der Bachmann für die besten deutschsprachigen Gedichte ihrer Generation hielten. Die derart gefeierten Dichtungen sind wenig später veröffentlicht worden, in schmalem, trauerschwarz lackiertem Bändchen mit dem Titel "Die gestundete Zeit" - "als Beginn des Weges einer dichterischen Kraft, die sich ebenso unaufdringlich wie unüberhörbar erhebt" (so der Herausgeber Alfred Andersch).

Die unaufdringliche Stimme der jungen Dichterin, - "ein schönes Mädchen, flirrend in der Bescheidenheit dessen, der noch nicht sehr lange schreibt" (Wolfgang Weyrauch) -, spricht darin seltsam abstrakt. Am Ende eines "Fall ab, Herz" genannten Gedichtes heißt es:

> Und was bezeugt schon dein Herz?
> Zwischen gestern und morgen schwingt es,
> lautlos und fremd,
> und was es schlägt,
> ist schon sein Fall aus der Zeit.

Ist das Poesie? Es klingt beinahe nach lyrisch verbrämter Philosophie. Und tatsächlich ist Ingeborg Bachmann philosophisch belastet. 1950 machte sie in Wien ihren Doktor über ein so verzweifelt anspruchsvolles Thema wie "Die kritische Aufnahme der Existentialphilosophie Martin Heideggers".

Das von Heidegger praktizierte Abdecken der Oberfläche der Worte, sein Hinabsteigen in die Schächte der Sprache, mag die Themenwahl der nebenher dichtenden Studentin beeinflußt haben. Für gewöhnlich arbeitete sie allerdings in einer noch dünneren Luft als der vergleichsweise geradezu sinnlich belebten der Sprachphilosophie: in der Stratosphäre des mathematischen Denkens der "Wiener Schule".

Favorit der Bachmann ist der Philosoph Ludwig Wittgenstein, und von den großen Romanciers ihrer österreichischen Heimat beschäftigte sie keiner mehr als der streng mathematische Musil ("Der Mann ohne Eigenschaften").

Als die Kennerin solcher bei Feuilleton und Funk stellenweise hoch gehandelten Themen an der Manuskript-Börse der "Gruppe 47" aufgetaucht war, konnte sie von der Plattform der Honorar-Erträge bald den Absprung nach Rom wagen.

Rom brachte die - vielleicht nicht ganz unbewußt angestrebte - Wendung in ihrem lyrischen Schaffen. Zwar schreibt sie weiter für Rundfunksender die entlegensten Nachtstudio-Themen auf dem klapprigen Maschinchen nachtruhestörend ins reine, ihre römische Frist von Honorar zu Honorar verlängernd. Aber ihre abstrakte Wiener Intellektualität arbeitet bei den philosophischen Aufsätzen nun im Kontrast zur sinnlichen Greifbarkeit des südlichen Lebens und ist im Begriff, aus ihren Gedichten zu verfliegen.

In der "Gestundeten Zeit" schrieb sie noch so:

> Frage: kommt keines wieder? Vom Lot abwärts, geführt,
> nicht in Richtung des Himmels, fördern wir
> Dinge zutage, in denen Vernichtung wohnt und Kraft,
> uns zu zerstreuen. Dies alles ist ein Beweis
> zu nichts und von niemand verlangt ...

Ein in Italien entstandenes Gedicht hingegen liest sich schon ganz anders:

> Es ist Feuer unter der Erde,
> und das Feuer ist rein,
> es ist Feuer unter der Erde
> und flüssiger Stein,
> es ist ein Strom unter der Erde,

der strömt in uns ein,
es ist ein Strom unter der Erde,
der sengt das Gebein,
es kommt ein großes Feuer,
es kommt ein Strom über die Erde,
wir werden Zeugen sein.

Das ist Stenogramm der Zeit im greifbar sinnlichen Bild. Die junge Bachmann hat das visuelle Erlebnis des Südens gehabt wie Generationen von Künstlern aus dem Norden vor ihr, und sie ist bei aller Tortur des Denkens in ihrem Gefühl einfältig genug geblieben, um im Angesicht Roms zum konkreten Bild zu kommen.

Das Phänomen ist altbekannt. Rom und alles, was dieses Wort umschließt, ist seit dem Mittelalter als Stimulans nicht nur in akuten Fällen von künstlerischer Stagnation gebraucht worden. Goethe schrieb am 7. November 1786: "Hier aber kommt man in eine gar große Schule, wo ein Tag so viel sagt, daß man von dem Tage nichts zu sagen wagen darf." Und drei Tage später: "Alle Tage ein neuer merkwürdiger Gegenstand, täglich frische, große seltsame Bilder und ein Ganzes, das man sich lange denkt und träumt, nie mit der Einbildungskraft erreicht."

Die römische Droge wurde in der Neuzeit auch ganz planmäßig verpaßt. Am bekanntesten ist der musikalische Rompreis der Franzosen - das begehrte Dreijahresstipendium in der römischen Studien-Villa Medici - für den besten Kompositions-Schüler des Pariser Conservatoire; berühmte Musiker, wie Berlioz und Debussy, waren unter den Gewinnern.

Die Deutschen kamen seit den Tagen Winckelmanns, Goethes und der "die Nazarener" genannten Malergruppe als Einzelgänger in ununterbrochenem Zug in die Ewige Stadt. Der Hang zur Südlandfahrt, die Hoffnung auf erprobte künstlerische Befreiung ist auch im deutschen Nachwuchs der Trümmer- und Beton-Generation nicht erstorben.

Ein junger Mann der neuesten Musik wie der Altersgenosse Ingeborg Bachmanns, der Deutsche Hans Werner Henze, hat sich nach Süden abgesetzt und auf der Fischerinsel Ischia seine Ballett-Pantomime "Der Idiot" geschrieben, der Ingeborg Bachmann, zeitweilig ebenfalls auf der Insel lebend, einen "Monolog des Fürsten Myschkin" genannten Text unterlegt.

Einen Mittelpunkt besaßen die künstlerischen und gelehrten Romdeutschen (und besitzen ihn wieder seit der Freigabe 1953) in ihrem traditionsreichen Archäologischen Institut. Der 1937 von Hitler amtsenthobene und im Frühjahr 1954 in Rom gestorbene Institutsdirektor Ludwig Curtius fand in seinen Lebenserinnerungen für die römisch-deutsche Überlieferung diese Worte: "Die Ergänzung, die Läuterung, die Vollendung des eigenen Wesens in Hingabe und Widerspruch durch das Rom, das griechische und das lateinische, das heidnische und das katholische, das italienische und das übernationale von Mittelalter, Renaissance und Klassizismus ist ein immanentes deutsches Schicksal."

Und er hat darauf hingewiesen: "Kein Volk hat seine geistige Verbundenheit mit Rom in einer nie endenden Reihe großer Namen ähnlich dargestellt wie das deutsche. Nie bin ich am Palazzo Albani, nie an der Cancelleria vorbeigegangen, ohne die Fenster zu suchen, aus denen Winckelmann herausgesehen hat, nie habe ich den Palazzo Farnese betreten, ohne an Jacob Burckhardt zu denken, den der bloße Anblick seiner vollkommenen Treppe glückselig stimmte. "Das Gedicht C. F. Meyers auf die Brunnen des Petersplatzes hat Rilke in jenes auf den Brunnen unterhalb des Casinos Borghese umgegossen, ... und dort war es ja, dort in dem Hause, das jetzt der häßliche Neubau an der Ecke von Via del Tritone und Via delle quattro Fontane ersetzt hat, wo Nietzsche über dem Brunnen des Bernini das 'Nachtlied des Zarathustra' geschrieben hat."

Gleichsam im deutschen Ghetto, in Roms Altstadt am Tiber, wird nun wieder einmal deutsch gedichtet - vielleicht irgendwo unter Nietzsches Niveau, aber doch nicht ohne Repräsentanz von lyrischer Dichtung in dürftiger Zeit.

Das Gedichtemachen aus dem Unbehaustsein und der Distanz ist der gesamten jungen Lyrik gemeinsam. Es ist das Kennzeichen der zwischen den beiden Weltkriegen Geborenen: Celan (1920), Höllerer (1922), Forestier (1921), Piontek (1925), Ingeborg Bachmann (1926).

Der Münchner Publizist und Autor Curt Hohoff ("Woina-Woina") hat auf eine gewisse Gleichartigkeit der Lebensläufe dieser jungen Gedichtschreiber hingewiesen. Fast alle sind sie durch ein ungewöhnliches Schicksal gezeichnet: Celans rumäniendeutsche Eltern kamen in der Gaskammer um; Piontek ist immerhin Ostvertriebener; der Elsässer Forestier war erst SS-Soldat und danach Fremdenlegionär; er wird seit 1951 in Indochina vermißt.

Etwa zu der Zeit, da Forestier als moderner Landsknecht seine "Gedichte in den Staub der Straße" schrieb und schließlich im Dschungelkrieg verscholl, reiste Ingeborg Bachmann mit wenig Gepäck zwischen den Hauptstädten Europas, zwischen London und Paris, hin und her, schon im Äußeren ein lebendiges Beispiel der modernen Daseinsform, für die ihr lyrischer Kollege aus der mittleren Dichtergeneration, Hans Egon Holthusen, die Formel vom "unbehausten Menschen" geprägt hat.

Auch das möblierte Mädchen erscheint als Symptom - Jung-Lyriker Höllerer fristet als unbeamteter Universitäts-Dozent ähnlich ein ruhearmes Untermieter-Dasein. Der Poet von heute haust noch immer in der Dachkammer, auch wenn das Pappkärtchen an der Tür einen akademischen Grad nennt, und im übrigen wurmt er in Büchern.

Und nicht nur in ihrer Existenzform, auch in der Schreibweise sind die jungen Lyriker von heute einander verwandt. Der fast allen gemeinsame, wenn auch oft sorgsam zurückgedrängte elegische Grundton verrät die Position. Sie wird nicht ohne Berechnung bezogen, worauf Curt Hohoff hingewiesen hat: "Trauer über die Sinnlosigkeit der Welt ist in den modernen Gedichten, mit Hilfe einer konsequent durchgeführten Verschiebung aller Stellenwerte der Grammatik ist sie verschlüsselt."

Diese lyrische Situation ist nicht unähnlich derjenigen der jungen Musik. Die exponiertesten Neutöner in aller Welt sprechen eine fast uniformierte Tonsprache. Ihre Grammatik besteht nur noch aus Kürzeln, der Klang wird atomisiert, alle gemeinsamen Bezüge sind zerschnitten.

Nicht zufällig hat die Bachmann, Adeptin des hochmusikalischen Logistikers Wittgenstein und Studentin aus Wien, dem Geburtsort der als "Gehirnmusik" verschrienen Zwölftönerei, jahrelang selbst komponiert. Die junge Lyrik arbeitet häufig mit ähnlich zerebralen Mitteln wie die Neutöner: mit der Verkürzung, mit der Disharmonie, mit dem Kontrast und bewußt durcheinandergeschüttelten Bezügen. Wie in der Musik, liegen auch in der Lyrik die Mittel zu solchen Montagen zu klar auf der Hand, als daß sie nicht auch für kühl synthetisches, für Sinnloses Gedichtemachen gebraucht werden könnten.

Bei dieser Art des Produzierens spielt der Verstand eine Herrenrolle wie bei den jungen amerikanischen Dichtern der Jahrhundertmitte. Das Gedicht wird "gemacht", die Herstellungstechnik ist beinahe lehr- und erlernbar. "Ich glaube, daß bei keiner schriftstellerischen Hervorbringung so viel nachgedacht wird wie beim Gedichteschreiben", sagt die Bachmann.

Der scharf trainierte Intellekt der Doktorin, das also, was romantische Zeiten als einer lyrischen Begabung feindlich ansahen, befähigt sie zum Gedichtemachen nach moderner Auffassung.

Allerdings rinnt noch anderes zusammen, ehe ... Gedichte über dem Grundriß ... entstehen: die Unschlüssigkeit eines überwuchernden Gefühls - auch wo es sich in der Negation, in Trauer und Verzicht, äußert -, dazu der instinktsichere Sinn für den einlullenden Reiz wohlkomponierter Wortmusik bis zur "Grenze eines sinnlos klingelnden Spiels tönend bewegter Formen".

Unbestimmtheit der Thematik ist ein internationales Kennzeichen der jungen Lyriker. In den von der fürstlichen Mäzenatin Marguerita Caetani vierteljährlich herausgegebenen Sammelbänden internationaler Lyrik "Botteghe oscure" - auch Ingeborg Bachmann ist neben der gleichfalls in Rom lebenden Marie Luise von Kaschnitz und Heinz Piontek darin vertreten - kann man oft nur aus der Originalsprache der Gedichte auf die Nationalität des Verfassers schließen, kaum aber aus ihrem Thema.

Und nicht nur inhaltlich, auch im Formalen stehen die jungen Lyriker in enger Kommunikation. Den ungeschriebenen Regeln der internationalen Moderne getreu, meidet Ingeborg Bachmann in ihrem ersten Gedichtbändchen "Die gestundete Zeit" konventionelle Strophenformen. Sie schreibt reimlose Zeilen. Die deutsche Liedform wird nur selten und dann im Kontrast verwendet.

"Früher Mittag" heißt ihre dichterisch gebundene Darstellung eines Sommermittags im geschundenen Deutschland:

> Wo Deutschlands Himmel die Erde schwärzt,
> sucht sein enthaupteter Engel ein Grab für den Haß
> und reicht dir die Schlüssel des Herzens.
> Eine Handvoll Schmerz verliert sich über den Hügel.

Dann kommen die einzigen gereimten Zeilen des Gedichtes:

> Sieben Jahre später
> fällt es dir wieder ein,
> am Brunnen vor dem Tore,

> blick nicht zu tief hinein,
> die Augen gehen dir über.
>
> Sieben Jahre später
> in einem Totenhaus,
> trinken die Henker von gestern
> den goldenen Becher aus.
> Die Augen täten dir sinken.

Der Volksliedton und die Zitate ("Am Brunnen vor dem Tore" und "die Augen täten dir sinken" als Paraphrase auf den "König von Thule") werden absichtlich verwendet: Deutsches Gemüt und deutsche Gräßlichkeit - wer das eine sagt, darf das andere nicht verschweigen, der knirschende Kontrast der Versform ist hier von genauester Wirkung.

Dann geht das Gedicht weiter in ungereimten Zeilen, deren Sinn annähernd in dieser enthalten ist: "Nur die Hoffnung kauert erblindet im Licht."

Das hier angeschlagene Thema, etwa: Trauer über Deutschland, ist durch den Bezug auf Krieg und Nachkrieg in diesem Fall sehr konkret gegeben. Im allgemeinen bleibt die Aussage der Gedichte aus der "Gestundeten Zeit" schwebend und unbestimmt.

Trauer und Klage um das Verlorene; das Gefühl des Absterbens; Angst vor dem Unheimlichen einer mechanisierten Welt; die Vereinsamung des Menschen; Feindlichkeit der Zeit und Erlösung in Schlaf und Traum - so schattenhaft und ganz ungefähr nur lassen sich die Inhalte vieler Gedichte Ingeborg Bachmanns angeben. Alles wird so andeutungsweise gesagt, daß es dem Leser freisteht, seine Empfindungen und Gedanken in diese oder jene Richtung zu lenken.

Zumal in der vor-römischen "Gestundeten Zeit" mangelt es der Bachmann trotz vieler starker Einzelheiten an der Geschlossenheit des Gedichtes, es fehlt der Sinnkern, auf den eindeutig alle Zeilen, die Bilder und die mehr abstrakten Aussagen bezogen sind. Diese Gedichte sind sehr weitmaschig, der Sinn wird nicht eingefangen, sondern geht geisterhaft hindurch. Dennoch finden sich Vorläufer für die spätere stärkere Bildballung des Ausdrucks auch schon in der "Gestundeten Zeit". So etwa in den gleichsam als Motto dem Band vorangestellten Zeilen:

> Wohin wir uns wenden im Gewitter der Rosen, ist die Nacht von Dornen erhellt, und der Donner des Laubs, das so leis' war in den Büschen, folgt uns jetzt auf dem Fuß.

Oder in jenen Schlußzeilen aus dem "Psalm":

> In die Mulde meiner Stummheit
> leg ein Wort
> und zieh Wälder groß zu beiden Seiten,
> daß mein Mund
> ganz im Schatten liegt.

Der den Gedichten nachgestellte "Monolog des Fürsten Myschkin" zu Henzes Ballett, später geschrieben als die meisten bisher gedruckten Gedichte, zeigt schon die starke Tendenz: fort vom Abstrakten, hin zum Konkreten. Dieser Monolog endet:

> In den Strängen der Stille hängen die Glocken
> und läuten den Schlaf ein,
> so schlafe, sie läuten den Schlaf ein.
>
> In den Strängen der Stille kommen die Glocken
> zur Ruhe, es könnte der Tod sein,
> so komm, es muß Ruhe sein.

In ihren neuen, noch ungedruckten Gedichten erreicht die Bachmann zum erstenmal geschlossene Formen. In "Das Spiel ist aus" schildert sie ganz konkret den Abschied von den Spielen der Kinderzeit, und doch wird in dieses lyrische Bild auch aller Abschiedsschmerz an sich gepreßt. Es beginnt mit der Strophe:

> Mein lieber Bruder, wann bauen wir uns ein Floß
> und fahren den Himmel hinunter?
> Mein lieber Bruder, bald ist die Fracht zu groß,
> und wir gehen unter.

Und es endet:

> Wir müssen schlafen gehn, Liebster, das Spiel ist aus.
> Auf Zehenspitzen. Die weißen Hemden bauschen.
> Vater und Mutter sagen, es geistert im Haus,
> wenn wir den Atem tauschen.

Auffällig, aber nicht entscheidend, ist hier die Rückkehr zum Reim. Vielmehr werden die klar auf einen festgehaltenen Sinn bezogenen Bilder bestimmend, die nun das abstrakte Wort sicher eingrenzen, es erhellen, aber auch wiederum von ihm her Licht empfangen. Ein ganzer Zyklus, "Lieder von einer Insel", gibt ein Beipiel. Er beginnt:

> Schattenfrüchte fallen von den Wänden.
> Mondlicht tüncht das Haus, und Asche
> erkalteter Krater trägt der Meerwind herein.

Der Zyklus behandelt wieder ein altes Bachmann-Thema: Abschied und Schuld, in weichgestimmte Trauer gebunden. Aber nun ist alles Bild:

> Wenn einer fortgeht, muß er den Hut
> mit den Muscheln, die er sommerüber
> gesammelt hat, ins Meer werfen
> und fahren mit wehendem Haar,
> er muß den Tisch, den er seiner Liebe

deckte, ins Meer stürzen,
er muß den Rest des Weins,
der ins Glas, ins Meer schüttet,
er muß den Fischen sein Brot geben
und einen Tropfen Blut ins Meer mischen,
er muß sein Messer gut in die Wellen treiben
und seinen Schuh versenken,
Herz, Anker und Kreuz,
und fahren mit wehendem Haar.
Dann wird er wiederkommen.
Wann?
Frag nicht.

Solch traurig schönen Bildern und Stimmungen des Untergehens gibt sich die junge deutsche Lyrik hin, in einer Stadt, wo das "Sterben in Schönheit" schon eine poetische Tradition hat - wo im Schatten der Aurelianischen Mauer an der Cestius-Pyramide seit mehr als hundert Jahren jene schönheitskranken Zuwanderer aus den nördlichen Ländern, meist Engländer und Deutsche, begraben werden, die den Geistern der geisterreichen Stadt zuviel Einlaß in ihr Gemüt gewährten.

Da liegt der englische Hölderlin, Keats, unter einem Stein, der nach seinem letzten Willen besagt, daß sein Name "in Wasser geschrieben" sei. Da ruht sein Dichtergenosse Shelley, liegt der einzige Sohn Goethes, und da liegen die deutschen Maler Jakob Asmus Karstens und Hans von Marées. Sie alle wurden in ihren Werken entscheidend durch die griechisch-römische Welt geprägt.

Der Dichter-Graf August von Platen, der selber den Tod im Süden fand, hat die unheimliche Sehnsucht zum Marmorgrab unter Zypressen in die todestrunkenen Verse gebracht:

Wer die Schönheit angeschaut mit Augen,
ist dem Tode schon anheimgegeben.

Ingeborg Bachmann zählt diese Zeilen zu den von ihr favorisierten.
Der Spiegel, 18.8.1954

Suche nach einer neuen Dichtung (Auszug)
Von Clemens Heselhaus

[...]
Apollinaire formulierte die Aufgabe des neuen Dichters folgendermaßen: "Gut zu sehn in die Ferne/ Alles zu sehn/ Von nah/ Und daß alles habe einen neuen Namen." In der jüngsten deutschen Lyrik lebt etwas von diesem unbedingten Realitätswillen wieder auf. Jedenfalls gilt das, wenn wir die junge Österreicherin Ingeborg Bachmann als Vertreterin der neuen Lyrik gelten lassen dürfen. Die "Gruppe 47" verlieh ihr im vorigen Jahr ihren Lyrikpreis für die Gedichte, die jetzt im

Studio Frankfurt unter dem Titel "Gestundete Zeit" erschienen sind. In dem Gedicht, dessen Überschrift diesen Titel abgab, ist unter der "auf Widerruf gestundeten Zeit" ein Aufenthalt an der See verstanden: Gleichnis für die Zwischenzeit zwischen der "Nachgeburt der Schrecken" und dem Gewebe der "tragischen Spinnen der Gegenwart" oder (nach den Gedichttiteln) zwischen der "Ausfahrt" und der "Großen Landschaft bei Wien". Die Apollinairesche Anweisung zur Erneuerung der Sprache, alles aus der Nähe zu sehen, führte damals wie heute oft zu forcierten Wendungen und Zusammenstellungen. Den Versen der Bachmann aber fehlt durchweg das Forciert-Aufdringliche. Vielleicht liegt der Grund dafür in dem Spruchhaften oder in dem Gleichnishaften ihrer Formen, die an Benn oder Loerke erinnern. Eine Zusammenstellung mit Apollinaire ist gewagt, aber dennoch aufschlußreich: bei Apollinaire der unbekümmerte Aktivismus und Optimismus der Generation des ersten Weltkrieges - bei Ingeborg Bachmann das düstere Verhängnis einer Generation, die um ihre Jugend betrogen wurde: "Unsere Gottheit,/ die Geschichte, hat uns ein Grab bestellt,/ aus dem es keine Auferstehung gibt." Wie bei Apollinaire die sieghafte Vitalität den Gedanken und Geschichten gedichtmäßigen Charakter gab (dessen Gefahr das lang dahinströmende, nicht endenwollende Fluten war), so tönt aus diesen Gedichten - und nicht nur aus den Zeitgedichten - überall die verletzte Vitalität. Sie hat in dem sentenzenartigen Eingang und Schluß eine eigene Form gefunden. Die Gefahr, die damit auftaucht, besteht darin, daß das Schema der Form die Inspiration erwürgt. Diese Gefahr scheint mir in dem dostojewskinahen "Monolog des Fürsten Myschkin zu der Ballettpantomime 'Der Idiot'", zu dem Tatjana Gsovsky die Choreographie und Hans Werner Henze die Musik schrieb, besonders deutlich zu werden.
Frankfurter Allgemeine Zeitung, 18.9.1954

Lyrischer Schichtwechsel

Von Günter Blöcker

Das lyrische Jahr 1953/54 hat alle Aussicht, in die Literaturgeschichte einzugehen, und zwar aus doppeltem Grund: Es hat uns - das ist das eine Ereignis - einen neuen Stern am deutschen Poetenhimmel beschert, ein Talent, das sich weder unter die späten Metaphysiker und Verzweiflungsrhapsoden einreihen läßt, noch unter die Neopathetiker oder die Naturlyriker (von ihren Gegnern boshaft "Gräserbewisperer" genannt), sondern das - ein Novum in der Lyrik seit 1945 - seine eigene Kategorie darstellt. Wir sprechen von der jungen noch nicht dreißigjährigen Österreicherin Ingeborg Bachmann und ihrem Gedichtband "Die gestundete Zeit". Das andere Ereignis ist weder neu noch überraschend, aber wichtig als erneute Bestätigung des nach Jahren der heimlichen, ressentimentgeladenen Befehdung nicht mehr zu leugnenden Faktums, daß der 68jährige Gottfried Benn nach wie vor das erregendste und beunruhigendste Phänomen der zeitgenössischen deutschen Literatur ist. Sein letzter Gedichtband "Destillationen" zeigt auf das markanteste, was Ehrliche sich schon längst eingestehen, daß unsere Literatur jung ist, wo sie von Greisen, und durchweg greisenhaft, wo sie von jungen Leuten gemacht wird.

Hans Egon Holthusen, der mit feurigem Schwert am Eingang der jungen deutschen Lyrik zu wachen pflegt, hat in einem ausladenden Rechenschaftsbericht über die deutsche Lyrik seit 1945 die Kollegin Bachmann mit einigen beiläufigen Zeilen abgetan und sie in seiner Anthologie "Ergriffenes Dasein" ganz ausgelassen. Es sollen daraus beileibe keine Schlüsse gezogen werden. Sicher aber ist, daß diese junge Frau die fleißigen Epigonen, die emsigen Interessengemeinschaften und die unermüdlichen Selbstinterpretatoren, die bisher das Bild der deutschen Nachkriegslyrik bestimmten, mit einer lässigen Selbstverständlichkeit überrundet hat, die entzückt. Das Außergewöhnliche dieser Dichterin läßt sich am besten ausdrücken, wenn man zunächst einmal feststellt, was sie nicht ist: Man findet bei ihr weder die kleidsamen Töne der Resignation noch die modischen Nuancen der Melancholie und der Koketterie mit der Verzweiflung. Ihre Verse sind hart im Klang, kühn und bizarr, doch niemals unorganisch in den Bildern; sie sind getragen von einer radikalen Illusionslosigkeit, aber auch von einer noblen, kraftvollen Schicksalsbereitschaft:

> Das Beste ist, müde zu sein und am Abend
> hinzufallen. Das Beste ist, am Morgen,
> mit dem ersten Licht, hell zu werden,
> gegen den unverrückbaren Himmel zu stehen,
> der ungangbaren Wasser nicht zu achten
> und das Schiff über die Wellen zu heben,
> auf das immerwiederkehrende Sonnenufer zu.

Zum Unterschied von vielen ihrer lyrischen Zeitgenossen bedient Ingeborg Bachmann sich kaum je des Jargons und der Vulgärsprache. Sie hält sich durchaus fern von lyrischer Halbseide, Drugstore-Poesie und allem, was nach wohlfeiler, leicht abzuguckender Modernität aussieht. Auf der anderen Seite hat sie den Mut, Zeiterscheinungen ganz unmittelbar anzusprechen, in einem lyrischen Plakatstil von hämmernder Eindringlichkeit, wie er seit Brecht in der deutschen Literatur nicht mehr anzutreffen war:

> Der Krieg wird nicht mehr erklärt,
> sondern fortgesetzt. Das Unerhörte
> ist alltäglich geworden. Der Held
> bleibt den Kämpfen fern. Der Schwache
> ist in die Feuerzonen gerückt.
> Die Uniform des Tages ist die Geduld,
> die Auszeichnung der armselige Stern
> der Hoffnung über dem Herzen.

Hier findet man das eigentümliche Nebeneinander und Übereinander von Gegenständlichkeit und Abstraktion, das für die Lyrik der Bachmann bezeichnend ist. In ihrem berühmtesten Gedicht wird die Zeit gestundet, auf Widerruf gestundet wie ein Summe Geldes: "Es kommen härtere Tage/ Die auf Widerruf gestundete Zeit wird sichtbar am Horizont." Die Lupinen werden gelöscht wie eine Lampe: "Jag die Hunde zurück./ Wirf die Fische ins Meer. Lösch die Lupinen!" In einem andern Gedicht hängen die Glocken in den Strängen der Stille, und wieder in einem andern finden wir uns "im Keller des Herzens, auf der Spreu des Hohns" wieder. Ingeborg Bachmann behandelt das Abstrakte, als sei es anschaulich, ja man darf sagen: für sie ist es anschaulich, und sie weiß auch den Leser dazu zu überreden. Die Erlebnisbreite dieser Autorin, ihre Erfahrungsmöglichkeiten, ihre Prägekraft reichen von einer schwer zugänglichen Gedankenlyrik bis zum schlichten, unmittelbaren Appell an das Gefühl, von der Bilderapokalyptik bis zur weichen, schwingenden Versmelodie, vom schmetternden Beckenschlag sehr bewußter Formulierungen bis zum verschwimmenden Ungefähr lyrischer Urklänge. Sie beherrscht die Strategie der modernen Versmontage ebenso, wie sie sich in den Geheimnissen der organisch entwickelten Strophe auskennt. So wenig sie dazu beiträgt, die Legion der (ihren Meister im übrigen verleugnenden) Benn-Nachahmer zu vergrößern, so sicher ist sie unter den Jüngeren diejenige, die seine lyrischen Eroberungen fortsetzt.

Fülle, Schmerzerfahrung, Reizempfänglichkeit, die Unendlichkeit der Nuancen, die beinahe sakralen Raffinessen - das alles gibt es freilich bei Ingeborg Bachmann vorläufig kaum, und diese Tatsache bezeichnet den (nur natürlichen) Abstand. Aber diese Frau hat das Entscheidende, das wirklich Moderne, nämlich: den lyrischen Intellekt. Das lyrische Herz kommt, wie das Beispiel Benn zeigt, später. Man kann es sich erst leisten, wenn man mit dem Säkulum ins reine gekommen ist und seine Formulierungen hinter sich gebracht hat. Dann kann und darf man sichs erlauben, Verse zu schreiben, so zart, so verloren, so intim wie Benn in den "Destillationen": den "Brief nach Meran" ("Blüht nicht zu früh, ach blüht erst, wenn ich komme"), das wunderbar gelassene "Ja, Melodien - da verbleicht der Frager" oder den lyrischen Dreiklang "Trauerlos und leicht und selbstbewegt", der wie eine Krönung jener 60 Jahre anmutet, deren es bedarf, um (nach Benn) ein halbes Dutzend guter Gedichte hervorzubringen.
Süddeutsche Zeitung, 13./14.11.1954

Nach zwei Jahrzehnten

Von Karl Krolow

Aus einer Distanz von etwa zwei Jahrzehnten bemerkt man bei den neu in einem Band erschienenen Gedichten "Die gestundete Zeit" und "Anrufung des Großen Bären" Ingeborg Bachmanns leichter als damals das, was ihnen gemeinsam ist, also auch die ihnen gemeinsame Artikulationsgrenze. Das so offensichtlich Schöne und Musikalische dieser Verse aus den fünfziger Jahren ist als erstes deutlich, aber auch die Spannung zwischen solcher artifiziellen Schönheit und existentiellem Engagement, die die Gedichte seinerzeit so wirksam werden ließ.

Das, was an der Bachmannschen Lyrik weiter erkennbar war - Glamour-Vorstellung einerseits, Zweifel andererseits - hat seinen merkwürdigen intellektuellen Charme nicht verloren. Man empfindet das auf diese Weise zustande kommende unterschwellige Aparte jetzt mehr: unwillkürlich fallen einem Sätze aus der "Poetik"-Vorlesung 1959/1960 in Frankfurt ein: "Es sind Erzeugnisse, schimmernd und mit toten Stellen, Stücke der realisierten Hoffnung auf die ganze Sprache."

Das Existentiell-Utopische und im Augenblick ihres Erscheinens ebenso Kühne wie Attraktive der Dichtung Ingeborg Bachmanns wirkt nun gedämpfter, aber gerade in solcher erkennbaren Entfernung vom Moment ihrer Konzeption dringlicher, minder überredend, weniger suggestiv durch Reim-Setzung und rhythmische Anschmiegsamkeit, dafür klar in ihrer Bitterkeit. Das Gedicht als Bereich der Existenz-Darlegung hat größere Festigkeit angenommen, da wo es vollkommen gelang (wie vor allem in den letzten Gedichten aus der "Anrufung des Großen Bären"): "Wart meinen Tod ab und dann hör mich wieder, es kippt der Schneekorb, und das Wasser singt."
Frankfurter Allgemeine Zeitung, 21.3.1974

Schöne Literatur

Von BS

Vorliegendes Bändchen ist eine anspruchsvolle Botschaft eines Menschen aus den Tagen unmittelbar hinter uns; eine Botschaft, gewachsen aus der Zeit und verwurzelt in der Heimat und geprägt von den Stationen der Flucht und des Suchens. Ein Aufschrei und eine leidenschaftliche Auseinandersetzung mit dem Sinn der menschlichen Existenz in der Zeit. Umflort von der Wehmut des Abschieds und getragen von einem zwar teilweise verzweifelten aber ehrlichen "Dennoch" und auch von christlicher Hoffnung. Z. B. "Das Spiel ist aus ... Von vielen Steinen sind unsere Füße so wund. Einer heilt. Mit dem wollen wir springen, bis der Kinderkönig, mit dem Schlüssel zu seinem Reich im Mund, uns holt ...". Ingeborg Bachmann hat Worte des Lebens gefunden, die aus ihrer Zeit kommen, aber wohl auch überzeitlich genannt werden können, wie z. B. im "Curriculum vitae" S. 88. Sie darf auch ganz bewußt österreichische Lyrikerin genannt werden. Ein Leckerbissen ist sicher ihre lyrische Kärntner Geographie in "Von einem Land, einem Fluß und den Seen". Ihre Gedichte können als lyrische Geschichtsschreibung und poesievolle Geographie, als seelenvolle Biographie bezeichnet werden. Und dies alles in einer Dimension, die existentielle, ja kosmische Ausmaße spiegelt.
Bücherei-Nachrichten, Nr. 5, 1974

Eine Salve Zukunft

Von hp

"Auf den Zusammenbruch aller Beweise antwortet der Dichter mit einer Salve Zukunft", zitierte Ingeborg Bachmann den Franzosen René Char in ihrer Frankfurter Poetik-Vorlesung. Zu dieser Salve Zukunft hatte Mut gehört, als sie in den fünfziger Jahren eine Lyrik publizierte, die nach den Jahren des Zusammenbruchs Dichtung neu ermöglichen und legitimieren sollte: *"Die gestundete Zeit"* - *"Anrufung des Großen Bären"*. Es war ihr gelungen, die Schönheit des traditionellen Bildschatzes der Sprache in ihr Werk hinüberzuretten; Metaphorik, die - in neue Zeitbezüge hineingestellt - eine disharmonische, in sich zerrissene Welt aufleuchten ließ. Ihre Lyrik weist Ingeborg Bachmann der Seite jener Dichter zu, die sie als die Unausweichlichen beschrieb: "Weil er (der Dichter) Richtung hat, weil er seine Bahn zieht wie den einzigen aller möglichen Wege, verzweifelt unter dem Zwang, die ganze Welt zu der seinen machen zu müssen, und schuldig in der Anmaßung, die Welt zu definieren, ist er wirklich da."
Die Welt, 13.6.1974

Werke einer Frühvollendeten

Von W. A.

Mit diesen beiden Gedichtbänden (1953 bzw. 1956 publiziert) lag das lyrische Werk Ingeborg Bachmanns bereits im wesentlichen vor. Später folgten bedeutende Gedichte nur in Einzelveröffentlichungen oder in kleinen Gruppen. In ausladenden, glühenden Bildern, oft maßlosen Bild- und Wortevokationen oder auch in schmalen, eindringlichen Formeln wird die Lösung des Menschen aus allen bestehenden, wertlosen Bindungen gefordert, wird die Flucht hinter Masken und brüchige Schönheiten angeklagt. Das Wissen um die "schreckliche Leere", die ringsum droht, hat bei Bachmann nicht Resignation oder Verzweiflung zur Folge, sondern den mutigen Aufruf zur Tätigkeit, zu Neuorientierungen, den fordernden Appell, die auf Widerruf gestundete Zeit nicht unnütz zu verlieren.
Salzburger Volksblatt, 27.7.1974

Ingeborg Bachmann: Die gestundete Zeit - Anrufung des Großen Bären

Von Jürgen P. Wallmann

Als im Herbst vorigen Jahres die Dichterin Ingeborg Bachmann gestorben war, da konnte man aus den Nachrufen neben dem Entsetzen über den schrecklichen Unfalltod auch eine gewisse Verlegenheit herausspüren. Ingeborg Bachmann, so hatte es den Anschein, paßte nicht mehr so recht ins Bild der zeitgenössischen Literatur, ihr Roman "Malina" (1971) und ihre Erzählungen "Simultan" (1972) hatten einen Großteil der Kritik befremdet; es mehrten sich die Stimmen der Skepsis gegenüber einer Autorin, die einst unbestritten auf dem Gipfel des literarischen Ruhms gestanden hatte.

Ingeborg Bachmann selbst hat sich gewiß keine Illusionen über die Launen des Publikums und der Kritik gemacht, die ihre Lieblinge von einst immer wieder so rüde vom Thron stößt. In ihren Frankfurter Poetik-Vorlesungen von 1959/60 hatte sie selbst von dem "inoffiziellen Terror" gesprochen, "der ganze Teile der Literatur und jener Kunst für eine Zeit in Acht und Bann tut", und sie fuhr fort: die wechselnden Erfolge der Werke oder ihre Mißerfolge ließen weniger auf sich selber "als auf unsere eigene Konstitution und auf die Konstitution der Zeit schließen".

Heute ist eine allgemeine Unterschätzung der Lyrik festzustellen; auf die Blütezeit der Poesie in den fünfziger Jahren, die bis etwa in die Mitte der sechziger Jahre reichte, folgte zunächst eine Zeit, die Lyrik nur noch als politische Dichtung und Lehrgedicht gelten lassen wollte, bis schließlich die ganze Gattung als privatistisch, innerlich und damit als angeblich gesellschaftlich irrelevant verketzert wurde. (Daß das Pendel sich inzwischen schon wieder in die andere Richtung zu bewegen scheint, bei der politischen Linken eine neue Sensibilisierung einzusetzen beginnt, sei nur am Rande vermerkt.)

Wenn wir heute die Gedichte der Ingeborg Bachmann lesen, dann sollten wir, um sie recht verstehen und beurteilen zu können, nicht vergessen, wann sie geschrieben und veröffentlicht wurden. Gedichte haben, wie alle Literatur, ihre Zeit. Nicht als ob sie ausschließlich als historische Texte betrachtet werden müßten und zeitgenössische Kritik ihnen gegenüber unangebracht wäre. Aber zunächst ist doch einmal der geschichtliche Ort zu erkennen. Es wäre höchst ungerecht, vor zwanzig Jahren enstandene Gedichte so zu beurteilen, als seien sie heute, 1974, geschrieben.

Anlaß zu solchen Überlegungen gibt ein kürzlich erschienener Band, der Ingeborg Bachmanns beide Gedichtbände "Die gestundete Zeit" und "Anrufung des Großen Bären" zusammenfaßt. Dies ist keine kritische Ausgabe, auch keine Gesamtausgabe - die Publizierung der gesamten Lyrik Ingeborg Bachmanns einschließlich verstreuter und nachgelassener Gedichte bleibt einer späteren Edition vorbehalten -, sondern lediglich ein unkommentierter Nachdruck der beiden Bücher von 1953 und 1956. Allerdings hätte der Verlag darauf hinweisen sollen, daß bei "Die gestundete Zeit" nicht die Erstausgabe zugrundegelegt wurde, die Alfred Andersch 1953 in der Frankfurter Verlagsanstalt herausgegeben hatte, sondern die spätere Ausgabe aus dem Piper Verlag, in der das Gedicht "Beweis zu nichts" fehlt und die dafür um den Text "Im Gewitter der Rosen" erweitert wurde.

Beim Lesen dieses Gedichtbuches beginnt man sich wieder zu erinnern an die Faszination, die einst von dieser Lyrik ausging, die in den fünfziger Jahren geradezu stürmisch gefeiert und allenthalben diskutiert und interpretiert wurde. Denn in der Tat brachte Ingeborg Bachmanns Dichtung seinerzeit einen neuen Ton in die deutschsprachige Lyrik, in der, neben dem alles überragenden Alterswerk Benns, eine zunehmend karger und ärmer gewordene Trümmerpoesie dominierte. In dieser Lage wirkte Ingeborg Bachmanns Dichtung befreiend, weil in ihr gedankliche Härte mit hoher Musikalität verbunden ist, lyrischer Intellekt und angespannte Subjektivität eine Verbindung von Gegenwart und Mythos erreichten.

Hier wurde mit einer bis dahin kaum bekannten Intensität des Denkens und Fühlens, des Intellekts und der Vitalität Gegenständlichkeit und Abstraktion ineinander verwoben, wurde Reflexion in einprägsame Bilder umgesetzt; mit raffinierter Artistik wurden die Elemente volkstümlicher Poesie, wurden Märchen, Sage und Mythos ins moderne Gedicht eingeschmolzen; mit souveräner Selbstverständlichkeit knüpfte die Dichterin an die formalen und thematischen Traditionen abendländischer Poesie an und schöpfte deren Arsenal aus.

In diesen Gedichten wird eine existentielle Spannung ausgetragen zwischen Gefühl und Intellekt, Kalkül und Inspiration. Und wenn es uns heute so scheint, als ob sich in dieser Dichtung die Waage bisweilen doch allzu stark zur Seite des Gefühls hin geneigt habe und nicht alle Gedichte die Anspannung ausgehalten haben, der sie ausgesetzt sind, so wird das auch mit dem von der Dichterin selbst erwähnten Wechsel in der Konstitution des Betrachters und der Zeit zu tun haben. Im übrigen dürfte Ingeborg Bachmann selbst diese Gefährdung erkannt haben, als sie nach 1956, auf der Höhe des Ruhms, keinen Gedichtband mehr veröffentlichte und 1959/60 in Frankfurt eine Poesie forderte, "scharf von Erkenntnis und bitter von Sehnsucht".

Gottfried Benn hatte einst gesagt, auch bedeutenden Lyrikern gelängen allenfalls ein halbes Dutzend Gedichte, die überdauern. Es ist heute gewiß noch zu früh zu entscheiden, welche Gedichte Ingeborg Bachmanns die Zeit überdauern werden. Aber Texte wie "Die große Fracht", "Die gestundete Zeit", "Früher Mittag" und "Alle Tage" aus dem Buch von 1953, "Das Spiel ist aus", "Anrufung des Großen Bären", "Erklär mir, Liebe" und "An die Sonne" aus der Sammlung von 1956 faszinieren noch immer, nach zwei Jahrzehnten - und das ist in der Literatur beinahe schon eine Ewigkeit.

Ein Erschrecken rührt den Leser an, wenn er jetzt, nach dem Tode Ingeborg Bachmanns, im letzten Gedicht "Lieder auf der Flucht" ihres zweiten und zugleich letzten Gedichtbandes die Zeile liest: "Wart meinen Tod ab und dann hör mich wieder", und die Schlußverse:

"Die Liebe hat einen Triumph und der Tod hat einen,
die Zeit und die Zeit danach.
Wir haben keinen.
Nur Sinken um uns von Gestirnen. Abglanz und Schweigen.
Doch das Lied überm Staub danach
wird uns übersteigen."

Literatur und Kritik, Jg. 9, Heft 86/87, Juli/Aug. 1974, S. 419-421

Das Neue droht, das Alte schützt nicht mehr

Von Hilde Spiel

Ich liebe das Titelgedicht des Bandes *Die gestundete Zeit*, weil es alles enthält, was sich in anderen Gedichten Ingeborg Bachmanns findet, und durch seine Fülle und Dichte eben mehr. Was ergreift uns denn an einem Werk der Lyrik? Die Vielfalt der möglichen Assoziationen, die Eindringlichkeit der Aufrufe, die an uns ergehen, mitzuschauen, mitzudenken, mitzuempfinden, verwandte Erlebnisse heraufzubeschwören, so lange, bis dieses Wortgeflecht ein Teil von uns geworden ist.

An Bildern, Gedanken, Gefühlen und Analogien sind die vierundzwanzig Zeilen überreich. Mitleidlos werden wir zu Beginn in eine Lage des Ausgesetztseins, der wachsenden Gefahr gestoßen. Unsere Dauer ist begrenzt, schon zeichnet sich das Ende ab. Trotzdem müssen wir weiter, müssen dem Unausbleiblichen noch entgegeneilen, statt es in vertrauter Umgebung zu erwarten. Das Neue droht, aber das Alte schützt uns nicht mehr.

Und nun sogleich das Bild des ausziehenden Odysseus: jene Hunde, die den ermatteten Rückkehrer begrüßen, jagt er hier zurück in den Hof. Doch es ist keine übermütige Eroberungsfahrt, auf die er sich begibt. Dieser Odysseus wird nicht wiederkommen. Unter verhangenem Himmel, im Nebel und Wind, vorbei an den dörrenden Fischen - ich sehe sie an Schnüren hängen, die zwischen Pfosten gespannt sind, ihre Eingeweide, aus denen Böses vorausgesagt wurde, in Bottichen auf der Erde - und bedrückt vom verblassenden Blau der Lupinen, macht er sich zur Reise zum Abbruch seiner Zeitspanne auf.

Jetzt aber der Anblick, der ihn das Unausweichliche, Unrettbare seiner Bestimmung erkennen läßt. Was er liebt, beginnt vor seinem sehenden Auge schon hinabzugleiten, und er kann nichts dagegen tun, muß es dulden, darf sich dem Marschbefehl nicht entziehen. In dieser Vision ist die antike Landschaft einer Dali-Wüste gewichen, Sand ringsum, eine gelbe rieselnde Öde, in der die Süße seines Lebens, gleich Minnie in Becketts "Glücklichen Tagen", langsam versinkt.

Zuletzt noch einmal, wie Hammerschläge, die Sätze seines Auftrags. Sie sind an ihn gerichtet, den Wanderer und Dulder, der mit der vierten Zeile des Gedichts, stellvertretend, unser aller Schicksal auf sich nimmt. Nichts darf bleiben, was an das bisherige Dasein erinnert. Und keine Hoffnung diesmal. Kein Stern. Nur die Verfinsterung und der Weg an die Grenze. Ein existentielles Gleichnis, im Jahr des "Godot" entstanden und nicht minder profund bewegend als alles, was man später bei Beckett und Thomas Bernhard las.

Frankfurter Allgemeine Zeitung, 10.8.1974

Im Geheimnis der Worte

Von Helmut Koopmann

Es gab Zeiten, da erwartete man von einem Gedicht Belehrung und Aufklärung, Wissen, Erkenntnis. Von diesem Gedicht der Ingeborg Bachmann darf man nicht einmal Verständlichkeit verlangen. Das Gedicht überfällt den Leser mit einer Unbegreiflichkeit, denn hier ist miteinander verbunden, was nichts miteinander zu tun hat. Gewitter der Rosen? Eine von Dornen erhellte Nacht? Erst wer das Gedicht weiterliest, gefangengenommen von der unerhörten Kühnheit der Bilder, gerät in eine Zone halbwegs einleuchtender Impressionen. Denn "Donner des Laubs" - das mag maßlos übertrieben sein, ist aber nicht jenseits unseres Vorstellungsvermögens. Daß das Laub schließlich "leise war in den Büschen" - das ist begreiflich, liegt innerhalb unserer eigenen Erfahrungen und ist alles andere als aufregend: eine Allerweltsbeobachtung.

Wir ahnen, daß das Gedicht hier vielleicht seinen Ausgang nahm: im Geräusch bewegten Laubs in den Büschen. Alles andere ist poetische Imagination. Ein Nachtbild eigener Art tut sich auf: die Dunkelheit nicht von Blitzen, sondern von Dornen erhellt; der Donner als raschelndes Laub zu Füßen. Hängen die Rosenbüsche wie eine dunkle Wolke über uns? Oder erinnern die dunklen Wolken mit ihren grellen Blitzen an nächtliche Rosenbüsche mit roten Blüten? Doch die Fragen sind falsch gestellt, denn hier wird nichts miteinander verglichen.

Läsen wir das Gedicht verkürzt, ohne das Rosenbild, es wäre ebenso verständlich wie banal. Denn es hieße dann: Wohin wir uns wenden im Gewitter, ist die Nacht erhellt, und der Donner folgt uns jetzt auf dem Fuß. Aber hier ist etwas beschrieben, was es realiter nicht gibt: ein Rosengewitter. Kein vergleichsweises Blumendekor, kein Als ob - statt dessen ein neues, unendlich kühnes Bild. Es steht uns frei, an dunkle Rosen zu denken oder an ein tatsächliches Gewitter - das Gedicht beschreibt anderes. Sinneseindrücke einer Gewitternacht sind mit einer Impression aus dem Rosengarten verschmolzen, und ein gewaltiges neues Bild ist entstanden: Gewitter der Rosen.

Die zweite Strophe hat Ingeborg Bachmann später hinzugefügt. Der Rosenblitz hat eingeschlagen, Regen löscht das Feuer. Aber wieso schwemmt uns der Regen in den Fluß? Spätestens hier wird klar, daß das Rosengewitter imaginärer Natur war. Es hat sich, so anschaulich es sich darbot, am Ende doch nur in der Seele entladen. Schwemmt uns der Regen in den Fluß des Lebens? Das Gedicht gibt keine Antwort auf derartige Fragen. Ein Bild beschließt es: das nachtreibende Blatt, Erinnerung an das Rosengewitter, von dem wir nicht wissen, wie tatsächlich es war. T.S. Eliot hat einmal vom *objective correlative* in der Lyrik gesprochen, der Bildentsprechung, die zu verdeutlichen vermag, was sonst unbezeichenbar wäre. Hier, im Gedicht vom Rosengewitter, scheint sich ein innerer Vorgang abzuspielen, der sich in Bildern naturalisiert hat. So könnte man das Gedicht lesen. Aber niemand zwingt dazu, am wenigsten das Gedicht selbst. Läßt man alles Fragen nach Sinn und Botschaft, nach Anlaß und Ursache weg, bleiben großartige Bilder: ein Sprachwerk, nichts weiter als ein Gespenst aus Worten, aber von gro-

ßer Kühnheit und einzigartiger Eindringlichkeit. Man wird es kaum vergessen können - vielleicht gerade, weil der Sinn dunkel ist und nur von Rosen erhellt wird.
Frankfurter Allgemeine Zeitung, 25.4.1987

ANRUFUNG DES GROßEN BÄREN (1956)

Ingeborg Bachmanns neue Gedichte

Von Siegfried Unseld

Ingeborg Bachmanns erster Gedichtband "Die gestundete Zeit" (1953) verriet schon einen eigenen Ton. Seitdem wird sie als "Hoffnung" beachtet. Ihr neuer Gedichtband bestätigt aufs schönste die Originalität und den Rang dieser Lyrikerin. Ihr Instrumentierkasten ist gewachsen, die Sprache ist sicherer, klarer geworden und das Schwingungsfeld der seismographischen Nadel weiter. Wieder stehen wir vor einem durch besondere sensuelle Energien gespeisten lyrischen Ich, das tief zwiespältig ist, nirgendwo beheimatet, immer in Fahrt von Küste zu Küste, grenzgängerisch, fluchtgewohnt, nachterfahren, auf Unverwandtes aus, doch immer bedacht, das Gewohnte neu zu sehen und die Welt in Einklang mit dem Wort zu bringen. Wer die vier Teile des neuen Gedichtbuches zusammensieht, dem bildet sich aus den Mosaiksteinchen der einzelnen Gedichte ein ganzes Feld, eine überraschende Landschaft unseres Selbst. In der Ordnung des Buches spiegelt sich ein allgemeines curriculum vitae, eine Lebensbewegung von Anfang zu Ende, von Vorzeit zu Zukunft.

Der erste Teil des Bandes ließe sich überschreiben "Modernes Märchen": "Mein lieber Bruder, wann bauen wir uns ein Floß und fahren den Himmel hinunter?" Die phantasmagorische Fahrt führt zu erfundenen Ländern, Flüssen und Seen. Wer an der goldenen Brücke für die Karfunkelfee das Wort noch weiß, dem öffnen sich Türen in die Vorwelt, in die Frühzeit, da wir in anderen Hüllen gingen, "du gingst im Fuchspelz, ich im Iltiskleid". In diese Phantasie, die tiefe Wurzeln hat, die Urerinnerungen zu entzünden vermag, dringt Wissen und Sprache. Im Vexierbild von Phantasie und Vernunft findet eine Übersetzung der Sprache der Dinge in die des Menschen statt, und die Namen der Dinge fahren wieder auf den Grundbestand der Dinge selbst: "Seit uns die Namen in die Dinge wiegen,/ wir Zeichen geben, uns ein Zeichen kommt,/ ist Schnee nicht nur die weiße Fracht von oben,/ ist Schnee auch Stille, die uns überkommt."

Von diesem Überkommen sprechen Bachmanns Gedichte, von den Zeichen, die aus einer anderen, höheren Welt in die unsre dringen, von Gefahren, die die ursprüngliche Reinheit des Menschen bedrohen. Jedem Lyriker sind spezifische Worte zugeordnet. Hier sind es Nacht, Sterne und Tiere, Tiere mit Fixsternblicken, mit Sternenaugen und Sternenkrallen. Schon Homer erwähnte den Großen Bären als Orientierungsmittel in umfassendem Sinn; zodia, Tierbildchen, nannten die Griechen die Sterne, phainomena, Erscheinungen, die orientieren, die Wege weisen. In der "Anrufung des Großen Bären" werden solche Phänomene, die zeigen, was ist und was man eigentlich hat, solche noch nicht konzipierten Inhalte, oft dunkel noch, ausgedrückt und ausgesagt.

Der zweite Teil der Gedichte ist "Landnahme". "Ins Weideland kam ich, als es schon Nacht war ... Die Liebe graste nicht mehr." Es ist unsere "großspurige"

Zeit, und der Mensch kriecht "aus dem Schoß von Maschinen". Bilder unserer Welt entstehen, ein Heimweg in einer Nacht aus Schlüsselblumen, das Bild eines verlassenen Hafens und jenes herrliche Gedicht "Harlem", das in acht Verszeilen Atmosphäre und Rhythmus dieser Negerstadt bannt. Der dritte Teil gibt Gedichte aus Italien. Ingeborg Bachmann hat einmal erklärt, Rom habe sie Schauen und Sehen gelehrt, und die Gedichte beweisen es; ihr "erstgeborenes" Land gibt ihr verlorenes Leben wieder. Der Ton der Gedichte ändert sich, er wird hymnisch gestimmt. Da sind die Lieder von einer Insel in einem Meer von Augenblicken, von neuen Möglichkeiten des Menschseins. Im "Römischen Nachtbild" verwandelt sich die Stadt zum Schaukelbrett der sieben Hügel, das ins Wasser und nach oben gleitet, wie die Boote der Liebenden. "Es sinken die Hügel,/ wir steigen und teilen/ jeden Fisch mit der Nacht. Keiner springt ab./ So gewiß ist's, daß nur die Liebe/ und keiner den andern erhöht." Doch wiederum mischen sich Molltöne in die heiteren Klänge, die fragen und klagen, die im Refrain der Litanei- und Zauberformeln den Heiligen anrufen, "der du so gelitten hast."

"Lieder auf der Flucht" sind die Gedichte des vierten Teils überschrieben, auf der Flucht in die Kälte des Nordens. Unter der Last des Schnees bricht der Palmzweig, die Stadt liegt in "fremdem" Winterschein. Leiden treten die Liebe aus. "Wart meinen Tod ab und dann, hör mich wieder." Das lyrische Ich ist an eine Grenze gestoßen, an ein Ende oder Niezuendekommen, wo künstlerische Bewältigung fast unmöglich wird; das private Leid ist zu stark, als daß die ertasteten Worte noch zur gültigen Chiffre zusammenschließen könnten; man kann nur hoffen, daß Ingeborg Bachmann den Ariadnefaden besitzt oder findet, der sie aus dieser vielpoligen Spannung führt.

Dieser Gedichtband trägt nicht nur dazu bei, die These der "zertrümmerten" Literatur zu widerlegen, er gestattet Beobachtungen, die für unsere Lyrik grundsätzlich wichtig sind. Dichtung war ursprünglich Gesang, auch Epik und Drama. Für die Lyrik aber ist die Bindung an die Musik Urtatsache. Wie sehr ist sie verleugnet worden, wie wesentlich ist sie! Man höre die hier zitierten Verse auf ihre Musikalität hin ab oder lausche dem melodischen Rhythmus der Zeile: "Zur Silbersandmusik tanzt scheu der Skorpion."

Da ist der Hymnus "An die Sonne", das schönste Gedicht der Sammlung und wohl eines der großen und bleibenden Gedichte der modernen Lyrik überhaupt. Die Gliederung der 29 Verszeilen entspricht einer auf den Grundton zu- und von ihm weglaufenden Tonfolge (fünf Verse, vier, drei, zwei, ein Vers, zwei, drei, vier, fünf Verse). Das Gedicht ist, mit Absicht gewagt, ja, auf dieses Wagnis hin pointiert, ganz auf eine einzige Fugenzeile gebaut: "Nichts Schönres unter der Sonne, als unter der Sonne zu sein ..." Die erstaunliche Einprägsamkeit dieser Verse, ihre Wirkung, beruht auf der suggestiven, evozierenden Macht des klanggebundenen Worts. Es ist diese hohe Musikalität, die die optische Intensität und die subtile Differenziertheit des Gefühls, die Eindruck und Ausdruck in eins verschmelzen läßt.

Ein Zweites: Die Gedichte sind einfach in der Wahl ihrer Worte und Bilder. Freilich, diese Einfachheit hat hinter sich Gründe und Abgründe hoher Bewußtheit, so wie auch der scheinbar so einfach melodischen Zeile ein raffiniertes unterirdisches Vokalmuster zugrunde liegt. Das Wort sei, so heißt es einmal, "freisinnig, deutlich, schön". Viele der Gedichte wirken wie Lieder, unmittelbar gesprochen. "Nichts Schönres unter der Sonne, als unter der Sonne zu sein ..." In ihren besten Gedichten gelang ihr fast das Unmögliche, die Spontanität der Aussage bewahren bei gleichzeitiger Erhöhung und Schwingung des Tons.

Ein Drittes: Bachmanns Gedichte verzichten auf jedes bloß modische lyrische Mätzchen; keine Kleinschreibung, keine Interpunktionslosigkeit, kein Überhandnehmen der Mittel, kein Leben. Die Vielfalt ihrer Motive schützt auch davor, Epigonen ihrer selbst zu sein. Ihre Gedichte sind nicht modisch neu, sie verleugnen nicht die Tradition, sind weder Bewußtseinslyrik noch Naturlyrik, sondern reine große Poesie. Sie sind Übersetzungen des Sprachlosen in Sprache, und die Übersetzung geschieht durch primäre lyrische Setzung, durch Verwandlung. Der Leser aber wird in faszinierender Weise in diesen Verwandlungsprozeß miteinbezogen, er reproduziert ihn produktiv mit und erlebt mit Staunen sein Leben und seine Welt nochmals neu und ungewöhnlich.
Frankfurter Allgemeine Zeitung, 27.10.1956

Ingeborg Bachmanns geträumte Welten

Von Curt Hohoff

Ingeborg Bachmann ist Österreicherin, Kind eines Landes, das der deutschen Sprache in den letzten Jahren mehrere begabte Dichterinnen geschenkt hat. Sie wurde vor wenigen Jahren schlagartig bekannt durch "Die gestundete Zeit". Das jetzt erscheinende neue Bändchen hat etwa den gleichen Umfang. Es enthält zwei größere Zyklen von Gedichten; der erste heißt "Von einem Land, einem Fluß und den Seen" und umfaßt zehn Stücke, der zweite "Lieder auf der Flucht", fünfzehn Stücke. Diese 25 Gedichte aus den beiden Zyklen haben - abgesehen von einzelnen Strophen und Zeilen - nicht den Rang der freien Gedichte des Bandes. Einige Titel heißen: Mein Vogel, Nebelland, Tage in Weiß, Das erstgeborne Land, Die blaue Stunde. Sie deuten auf die Welt Trakls und Hofmannsthals als poetische Vorfahren, doch auch George und Däubler gehören zu diesen.

Mit literarhistorischen Hinweisen ist ein Rahmen gegeben, in welchem das Eigene steht. Es hat eigene Lautgestalt und spielt mit Märchen, Mythe, Begriff und Bild. So heißt es im Titelgedicht: "Großer Bär, komm herab, zottige Nacht,/ Wolkenpelztier mit den alten Augen, Sternenaugen, durch das Dickicht brechen schimmernd deine Pfoten mit den Krallen, Sternenkrallen." Die Substrate gleiten fast assoziativ ineinander über, daher der unheimliche Ton, die sybillinische Drohung. Hinter dem Ton steckt ein geheimnisvolles Mehr an Poesie. Grammatische Überraschungen gibt es kaum, eher syntaktische. Es gibt auch keine Bildbegriffe und Begriffsbilder ("conceits"), sondern Metaphern. Das Bewußtsein, auf welches man heute gern als Dichter stolz ist, scheint ausgeschaltet.

Der Ton besteht aus Trauer und Schwermut. Die symbolischen Orte dieser Gedichte sind verlassene Häfen, die geträumte Welt, die Vorwelt, das Märchen und die Mythe. Es gibt Inselgedichte, und wenn manche lokalisiert sind in Italien und Nordamerika, so handelt es sich nicht um die geographischen Punkte Rom und Boston, sondern um Verstecke einer spielenden Imagination.

Ingeborg Bachmanns Gedichte inaugurieren eine neue Romantik, insofern als Romantik ein Seelenzustand ist - und doch sind sie mit den Leiden und Erfahrungen einer Jugend getränkt, die Krieg, Hunger, Flucht erlebte, die Heimat und die "Mitte" verloren hat. Mit welch erstaunlichem Rhythmus aber wird das hier zum unheimlichen Bild: "Der Vampir im Rücken/ übt den Kinderschritt,/ und ich hör ihn atmen,/ wenn er kreuzweis tritt." Die Drohung des Vampirs kann aber auch anders formuliert werden, mit modernen Mitteln, und dann heißt es, man müsse die Länder wechseln, "die Zirkelspitze im Herzen, zum Radius genommen die Nacht." Aber die Bilder sitzen hier nicht, und der Rhythmus des Gedichts ist im Grunde prosaisch.

Die Grenze der Dichterin liegt im Spruchhaften und der damit verbundenen Moral. Moral ist etwas Ehrenhaftes, Großes, Herrliches - aber sie läßt sich lyrisch kaum ausdrücken. Wenn die Bachmann eine Sibylle ist, wird man ihr Moral zugestehen müssen, denn Sibyllen wollen warnen und weissagen, und zwar Unheil. Dann wird die durch Kunst so reizvoll verschlüsselte Welt zum Stoff der Eschatologie. Das Netz, das die Lyrikerin uns über den Kopf wirft, besteht aus dem festesten Garn der Erde, aus Schreckträumen. Sie betreffen die Zukunft: "Wir werden Zeugen sein."
Die Welt, 2.2.1957

Fülle aus Armut

Von Rainer Gruenter

Österreich hat, seit langem, die bedeutendsten Begegnungen mit der deutschen Sprache. Es siegt auf seine Weise über die Anmaßungen des "Reiches". Doch solche Siege beglücken alle, die im Haus der deutschen Sprache wohnen, die niemals ein haupt- und weltstädtischer Palast war wie die romanischen Sprachen, sondern eher ein Landschlößchen oder eine Bergburg. Heute droht freilich der edle Landsitz Goethes und die hohe Burg der Romantik in seltsamer Amerikanisierung ein Hotel zu werden, in dem man die Idiome aller Welt auf "gut deutsch" radebrecht. Allzu beflissene Direktion, serviles Personal.

Nun, mit dem jungen Dichter, dessen Gedichte wir hier zu rühmen haben, einer jungen Frau von hohen Gaben, ist ein Sproß der alten Haus-Herren in die kommerzialisierte edle Ruine zurückgekehrt. Ingeborg Bachmann darf getrost ihr Besitzrecht anmelden. Sie hat unbezweifelbare Erblegitimität. Ihr deutsches Gedicht ist nicht deutsch in dem verhunzten Sinne, daß es die verratene und verkaufte deutsche Motivwelt Paul Richters oder Eichendorffs anböte, daß es sich der als "deutsch" belächelten und verkannten Gefühls- und Singweisen bediente. Es hat alle Vorzüge, die der deutsche kosmopolitische Ästhet nicht missen will. Kein Gegenstand des modernen Fühlens ist ausgeschlossen, kein Kunstgriff der lyrischen "Technik" der Valéry, Ezra Pound und Dylan Thomas könnte die erfahrene Dichterin überraschen; doch ihr Gedicht ist deutsch wie William Butler Yeats Gedichte irisch, wie Lorcas Gedichte spanisch sind.

Was ist das Deutsche an diesen Gedichten? Wie gesagt, ihre Motivwelt ist, im guten Sinne, mondän; sie deckt die Effektlandschaften selbst der modischen Moderne: Harlem, Cityreklame, verminte Schlachtfelder, die Einsamkeitsregionen der Snobs, etwa Apulien oder das spröde Winter-Rom. Auch die Empfindungslage dieser Gedichte vermittelt die Nervositäten des *age of anxiety*, maßlose, exzessive Einsamkeit, Liebe als kannibalischen Akt, die Lust den Partner zu 'verdauen' und mit etruskischer Melancholie die Exkremente zu betrachten (*Lieder auf der Flucht*), also picassoeske Härte (*Curriculum vitae*) und dichteste Zartheitsphantasien, luftleichte Sehnsuchtsflocken und Imaginationsmathematik, wie Eisblumenornamente auf gläserne Tafeln gehaucht (*Reklame*), neben getragenstem Ausbruch unvermischten Gefühls, wie mit mächtiger Alt-Stimme vorgetragen (*Landnahme*). Die kühle, effekt- und reizbeherrschende "Technik" des modernen Versificators, die synthetische Herstellung des poetischen Genußmittels, das, was Hugo Friedrich am modernen poetischen Vermögen rühmt, steht der Dichterin, wie *Reklame* und *Schatten Rosen Schatten* zeigen, jederzeit zur Verfügung.

Schon der hohe Grad von Selbständigkeit, mit der hier die deutsche Sprache gehandhabt wird, legt die Vermutung nahe, daß die Dichterin zwar viel fremdsprachige Poesie gelesen, aber sich wenig davon angeeignet hat, das heißt, daß sich ihr angestammtes Idiom durchgesetzt hat, daß sie ihre "erstgeborene" Sprache nicht verleugnet. Und diese "erstgeborene" Sprache beschenkt diese Treue mit den reichsten Entdeckungen vergrabener Schätze: - die "listigen Raben", die "Karfunkelfee" des Volksmundes, das tödliche "Schlaraffenland", der tiefkatholische "Klingelbeutel", der "blinde Mann" - dies nur die schmalste Auswahl von Wörtern aus deutschem Träumerhaushalt, der den "Erstgeborenen" deutscher Sprache, ihren Dichtern, aus unverwelklichem Vorrat spendet, wenn sie ihre Erstgeburt nicht für das Linsengericht, französischer als Baudelaire, amerikanischer als Whitman zu sein, verkaufen.

Diese Selbständigkeit bedeutet Beschränkung, ja, Armut, die allein Reichtum erzeugt. Die Bibel war immer der Thesaurus dieser deutschen "Armut" an Wörtern und Wortbildern. Goethe hat in den *Römischen Elegien* die Wortschätze der Latinitas, im Divan gar die östlichen Poesien dem deutschen Wort, dem deutschen Liebesgedicht gewonnen; aber daß auch ohne solche geistigen Weltreisen, hochwillkommen freilich, von unschätzbarem Ertrag nicht zu reden, nur mit biblischer "Armut" das deutsche Liebesgedicht bereichert werden kann, zeigt das Gedicht *Innen sind deine Augen Fenster* (*Lieder auf der Flucht*, VII). Das Hohelied der Bibel feiert hier eine deutsche Auferstehung, die nicht unwürdig neben Divanischen Strophen steht, ohne die allzu wilde Farbenpracht und lodernde Unaufrichtigkeit der Hohe-Lied-Paraphrasen der Lasker-Schüler.

Liebesgedichte, das pflegte Rilke zu betonen, sind für den Dichter die schwersten, diejenigen, die seine Diskretion, sprachlich und seelisch, sein Maßgefühl, seine geistige Ökonomie auf die schwersten Proben stellen. "Liebe" stellt auch unsere Dichterin, künstlerisch und menschlich, so scheint es, immer wieder auf diese Probe des Taktes, die sie immer besteht, wenn wir von einigen eigentümlichen Fremdstellen, schrillen Exhibitionen des Gefühls in den *Liedern auf der Flucht* absehen. Die Liebesgedichte der Bachmann bereichern sich an der "Armut" des deutschen Wortes. Sie erinnern an die mittelalterlichen "Frauenstrophen", die ja auch im österreichischen Raum wenn nicht geschrieben, so doch empfunden worden sind und die damals schon ärmer und reicher waren als die larmoyanten "mondänen" Gebilde des Modelyrikers Reinmar am Wiener Hof.

Es mag heute ungewöhnlich sein, moderne Dichtung historisch zu betrachten, vor allem als "deutsches" Phänomen zu sehen. Doch krankt nicht unsere gesamte Literaturkritik an einer ausschließlich synchronisch "vergleichenden" Betrachtungsweise? Sollte die diachronische, die historische Erörterung, der wir die schönsten Gaben deutscher Kritik (bis Hofmannsthal und Borchardt) verdanken, nicht wesentliche Aufschlüsse geben können? Wer sich mit moderner deutscher Dichtung befaßt, kann aus einem so klugen und materialreichen Buch wie demjenigen Hugo Friedrichs sehr viel lernen; aber es wird keine deutsche Literaturkritik von Rang geben, die nicht das einläßlichste Studium der deutschen Dichtung und Sprache betreibt und ihren modernen Gegenstand historisch als deutsches Ereignis zu betrachten versteht.

Das soll gewiß nicht heißen, daß der Kritiker deutscher Dichtung ein Germanist sein muß. Das Schreckgespenst einer unduldsamen und den Biergefühlen deutschen "Genesungs"-Wesens hingegebenen Teutomanie, der popularisierende Germanist mit seiner kopflosen Schwärmerei für "deutsche Tugenden" darf und wird nicht wiederkehren. Aber die Kenntnis unserer Herkunft, wie sie sich in bewahrter Sprache und bewahrter Rede darstellt, ist die Grundbedingung jeder Beschäftigung mit dem deutschen Gedicht. Würde ein Engländer, ein Franzose, ein Italiener darauf verzichten, zu erfahren und zu verbreiten, was englisch, französisch, italienisch ist? Dieser Verzicht würde uns zu Barbaren machen: wir würden nicht mehr verstehen, was uns begegnet, und nicht mehr verstehen, wer wir sind.
Neue Deutsche Hefte, Jg. 4, Heft 34, Mai 1957, S. 168-170

Ingeborg Bachmann 'Anrufung des Großen Bären'

Von Wieland Schmied

Die österreichische Dichterin Ingeborg Bachmann gehört zu den erfolgreichsten Lyrikern deutscher Sprache. In wenigen Wochen war die erste Auflage ihres neuen, im Herbst 1956 erschienenen Gedichtbandes "Die Anrufung des Großen Bären" vergriffen. Schon muß das 4. und 6. Tausend aufgelegt werden. Gleichzeitig kommt eine Neuauflage ihres Erstlings "Die gestundete Zeit" heraus. Kaum ein deutscher Lyriker - der fingierte George Forestier ausgenommen - hat innerhalb kurzer Zeit soviele Käufer, soviele Leser, soviele Freunde gefunden. - Nach dem Preis der "Gruppe 47" (1953) und dem Preis des Kulturkreises im Bundesverband der Deutschen Industrie (1954) hat Ingeborg Bachmann nun auch - zu gleichen Teilen mit einem jungen deutschen Autor - den Literaturpreis der Hansestadt Bremen erhalten. Schon vor Jahren brachte das deutsche Nachrichtenmagazin "Der Spiegel" das Bild Ingeborg Bachmanns auf der Titelseite. Ohne Zweifel: die heute dreißigjährige österreichische Dichterin Ingeborg Bachmann ist populär.

Soviel Erfolg, soviele Preise, soviele Leser auf Anhieb stimmen skeptisch. Die rasche Umsetzung eines Werkes in Ruhm und Erfolg lassen zunächst an eine Scheingröße glauben, an ein Werk, in dem in geschickter Weise Wunsch- und Sehnsuchtsvorstellungen der Zeit, all das, was der gebildete Leser heute *unbewußt* verlangt, anklingen. Die vielen Preise vor allem lassen vermuten, daß es sich bei den preisgekrönten Gedichten um "Wirtschaftswunderdichtung" handelt, um Arbeiten jener abstraktunverbindlichen Art, die nur allzugerne das eigene Gesicht - mit dem wenig Eindruck zu machen wäre - gegen raffiniertes Arrangement einzutauschen bereit ist. Preisgekrönte Beispiele ließen sich viele anführen.

Ingeborg Bachmann wird es nicht leicht haben, sich auf die *Dauer* durchzusetzen. Denn gerade jene Zeit, in der die Bücher eines neuen Namens gerade schon, aber schwer erhältlich sind, die Zeit, in der die Kenner, die "Eingeweihten", sich diesen Namen zuflüstern, scheinen uns die sicherste Garantie für echten und dauerhaften Erfolg. Eine Berliner Buchhandlung nannte den "Ulysses" von James Joyce als ihren Bestseller im vergangenen Weihnachtsgeschäft; heute, eineinhalb Jahrzehnte nach seinem Tode, wird jedermann dieses Faktum als Bestätigung des Wertes und der Wirksamkeit der Joyce'schen Prosa nehmen. Ein Verkaufserfolg unmittelbar nach dem erstmaligen Erscheinen des Buches aber hätte skeptisch gestimmt: denn gar so neu und umwälzend kann ein Werk, das sofort verstanden und begeistert aufgenommen wird, wohl nicht sein ...

Wie verhält es sich nun mit den Gedichten Ingeborg Bachmanns?

Es stehen Gedichte in diesem Bande, die zum stärksten gehören, was nach 1945 in deutscher Sprache geschrieben wurde:

> Ziehn sie den Himmel fort?
> Trüg mich die Erde nicht,
> läg ich schon lange still,
> läg ich schon lang,
> wo die Nacht mich will ...

Verse stehen in diesem Band, die wahrhaft von der Erde getragen werden, hinter denen die Welt und für die die Welt steht, Verse, die aus mythischem Denken und Erleben kommen, das sich Ingeborg Bachmann im mediterranen Raum - sie lebte Jahre in Neapel und Rom - erschlossen hat. Immer wieder gelingt es ihr, seelisches Erleben durch Vergegenständlichung in äußere Vorgänge anschaulich zu machen, geistige Tatbestände in makellose sinnliche Bilder zu transponieren. Zuweilen entsteht aus südlichen Gerüchen ein neuer Mythos, wie der vom "erstgeborenen Land". In der Verzweiflung über eine heillose Zeit gewinnt Ingeborg Bachmann gerade in der Tatsache und im Ausmaß dieser Verzweiflung die

Kraft, sie zu überstehen. In einem der schönsten Gedichte des Bandes "Das Spiel ist aus" steht die Zeile: "Jeder, der fällt, hat Flügel". Die echte Qual bringt Größe hervor: die Fähigkeit, ihr standzuhalten und sie zu verwandeln.

Und dann stehen Gedichte in diesem Bande, von denen man wünscht, sie ständen nicht darin: teils unkontrollierte, oft geradezu peinlich wirkende Hervorbringungen, teils mangelhafte Übertragungen gedanklicher Vorstellungen in Metaphern. Anklänge an Benn ("im Schutz der Felsen vor der trunknen Flut"), an Rilke ("Innen sind deine Füße nie unterwegs, sondern schon angekommen in meinen Samtlanden"), an Celan ("er muß den Tisch, den er seiner Liebe deckte, ins Meer stürzen"), an Journalismen ("Die Regenrhythmen *unterwandert* Schweigen"), schließlich an den hl. Franziskus ("Schöner als der beachtliche Mond und sein geadeltes Licht"). Blasse Theorie: "Zugegeben sind sie in der schönen Sprache, im reinen Sein ..." und manche sicher unkontrollierte Stelle, die eingehender Prüfung nicht standhält, die im Männerjargon ganz etwas anderes, Konkretes bedeutet und deshalb im Zusammenhang des Gedichtes peinlich berührt - das alles findet sich in diesem Band. Doch muß gesagt werden, daß diese Anklänge, diese theoretischen und diese unfreiwillig anders klingenden Stellen bei weitem in der Minderheit sind, muß gesagt werden, daß Ingeborg Bachmann längst einen eigenen Ton besitzt, daß ihre Metaphern erfreulich unphilosophisch sind und nur selten Unkontrolliertes sich in die Zeilen drängt.

Es fiel uns, angesichts einer Reihe echter, ergreifender, ja herzbewegender Gedichte wahrlich schwer, diese Einwände zu machen. Das sei ausdrücklich festgehalten.

Alles in allem: ein gutes Dutzend Gedichte, denen man schon heute trotz ihres sensationellen Anfangserfolges Zukunft voraussagen muß, von denen man wohl mit Recht annehmen darf, daß sie bleiben werden, so zart und stark sind sie: Gedichte, die ihre Leuchtkraft aus dem fortwährenden Untergang der äußeren Welt gewinnen, die ihr Leben aus dem tiefen Schmerz um Vergänglichkeit und Bitternis des Seienden erhalten. Ein gutes Dutzend Gedichte: das ist sehr viel.
Wort in der Zeit, Jg. 3, Heft 5, Mai 1957, S. 311f.

"Erklär mir, Liebe!"

Von Karl Krolow

Das lyrische Ich - im Liebesgedicht auf Rückzüge, auf Resignation ohnegleichen angewiesen, wenn es sich in ihm noch einmal, freilich mit vollkommener Distinktion und unter ständiger Verlegenheit manifestieren kann - muß nach anderen Wendungen suchen, um über die sich im Plüsch der Worte verlierenden Emotionen hinwegzukommen. - In einem der besten und wichtigsten Gedichte Ingeborg Bachmanns, in "Erklär mir, Liebe" ist - keineswegs mit neuen, zeitgenössischen Mitteln - der Versuch gemacht, die Individualität der Liebenden in einer großen Ansprache und Aussprache zu befreien, aufgehen zu lassen in einem immer noch großen Gegenstand.

Es ist ein Lobgedicht daraus geworden, etwas in der heutigen Dichtung sehr Seltenes, wenn auch - wie Hans Egon Holthusen gesagt hat - "ein Lobgesang mit schmerzverzerrten Lippen". Alles in ihm ist angelegt, um die peinliche Selbstbefragung und die Wehleidigkeit solcher Befragungen von sich zu streifen. Es ist von einer merkwürdigen Unangefochtenheit gegenüber Versuchen, es so oder so festzulegen. Diese Unabhängigkeit trifft auch gegenüber modernen, zeitgenössischen poetischen Ausdrucksweisen zu. Holthusen nennt sie "das Klassische selbst, das hier sein ewiges Recht anmeldet", einen "ursprünglich klassischen Welt- und Formbegriff, der in ganz verschiedenartigen Bewußtseinslagen und auch unter den widrigsten Bedingungen eine immerwährende Möglichkeit bleibt".

In unserem Zusammenhang kommt es mir darauf an, darzutun, wie das Gedicht Ingeborg Bachmanns auf andere Weise, als dies sonst heute praktiziert wird in der Lyrik, Liebe als überpersönliche Kraft ausspricht. Das geschieht in Form eines "Tableaus". Die Wunder der Liebe werden aufgezählt: eine Lob- und Prunkrede also, wie sie seit langem in der Dichtung angewendet worden war. Das beginnt mit einem wie leichthin gesprochenen, graziösen Eindringen in die erotische Landschaft und endet mit der Klage, dem Kummer, der mit sich allein ist, einem durchaus überpersönlich gefühlten und artikulierten Schmerz, dieses "soll ich die kurze schauerliche Zeit nur mit Gedanken Umgang haben und allein nichts Liebes kennen und nichts Liebes tun?". Zeilen, die wie alles in diesem schönen, entrückten, zeitlosen Gedicht - einem Glücksfall in unserer augenblicklichen Literatur! - von jener vollkommenen Diskretion getragen werden, die ich eine der Voraussetzungen nannte, die das absurde Terrain des Liebesgedichts heute als zulässig empfinden lassen.

Heil und Unheil der Liebe, Verhängnis und Preis des Eros: eine sich von der Person unabhängig machende dichterische Kraft ist am Werk und gibt Gleichnis, Figur, Parabel an Stelle einzelner Sentiments, in leisem Widerstand zu dem, was sonst im heutigen Liebesgedicht geschieht. Diese "entzückte", parabolische Form ist nahezu nie mehr in diesen Jahren gelungen, weil sie - in einem tiefen Sinne - nicht mehr zur Sprache gebracht werden kann, weil das Vermögen zu einer Sublimierung, die hierbei offenkundig wird, geschwunden ist, weil nicht "Erhöhung", "Entrückung",; sonden Entfernung, Sprachlosigkeit, auch Unwille an jeglicher Äußerung der Individualität im Gedicht Ausdruck für das sind, was aus diesem Gedicht und mit denen, die es schreiben, geworden ist.
Welt und Wort, Jg. 17, Heft 8, Aug. 1962, S. 275

Totem statt Teddy

Von Wolfgang Leppmann

Reiz und Wirkung des Gedichts beruhen auf dem unerwarteten Zusammentreffen dreier Motive, die sich auf symbolischer Ebene zu einer neuen Wirklichkeit verdichten obwohl ein jedes - Sternbild, Bär, Tanne - zunächst seinerseits verfremdet erscheint. Am augenscheinlichsten ist dies beim Anblick eines nächtlichen Himmels, an dem keine goldnen Sternlein prangen und von dem weder Jenseitshoffnung ausgeht noch das Gewahrwerden einer göttlichen Ordnung. Was wir hier verspüren, ist nur mehr die Kälte, die aus dem Weltraum weht.

In ähnlicher Verwandlung erscheint der Bär, der durch Wortschöpfungen wie "Sternenaugen" und "Sternenkrallen" auch sprachlich mit der nach ihm benannten Konstellation verbunden (oder, um den Begriff des Symbolischen in der ursprünglichen Bedeutung anzuwenden, "zusammengeworfen") wird. Der Hinweis auf Krallen und Zähne zeigt, daß dies kein possierlicher Teddy oder drolliger Tanzbär ist, sondern ein Verwandter des Tigers und der Schlange, ein Wesen, von dem wir uns die höchste Gefahr zu vergegenwärtigen haben. So ist denn auch der Schauplatz weder Kinderzimmer noch Zirkus oder gar Zoo, sondern die unberührte Natur: Wald und Himmel.

Die eigentliche Anrufung wird von Adjektiven eingefaßt: großer Bär, alter Bär. Bei "groß" schwingt im Unterbewußtsein die kontrastierende Vorstellung vom Sternbild des Kleinen Bären mit; auch wirkt das Tier besonders furchterregend aus einer Perspektive, in der die Welt ein bloßer Tannenzapfen ist. "Alt" gemahnt zunächst an die Tatsache, daß wilde Tiere im Alter besonders unberechenbar sind; im übrigen erinnert man sich; daß der Bär als Sternbild ins Altertum zurückreicht und sowohl im "Buch Hiob" als auch in der "Ilias" vorkommt. Herden und Lämmer sind keine abgegriffenen Topoi, sondern Aspekte einer Wirklichkeit, die die nunmehr "alten" Augen des Bären-Sternbilds zur Zeit der "Tannen am Anfang" erblickten: als die Welt noch jung war.

Das Tier wird von einem Mann geführt, der es im Ernstfall kaum daran hindern kann, sich loszureißen und mit der Welt und allem, was in ihr ist, Ball zu spielen. Der Mann ist nämlich blind. Ist es der liebe Gott, der uns nicht mehr sehen kann, oder ist es ein von Almosen lebender Bärenführer? Haben wir es mit dem Klingelbeutel in der Kirche zu tun oder mit einem Hut, in dem die hineingeworfenen Münzen klimpern? Gleichviel. Sicher ist, daß wir zahlen und dem Mann gut zureden sollen. Denn außer ihm steht nichts zwischen uns und dem Bären.

Schließlich ist auch die vom Weihnachtsbaum und von vielen Liedern her vertraute Tanne den Assoziationen entrückt, die sie sonst auslöst. In der zweiten, vom Bären gesprochenen Strophe - und wie gesprochenen Strophe! Könnten Bären sprechen, dann sprächen sie so: gegenständlich, und kurzatmig-schnaubend - werden die Tannen zum Alpha und Omega des Lebens. Weltanfang und Weltende aus der Sicht des im Walde hausenden Bären: ein grandioses Bild, zumal es an einen ganz anderen Kulturkreis erinnert als den antik-frühchristlichen der Herden und Lämmer, in dem ja auch die Klassiker ihre existentielle Dichtung anzusiedeln liebten. Der unter der Lebens-Tanne spielende Bär entstammt hingegen der Vorstellungswelt jener nordamerikanischen Indianer, die den Bären als Totemtier verehren.

Das Problem unseres Ausgesetzt-Seins ist spätestens seit dem Barock noch von jeder Generation neu gestellt worden. In der "Anrufung des Großen Bären" von 1956 hat es Ingeborg Bachmann für ihre eigene Generation in die Form einer lyrischen Aussage von großer Schönheit und Überzeugungskraft gebannt.
Frankfurter Allgemeine Zeitung, 27.8.1977

Neapolitanische Elegie

Von Werner Ross

Ingeborg Bachmann ist durch ihre Gedichte berühmt geworden, aber sie war im landläufigen Sinne keine Lyrikerin. Die beiden Gedichtsammlungen, die sie in aller Welt bekannt machten, "Die gestundete Zeit" und "Anrufung des Großen Bären", sind im knappen Abstand von drei Jahren erschienen, 1953 und 1956, noch das Jahr 1957 war produktiv, die Gedichte danach sind an den Fingern zweier Hände abzuzählen. Ihr letztes Gedicht ist eine wortgewaltige und bildermächtige Absage an die Poesie.

Ein erstaunlicher Produktivitätsschub - früher hätte man gesagt: ein Musenanruf - hat sie in den fünfziger Jahren beflügelt. Es waren die Aufenthalte in Rom, in Neapel und auf Ischia, die ihn auslösten, zusammen mit einer Liebesgeschichte, einer glücklich-tragischen, die das eigene Ende und damit die Katastrophe der Welt voraussah.

Die Begeisterung der Hörer und Leser galt damals dem Kassandraklang, dem metallenen Pathos ("Es kommen härtere Tage"), den existentiellen Allgemeinheiten. Heute, meine ich, hören wir lieber die konkreteren Gedichte, in denen wenn schon nicht die Personen, so doch die Situationen faßbar werden, zum Beispiel die "Lieder auf der Flucht", die auch "Neapolitanische Elegien" heißen könnten.

In allen dient das winterliche, im Schnee erstarrte Neapel als Szenerie. Der glühende Vulkan schafft den Kontrapunkt dazu. Wie im Barock drückt sich das Wechselbad der Liebe im Aufeinanderprall von "Eis" und "heiß" aus. Unser Gedicht, das fünfte des Zyklus "Lieder auf der Flucht", beginnt mit einer strahlenden Ouvertüre, einem trompetenhellen Imperativ. Verkündigung, Einzug eines hohen Herrn steht bevor; wie sonst Blumen werden Früchte ausgestreut, südliche, versteht sich. Der Winterschnee hat auch die Gerüche zugedeckt, nun sollen sie triumphieren. "Belebt den Sommer neu" heißt die Beschwörungsformel, und es stünde um ihn gut, wenn nicht in diesem Appell auch etwas Zaubermeisterliches steckte, das Ingangsetzen einer Mechanik oder der Versuch der Auferweckung eines Toten.

Schon der nächste Vers, der den Kreislauf neu zu beleben heißt, schaltet jäh um. Statt Feigen, Kapern, Korinthen unvermittelt Blut, Kot, Auswurf, Tod. Tod wie ein Ausrufezeichen den neuen Vers einleitend. Und nun, nicht leicht verständlich, ein neues Kommando, scheinbar ganz weit weg von den Gewürzstreuern. "Hakt in die Striemen ein ..." Das schmerzt, ist grausam, könnte im umgangssprachlichen Deutsch heißen: "Reißt Wunden auf!"

Was nun folgt, scheint keinerlei Beziehung zu dem Jubelchor des Anfangs zu haben. Die Striemen, so darf man die nächsten Verse entschlüsseln, sind die Linien, die Falten und Runzeln, die das Schicksal den Neapolitanern eingezeichnet hat, und es ist gänzlich unwahrscheinlich, daß diese alt und schlau Gewordenen, diese Ausgekochten, diese "Verkalkten" sich noch zu irgend etwas hinreißen ließen. Wozu noch Düfte und Gewürze? Der Süden zeigt sein anderes Gesicht. Als feixende Zaungäste, als Dottori und Pantaloni, umstehen die Abgebrühten das Liebespaar.

Oder bedeutet dieser Chor doch anderes und mehr? Wieder wechselt die Tonart mitten im Vers: "von Händeln schlau" (Liebeshändeln?) paßt noch ganz zu "mißtrauisch, faul und alt". Aber die letzten vier Verse nobilitieren die Statistengesichter. Die hier leben, haben das Sensorium der immer gegenwärtigen Gefahr. Sie kennen die Bedrohung, deren die Liebespaare in ihrer Euphorie nicht achten. Sie wissen über das Vulkanische Bescheid, das auch der Liebe innewohnt. Der Gott namens Vucanus ist ja der oft erhitzte und oft betrogene Ehemann der Venus. Da steigt der Unheilsengel Rauch auf, und unter dem Schnee rührt sich die Höllengut, die verdammte, die der Verdammten.

Das Gedicht, von einem großen Schwung getragen, rhapsodisch, ist - etwa in der genauen Entsprechung von "Schnee" am Anfang und "Glut" am Schluß - höchst kunstvoll durchgearbeitet wie eines aus älteren Zeiten, als man Sonette drechselte. Der freie Vers klingt an Shakespeare an. Wie bei einem Musikstück wechseln die Tempi, und es wäre töricht, etwa zu meinen, der Zorn des Lavagottes und die Glut des Vesuvs widerlegten den Triumphzug der Früchte und Gerüche in den ersten Versen.

In dieser Vielstimmigkeit, dieser Verfügbarkeit der Register hat die Bachmann ihre Meisterschaft geschult und gesteigert, bis zu ihrem letzten poetischen Seufzer: "Wer wird sich den Schädel zerbrechen über so überflüssige Dinge."
Frankfurter Allgemeine Zeitung, 29.10.1988

Traumwäscherei

Von Walter Hinck

Als ich diese Verse zum erstenmal las, fiel mir unmittelbar ein Gedicht aus dem siebzehnten Jahrhundert ein, das Sonett "Abend" von Andreas Gryphius. Ähnliche Motive: Dunkelheit, Sorge, Tod und die Frage nach dem Nachher. Dem Dichter des Barockzeitalters kommen der Tag und das Leben vor wie eine "renne bahn", auf der "die zeit verthan" ist. Er sammelt alle seine Hoffnung im Gebet an den "höchsten Gott": "Laß/ wenn der müde Leib entschläfft/ die Seele wachen/ Und wenn der letzte Tag wird mit mir abend machen/ So reiß mich auß dem thal der Finsterniß zu Dir."

Im Sonett ist die Tageszeit, der Abend, nur Fingerzeig auf eine tiefere Bedeutung, das Sichtbare nur ein Flechtwerk von Zeichen für eine spirituelle Welt: in die Natur und Kreatur hat Gott bei der Schöpfung einen Sinn gelegt, den wir entsiegeln müssen. Für den Gläubigen lichtet sich das Dunkel des Diesseits durch die Verheißung von Ewigkeit.

Auch im Gedicht Ingeborg Bachmanns wird der Sorge Trost angeboten, ja aufgedrängt, in einer Wechselrede von Frage und Antwort (Scheinantwort). Die Kursivschrift deutet eine andere Art von Rede an, hilft uns die Antworten als Einflüsterungen zu verstehen. In der Abfolge der vier Fragen wird zunehmender Ernst erkennbar. Geht die erste Frage aus dem Bedürfnis nach Geborgenheit hervor, so wünscht die zweite Orientierung in der geistigen und existentiellen Unsicherheit, die aus der Gewißheit unserer Endlichkeit entspringt. Sie löst die Fragen nach einer letzten Instanz aus und nach dem, was beim Eintreten des Todes und danach geschieht.

Ständig unterbricht die Reklame das Fragen, und ihre Scheinantworten sind Versuche, die Fragenden zu beschwichtigen, zu beruhigen, einzulullen; sie möchte abwiegeln. Der Singsang der Werbesprache appelliert an die Sorglosigkeit und verspricht Heiterkeit - Musik ist Droge. Wo im Sonett des Barockdichters das Gebet zum Vermittler der Hoffnung wird, wiederholt die Reklame mit der Eintönigkeit von Gebetsmühlen ihr Beschwörungs- und Betäubungsvokabular. Werbung ist Abwertung, Ablenkung des Menschen von seiner Suche nach einem Daseinsziel. Die Litanei der Werbesprache reizt Süchte nach flachem Glück.

Alle Züge der Reklame schillern noch einmal auf in der vieldeutigen Metapher "Traumfabrik". Erste Assoziationen, die sich bei mir einstellten, waren: Traumwäscherei und Gehirnwäsche. Ingeborg Bachmann hat sowohl eine Erzählung wie ein Hörspiel mit dem Titel "Ein Geschäft mit Träumen" geschrieben (1952): Träume können Gegenbilder zur Welt der gesellschaftlichen Zwänge erstehen lassen oder solche Zwänge zu Alpträumen verdeutlichen; fragwürdig sind die Geschäfte der Konsumindustrie, wenn sie mit den Mitteln der Massenbeeinflussung alle menschlichen Ängste, Sehnsüchte und Hoffnungen, die den Verkaufsstrategien entgegenwirken könnten, verdrängen, um dafür Ersatzbefriedigungen anzubieten.

"Traumwäscherei" ist eine Metapher für ebendiese Verdrängung. Das Gedicht zeigt nicht nur, wie der Mensch von verführerischen Stimmen umstellt ist und von Reklameverheißungen berieselt wird, die ins Unterbewußtsein drängen, sondern auch, wann und wo die suggestive Gewalt der Reklame versagt: im Angesicht des Todes. Das Wort "Totenstille" läßt die Sprache der Beschwichtigung plötzlich verstummen.

Zu ihrem Gedicht "Reklame" mag Ingeborg Bachmann Anstöße durch eine Amerika-Reise im Jahre 1955 erhalten haben. Bei uns waren damals Werbeindustrie und Medien, zumal das Fernsehen, noch in der Entwicklung zurück. Heute sind sie in unserem Leben eine Großmacht. Längst auch hat sich bei uns die Zivilisations- und Kulturkritik über das Thema der Bewußtseinsmanipulation hergemacht - und es zerschwätzt. Da ist es gut, wieder ein Gedicht zu lesen, das die Kniffe der Verführung nicht beredet, sondern sie selbst zum sprachlichen Ereignis werden läßt.

Frankfurter Allgemeine Zeitung, 4.4.1989

Schaukelbrett, tragfähig

Von Ulla Hahn

Gelöster als in diesem Gedicht hat Ingeborg Bachmann nie wieder von der Liebe geschrieben. Leidenschaftlicher ja, pathetischer gewiß, mit kühneren Metaphern, grelleren Bildern und Tönen, doch nie wieder hat sie das "Unsägliche", und dazu gehört nicht zuletzt die Einheit von Liebe und Glück, mit einer derartigen Gelassenheit zur Sprache gebracht, als sei diese Glücksgewißheit so selbstverständlich und alltäglich wie ein Gang zum Bäcker.

Dieser Selbstverständlichkeit entspricht das Bild. Zwei winzige Menschen umschlingen ein "Schaukelbrett", so riesig, daß die sieben Hügel Roms auffliegen, wenn das Paar im "Flußschlamm" des Tiber versinkt. Das Bild ist kühn, die Sprache kühl, es ist der Tonfall des Berichterstatters, der ungerührt rapportiert. Der weit ausholende, dennoch klar gegliederte Satz, der sich über sechs Zeilen und die beiden ersten Strophen des Sonetts schwingt, formt im Auf und Ab der Betonungen die Schaukelbewegungen nach. Ein schwindelerregendes Bild, von Metrum und Rhythmus souverän gebändigt. Die Sprecherin weiß, daß, mit der Gesetzmäßigkeit von Naturereignissen, sie gemeinsam aufsteigen werden, "ist die Reihe an uns".

Woher diese Sicherheit? Schaukeln kann nur, wer sein "Schaukelbrett" fest verankert hat. Worin besteht dieser Dreh- und Angelpunkt? Was garantiert die Balance? Es ist das "Wir", das hält und in Bewegung mitunter, und gleichwohl vor Absturz und Versinken bewahrt. Anders als üblich in Ingeborg Bachmanns Lyrik ist in diesem Gedicht der Gegensatz von Ich und Du bereits überwunden, das "Wir" erobert. Jetzt wird es gelebt und erprobt. Und siehe da: Es erweist sich als tragfähig im wahrsten Sinn des Wortes. Vergessen das heillose Entweder-Oder, das immer wieder in der Liebeslyrik, und vor allem später in der Prosa, den für die Bachmann typischen unlösbaren Widerspruch zwischen Liebe und Selbstwahrung evoziert, da Liebe entweder als Selbstaufgabe oder als Zwang zur Unterwerfung erfahren wird.

Das Gegenteil hier. Dieses Bild des Schaukelns setzt den freien Entschluß und den Mut zweier selbständiger Menschen zu einem unbegrenzten, bedingungslosen Vertrauen in ein gemeinsames "Wir" voraus: "Keiner springt ab." Denn der Absprung eines wäre beides: Selbstmord und Mord. So aber bildet sich das "Wir" im Prozeß des Schaukelns, des Miteinanderlebens, immer verläßlicher heraus und festigt sich gerade in der Gefahr. Nur dann sammeln sich die Fische im Schoß, fällt, was das "Wir" zum Leben braucht, ihm buchstäblich in den Schoß. Wer so eins ist, wer so selbst und doppelt ist, der kann teilen, mitteilen, denn er lebt aus der Fülle und aus dem Vertrauen, daß sie ihm nie versiege.

Die Sonettform legt sentenzhafte Überhöhungen der vorangegangenen Bilder in den letzten Zeilen nahe. Ingeborg Bachmann formuliert ihr Fazit mit geradezu luzider Klarsicht: "So gewiß ist's, daß nur die Liebe/ und einer den andern erhöht." Das ist ein Satz wie Lackmuspapier, ein Eichmaß für jeden, der behauptet zu lieben. Hier hat sie erfaßt, was Liebe unterscheidet von selbstzerstörerischer Leidenschaft und demütiger Hörigkeit. Erklär mir Liebe! Dieses Gedicht tut es.
Frankfurter Allgemeine Zeitung, 18.4.1992

DER GUTE GOTT VON MANHATTAN (1958)

"Der gute Gott von Manhattan"

Von (Werner) W(e)b(er)

Eine Dichtung, die uns das Herz trifft und die Urteilskraft entzückt: Ingeborg Bachmanns Spiel "Der gute Gott von Manhattan". Ein Bericht, ein Märchen; eine Aktenfrage, ein Mythos; Schwebestand der Sprache zwischen Rapport und Singen; Beschäftigung mit Lebensersatzstoff, Umgang mit Elementen - es ist ein aus Tod und Entrückung gemischtes Geheimnis; Lebenswirbelsturm, durch Kunst an den Ort gewiesen, wo der Gedanke die Frage stehen läßt und sie erträgt.

Das Spiel beginnt in einem Gerichtssaal; New York in einem Hochsommer. Der Richter schickt das Hilfspersonal weg. Die beiden Herren, Richter und Angeklagter, kommen gleich zur Sache. Angeklagter: "Sollten Sie auch wissen, wer ich bin?" Richter: "Der gute Gott von Manhattan. Manche sagen auch: der gute Gott der Eichhörnchen." Der Angeklagte wird demnach zum guten Gott und gibt über seine Arbeit Auskunft. Er hat Eichhörnchen als Kundschafter, Melder, Agenten; unter den Tieren sind zwei besonders zuverlässige, Billy und Frankie mit Namen. Er habe, sagt der gute Gott, nie eine Bombe gelegt, ehe die beiden nicht den Ort gefunden und die Zeit errechnet hatten, wo es diejenigen todsicher treffen mußte, die gemeint waren. Der Richter macht weniger Umschweife und hält einfach fest: "Ich sah eine Kette von Attentaten gegen Menschen, die niemand bekümmert hatten, ausgeführt von einem unauffindbaren Wahnsinnigen." Unter vielen Fällen ist noch einer abzuklären: Ein junger Mann ist mit dem Schiff nach Cherbourg entkommen; eine junge Frau, zurückbleibend, ist gestorben ("er nahm das Schiff, und er hat sich nicht einmal die Zeit genommen, sie zu begraben, und geht dort an Land und vergißt, daß er beim Anblick ihres zerissenen Körpers weniger Boden unter sich fühlte als beim Anblick des Atlantik"). Da sagt der gute Gott, er werde jetzt darüber Auskunft geben, "wie es kam". Diese Auskunft macht den Inhalt der Dichtung "Der gute Gott von Manhattan" aus.

Wer ist der Richter, wer der gute Gott - und die Eichhörnchen? Die Instanzen schwimmen ineinander hinein, Richter ist Angeklagter und umgekehrt. Es wird angeklagt, es wird verantwortet, und aus dem Widerspiel geht die neue Macht hervor: der Zeuge, der obere Beobachter, der Raum- und Zeitraffer, unbeschränkt anwesend. Er berichtet über das, was der Richter "den letzten Fall" nennt. Es ist eine Vierstufengeschichte. Der Ansatz dazu liegt im Gewöhnlichen. Ingeborg Bachmann notiert es; aber unter ihrer Hand wird das Banale geheimnisverdächtig; im Gleichgültigen schimmert die Fügung; sie kann bedeutungsvoll werden, ohne einen Finger auffällig zu heben; sie beherrscht die Kunst des selbstverständlichen Wunderrucks, durch den sich Wörter in neuer Nachbarschaft frisch entzünden und auf der geheimeren Seite zu strahlen beginnen: Meisterschaft der Verwandlung ohne Verrenkung. Aus dem Ungewählten treten Wunder heraus.

Aber bleiben wir bei der Geschichte: Auf dem Grand-Central-Bahnhof spricht eine junge Frau einen jungen Mann an: "Sie suchen den Ausgang!" Alles weitere bleibt beiläufig. Der junge Mann, Jan, sagt unter anderem, er habe Hunger und müsse zuerst etwas essen, ehe er weiterdenke. Die junge Frau, Jennifer, geht zu einem Automaten, läßt Nüsse heraus. Jan darauf, heiter: "Wissen Sie, Jennifer, was ich gesehen habe? Ein Eichhörnchen." Und geheimnisvoll: "Es hat mir einen Brief zugesteckt." Darin steht: "Sag es niemand! Du wirst diesen Abend mit Jennifer auf der himmlischen Erde verbringen." Ingeborg Bachmann hält sich jetzt erzählend gleich nahe ans Symbol wie an den nichts weiter meinenden Gegenstand. Nüchtern und magisch. Es sind Spiele der Einbildungskraft, in denen nichts auf einen Übersinn hin gedehnt und nichts auf Kernsätze zusammengepreßt werden soll; es ist Bildkunst musikalischen Herkommens. Die Zuneigung entspringt aus einer geringen Zärtlichkeit - Nüssekaufen. Die Zärtlichkeit, der anmutig blitzschnelle Hin- und Widerlauf des Liebesgefühls wird ein Bild - Eichhörnchen. Und doch ist nichts huschend Hübsches zwischen den beiden. Schon die erste Berührung hat Opfergeschmack. Ingeborg Bachmann hängt verstohlen Gerichte ins gewöhnliche Gespräch, so daß die größte Erinnerung an Opferliebe darin plötzlich erlaubt und richtig herausklingen darf: Jennifer trägt die Wundmale in den Händen. "Er hat seine Nägel hineingeschlagen. Es tut noch sehr weh." Und jetzt ist die Liebesgeschichte zwischen Jan und Jennifer auf dem Rang, wo die Liebe überhaupt erzählt wird, "l'amor che muove il sole e l'altre stelle". Hier an Dante zu erinnern ist nicht äußerlich. Wenn Jennifer und Jan die Bar, ihren ersten Rastplatz, verlassen, sagt ein Bettler auf die Frage, ob er Schauspieler sei: "Eingegangen in die schmerzensreiche Stadt und in die immerwährende Qual, verloren unter Verlorenen." Das ist ein Echo auf den Text über der Höllenpforte: "Per me si va nella città dolente, Per me si va nelle eterno dolore, Per me si va tra la perduta gente."

Ich sagte "Der gute Gott von Manhattan" sei eine Stufengeschichte. Sie ist erlebt, bedacht, geformt unter dem mythischen Zeichen des Läuterungsberges. Ingeborg Bachmann macht aus einem touristischen Motiv ein Leidenschaftsgleichnis: Ein junger Mann und eine junge Frau gelangen in New York an; sie suchen gemeinsam eine Unterkunft. Fürs erste ist ein lichtloses schmutziges Loch im Untergeschoß zu haben. Man kann da nicht bleiben, sucht eine bessere Wohnung und findet sie im siebenten Stock des Atlantic Hotel; später wird etwas im dreißigsten Stockwerk frei; schließlich hat man Unterkunft zuoberst; Licht, Ruhe. Diese Umzüge, Auffahrten, Touristenschwierigkeiten, erzählen in verwunschener Überblendung den Anstieg aus dem Ereignis einer Zärtlichkeit durch das Lichtgefälle der Leidenschaft bis an den Ort der Zerstörung. Und am Ende liegt das Thema frei: Widerstreit von Zeit und Gegenzeit; oder Maske und Wesen. In der Zeit ist der Mensch versteckt unter seinen Geschichten; durch Liebe gründet er die Gegenzeit, wo er aus seinen Geschichten ausgeklammert da ist. Jan: "Ich weiß nichts weiter, nur daß ich hier leben und sterben will mit dir und zu dir reden in einer neuen Sprache; daß ich keinen Beruf mehr haben und keinem Geschäft nachgehen kann, nie mehr nützlich sein und brechen werde mit allem, und daß ich geschieden sein will von allen andern ... Und in der neuen Sprache, denn es ist ein alter Brauch, werde ich dir meine Liebe erklären und dich 'meine Seele' nennen. Das ist ein Wort, das ich noch nie gehört und jetzt gefunden habe, und es ist ohne Beleidigung für dich."

Es gibt in dieser Dichtung Wendestellen, wo die Wörter den Atem anhalten, als ob jeden Augenblick zwischen ihnen hervor, sprachlos, das Herzenswunder sich nach dem Gesetz des urbestimmten Einverständnisses von Seele zu Seele mitteilen wollte. Ingeborg Bachmanns Sprache selbst bildet Zeit und Gegenzeit ab, Maske und Wesen, und in großer Bewegung, aber ohne die flackernde Süchtigkeit kleiner Begeisterter lobt sie die Glut aus dem Gegenbereich des Eises, das Sein aus dem Gegenlicht des Todes.

Jan, flüchtend aus der Gegenzeit, gibt sich am Ende rechtschaffen wie ein Mann, der "aus seinem Ohr das Geflüster einer Geliebten und aus seinen Nüstern den hinreißenden Geruch verscheucht hat". Jennifer ist allein auf der schrecklichen Höhe verbrannt, wo sich das Wesen hinter keiner Maske verbirgt. Der Richter, der gute Gott - der Zeuge hat alles erzählt. Schuld? Ingeborg Bachmann fühlt, denkt, gestaltet in diesem Spiel auf dem Mythenboden, wo nicht Rechnung und nicht Wägen herrschen, sondern Sein im ältesten Verhältnis. Sie legt ein Gewebe weiterer Erfahrungen in mühelosem Ernste hin, Hohelied-Tod in die Trockenheit alltäglichen Vortrags gemischt, eine mystisch orphische Aussprache seliger Sehnsucht.
Neue Zürcher Zeitung, 6.12.1958

Ballade von der himmlischen Erde
Von Klaus Wagner

"Ein gewisses Lächeln", schreibt Françoise Sagan lockend auf das Titelblatt ihres zweiten Bestsellers. Ihre österreichische Kollegin Ingeborg Bachmann versteckt ein "unbeschreibliches Lächeln" nach ihrer Art scheu in den Dialog einer neuen Prosaarbeit, ihres zweiten Hörspiels nach den "Zikaden". Gleiches Lächeln, gleiches Thema: Liebe in diesem Jahrzehnt aber der Abstand, ein Rangunterschied läßt sich an einer Zeile Zitat ablesen. Von den Liebenden und ihrem gewissen, ganz und gar unbeschreiblichen Lächeln sagt Ingeborg Bachmanns Guter Gott von Manhattan: "Sie fangen an, wie ein glühendes Zigarettenende in einen Teppich, in die verkrustete Welt ein Loch zu brennen. Mit diesem unentwegten Lächeln."

Das genaueste Sinnbild hier, wo die Wimpelträgerin der literarisierenden Jeunesse dorée nichts als das gewisse Etwas vorzuzeigen hat, die mit Mädchenphantasie angereicherte Gesellschaftsreportage von der großen Promiskuität, die schon unter den jungen Herrschaften von heute grassiert. Auch Ingeborg Bachmann hält sich ans Heute, aber sie hat es nicht wie die schreibende Garçonne mit übersättigter Liebe im Plural zu tun, sondern mit der unentrinnbaren Begegnung im Einzelfall, und das heißt allemal Leidenschaft.

Das Hörspiel trug den Arbeitstitel "Manhattan-Ballade". Das schien uns treffender als die endgültig gewählte Überschrift, die ein wenig an Brecht erinnert. Denn das ist eine "Ballade von der himmlischen Erde", von Ma-na Ha-ta, wie die Indios sagen, eine bittersüße Liebesgeschichte im Asphaltdschungel von New York, vor einer Kulisse aus Stahl und Beton: der Skyline von Manhattan, dieser Profillinie der Neuen Welt und ihrer Metropole, einer "Stadt der Städte, die in ihrer Rastlosigkeit und Agonie jeden aufnahm und in der alles gedeihen konnte! Auch dies".

"Dies" ist die Geschichte von Jan und Jennifer, vom College-Girl und ihrer Straßenbekanntschaft aus Europa. Zwischen den Außenstationen der Story, dem schäbigen Stundenhotelzimmer und dem letzten Liebesnest, einem Turmzimmer auf dem 57. Stockwerk des Atlantic-Hotels, spinnt sich nur ein dünner Faden Handlung, das immer gleiche Liebesspiel. Nicht die geringste Spekulation, keine Spur von Lüsternheit ist hier im Hörspiel. Umarmung braucht, wo die zum Vers drängende Sprache das Heikle gestattet, nicht den filmischen Blackout der Wischblende. "Warum, warum, warum?" fragt das Mädchen ("unter Tränen", bestimmt sachlich die Regieanweisung), und: "Warum küßt du mich aber? Warum?" fragt Jan zurück, der allen Lobpreis auf die Geliebte in den klassisch einfachen Satz zusammenfaßt: "Sieht aus wie alle und ist es doch." Was an einem solchen Dialog, der nicht nur 57 Stockwerke hoch über der "himmlischen Erde" gedeiht, gehört noch Jan und Jennifer allein, was Orpheus und Euridike, Tristan und Isolde, Romeo und Julia, Abälard und Heloïse, Francesca und Paolo - und allen großen Liebenden der Welt!

Warum, fragt auch Ingeborg Bachmann, warum müssen sie untergehen; warum hat Liebe keine Chance zum Andauern und Überleben auf dieser himmlischen Erde? Eine Antwort gibt der Gute Gott von Manhattan: seltsame dichterische Montage aus mythischen Vorbildern und der Assoziation mit jenem halbirren Schlagzeilenlieferanten, der eben damals, als Ingeborg Bachmann Harvard besuchte und ihr Amerika-Erlebnis hatte, lange Zeit unerkannt in New York City seine Bomben legte. "Ich glaube, daß die Liebe auf der Nachtseite der Welt ist ..., daß, wo sie aufkommt, ein Wirbel entsteht wie vor dem ersten Schöpfungstag", bekennt dieser Gute Gott, der mit der einen Hand die Eichhörnchen von Manhattan füttert und mit der anderen Dynamit ausstreut wie ein Insektenpulver gegen die zu große Leidenschaft.

In eine verzweifelte Himmelfahrt läßt die Autorin ihre flammende Apologie der Leidenschaft münden, in der sie böse Worte findet für jene, die "ein Heilmittelunternehmen gegen Einsamkeit daraus machten ... Man wird mir entgegenhalten: dieses Gefühl verläuft sich, gibt sich. Aber da ist gar kein Gefühl, nur Untergang!" Das Ende bleibt unverbindlich; "Schweigen" heißt das letzte Wort dieser Funkdichtung, die an den Schlaf der Welt rührt. Muß man dieser jungen Lyrikerin, die allzeit so unbedingt wie keine ihrer Generation den Untergang besingt, denn nachsagen, daß das, was sie schreibt, die Antwort enthält: weil elementare dichterische Leidenschaft bei ihr zu Gestalt wird, zu Geist? Und daß Liebe auf

dieser himmlischen Erde nur Abbild ist, das die "Gegenzeit" ankündigt - mit ihrem unbeschreiblichen, aller Geborgenheit gewissen Lächeln?
Frankfurter Allgemeine Zeitung, 24.1.1959

Der Gute Gott von Manhattan

Von Anonym

Die Österreicherin Ingeborg Bachmann (geb. 1926) wurde in Deutschland durch ihre beiden Gedichtzyklen "Die gestundete Zeit" und "Anrufung des Großen Bären" bekannt. Sie zählt neben Paul Celan und ihren Landsleuten Christine Busta und Christine Lavant zu den stärksten Begabungen der jüngeren Generation.

Der Piper Verlag legt jetzt (nach den "Zikaden") ihr jüngstes Hörspiel, "Der Gute Gott von Manhattan", das im Mai vergangenen Jahres mit großem Erfolg von drei deutschen Rundfunkstationen uraufgeführt wurde, einem weiteren Kreis in Buchform vor. Das Erscheinen des Bändchens wirft zwei Fragen auf, einmal: Wie ist Ingeborg Bachmann diesmal der Sprung in die andere Form gelungen (vom Gedicht ins Hörspiel)? Und zweitens: Gewinnt das für das *Hör*spiel verfaßte Script in der Buchform?

"Der Gute Gott von Manhattan" spielt in einer unwirklichen, fast mythischen Welt, deren Hintergrund jedoch - wie in jedem Mythos - gesteigerte Wirklichkeit ist. Der Gute Gott von Manhattan, der personifizierte Geist New Yorks, steht vor Gericht und ist angeklagt, einen Menschen, ein junges dreiundzwanzigjähriges Mädchen aus Boston, mit einer Bombe, die seine Helfershelfer, Eichhörnchen, besorgten, umgebracht zu haben. Der Richter, der Recht setzen soll - menschliches Recht -, versagt vor seiner Aufgabe; denn der Gute Gott hat nicht leichtfertig getötet, er hat überhaupt nicht getötet, das Mädchen vernichtete sich selbst mit ihrer leidenschaftlichen, gesetzlosen Liebe zu einem jungen Mann aus der Alten Welt, jenem Jan, der eigentlich gar nicht lieben wollte und doch von der Liebe gepackt wurde, der nichts als das Ende (wie Tristan) ersehnte und die Revolte gegen das Ende der Liebe, deren Opfer dann jene Isolde aus der Neuen Welt wurde. Gesetzlos und gegen die menschliche Ordnung war diese Liebe, und doch hatte sie ihren Grund: die steinerne Fremdheit der Riesenstadt, die einsame Menschen zueinandertreibt und zerstört. Der Gute Gott von Manhattan ("der himmlischen Erde", so lautet die Übersetzung aus dem Indianischen) ist nicht nur gut. Er ist auch ein Moloch, der die Menschen in die Verzweiflung treibt. Aber er ist - wie das Spiel deutlich machen will - nicht nur Angeklagter, sondern auch Kronzeuge und steht jenseits menschlicher Satzungen, wenn er auch die menschliche Ordnung dieser Stadt richterlich - wie ein antiker Gott - hütet.

Damit sind nur die Pole angedeutet, um die das Spiel kreist. Es bleiben Reste, die nicht vom Verstand entschlüsselt werden können, wie bei jeder Dichtung; es bleiben Verklammerungen und Beziehungen, die beim einmaligen Hören unmöglich erfaßt und begriffen werden können. Dieser Hörspieltext wird erst deutlich beim Lesen, bei wiederholtem Lesen.

Mit dieser Feststellung scheint die erste Frage negativ beantwortet zu sein. Eine solche Antwort bliebe jedoch rein theoretisch (kommt es doch darauf an, was Regie und Sprecher aus der Vorlage machen, wie sie sie zu neuem Leben erschaffen). Ingeborg Bachmann hat mit dieser Szenenfolge eine literarische Form gewählt, die einer anderen Gattung angehört als das Gedicht. Und diese Form eines modernen mythischen - und damit heidnischen - Spiels (das auf einer Bühne freilich sehr schwer vorstellbar ist) ist ihr in erstaunlicher Weise gelungen. Gelungen in der vollendeten Paradoxie einer geschlossenen und zugleich offenen Handlung, von plastischen, im Hier und Heute lebenden und zugleich überwirklichen Figuren, die wiederum nur den paradoxen Hintersinn des Spieles ausdrücken: die Bitternis und Schönheit der Liebe und die Rache des Guten Gottes von Manhattan, der wüsten Stadt, den die Menschen sich schufen und der sie vernichtet.

Das Geheimnis des kleinen, aber bedeutsamen Werkes wird aus der Sprache geboren, aus einem höchst bewußten und zugleich traumwandlerisch sicheren Gefühl für das Wort, das niemals beziehungslos steht und in dem die Spannungen unserer unwirklich-wirklichen Welt immer wieder eingefangen werden.
Die Welt der Bücher, Zweite Folge, Heft 1, Ostern 1959, S. 56

War das Hörspiel der Fünfziger Jahre reaktionär?

Von Wolf Wondratschek

Wenn wahr wäre, daß über Hörspiele nur schreiben darf, wer diese auch gehört hat, hätte ich ablehnen müssen, die Sendung zu kommentieren, denn ich habe Ingeborg Bachmanns Hörspiel "Der gute Gott von Manhattan" zunächst gelesen und danach gehört.

Nun gibt es aber Texte, und "Der gute Gott von Manhattan" fällt, wie ich meine, darunter, die sich nicht durch die ihnen vom Autor aufgezwungenen Begriffe definieren lassen und praktisch nur sehr wenig von dem realisieren, was ihr Name theoretisch ankündigt.

Daß beispielsweise der Begriff "Hörspiel", einmal angewandt auf die damit gemeinten Arbeiten der fünfziger Jahre, eher verschleiernd als erhellend wirkt, bestätigen die Texte von sich aus. Und tatsächlich haben sich diese Hörspiele ihrem eigenen Begriff, wenn überhaupt, nur mühsam angenähert. Sie bleiben radiophon weit hinter dem zurück, was sie literarisch einzulösen versuchen. Ihre Wünschelrute war der Traum, ihr Impuls die lyrische Besinnung, ihre Subjektivität poetisch, ihr Resultat die Illusion. Es erscheint daher fast unwillkürlich, sie in Buchform zu veröffentlichen (statt sie akustisch hörerisch zu vertonen). Denn sie selbst wollten sich ihrer Form nach gar nicht von dem Papier befreien, auf das sie notiert waren; das Radio lieferte den Tönen ihr Echo wie ein Argument, das doch keines war. Selten nur haben sie sich ernsthaft, und sei es um den Preis des Mißlingens, an der Erarbeitung einer technischen Nomenklatur für dieses neue Medium beteiligt. Das Angebot der Texte verhielt sich dem Apparat gegenüber meist affirmativ, kaum experimentell; und dieser Apparat verdoppelte dann die aufgegebenen Effekte der Unmittelbarkeit, auf die es ankam.

Die Hörspiele der Fünfziger Jahre verdanken sich nicht den realen Verhältnissen, weil sie zeitlos über diese sich literarisch ausschwiegen. Sie gelangen durchweg, und es war wie im Traum. Jedoch: was bloß Traum sein soll, ich zitiere Adorno, läßt allemal die Realität unbeschädigt, mag ihr Bild noch so beschädigt sein.

Ingeborg Bachmanns Hörspiel ist so ein Traum in beschädigten Bildern, auf den zutrifft, daß er die Realität nicht beschädigt; aber auf diese kam es ihr offenbar gar nicht an. Das wiederum liegt in einem problematischen Selbstverständnis der Blütezeitautoren. Die Autorin spezialisiert sich poetisch ganz aufs Niemandsland der reinen Empfindungen, freilich auf deren Scheitern, ohne sich dabei auf die gegebenen Widerstände einzulassen, welche dieses Scheitern verständlich als "von dieser Welt" ausweisen könnten, was ja im Titel der Hinweis auf Manhattan immerhin vermuten läßt. Daß dieses Stück schon 1958 urgesendet wurde, ist kein ernstzunehmender Einwand.

Die Spielregeln der empirischen Realität setzt Ingeborg Bachmann in ihrem Hörspiel außer Kraft - leider um nichts! Sie präsentiert uns inhaltlich die Liebe zwischen Jan und Jennifer tautologisch, im besten Falle so, als sei sie nur das intensivste Ritual des privaten Abschieds von einer Gesellschaft, als deren Mitglieder sich beide Liebenden nicht mehr verstehen wollen. Aber diese Kündigung ist fiktiv. Sie entspricht exakt jenem scheinbar verewigten bürgerlichen Fehlverhalten, das die Autorin, statt immanent zu kritisieren, unkritisch als Ideologie reproduziert. Dabei böte gerade die Form des Märchens die Möglichkeit einer sinnlichen, ganz in den Handlungsablauf zurückgenommenen Analyse.

Auf diesem Podest haben die Bürger den Künstler immer schon am liebsten eingehegt: Er habe, heißt es, zu formulieren, was alle empfinden oder alle zumindest nachempfinden können, gerade weil ihre eigene Sprache nicht ausreichend ist, sich allein dieser Empfindungen zu vergewissern. Dieser Irrtum, reaktionär in seiner Tendenz, verhält sich analog zum kulinarisch unterhaltenden Kinofilm, dessen Geschichten beharrlich dort enden, wo sie eigentlich erst beginnen müßten - in jenem alltäglichen Bereich nämlich, wo sich die Konflikte privater und öffentlicher Natur wirklich abspielen, den jedoch die Kunst, ihrer Meinung nach, und das gilt als die Anschauung des gesunden Menschenverstandes, durch Überhöhung zu verschönern und also zu sanktionieren habe.

Das, meine ich, erklärt hinreichend den großen Erfolg dieses Hörspiels beim Publikum; daß es als Buch ebenfalls ein Erfolg wurde, ist erklärlich, daß es 1958 mit dem Hörspielpreis der Kriegsblinden ausgezeichnet wurde, ist konsequent.

Der gute Gott von Manhattan will, das könnte man den Inhalt dieses Stückes nennen, Auskunft darüber geben, "wie es kam", daß "eine Kette von Attentaten gegen Menschen ausgeführt wurden, die niemand bekümmert hatten". Aufgerollt wird dieser Inhalt am Beispiel Jan und Jennifer, die sich lieben und daran scheitern. Es wäre töricht und vollkommen ahnungslos, Ingeborg Bachmann etwa vorwerfen zu wollen, daß sie kein realistisches Spiel geschrieben hat. Nein, aber auch ein Märchen hat seine ihm substantiell innewohnende Rationalität; und sie nun halte ich hier für anfechtbar und künstlerisch reaktionär. Die Autorin täuscht unbewußt, vielleicht, über das grundsätzliche Manko ihres Entwurfs hinweg, und zwar mit literarischen Mitteln. Die bürgerlichen Tendenzen vieler Arbeiten der Fünfziger Jahre liegen hier exemplarisch zutage.

Ingeborg Bachmann verfügt über den guten Gott wie dieser über die Menschen, als hätten diese Menschen keinerlei Chancen, sich womöglich selbst aus eigener Kraft, der Kraft des angestrengten und kritischen Bewußtseins, von dem zu befreien, was als unabwendbar und schicksalhaft die Autorin ihnen auferlegt. Sie befragt nicht die objektiven Bedingungen, die sich allen unseren Empfindungen und Gefühlen, und gerade den subjektivsten, längst bemächtigt, die sie beschränkt und qualitativ verändert haben.

Es wäre zu fragen: Wie kommt es und woher kommt es, daß Jan und Jennifers Liebe sich nicht erfüllt oder erfüllen kann? Wer ist verantwortlich dafür? Das Hörspiel gibt nur vor, diese Frage zu stellen. Daß es die Fragen nicht beantwortet, ist ihm nicht vorzuhalten, sondern daß es falsche Fragen oder, was dasselbe ist, Scheinfragen stellt; daß es die gefälligen Illusionen über ein solches Thema nicht aufdeckt und sich mit einer schalen Unverbindlichkeit beruhigt.

Zwischen der einen und der anderen Welt verläuft ein Riß, der ästhetisch - das sehen wir jetzt deutlicher als damals - nicht zu kitten ist. Kein Wunder also, daß dieses Scheitern der Liebe auf diese unsere Welt der permanenten Verweigerung nicht bezogen werden kann; und genau das macht dann dramaturgisch einen sogenannten guten Gott der anderen Welt nötig, der uns sehr vage ein Gefühl fürs Allgemeine verheißt. Das mißlingt, da er sich nicht, auch nicht allegorisch, als Summe jener Mächte und Mächtigen manifestiert, die verhindern, daß sein könnte, was sein sollte. Wir Zuhörer und Leser erfahren so gut wie nichts darüber, "wie es kam", daß diese Liebe brutal zerstört wird.

Das Manhattan, von dem die Rede ist, mutet eher wie eine Opernkulisse denn als ein Duplikat jenes New Yorker Stadtteils an, in dem sich Widersprüche austragen, von denen nur Tote sich nichts träumen lassen. Der Weg geht symbolisch von unten nach oben, vom Erdgeschoß eines Hotels hinauf ins 57. Stockwerk eines Wolkenkratzers. Die Liebe und deren Erlebnisweise bleiben auf das pure Beieinandersein beschränkt. Draußen agieren ein Polizist, ein Bettler, eine Zigeunerin als Statisten. Diese Vereinfachungen erschrecken am Ende mehr als das Verlöschen einer Romanze.

Ich zitiere Werner Weber aus einer Rezension vom 6.12.1958 in der "Neuen Zürcher Zeitung":

"Ingeborg Bachmann fühlt, denkt, gestaltet in diesem Spiel auf dem Mythenboden, wo nicht Rechnung und nicht Wägen herrschen, sondern Sein im ältesten Verhältnis. Sie legt ein Gewebe weiter Erfahrungen in mühelosem Ernst hin, Hohelied-Ton in die Trockenheit alltäglichen Vortrags gemischt, die mystisch-orphische Aussprache seliger Sehnsucht."

Dagegen ein Zitat von Ingeborg Bachmann selbst, aus ihren Frankfurter Poetik-Vorlesungen; es scheint mir in ihren eigenen Worten all das zu resümieren, was ich kritisch gegen ihr Hörspiel "Der gute Gott von Manhattan" vorzubringen versuchte:

"...eine neue Erfahrung wird gemacht und nicht aus der Luft geholt. Aus der Luft oder bei den anderen holen sie sich nur diejenigen, die selber keine Erfahrung gemacht haben. Und ich glaube, daß, wo diese immer neuen, keinem erspart bleibenden Wozu- und Warum-Fragen und alle die Fragen, die sich daran anschließen ... nicht erhoben werden, daß, wo kein Verdacht und somit keine wirkliche Problematik in dem Produzierenden selbst und somit keine wirkliche Problematik vorliegt, keine neue Dichtung entsteht ... Religiöse und metaphysische Konflikte sind abgelöst worden durch soziale, mitmenschliche und politische."
Merkur, Jg. 24, Heft 2, Febr. 1970

War das Hörspiel der Fünfziger Jahre reaktionär?

Von Jürgen Becker

Natürlich läßt sich das Hörspiel von Ingeborg Bachmann unschwer kritisieren: heute, in einer Entwicklungsphase der Literatur, die von sich aus das meiste, was in den Fünfziger Jahren geschrieben worden ist, in eine historische Distanz rückt. Am Beispiel der neuen Tendenzen im Hörspiel können wir erkennen, in welchem Maß die Einsicht in die Möglichkeiten der radiopoetischen Mittel gewachsen ist, und dies als Konsequenz eines experimentellen Bewußtseins, das heute für einen bestimmten Teil der literarischen Praxis selbstverständlich erscheint, in den Fünfziger Jahren jedoch nur bei einzelnen Außenseitern wirksam gewesen ist. Gemessen an den Entwicklungen, welche die Literatur bis 1933 bereits eingeschlagen hatte, ließen sich der nach 1945 entstandenen deutschen Literatur einige Versäumnisse schon vorrechnen.

Jedoch: verstanden und kritisiert werden kann sie nur an ihren Ergebnissen und nicht an Möglichkeiten, die eine fortgeschrittene und zumal von Generationsunterschieden bestimmte Literaturauffassung erst später entdeckt hat. So gesehen, ist es ein ahistorisches Unterfangen, Ingeborg Bachmann ein Hörspiel vorzuwerfen, das sie heute kaum schreiben würde, vor zwölf Jahren aber anders nicht hat schreiben können. Die Kritik Wolf Wondratscheks erscheint mir auch darum von Fiktionen durchsetzt, weil sie von einem Hörspielbegriff ausgeht, der für vergangene Produktionen schon deshalb nicht gelten kann, weil diese Produktionen ihrerseits unter keinem verbindlichen Begriff zu versammeln waren.

Es hat in der kurzen Geschichte des Hörspiels verschiedene und von den jeweiligen Abteilungschefs gepflegte stilistische Formen und Regieauffassungen, es hat theoretische Ansätze, es hat auf Ideologie reduzierte dramaturgische Standpunkte gegeben. Niemals aber gab es einen Begriff vom Hörspiel schlechthin, eine Übereinkunft, wie ein Hörspiel zu schreiben, zu inszenieren und anzuhören sei. Im Gegenteil: es läßt sich streiten bis heute, aus welcher Gattung das Hörspiel seine entscheidenden Impulse bezogen hat. Und wenn solches Streiten unentschieden bleibt, bleibt zugleich der unschätzbare Vorteil erhalten, dem nicht zuletzt das Hörspiel seine Eigenart verdankt: nämlich daß es von keiner Gattung okkupiert worden ist und vor allem selber nie den Zwang erzeugt hat, den eine Erzählung, ein Gedicht, ein Theaterstück auf den schreibenden Autor ausüben mag. Gattungszwang schleicht sich eher in die Verdikte Wondratscheks ein, die in ihrer Unverbindlichkeit dennoch fürchten lassen, daß das Zauberwort von der Radiophonie zu einem Begriff anschwillt, der ziemlich autoritär über zukünftige Hörspielpraxis verfügt. Was ist denn radiophon? Ich denke nicht, daß der perfekte Hörspieltext am Ende der ist, der seine Druckarbeit und Lesbarkeit verbietet, und warum auch, wenn sich sogar eine radikale Tonband-Produktion wie "One Two Two" von Kriwet nachträglich wieder in eine lesbare Partitur verwandeln läßt. Wenn das Hörspiel seine Offenheit bewahren will, muß es eine poetische Möglichkeit bleiben, ein Medium jeder sprachlichen Aktivität, ohne daß es sogleich verdächtigt wird, "sich dem Apparat gegenüber affirmativ" zu verhalten, wie Wondratschek mit vertrauten ideologischen Reizwörtern sagt.

Unser Unbehagen heute gegenüber bestimmten Texten der Fünfziger Jahre verdanken wir nicht selten ihren Interpretationen. Und damit meine ich hier solche Orakel, für die das Zitat Werner Webers ein beliebiges Beispiel ist. Was soll aber das Zitat? Wolf Wondratschek, indem er zitiert, vernebelt sich doch nur den Blick auf das Hörspiel selber. Sicher scheint es einer antiquierten Literaturauffassung zu entsprechen, die in einem Stück Poesie niemals das gemeinte Reale, sondern allenfalls seine Verklärung hat sehen wollen. Eben aber Ingeborg Bachmanns Poesie ist damit stets auf eine Weise ausgebeutet worden, die vor allem das widerwärtige Gebaren einer lyrischen Gemeinde demonstriert. Wondratschek ist bislang der letzte, der da mitmacht, wenngleich negativ, aber immer doch auf ein Image fixiert, das wie jedes Image das Authentische selber - wie sagt man: verschleiert. Authentisch am "Guten Gott von Manhattan" erscheint mir eine Erfahrung, erscheinen mir Empfindungen, die Wondratschek freilich, offenbar weil von den Rassenspannungen in New York oder prophetischerweise von der amerikanischen Vietnam-Aggression noch keine protestierende Rede ist, als "Niemandsland" denunziert. Und weiter bleibt noch die Realität "unbeschädigt", und das ist nach Frankfurter Auffassungen ein Vergehen, gegen das allerdings nur die unerwünschte Konsequenz solcher Auffassung helfen würde, und zwar in Form von Molotow-Cocktails, die gewissermaßen die Argumente einer ohnmächtig bleibenden Literatur in die realitätsverändernde Praxis umzusetzen hätten.

Mit solchem Explosivzeug wird nun auch in unserem Hörspiel hantiert, und wenn man weiß, auf welch gewalttätige Art man in Amerika Konflikte und Spannungen austragen kann, wie man Unruhen unterdrückt und wie politisch Verstörte sich ihrer politischen Repräsentanten entledigen, dann erscheint vor solchem Hintergrund das Attentat des "Guten Gottes von Manhattan" wohl kaum als zeitloses Unternehmen. Natürlich muß man fragen, was man sich hier unter einem "Guten Gott" vorzustellen hat, aber anders als Wondratschek sehe ich in dieser Figur durchaus keine Erscheinung "der anderen Welt", sondern vielmehr die Konkretisierung eines sehr realen und durch und durch gesellschaftlichen Prinzips. Dieser Gute Gott ist nicht auf Seiten der Liebenden, und das heißt hier, auf Seiten einer anarchischen Freiheit, die Erlösung von gesellschaftlichen Zwängen verheißt. Dieser Gute Gott durchschaut wohl die Utopie, die in der Liebe von Jan und Jennifer gelebt werden soll, aber eben, weil da nicht bloßes Privatglück sein Recht verlangt, sondern weil sich in der Intensität dieser Liebe eine Konsequenz androht, die ins Gesellschaftliche übertragen zum befreienden Chaos führt und damit zur Auflösung des ruhig ordentlichen Ganzen, versichert er via Gewalt dieses bedrohte Ganze, diese bürgerliche Ordnung um den Preis des privaten, des individuellen Glücks. Da "scheitert" keine Liebe, wie Wondratschek naiv und bürgerlich meint, sondern da setzen sich die Interessen der Gesellschaft, die Glück nur als konventionalisiertes Dasein in Hausschuhen zuläßt, gegenüber den Hoffnungen, gegenüber dem Verlangen von Einzelnen durch, die stellvertretend für alle ein neues Bewußtsein von Liebe und Freiheit nicht nur gewonnen haben, sondern auch praktizieren möchten.

Daß es nicht und warum es nicht dazu kommt, nein, das erklärt uns Ingeborg Bachmann in ihrem Hörspiel nicht; aber es von ihr zu verlangen, das stimmt genau mit jenem reaktionären Anspruch überein, den Wondratschek dem Bürgertum vorwirft: nämlich daß der Dichter nur formuliere, was ein jeder sprachlos empfindet; oder anders, daß vom Dichter nicht nur richtiges Fragen, sondern auch passendes Antworten zu verlangen sei. Die blöde Langeweile dieser Sorte von engagierter Schriftstellerei ist beispielhaft bekannt. Wondratschek selber probiert sie in seinen neuen Prosastücken gottlob nicht. Er redet indessen davon, als stifte das kulturelle Wort der kulturellen Revolution nun das einzige Prinzip, dem jedes zeitgenössische Schreiben sich zu fügen habe.

Ingeborg Bachmann hat mit ihrem Hörspiel etwas sehr Seltenes, wenn nicht Unmögliches geschrieben: ein Liebesgedicht, einen Text also, der keineswegs Mythen heranzaubert oder Anbetungen zelebriert, sondern der die Unmöglichkeit demonstriert, eine äußerste Utopie von Liebe hier und heute zu verwirklichen. Ich halte das für ein elementares poetisches Unterfangen, auf die Gefahr hin, daß es feierlich und pathetisch gerät - oder anders: daß Bilder und Vorstellungen entstehen, die durch die Abwesenheit alles Realistischen nur eine Aura von Traum und Märchen erzeugen. Aber, wie ein Sprichwort sagt, ist jemand, der nicht zu träumen vermag, auch kein Realist. Und wie man von den Märchen weiß, erzählen sie im Grunde nichts Besseres als von Schrecken, Ängsten und Verdrängungen. Natürlich, bitte sehr, die sogenannten objektiven Ursachen all dessen wollen wir schon kennen - aber ich kenne bislang nur Ideologen, deren Argumentationsmechanismus den Weltenlauf kaum so verändert, wie es die Poesie noch versucht: durch die Zerstörung aller Einverständnisse, wie sie der Weltenlauf zu seiner Rechtfertigung produziert. Dieses Moment gilt es in Ingeborg Bachmanns Poesie zu begreifen, wenn man mit den Schleiern nicht die sprachlichen Gegenstände zerhauen will, die unter ihnen, dank aller Mystifikation, verschwunden sind.

Ingeborg Bachmann gibt selber seit Jahren die Antwort darauf, indem sie schweigt. Und das heißt, indem sie den Erwartungen der Gesellschaft nicht nachkommt. Und das heißt, indem sie ihren Skrupeln und Zweifeln ein Neues abzugewinnen sucht, eine Poesie, die eben von den "neuen Erfahrungen" spricht.
Merkur, Jg. 24, Heft 2, Feb. 1970, S. 192-194.

DAS DREISSIGSTE JAHR (1961)

Scharf von Erkenntnis und bitter von Sehnsucht
Von Manfred Delling

Die Erzählungen von Ingeborg Bachmann sind leichter zu begreifen als zu erklären. Das ist nur auf den ersten Gedanken ein typisches Merkmal moderner Poesie; denn wer ernsthaft sagt, er begreife von Joyce bis Borges die großen nichtrealistischen Prosaisten unserer Epoche auch nur annähernd leicht, ist selbst ein Genie oder er hat Minderwertigkeitskomplexe. Es gibt nur wenige Genies.

Die Bachmannsche Prosa ist, wie gesagt, rascher zugänglich. Die Erzählungen sind weder abstrakt wie der Nouveau Roman, noch sind sie allegorisch, surrealistisch oder mit einer der meist mißverstandenen Ausdrucktechniken der Moderne aufbereitet; bis auf einen Beitrag sind sie auch nicht streng realistisch oder impressionistisch. Sie sind eben Ingeborg Bachmann. Ein neuer Ton in der deutschen Literatur.

Dies soll gewiß nicht heißen, daß sie vorbildlich sind. So glaubt man etwa nicht selten den Einfluß des marmornen Stils von Robert Musil zu spüren, einschließlich seiner Tendenz zum Essayroman. Auch hat die Verfasserin Lyriker-Vorbilder - zum Beispiel Ingeborg Bachmann.

Ihre Prosa ist nichtsdestoweniger ohne Parallele: Zwar ist sie, wie fast alle neuzeitliche Epik, aus dem Intellekt heraus konzipiert, aber der Verstand der Bachmann scheint nicht konstruktiv-systematisch, sondern stark gefühlsdurchsetzt zu sein. Eine sehr empfindsame Literatur.

Man fühlt sich nicht nur bei ihren Themen, sondern auch in ihren Details, in ihrer Sprache, ihren Gesten, ihren Verzweiflungen und Hoffnungen zuallererst "menschlich" angesprochen. Man begreift intuitiv, was hier poetisch fixiert wurde, ohne es immer an die Oberfläche des Verstandes heben zu können.

Nur wer Lebens unkundig ist und sich nie bewußt wurde, wie gefährdet es in jedem Augenblick ist, wird diese Erzählungen nicht verstehen. Das Wunderbarste an ihnen ist, daß ihre besten Passagen dort beginnen, wo dem Nicht-Dichter die Artikulation versagt bleibt.

Nach den gesammelten Erzählungen von Nossack, Böll, Lenz und Schnurre liegt hier wieder ein Band vor, der sicherlich zu dem bleibenden Vorrat deutscher Nachkriegspoesie gehören wird. Mit einem Beitrag allerdings ist die Bachmann allen anderen voraus: die Erzählung "Alles" halte ich (die Feststellung muß zwangsläufig ein persönliches Bekenntnis bleiben) für Weltliteratur. Sie erreicht jene formale Schönheit und gedankliche Tiefe, die deren Privileg sind.

Wir haben damit also ein entscheidendes Ereignis festzuhalten: Denn jeder Autor ist so groß wie sein bestes Werk. Nicht wie sein schwächstes oder gar letztes. Auch nicht wie das Mittel aus allen Werken.

Traurigkeit, grüblerische Intelligenz und Sehnsucht ziehen durch alle sieben Beiträge des ersten Erzählungsbandes der Autorin; Sehnsucht nach Erlösung, aber nicht im Sinne der klassischen Erlösungsreligionen, sondern in einem viel diesseitigeren Sinn. Sie leidet an der Gemeinheit der Welt und an der menschlichen Unfähigkeit, aus den Konventionen (die oft Konventionen von großer moralischer Fragwürdigkeit sind) auszubrechen. Resigniert beschließt der Vater in der Erzählung "Alles", der daran gescheitert ist, sein Kind so zu erziehen, daß es nicht den Menschen nachgerät, resigniert beschließt er, falls er noch einmal Kinder haben sollte, sie so aufzuziehen, "wie die Zeit es erfordert, halb für die wölfische Praxis und halb auf die Idee der Sittlichkeit hin".

Der Klappentext zitiert eine eigene Formulierung der Bachmann, die natürlich nicht auf ihre eigene Prosa zielte, die aber exakt den Charakter ihrer Erzählungen trifft: "Scharf von Erkenntnis und bitter von Sehnsucht."

Und noch einmal Ingeborg Bachmann: "Bei allem, was wir tun, denken und fühlen, möchten wir manchmal zum Äußersten gehen. Der Wunsch wird in uns wach, die Grenzen zu überschreiten, die uns gesetzt sind. Innerhalb der Grenzen haben wir den Blick gerichtet auf das Vollkommene, das Unmögliche, Unerreichbare, sei es in der Liebe, der Freiheit, der Gerechtigkeit -, jeder reinen Größe. Im Widerspruch des Unmöglichen mit dem Möglichen erweitern wir unsere Möglichkeiten."

Erweitern wir sie wirklich? Die Erzählungen konfrontieren uns mindestens mit dieser Frage.

Ganz gewiß sind nicht alle diese Erzählungen gleichrangig. Die Meisterschaft von "Alles" erreicht keine andere mehr. Es finden sich sogar Kapitel, die in einer Pose erstarren. Es ist wohl nicht so, daß Ingeborg Bachmann einer bestimmten Gefahr erliegt. Vielmehr enden hier ihre schöpferischen Kräfte, ähnlich, wie es Camus in vielen Passagen von "Der Fall" erging, einer seinerzeit sicherlich überschätzten Arbeit. An Stelle der genialischen Verwandlung von Abbild in Bild wie in der Novelle "Der Fremde" trat in dem späteren Werk immer mehr eine kunstfertige Didaktik. Das Thema wurde erredet statt dargestellt. Der Gedanke blieb Rohstoff, er wurde nicht Form. Bei Ingeborg Bachmann ist dies etwa in der Erzählung "Undine geht" der Fall.

Gelegentlich kommt es auch zu (noch nicht einmal) journalistischen Verrenkungen wie: "Wir schossen die Wahrheiten den andern ins Tor und buchten uns einen Punkt." Oder: "Er wirft das Netz der Erinnerung aus, wirft es über sich und zieht sich selbst, Erbeuter und Beute in einem, über die Zeitschwelle, die Ortsschwelle, um zu sehen, wer er war und wer er geworden ist." Es spricht nur für das außerordentliche Ereignis dieser Erzählungen, daß sich solche Poetereien wie Fremdkörper ausnehmen.

Thematisch sind Bachmanns Erzählungen mehr oder minder in unserer Zeit beheimatet - ohne nur für unsere Zeit typisch zu sein. Eine Jugenderinnerung; ein Dreißigjähriger zieht die Zwischenbilanz seines Lebens; ein Mann sieht sich außerstande, auf Befehl des Gesetzes zum Mörder zu werden (Krieg) und der Skandal, wie leichtfertig andere mit ihrer schuldbeladenen Vergangenheit fertig werden; die Versuchung einer Frau durch eine Frau - und so fort.

Aber solche Andeutungen besagen nichts; eine detaillierte Inhaltsübersicht würde ebensowenig nützen. Diese Prosa ist von jener Art, daß kaum zwei Menschen, die sie lesen, die gleichen faktischen Resumées ziehen werden. Die Bachmann schreibt in raffinierterer Weise, etwa nach dem Denkmuster des berühmten Valéry-Satzes "Der Engel unterscheidet sich vom Teufel bloß durch eine Überlegung, die ihm noch bevorsteht." Durch welche Überlegung?

Hier ist das Ziel des Denkens und Empfindens angepeilt, es liegt haargenau fest, ohne daß der Weg dorthin vorgeschrieben wird. Der Leser erreicht es auf seine Weise. Während die traditionelle Geschichte ihn an der Hand dorthin führt, überläßt die Bachmannsche Prosa ihn dem geistigen Abenteuer, den Weg allein zu gehen.
Die Welt, 1.7.1961

Kein Wunder, daß Undine geht

Von Karl Alfred Wolken

Es war vorauszusehen, daß das herkömmliche Erzählen bei Ingeborg Bachmann keine Chance haben würde. Wer ihre Gedichte liebt, wird also auch ihre Prosa lieben. Sie ist sich selber treu geblieben, treu keiner Schule, keiner Weltanschauung, treu keiner Ordnung als der wörtlichen im wohlgesetzten Wort, treu sich selbst, ihrer von Fall zu Fall faszinierenden oder belustigenden überspannten Unbedingtheit, Kerzengradheit.

Ein Quellgrund dieser erzählerischen Energie ist schnell gefunden: Rimbaudsche Unrast, das Verlangen, über sich selbst hinauszuwachsen und über die bekannten Horizonte hinauszugreifen, um sich dessen zu bemächtigen, was immer nur Hoffnung sein kann und nie Erfüllung: das wahre vollkommen aufrichtige Leben, die kompromißlose, geläuterte Existenz.

Von dem peinigenden Verlangen nach Horizontgewinn angetrieben und in der Bewegung gehemmt durch Ahnung oder Einsicht, es könne doch wohl in der Welt nichts anderes geben als das Vorhandene, wechseln Vorstoß und Flucht einander ab: immer wieder durchschwingt das Pendel auch die alte Lage. Der Elan aber, die Lust auf das Unbedingte, die allen Personen der Erzählungen bis auf Undine in ihren Kämpfen abhanden kommen, treten ein in die Sprache und treiben sie stürmisch, in bitterem Enthusiasmus voran - am gebändigsten in der herrlich strengen Erzählung "Alles", in der die Dichterin in klassischer Einfachheit die untergründigen Beziehungen zwischen Mann, Frau und Sohn aufrollt.

Verblüffenderweise entdeckt man bald als weiteres Antriebsmoment für die geistige Energie der Autorin eine Art unterirdischer, entsprechend grollender Auseinandersetzung mit der Welt des Mannes, auch Auseinandersetzung mit dem Mann als biologischem Wesen, dem grenzenloses, restlos enthemmtes Verströmen in Liebe - Gott sei Dank - nicht einziger Lebensinhalt ist. Es scheint tatsächlich, als könne Ingeborg Bachmann, der doch ein herber, fast männlicher Verstand zur Verfügung steht, nicht völlig die außerordentliche männliche Lebensklugheit ermessen, die sich in der Errichtung von Ordnungen und Gesetzen manifestiert, mögen sie auch noch so anfechtbar sein. Spiele, zum Beispiel, sind nur innerhalb der Ordnungen möglich. Spiele ohne Regel und Gesetz sind Barbarei. Eine unersättliche Natur muß sich daran freilich stoßen - aber ist der Schmerz darüber so edel? Ist er nicht vielmehr dumpf-kreatürlich? Nur zähneknirschend gesteht denn auch Undine den Männern zu, daß sie alle Spiele erfunden haben.

Die Forderung nach dem "Verzicht auf jede überkommene Anschauung und jeden überkommenen Zustand ... die Niederlegung der Arbeit und des Denkens für die Alte Welt. Die Kündigung der Geschichte, nicht zugunsten der Anarchie, sondern zugunsten einer Neugründung" verschafft zwar der poetischen Aussage den Glanz außerordentlicher Kühnheit, die erhärtet wird von der tragischen Ausspannung der Sprache, ins Unartikulierte vorzustoßen und neue Bewußtseinsinhalte in das Licht der neuen, utopischen Welt zu ziehen, geht aber selbstverständlich an dem einfachen Tatbestand vorbei, daß jene Freiheit, die Ingeborg Bachmann im Auge hat, "wo jeder das tut, was von niemandem besser getan werden könnte" (Martin Kessel), eine ästhetische Forderung ist, die rein verwirklicht werden kann nur im Kunstwerk. Sie auf Leben und Organisation der Welt auszudehnen ist Weltfremdheit, sie aufrechterhalten bedeutet Schmerz, den Verlust intellektueller Heiterkeit, Einbuße der Distanz, Schwächung des Liebesvermögens. Wer den Erdenrest, zu tragen peinlich, nicht goutieren mag, zerstört im Verfolg seiner Sehnsucht, dieser zum Dogma erhobenen Utopie, alle möglichen Ansätze einer sich langsam vollziehenden Emporläuterung, macht sich dadurch schuldig und fügt sich, trotz aller Proteste, in den Lauf der alten Welt, den er so gerne anhalten möchte.

Man verstehe diese Einwände recht als Hinweise auf den emotionellen Untergrund der erzählerischen Energie Ingeborg Bachmanns, als Einwände gegen ihre Kunst nur dort, wo die Anspannung ihr Ziel im Kunstwerk nicht erreicht und deshalb zum Widerspruch herausfordert - denn in "Jugend in einer österreichischen Stadt" ist ihr eine schöne Darstellung und Verdichtung ihrer Kindheit unter den Schatten von Vorkrieg und Krieg, in der Titelerzählung "Das dreißigste Jahr" eine oftmals durch wilde Rhetorik den Spannungsbogen der Erzählung schwächende Schilderung eines ruhelosen Wanderers, in "Alles" eine schlechthin klassische Meistererzählung, und in "Unter Mördern und Irren" eine überzeugende Komprimierung des intellektuellen Nachkriegs-Wien mit Remigranten und Daheimgebliebenen, Mördern und Opfern gelungen, mit einer zugleich eleganten, kraftvollen und verzweifelten Pointe: "Und sollten sie mich verzehren, diese hinrichtenden Gedanken, die in mir aufgestanden waren, sie würden niemand treffen, wie dieser Mörder niemand getroffen hatte und nur ein Opfer war - zu nichts."

In "Ein Schritt nach Gomorrha", einer Studie, die den Geruch des Klimateriums assoziiert, steigert sich die Bloßlegung der Fleischverfallenheit des Menschen zu einer niederdrückenden Auseinandersetzung zwischen Frau und Frau bei gleichzeitiger Abrechnung mit der unvollkommenen Liebe des abwesenden Mannes; in "Ein Wildermuth" erlebt ein Richter dieses Namens durch einen Angeklagten gleichen Namens die Verstrickung in so widersprüchliche Wahrheiten, daß die unauflösbare Verfilzung ihn zusammenbrechen läßt. Abgewirtschaftet hat für den beamteten Wahrheitssucher die alte Wahrheit der Fakten, er erwartet nun nur noch eine Wahrheit, "von der keiner träumt, die keiner will".

Im letzten Stück des Bandes, "Undine geht", wird schließlich noch einmal die Rivalität von Mann und Frau ins Spiel gebracht. In dieser im Grunde aus unbegreiflicher Verklemmung resultierenden, wütenden und schmerzlichen Attacke auf den Gegenspieler und Mechaniker Mann, einer gleichwohl schönen poetischen Paraphrase, zieht sich Undine von den Männern zurück, obwohl oder weil sie doch "alle Spiele, Zahlenspiele und Wortspiele, Traumspiele und Liebesspiele" erfunden haben - Bewunderung und Abscheu, Zuneigung und Abneigung halten sich die Waage. Poesie erweist sich hier als kraftvolles Ergebnis intellektueller Unentschiedenheit, die der utopischen Wahrheit wegen zu keinem Ergebnis kommen kann.

Und genau das glauben wir ja auch: Festlegung und Thesen sind das Ende der Poesie. Die feuerflüssige jugendliche Seele erleidet ihren schmerzlichsten Triumph: die Festlegung im Wort. Kein Wunder, daß Undine geht. Geht, um wiederzukehren. Da dies aber kein Spiel ist (was es auch sein könnte), sondern Kampf bis aufs Messer, in dem Triumph und Scheitern einander entsprechen - warum sollten wir nicht vor diesem tollkühnen Amazonenmut den Hut ziehen? Bescheren uns doch die hybride Überschätzung der Sprache ("Keine neue Welt ohne neue Sprache"), die offenbare Selbstüberschätzung der Frau, die Anmaßung des Richteramts eine Prosadichterin, deren Ungeduld in den gelungenen Stücken höchste Qualität produziert und noch in den weniger gelungenen Partien fasziniert durch die Energie, mit der die Wahrheit verfehlt wird.

Christ und Welt, 7.7.1961

Schweigen als Pointe

Von Helmut M. Braem

Kalt und grell das Neonlicht über der Couch des Psychiaters, kalt und exakt die Linienführung auf dem Reißbrett, kalt und nüchtern die Zahlenkolonnen im soziologischen Labor. Der Eid ist auf die "nackte Tatsache" geleistet. Fakten sind Antworten, die nicht in Frage gestellt werden dürfen. Ungezählte Wahrheiten. So wäre denn deren Summe die Wahrheit?

Die Überlegung macht verdächtig. Wer zweifelt, stört das Vertrauen in die Gleichung: Denken in Übereinkünften X Handeln nach Gebots- und Verbotstafeln = Leben. Ein Rechenfehler ist unmöglich. Aber im geheimen findet man es reizvoll, den Skeptiker anzuhören: am Hintereingang. Dort steht er, der Dichter, ist so modern wie Sokrates, und beginnt noch immer mit derselben Formel, dieser einfachen und zielbewußten des heiligen Augustin: "Da sprach Augustin zu Augustin ..."

Nein, nicht die anderen beunruhigt, provoziert, martert er mit seinen Fragen, sondern sich selbst (das ist sein ältester, verläßlichster Trick, die ihm Lauschenden aufzuschrecken; je tiefer der Schreck, desto weiter öffnen sie ihm die Tür;

denn nun ist die Angst groß, er könnte die angezweifelte Rechnung nicht durch eine andere ersetzen - wehe ihm, wenn er dann sagt: Ich kann es nicht).
Ingeborg Bachmann sagt es.
Sie ist unmenschlich gegen sich selbst. Sie macht nicht nur das Leben, macht auch sich selbst zur Frage. Woran auch immer sie sich erinnert: widersprüchliche Erfahrungen. Was auch immer sie sich ersehnt: widersprüchliche Hoffnungen. Wohin auch immer sie sich wendet: Wahrheiten und keine Wahrheit oder günstigenfalls die halbe Wahrheit. Wenn es die aber gibt, muß es (muß?) eine zweite, ihr entsprechende Hälfte geben. In Ingeborg Bachmanns erstem Prosaband mit acht Erzählungen fahndet die Dichterin von Anfang an nach dieser zweiten Hälfte "Wahrheit".

Dort der heilige Augustin, hier die durch Versbücher "Anrufung des großen Bären" und "Gestundete Zeit" sofort als große Lyrikerin unserer Nachkriegszeit ausgewiesene Österreicherin: Da sprach Ingeborg Bachmann zu Ingeborg Bachmann ...

Die Formel bestimmt die Form. Selbstköderung, Selbstverlockung, um tief in die eigene "Falle" zu stürzen und dann erst einen Weg der Befreiung zu finden. Ingeborg Bachmann ist ihr eigener Dialogpartner, den sie attackiert, sich verteidigen läßt. Ein Kunstgriff, der Vorteile schafft - das Ziel oft erreichen läßt: sich selbst objektivieren und damit einen Bezug zur Wirklichkeit gewinnen. Aber auch Nachteile bringt diese Technik. Das Feld der fiktiven Autobiographie ist gleichförmig, fast jede Erzählung ereignet sich innerhalb derselben Formgrenzen, der innere Monolog, dem der Vorzug gegeben wird, nähert sich durch häufige Wiederholung einem etwas monotonen Klang, das essayartige Selbstgespräch verführt gelegentlich dazu, Einsichten zu zerreden und Erkenntnis zu ereden.

Aber das sind Korrekturen, die für die Bedeutung der Prosa Ingeborg Bachmanns nahezu unerheblich sein dürften. Sie verringern nicht die Spannweite ihrer Dimensionen, sie schmälern kaum das Erlebnis "Sprache", die ein Wort Hölderlins bestätigt, daß sich der Geist nur rhythmisch ausdrücken könne. Es ist eine Sprache, die mich immer wieder an den Satz aus Ingeborg Bachmanns Essay "Musik und Dichtung" erinnert: "Denn es ist Zeit, ein Einsehen zu haben mit der Stimme des Menschen, dieser Stimme eines gefesselten Geschöpfs, das nicht ganz zu sagen fähig ist, was es leidet, nicht ganz zu singen, was es an Höhen und Tiefen auszumessen gibt".

Stets bleibt ein Rest - und es ist kein Wortspiel, wenn Shakespeare genannt wird: "Der Rest ist Schweigen." Das Schweigen ist die Pointe dieser unpointierten Erzählungen, das Schweigen ist die Voraussetzung zum Erlauschen der namenlosen, im Nirgendwo verborgenen "Wahrheit": "Ich will ... mich hinhocken an jede Stelle der Welt, mich hinlegen auf Gras und Asphalt und die Welt abhören, abtasten, abklopfen, aufwühlen, mich in sie verbeißen und mit ihr übereinstimmen dann, unendlich lang und ganz - Bis mir die Wahrheit wird über das Gras und den Regen und über uns:/ Ein stummes Innewerden, zum Schreien nötigend und zum Aufschrei über alle Wahrheiten./ Eine Wahrheit, von der keiner träumt, die keiner will."

Mag hier auch privates Leid durchdringen, mag auch der Schmerz über persönliche Erfahrungen noch so stark sein, daß sich das mitteilende Wort nicht immer zur überpersönlichen Chiffre verwandelt - wie aber wäre denn Dichtung möglich ohne erlittenes Leid? Nur der Hochmut des Beckmessers kann es der Dichterin Bachmann verübeln, daß sie ein paarmal Frau Bachmann sprechen läßt. Im Gegenteil, es scheint mir geradezu unheimlich, daß sie trotz ihrer hochgradigen Empfindsamkeit das Ich wieder und wieder zu überwinden vermag. Welche sensuellen Energien und welch lyrischer Intellekt gehören dazu!

Alles schön und gut, mag der Leser sagen: Aber der Inhalt? Was passiert denn nun in den acht Erzählungen? Die Frage ist berechtigt, aber nicht klar zu beantworten. Ingeborg Bachmann ist keine "Geschichtenerzählerin". Sie will nicht die Fabel. Sie will den Faden, der uns aus dem Labyrinth des Lebens, des Menschseins herausfinden lassen könnte. Es ist keinesfalls schwer, diesem Faden zu folgen, aber er ist so fein, ist fast unsichtbar, daß er sich nicht durch die Sprache der Information beschreiben läßt. Er bleibt immer erkennbar - doch nicht durch den Verstand, sondern durch die Intuition. Es ist ein Faden, der uns - nein, nicht zu einem Ausgang des Irrgartens, aber zu einem Weg führt, an dessen Ende der Ausgang geahnt wird (nicht mehr!). Ingeborg Bachmann sagt es auf ihre Weise, wenn sie erklärt: "Bei allem, was wir tun, denken und fühlen, möchten wir manchmal zum Äußersten gehen. Der Wunsch wird in uns wach, die Grenzen zu überschreiten, die uns gesetzt sind. Innerhalb der Grenzen haben wir den Blick gerichtet auf das Vollkommene, das Unmögliche, Unerreichbare, sei es in der Liebe, der Freiheit, der Gerechtigkeit - jeder reinen Größe. Im Widerspruch des Unmöglichen mit dem Möglichen erweitern wir unsere Möglichkeiten."

Im Widerspruch des Unmöglichen mit dem Möglichen unsere Möglichkeiten erweitern. Ein Satz für Schlüsselsucher. Ein Sesam öffne dich! Mit seiner Hilfe offenbart jedes Paradoxon eine emotionale Logik. "In jedem Kopf ist eine Welt und ein Anspruch, der jede andere Welt, jeden anderen Anspruch ausschließt. Aber wir brauchen einander alle, wenn je etwas gut und ganz werden soll."

Überall Unvereinbares. Ein Kind kommt auf die Welt. Wie nun, wenn man es von den Irrtümern der Liebe, der Wahrheiten, des Lebens bewahren könnte? Wächst nicht mit diesem kleinen Wesen unsere Sehnsucht, noch einmal ganz von vorn anfangen zu können? Man müßte es die "Wassersprache", die "Steinsprache" lehren. Aber wir können diese Sprachen ja nicht. Der Teufelskreis läßt sich nicht durchbrechen. Das Kind gerät uns nach. - Resignation? Nein! Der Anfang zum Bau einer neuen Welt ist gemacht, liegt in der Einsicht, daß wir selbst erst einmal diese wortlose Sprache lernen müssen. (Ingeborg Bachmann ist sehr, sehr vorsichtig im Benennen dieser neuen, unbekannten Sprache. Aber wo können wir den Klang dieser Sprache anders hören als in der Poesie? Ist sie denn nicht die andere Hälfte der Wahrheit? Die Antwort ist um so dringlicher, je mehr wir in den Sog der Tatsachen geraten!)

Was ist zu tun? Einmal und noch einmal und abermals den Versuch wagen, daß endlich nicht mehr gelten soll, was man uns angehalten hat zu denken und was man uns erlaubt hat zu leben; daß wir uns endlich einmal frei machen sollten von den gemieteten Ansichten und gepachteten Bildern unserer Welt; endlich unser "Ich" überwinden sollten, daß kein Ich ist, sondern ein Bündel aus Reflexen und einem gut erzogenen Willen, ein vermeintliches Ich, das sich vom Abfall aus Geschichte, Abfällen von Trieb und Instinkt ernährt, dieses falsche Ich, das "mit einem Fuß in der Wildnis und dem anderen auf der Hauptstraße zur ewigen Zivilisation" steht.

Ingeborg Bachmann hat uns - wie schon mancher Erzähler aus heutiger Zeit - bedingungslos in die Rolle des Sisyphos gedrängt. Da stehen wir nun mit unserem schweren Stein "Leben", zwingen ihn mühevoll den Berg hinauf, und wieder und wieder gleitet er uns kurz vor dem Gipfel aus den Händen, rollt er polternd, stürzt er sich in die Tiefe zurück. Und dann verfluchen wir die Welt, die wir lieben, und quälen uns abermals mit dem Stein den Berg hinan: immer in dieser riesigen, verrückten Hoffnung, einmal das Land jenseits der Bergspitze zu sehen - die Wahrheit, die wir in der Dichtung zu ahnen glauben.
Stuttgarter Zeitung, 8.7.1961

Das überkommene Leben

Von Heinz Beckmann

Ingeborg Bachmanns erstes Prosabuch "Das dreißigste Jahr" ist ein literarisches Ereignis hohen Ranges. Das dürfen wir mit um so größerer Sicherheit registrieren, als wir den weltanschaulichen Spannungsbögen dieses Buches mit jedem Engagement widersprechen. Der Widerspruch hat stets den schärferen Blick. Man muß schon auf Albert Camus zurückgreifen, wenn man sich einer Situation entsinnen will, in der man mit ähnlicher innerer Spannung eine Reihe von Erzählungen las. Zwei Dinge hat Ingeborg Bachmann mit dem Erzähler Albert Camus gemeinsam. Auch ihre sieben ersten Erzählungen stehen nicht zufällig beisammen, sondern sind auf eine fast atemberaubende Weise zueinander geordnet, erzählerische Variationen des einen, wahrlich horrenden Themas, das den Lesenden anspringt und fortan nicht wieder losläßt. Es geht also, und das ist die zweite Verwandtschaft, auch bei Ingeborg Bachmann nicht um erzählerische Effekte, nicht um den Vortrag irgendeiner Begebenheit, um die psychologische Schraffierung irgendwelcher Personen im Zusammenprall mit ihrem Schicksal, sondern es geht um nichts Geringeres als um den Schritt über die gewohnten Grenzen des menschlichen Daseins, es geht um die absolute Herausforderung des Lebens. Albert Camus stellt Existenzfragen, indem er erzählt. Nicht anders verhält sich Ingeborg Bachmann im literarischen Gehäuse der Erzählung.

Zweifellos war Albert Camus im Vergleich der gewandtere, wohl auch der schärfere Erzähler. Indem er dachte, formulierte sich ihm die Herausforderung an das Sein in einer Begebenheit, die man notfalls auch zur Kenntnis nehmen kann, ohne das Minenfeld zu bemerken, auf das der Erzähler uns gelockt hat. Ingeborg Bachmann kommt mit ihren Erzählungen über die Ausgangspositionen kaum hinweg. Sie beschreibt eine bestimmte, kaum individualisierte Situation, aus der heraus sie dann das Minenfeld zündet. Die erzählerische Formulierung ist ihr nicht in dem gleichen Maße gegeben wie Albert Camus. Dennoch wird der Leser schon mit der Darstellung der Ausgangsposition dermaßen engagiert, daß er später auch das bloß Gedachte, auch die philosophisch formulierte Herausforderung, wie den Text einer spannenden Erzählung liest. Die Begegnung mit den ersten Erzählungen von Ingeborg Bachmann ist in jedem Fall ein existentielles Abenteuer.

Damit freilich ist die Verwandtschaft zu Albert Camus erschöpft. Es mag reizvoll genug sein, immer wieder bei Camus Rückfrage zu halten, zumal man dabei einen unverhofft klaren Einblick in Camus' Fragestellung gewinnt. Aber verglichen mit den Erzählungen der Bachmann ist Albert Camus über alle Minenfelder seiner Erzählungen hinweg nun eben doch ein Humanist, ein Liebhaber des Menschen und damit ein Verwundeter des Lebens, der kein Verlangen danach trägt, je wieder unverletzt zu sein. Ingeborg Bachmann jedoch schreit geradezu nach dem unverletzten Menschen: "Die Kündigung der Geschichte, nicht zugunsten der Anarchie, sondern zugunsten einer Neugründung." So steht es in der Titelerzählung "Das dreißigste Jahr", der Geschichte eines Mannes, der dreißig Jahre alt wurde und auf einmal jenen Zustand junger Jahre entschwinden fühlt, von dem er in der Erinnerung sagt: "Die Welt schien ihm kündbar, er selbst sich kündbar."

Die Krise des dreißigsten Lebensjahres, die oft medizinische Ausmaße annimmt, ist uns allen aus eigener Anschauung bekannt. Ingeborg Bachmann deutet sie als jenen Augenblick, da der Mensch sich in die gegebene Ordnung seines Daseins schickt. "Jetzt weiß er, daß auch er in der Falle ist." Es beginnt die Gabe der Erinnerung, indessen das Spiel mit den tausend Möglichkeiten erlischt. Der Dreißigjährige erkennt, daß er "diese einzige verfügbare Gaunersprache würde mitsprechen müssen". Die Gaunersprache aber ist nach Ingeborg Bachmann die alte Gewohnheit des Menschenlebens, die überkommene Ordnung, ja geradezu die festgelegte Verfassung des Daseins. "Aber immer denke ich in einem Spiel mit vorgefundenen Spielregeln und einmal vielleicht auch daran, die Regel zu ändern. Das Spiel nicht. Niemals!" Aber gerade darauf käme es an, ein Nichts zu sein, "eine Versammlung unverstandener Vorkommnisse".

Diese Herausforderung an das überkommene Leben hat nichts zu tun mit sogenannter Gesellschaftskritik, mit revolutionären Eiferungen, mit dem Aufschrei der Expressionisten nach einer besseren, nach einer menschlicheren Welt, sondern muß absolut verstanden werden als eine radikale Aufkündigung des Menschenlebens, wie es der junge Mensch, ja bereits das kleine Kind vorfindet und nach der Krise des dreißigsten Jahres schließlich dann doch weiterlebt: "Gebt zu, daß ihr nur ein von den Alten möbliertes Land bewohnt ..." Ingeborg Bachmann greift über die Möglichkeiten menschlicher Verwirklichung hinaus zum Unmöglichen. In der Erzählung "Ein Schritt nach Gomorrha" wird eine junge Ehefrau von einer Lesbierin in Versuchung gebracht, "an der Verfassung zu rütteln". Auch hier treibt Ingeborg Bachmann die nur anscheinend erotische Fabel über jede Möglichkeit hinaus: "Komm, daß ich erwache, wenn dies nicht mehr gilt - Mann und Frau. Wenn dies einmal zu Ende ist!"

In der Erzählung "Alles" erreicht die Herausforderung ihren Gipfel. Wieder ist der Held der Erzählung ein gerade dreißigjähriger Mann, der Hanna heiratete, weil sie ein Kind von ihm erwartete. In einer seltsamen Spannung wartet der Mann auf das Kind, dem er die große Lektion des Lebens beibringen will. Aber als das Kind geboren ist, gerät er in einen tiefen Unmut. Er sieht schon über der Wiege, wie der Säugling das Überlieferte, die Gewohnheit annimmt: "Auch wenn er seine Augen häufiger und genauer auf uns richtete oder die Ärmchen ausstreckte, kam mir der Verdacht, daß nichts gemeint sei und daß wir nur anfingen, ihm die Gründe zu suchen, die er später einmal annehmen würde." Der Vater des kleinen Fipps, der natürlich nicht von ungefähr diesen greulichen Namen trägt, fragt sich: "Sollte ich ihm nicht die Welt überlassen, blank und ohne Sinn?" Indessen aber zieht ihn ja die Mutter herüber in das "von den Alten möblierte Land", mit dem Erfolg, daß der Vater das Kind innerlich fallen läßt: "Ich war mit dem Kind gefangen und verurteilt von vornherein, die alte Welt mitzumachen. Darum ließ ich das Kind fallen, ich ließ es aus meiner Liebe fallen. Dieses Kind war ja zu allem fähig, nur dazu nicht, auszutreten, den Teufelskreis zu durchbrechen."

Diese Geschichte von dem Kind, das der Vater "schon in den Fußstapfen sah", ist deshalb so großartig in der Herausforderung, weil Ingeborg Bachmann sich in dieser Erzählung selbst dem tragischen Aspekt der menschlichen Existenz beugt. "Es gibt keinen Ausweg für unsereins", hieß es eben noch, und der Vater sagt: "Ich betrachte diesen hoffnungslosen Fall Mensch" - aber dann verunglückt Fipps bei einem Ausflug tödlich. Die Konsequenz der Herausforderung wird akzeptiert. Der Vater ließ das Kind aus seiner Liebe fallen. Also stirbt es. Daß das wirklich so gemeint ist, kann man auch in den Gedanken des unmutigen Vaters nachlesen: "Aber alles, was geschah, handelt nicht etwa von mir oder Hanna oder Fipps, sondern von Vater und Sohn, einer Schuld und einem Tod." Der Vater ist in der Tiefe getroffen, weil sich in seinem Sohn die Welt nicht erneuerte, sondern nur fortsetzte. Und so wie der Mann aus der Erzählung "Das dreißigste Jahr", nimmt denn auch der dreißigjährige Vater das überkommene Leben endlich doch auf. Er will wieder ein Kind von Hanna haben.

Angesichts der radikalen Übergriffe in das Ungewöhnliche, ja in das Unmögliche wirken die Schlüsse der Erzählungen von Ingeborg Bachmann wie Resignation. Die Herausforderung mißlang, die Welt wurde nicht neu, nicht blank und ohne Sinn, nicht wahr, nicht frei, sondern blieb in der "alten schimpflichen Ordnung", der man sich endlich dann fügt. Und doch klingt in solcher Resignation etwas anderes mit, die Vermutung nämlich, daß der Mensch ein neuer Mensch zu werden vermag, wenn er die gewohnten Möglichkeiten nur einmal in die Spannung versetzt hat zum Unmöglichen. Genauso wirken die Erzählungen von Ingeborg Bachmann. Sie reißen den Leser aus "allen Fußstapfen", sie machen ihm die existentiellen Gewohnheiten fragwürdig, sie stoßen ihn unabweislich in den "unmöblierten" Raum des Lebens, den nicht vorgeprägten, den leeren und, wie Ingeborg Bachmann meint, sinnlosen Raum. Das ist eine höchst erfrischende Herausforderung. Darum sollte man die Erzählungen in dem ersten Prosaband von Ingeborg Bachmann "Das dreißigste Jahr" nicht mit Ingrimm und vorgefaßten Anschauungen über die Lebensverneinung lesen, sondern mit dem Mut, sich einer Herausforderung zu stellen. Man vergleiche die Erzählung "Alles" mit dem "Endspiel" von Samuel Beckett; dann spürt man sofort, daß Ingeborg Bachmann es auf unsere Antwort abgesehen hat, also auf das Leben. Sehr leicht freilich antwortet es sich da nicht.

Einmal kommt jener Vater mit seinem Haß gegen das eigene Kind ganz aus dem Schlupfwinkel hervor: "Ich hatte erwartet, daß es die Welt erlöse ..." Aber vorsichtig bitte mit allzu raschen christlichen Antworten! Denn wo die Christenheit schon als Hort der Nächstenliebe arg in Verruf geriet, da wird man von einer jungen Dichterin unsrer Tage schwerlich erwarten dürfen, daß sie in der "alten, schimpflichen Ordnung" überkommenen Lebens die Spur der erlösten Welt wahrnimmt. Existentiell sind die Christenmenschen unsrer Tage meist noch weniger überzeugend als im Bereich der Nächstenliebe. Ingeborg Bachmann wehrt sich mit ihrer radikalen Herausforderung gegen jeden metaphysischen Bezug des Menschen. Sie wird freilich wissen, daß sie immerfort nur eine metaphysische Frage stellt. Der Mann in seinem kritischen dreißigsten Lebensjahr sagt: "Wenn du den Menschen aufgäbst, den alten, und einen neuen annähmst, dann ..." Das steht ziemlich wörtlich auch im Neuen Testament. Aber wo steht es in der "Verfassung" unsrer gewohnheitsmäßigen Existenz.
Rheinischer Merkur, 14.7.1961

Schichtwechsel

Von Barbara Bondy

Das letzte Halbjahrhundert hat uns die Hoffnung intellektuell verekelt, existentiell unbrauchbar gemacht, hat längst ihre metaphysischen Wurzeln zerschnitten, ihre moralische Noblesse zu törichter Blindheit gestempelt, die Hoffnungslosigkeit zur Göttin gemacht. Und in dieser Generation schließlich formulierte eine Frau den Reiz der Hoffnungslosigkeit. Gebannt in den unheilvollen Kreis, in dem die Waffen gestreckt werden, dient sie unbeirrbar "dem Gegenglück" ...: Ingeborg Bachmann.

Ingeborg Bachmann - das ist ein großer Name in der deutschsprachigen Literatur dieses Jahrzehnts, in dem die großen Namen selten sind. Ihr literarischer Ruhm gründet sich auf zwei wenig umfangreiche Gedichtbände: Diese große Poesie, Verflechtung glühender Bilder, gottverlassenen Zorns, atemknapper Angst, zeitlos in der Zeit, weisheitslose Warnungen vor dem Unheil der Welt, wandte sich zuweilen in so reine Kunst, daß in ihr wahrhaftig Schicksal aufgehoben wurde und eine neue bewältigte (auch beweinte) Wirklichkeit erstand. Das neue Buch der Autorin, ihr erstes Prosabuch, "Das dreißigste Jahr", vom Verlag kühn "Erzählungen" benannt, fordert also die schärfsten kritischen Maßstäbe heraus.

Sieben Titel nennt das Inhaltsverzeichnis, die meisten sind bezeichnend: lyrisch, chiffriert, bekennerisch: "Jugend in einer österreichischen Stadt", "Das dreißigste Jahr", "Alles", "Unter Mördern und Irren", "Ein Schritt nach Gomorrha", "Ein Wildermuth", "Undine geht". Sieben Variationen über ein Thema: aus Angst, Einsamkeit und Schwermut geborene Auflehnung gegen die *conditio humana*, gegen das Los des Menschen in dieser Welt. Das ist die Revolte gegen "die alte, schimpfliche Ordnung", ihre Widersprüche und Unzulänglichkeit, ihre Plage und Lüge, ihre scharfen Krallen -, gegen diese Welt, in der "Zerstörung im Gange ist" - "Im Guten, im Bösen: hoffnungslos".

Die Personen dieser Prosastücke versuchen die Lebenswende - Ausbrüche aus dem Halb-Geordneten, Halb-Wahren, aus "der ungeheuerlichen Kränkung, die das Leben ist": Der Dreißigjährige, der im Krisenjahr plötzlich merkt, "daß auch er in der Falle ist", der junge Vater, der mit seinem ersten Kind eine neue unmenschliche Welt begründen möchte, in der das Kind nicht "zum Menschen geschlagen" wird, die Frau Charlotte, die eine Nacht lang - halbverführt von einer anderen Frau - den Umsturz, den "Schichtwechsel" in der lesbischen Liebe sucht, der Richter Wildermuth, der in die Wahrheit verliebt und verkrallt ist, nicht in die halbe, in die ganze Wahrheit, die es nicht gibt in der verwirrten Fülle der Welt. Das ist für jeden und immer wieder der "Mordversuch an der Wirklichkeit".

Nun, niemandem gelingt der Ausbruch, keinem die Verwandlung. Bevor sie noch das erste Wort wußten, den ersten Stein setzten, ist ihr Scheitern sicher. Der Mensch (wie er hier auftritt: süchtig und selbstsüchtig) setzt keine neuen Welten, begründet keine neuen Ordnungen. Solche Lebenswenden, mit großem Aufwand vollzogen, enden im Nichts - wo sie herstammen. Entzieht sich die Autorin dieser Einsicht? Die mutlosen Wendungen, die sie in einigen Erzählungen andeutet, überzeugen nicht: Der Mann im "dreißigsten Jahr", durch einen Autounfall zur Vernunft gebracht, findet sich plötzlich wieder, " ... ist lebhaft mit dem Kommenden befaßt, denkt an Arbeit ...", der Vater, nach der Beerdigung des Kindes, bereitet sich vor, mögliche, weitere Kinder anzunehmen, sie Menschen werden zu lassen wie alle anderen. Unfall, Beerdigung: Das sind handfeste Eingriffe - aber was deuten sie an? Die Kehren ins Licht des Möglichen, die die Autorin versucht, werden - im Ansatz schon - zunichte: Da überspült wieder die Flut des Nein und Nichts, wölbt sich wieder der Trauerbogen, wird das schwarze Banner der Ausweglosigkeit am Mast der Syntax hochgezogen. Die Skala der Verzweiflung reicht weit: vom lyrischen Schmerz des Ich: " ... Denn da ist kein Stab, der dich berührt, keine Verwandlung. Die Linden und der Holunderstrauch ...? Nichts rührt dir ans Herz ..." - bis zum kulturkritischen Abgesang: " ... Gebt zu, daß es vorbei ist mit Griechenland und Buddhaland, mit Aufklärung und Alchimie. Gebt zu, daß ihr nur ein von den Alten möbliertes Land bewohnt, daß eure Ansichten nur gemietet sind, gepachtet die Bilder eurer Welt ..."

Dieser in sieben Prosastücken erstarrte, beredte Schrei - wie weit trägt er? Die Revolte gegen das Vorgefundene gehört zum Menschen, seit es Menschen gibt, und ist so alt wie die Welt. Das ist *le soif d'absolu*, das schwermütige Verlangen nach dem Absoluten, nach Sinn, Liebe und Rettung. Jedoch, hier spricht nicht *l'homme revolté*, kein Camus, der aus grüblerischer Moral, aus dem unstillbaren Anspruch dessen, der Verantwortung auf sich nahm um des Menschen willen, für den Menschen ("Ihn muß man retten") die Gesellschaft provoziert, die Welt neu durchdenkt und - geläutert annimmt. Hier steht nicht das Verlangen nach Sinn und Rettung, sondern das nach Glück. Hier spricht *la femme revolté*, die in ihrer Glücklosigkeit des Gefühls die Welt in Frage stellt. Doch der Schrei - so anspruchsvoll er tönt - trägt nur bis zum eigenen Ich. Und das ist zuwenig.

Wo der Gedanke brüchig ist, folgt ihm die Form. Es handelt sich hier gar nicht um die Frage, ob die sieben "Erzählungen" Erzählungen sind oder nicht. Sie sind es nicht, sondern lyrische Prosastücke, die zuweilen in unverstellte Lyrik übergehen (wie in dem wohl besten Stück des Bandes "Undine geht" - hier bleibt der lyrische Ton im Geheimnis, das ihm angemessen ist, darf weiterschwingen und stößt in die ihm vertrauten Gründe). Kein Kriterium der "Erzählung" ist erfüllt: Diese Prosastücke haben keine eigentliche Handlung, keinen Ablauf, keine Charaktere - dies vor allem. Allein das lyrische Ich spricht und stellt sich dar, der ständige formale Rückgriff in den Monolog ist bezeichnend. Nun, Erzählungen oder nicht - das ist in den Dezennien der Zersprengung aller literarisch überlieferten Formen nicht besonders relevant. Relevant aber ist, daß dem lyrischen Intellekt der Autorin die Übersetzung des Sprachlosen in Sprache - die sie im Gedicht meisterhaft beherrscht - hier nicht geglückt ist. Ihre gefühlsbedingte, fruchtlose Revolte verrät sich mit dem Einbruch der Sentimentalität, ja der Banalität, in die Syntax, in das Vokabular. Hier geistert die Neoromantik, der frühe Rilke durch die Zeilen (wer hätte das erwartet?): "Der erste Baum ... ist so entflammt vom Herbst, ein so unmäßiger goldner Fleck, daß er aussieht, als wäre er eine Fackel, die ein Engel fallengelassen hat ..." Oder: " ... küßte sie auf die Brauen, die schön geschweift und feierlich in dem fahlen Gesicht standen." Oder: " ... aber meine Gefühle, ... diese Reiher über weißen Stränden ..." Es gibt viele Stellen, die man zitieren könnte.

Die Autorin verspielt ihre bedeutenden Möglichkeiten in vielen Worten, in ermüdenden Alliterationen ("süchtig nach Reinheit und Rache", - "mit einem schrumpfenden Mund schweigen ..."), die Metaphern strömen allzu leicht und unmäßig (für Verzweiflung gibt es bekanntlich alle Metaphern und Assoziationen, sie liegen auf der Straße und sind billig zu haben). Manch schönes Bild findet sich, gewiß, wer hätte das nicht erwartet von dieser Autorin, manche Einsichten, gewiß, eines Menschen, der mit äußerster Sensibilität geschlagen ist. Auch große Ansätze wie "Alles" oder "Ein Wildermuth". Da ist zuweilen der geniale Griff zu spüren, der das Wesentliche erfaßt, da schlägt in manchen Zeilen die Melodie an - ihre schönsten Strophen. Jedoch, Einverständnis und Bezauberung bleiben fern.

Vielleicht ist diese Traurigkeit zu gekonnt, diese Angst zu spruchbereit, dieser Zorn zu hochgezüchtet, zu wenig wahr. Die Schwermut der Welt verträgt nicht so viele Worte.

Süddeutsche Zeitung, 15./16.7.1961

Alles oder nichts

Von Geno Hartlaub

Es ist irreführend, Ingeborg Bachmanns ersten Prosaband als "Erzählungen" zu bezeichnen. In diesen Selbstzeugnissen, Gedichten in Prosa und Monologen, wird nichts oder nur sehr wenig erzählt. Wer Geschichten erfindet oder Ereignisse berichtet, die sich in der Wirklichkeit zugetragen haben, erkennt diese Welt als eine gegebene Größe an. Er hat sich mit ihrer zwiespältigen Natur und mit ihren unvollkommenen Einrichtungen trotz gelegentlicher Zustände von Entfremdung und Melancholie abgefunden. Er liebt das Element des Lebens, in dem alle, die er um sich sieht, munter umherplätschern, so sehr, daß er aus ihm immer neuen Stoff zum Erzählen und Fabulieren schöpft. Mit einem Wort: er fühlt sich zu Hause auf dieser Erde.

Nichts von alledem bei Ingeborg Bachmann. Sie mißachtet Altmeister Goethes poetische Losung: "Greift nur hinein ins volle Menschenleben." Sie weigert sich, diese Welt, so wie sie ist, anzuerkennen. Sie weigert sich, das Lügengarn der Poeten weiterzuspinnen, das von den Märchen der Scheherezade bis zu den Abenteuern des Graßschen Blechtrommlers reicht. Sie ist auf der Suche nach jener Wahrheit, von der Paulus gesagt hat, daß wir Menschen sie nur stückweise, durch einen Spiegel oder in einem dunklen Wort zu erkennen vermögen. Sie weiß, daß dies ein verzweifeltes, ein tragisches Unternehmen ist. Deshalb klingt ihre Stimme oft bitter und zornig, gleichen ihre Klagen den Warnungsrufen einer Kassandra, die in der Welt ohne Widerhall bleiben.

Ingeborg Bachmanns Ich-Erzähler ist in den meisten ihrer thematisch verwandten Prosastücke ein Mann. Dieser noch jungendliche "Held" unternimmt das Wagnis, dieses Dasein ohne Kompromiß zu bestehen, er leugnet die Sitten und Gesetze, mit deren Hilfe sich die anderen eingerichtet haben. Obgleich er Besitz ergreift von Menschen und Dingen und das verbriefte Eigentum nicht achtet, bleibt er schmerzhaft [...] und furchtbar allein. Da er alles oder nichts will, kann er es nicht ertragen, daß mit und in seinem Kinde die Welt nicht noch einmal neu beginnt, daß ein von ihm gezeugtes Wesen nicht den Anfang aller Dinge bedeutet. Er kann die natürliche Tatsache nicht fassen, daß auch er älter wird, daß auch für ihn das "dreißigste Jahr" kommt, vor dem er flieht durch die in der Sommerhitze glühenden Städte und Küstenstriche des Südens. Er, ein noch junger Mann, der den Krieg als unmündiges Kind erlebt hat, gerät in einen Kreis von älteren Intellektuellen, die mit der bösen Vergangenheit so oder so ihren Pakt geschlossen hatten; er nennt sie "Mörder und Irre", verzweifelt über ihre Halbheit, über ihre Ausflüchte, ihr Versagen.

Immer, wenn Ingeborg Bachmann in der männlichen Rolle berichtet, anklagt, reflektiert und dichtet, ist sie sprachlich kühn und thematisch überzeugend. "Alles", die Geschichte des Vaters, der durch sein Kind die Welt neu schaffen will, ist wohl das vollkommenste Stück der Sammlung. Auch "Ein Wildermuth" wirkt bestürzend duch die Fülle an originalen Bildern, Gleichnissen und Gedanken, die in eine einfache, fast klassische Prosa eingefangen sind. Die Titel-Geschichte "Das dreißigste Jahr" handelt von einem, der die "ungeheuerliche Kränkung des Lebens" nicht erträgt. Ein Dreißigjähriger nimmt Abschied von der Jugend, von der Zeit titanischen Lebensüberschwanges. "Er betete die Erde und das Meer und die Sonne an, die ihn so fürchterlich gegenwärtig bedrängten. Die Melonen reiften; er zerfleischte sie. Er kam vor Durst um." Nichts Menschliches vermag diesen Durst zu stillen, keine Liebe, keine Wärme, keine Zärtlichkeit. Und doch ist die Kraft, die den Ruhelosen weitertreibt, der Hoffnung verwandt, dieser Schwester und Botin des Glaubens.

Spricht Ingeborg Bachmann als Frau zu ihren Zuhörern - ihre Prosa verlangt nicht nach dem Leser im stillen Kämmerlein, sondern nach dem Zuhörer, den sie anruft und provoziert! -, schildert sie Ereignisse aus der weiblichen Perspektive wie in "Ein Schritt nach Gomorrha" und "Undine geht", so wirkt das Bekenntnishafte oft peinlich, ja exhibitionistisch aus dem einfachen Grund, weil hier nichts Typisches ausgesagt wird, das für jeden Menschen und die Ursituationen des Daseins gelten könnte. Wie sehr Sprache und Motiv, Thema und Formulierung eine unlösbare Einheit bilden, merkt man gerade an diesen schwächeren Arbeiten, in denen auch die schöpferische Kraft des Wortefindens und Bilderprägens zuweilen versagt, so daß die Autorin manchmal in bedenkliche Nähe zu modischen Klischeeausdrücken gerät.

Im ganzen wirkt die Prosa der Bachmann noch radikaler, härter und schonungsloser als ihre durch sinnliche Bilderfülle und melodische Rhythmik gelöste Lyrik. Das gedankliche Element tritt zwar immer stärker hervor, doch nur an wenigen Stellen höhlt es die Sprache aus und schwächt die Kraft der poetischen Verwandlung des Stoffes. "Wer hat in meinem Gehirn genächtigt?" heißt es einmal. Das Denken ist hier eine Macht von elementarer Leidenschaft. Solange die Vernunft in dieser Weise den Sinnen verschwistert bleibt, sehen wir keine Gefahr der Verarmung und Verödung für eine Dichterin, die den meisten Stoffen, die sich zur Gestaltung anbieten, entschlossen ausweicht.
Sonntagsblatt, 16.7.1961

Lieblingskind der deutschen Publizistik

Von Horst Bienek

Nun sind endlich Ingeborg Bachmanns Erzählungen erschienen, die seit zwei Jahren vom Verlag mit immer neuem Optimismus angekündigt wurden. Bis zuletzt hat die Österreichische Autorin daran gearbeitet und geändert. Was manche als Kaprice einer kapriziösen Autorin ansahen, war in Wirklichkeit ein Kampf mit der Sprache, ein Ringen um den adäquaten Ausdruck, der Wille zur höchsten literarischen Qualität, zur Vollkommenheit, der sie immer wieder das Erscheinen des Buches hinausschieben ließ. Manche Erzählungen wurden wieder und immer wieder geändert, sind durch mehrere Fassungen gegangen, bevor sie ihre endgültige Gestalt gefunden haben. "Alles" z.B., vor Jahren auf der Gruppe 47 vorgelesen, ist erheblich gekürzt, gestrafft und stellenweise aphoristisch formuliert worden. Als Ergebnis solch intensiver Arbeit ist der Band "Das dreißigste Jahr" nicht nur eine exorbitante Prosa, sondern auch eine der reifsten Sprachleistungen in unserer Literatur. Es ist häufig untersucht worden, daß gerade die österreichischen Dichter die deutsche Sprache bereichert und erneuert haben: Trakl, Musil, Hofmannsthal. Heute ist es nicht anders. Paul Celan müßte da genannt werden, und schließlich Ingeborg Bachmann. "Kämpferischen Sprachgeist" hat Holthusen ihre Gedichte überschrieben; diese Formulierung trifft genau ihre aktive Haltung zur Sprache. Schon mit den ersten Gedichten hat sie sich an die Spitze der deutschen Lyrik gestellt. Die Faszination ihrer Verse ging dabei allein von der Sprache aus, erst in zweiter Linie mögen solche Kriterien hinzugekommen sein wie "daß sie die Verlorenheit und den Skeptizismus ihrer Generation auszudrücken vermocht hat." Ein Kritiker hat sie deshalb "eines der erstaunlichsten Phänomene der Nachkriegszeit" genannt.

Ingeborg Bachmann ist das Lieblingskind der deutschen Publizistik geworden. Alle ihre Arbeiten erhielten von Anfang an eine Resonanz wie sie keinem anderen Autor unserer Nachkriegszeit vergönnt war. Sie erhielt viele Auszeichnungen und wurde die erste Gast-Dozentin auf dem Lehrstuhl für Poetik in Frankfurt. Der Ehrungen und Erfolge für ihre neue Prosa wird es gewiß auch künftig nicht fehlen.

Und zu Recht! Ingeborg Bachmann ist eine Autorin von schonungsloser Konsequenz und bohrender Unerbittlichkeit, eine Autorin, die Unruhe in die Welt bringt, den Leser verstört und verwirrt, ihn aber danach, wie durch eine tiefe Erfahrung gegangen, zurückläßt. Dazu gehört, daß sie den Leser durch die Suggestion ihres metaphorischen Stils gefangennimmt. Ihre Prosa ist ein Gefängnis; mit schönen poetischen Lockbildern lädt sie den Leser ein, aber dann erspart sie ihm nichts, er muß durch das Fegefeuer quälender Gedanken und Reflexionen hindurch, bleibt der ungelösten Dialektik von Gut und Böse ausgeliefert, bis sie ihn mit Fragen, mit Forderungen, auch mit Einsichten entläßt. "Lern du die Schattensprache!"

Ingeborg Bachmanns Erzählungen sind nicht das, was man bei uns sonst unter Geschichten, Novellen oder Erzählungen versteht; sie zeichnet weder Situationen noch Ereignisse, noch Katastrophen. "Wenn jemand in sein dreißigstes Jahr geht, wird man nicht aufhören, ihn jung zu nennen", - er selbst aber wird über sein Leben, sein vergangenes und künftiges reflektieren: das ist der Inhalt der Titelgeschichte. "Ein Wildermuth wählt immer die Wahrheit", bis er eines Tages entdecken muß, daß es viele Wahrheiten, aber keine richtige gibt - das ist die Formel einer anderen. "Unter Mördern und Irren" ist ein Stammtisch-Gespräch, von Zufällen unterbrochen, von Zufällen ergänzt. Und "Jugend in einer österreichischen Stadt", dieses herbstlich schwermütige Präludium, nichts anderes als Erinnerung an die Kindheit, Abschied von der unbegrenzten Phantasie und einer heilen Welt.

Immer geht es dabei der Bachmann um das Ganze, das Absolute, das Alleinige, eben um *Alles*, wie kurz und vieldeutig ihre beste Geschichte heißt. Es geht ihr in den sieben Erzählungen niemals um ein Schicksal oder eine Handlung, sie werden nur benutzt, um in der Sprache der Bilder und Symbole alles über die Liebe, alles über die Wahrheit, alles über den Menschen, alles über die Verzweiflung zu sagen. Dieser Griff nach dem Letzten, diese Hand, ausgestreckt nach dem Endgültigen, die sich nicht von Halbheiten abwehren läßt, diese Besessenheit, alles in einem Symbol, in einer Chiffre, in einem Wort zu fassen - es ist wie ein Fluch, der die Autorin immer zwingt, wieder und immer wieder zu fragen und zu forschen und zu suchen.

In "Alles" geht es um den Menschen, um den Entwurf einer neuen Welt, um einen, der neu geboren wurde und alles neu machen wird: es geht um ein Kind. Und es geht um die vermessene Hoffnung eines Mannes, daß in diesem Kind alles anders sein wird, als es in ihm gewesen war. Aber dann kommt das Entsetzen, da er eines Tages entdecken muß, daß das Kind die Gesten der Alten nachvollzieht, daß es die Sprache der Worte spricht (nicht die Schatten- oder Blättersprache), kurz: daß das Kind nach den Menschen gerät. "Ich hatte erwartet, daß dieses Kind -, weil es ein Kind war - die Welt erlöse." Ein gewaltiges Thema hat hier die Bachmann aufgegriffen: die Ohnmacht, daß ein Mensch nichts anderes als ein Mensch werden kann. Zur Nachahmung - nicht zur Neuschöpfung sind wir verdammt!

Es geht ihr immer wieder um die Sprache, die Sprache als Verwandlung der Welt; Bekenntnis und Schlüssel zugleich für das schmale, reiche Werk der Bachmann. Erst die neue Sprache wird eine neue Welt schaffen. In allen Erzählungen will sie eine neue Sprache lehren, Sprachen, die es nicht gibt: die Schattensprache und die Blättersprache, die Blumensprache und die Wassersprache, die Wahrheitssprache und die Liebessprache - niemals die "übliche" Sprache, mit der sich eine so vom Wort besessene Dichterin wie die Bachmann schließlich und ohnmächtigen Endes doch ausdrücken muß. Immer wieder schleudert sie Feuergarben hin, Klänge und Bilder, Finsternisse und Blitze, um aus dem Gefängnis der aneinandergereihten Silben und Worte auszubrechen: "Worte stürzten wie tote Falter aus ihren Mündern." "Wenn wir uns, wie zwei Versteinte, zum Essen setzen ... fühle ich unsere Trauer wie einen Bogen, der von einem Ende der Welt zum anderen reicht, und an dem gespannten Bogen einen Pfeil bereitet, der den unbewegten Himmel ins Herz treffen müßte." Oder ihre Prosa geht, wie in dem großen bitteren Gesang der Undine, plötzlich in Lyrik über: "Die Welt ist schon finster, und ich kann die Muschelkette nicht anlegen. Keine Lichtung wird sein. Ich bin unter Wasser. Bin unter Wasser."

Es gibt in der heutigen deutschsprachigen Literatur nichts, was in der Kühnheit des Themas und im Wagnis der Sprache ihr gleichkäme. Man muß schon zur Langgässer zurückgehen. Oder zu Djuna Barnes mit ihren dunklen, geballten Sätzen. Die Bachmann gibt unserer Prosa neue Dimensionen. Ihre Fragen und Zweifel gehen tiefer als die Fragen und Zweifel der anderen. Ihre Sätze sagen ätzende Wahrheiten und beklemmende Einsichten. Ihre Gestalten sind alltäglich - und doch von mythischer Ausstrahlung; sie sind Hausfrauen und Medea, Richter und Ödipus, Student und Hamlet. Sie erhebt die banale Situation in die Bereiche des Dämonischen. Theben in jedem Haus, Dublin in jeder Kleinstadt, Gomorrha in jeder Nachtbar.

Die Bachmann kommt von der Lyrik her, man spürt es in ihren sinnfälligen

Bildern. Da gibt es keine schludrigen Sätze, keine flüchtigen Dialoge, da ist alles durchdacht, gestaltet, geformt. Manchmal reflektiert sie zuviel, reißt die Kühnheit ihres Themas auseinander, läßt es zerflattern (wie überhaupt die längeren Arbeiten manchmal ihrer Kontrolle entraten). So in "Das dreißigste Jahr", so in "Wildermuth", das erst Dichte bekommt, wenn die Figur der Wanda eingeführt wird; so auch in "Unter Mördern", das logische Unstimmigkeiten besitzt. Sie schlüpft gern in die Person des männlichen "Helden"; dabei bleibt gewahrt, was ich einmal zu ihren Gedichten schrieb: Ihre Geistigkeit ist in die Bilderwelt übersetzt. - Der kalten, schmucklosen Prosa, ohne jegliche Reflexion, die nach Hemingway unsere Prosa mehr und mehr verarmt hat, stellt die Bachmann den poetischen Satz entgegen, die Fülle der Bilder, die Leuchtkraft der Metaphern.
Rheinische Post, 22.7.1961

Undine ruft

Von Helene Henze

Die Geschichte von dem Wellenmädchen, dem die Liebe des Menschen eine unsterbliche Seele einhaucht, geht auf Paracelsus zurück, wenn sie nicht noch älter ist. Sie gehört zu den tiefsinnigen Mären, die wie Sternbilder untergehen und, leise sich drehend, wieder über den Horizont steigen. Ab und zu sieht einer hinauf und deutet sie auf seine Weise. So haben es Fouqué, Lortzing und Andersen getan. Nun taucht sie, fast mit umgekehrtem Sinn, in einer Erzählung wieder auf, die Ingeborg Bachmann mit Bedacht an das Ende ihres Buches stellt. "Immer, wenn ich durch die Lichtung kam, und die Zweige sich öffneten, wenn die Ruten mir das Wasser von den Armen schlugen, die Blätter mir die Tropfen von den Haaren leckten, traf ich auf einen, der Hans hieß." Doch die "dummen" Hänse von einst, die zu Hause zu nichts nütze waren, die lieber auszogen, das Wasser des Lebens zu suchen und sich mit Zaubermächten einließen, die Ritterknaben, die das Geheimnis in sich und der Welt nicht ruhen ließ - die Träumer und Fahrenden sind seßhaft und verständig geworden. "Über euch muß ich lachen, Hans, Hans, über euch kleine Studenten und brave Arbeiter, die ihr euch Frauen nehmt zum Mitarbeiten, da arbeitet ihr beide, jeder wird klüger an einer anderen Fakultät, jeder kommt voran in einer anderen Fabrik, da strengt ihr euch an, legt das Geld zusammen und spannt euch vor die Zukunft." Aber zuweilen regt sich in ihnen die verleugnete Jugend, sie lauschen unruhig in die Nacht. Dann tritt Undine aus dem Dunkel und lockt in ihren Umarmungen das ratlose Ungenügen, die dämmernde Einsicht aus ihnen hervor, lockt sie aus "all dem Festgelegten", aus ihrer im Endlichen befangenen Zielstrebigkeit weg ins Freie, Ungesicherte, ihrer geheimsten Ahnung und reinsten Sehnsucht nach. Es ist eine leidenschaftliche Beschwörung, das ganze Leben zu wagen, mit seiner Herrlichkeit, seinem Schmerz, seiner Einsamkeit, und im Bewußtsein des Tragischen. Das Nixenwesen, Symbol des dunklen Lebensgrundes, paart sich hier mit hellster Bewußtheit, die Liebeslockung wechselt mit überlegenem Hohn. Dennoch verkörpert die irrlichternde Gestalt die alte Aventiure in dem hohen, strengen Sinn, den Wolfram von Eschenbach ihr gab. Die Wirklichkeit, in der die jungen Menschen leben, wird mitsamt ihren frühen Ehenöten, ihren mechanischen Vergnügungen und Kernstudien kraft der Poesie in die unvergänglichen Bezüge gerückt.

"Undine geht" ist das schönste, geglückteste Prosastück des Bandes, in dem wir die hochbegabte Lyrikerin zum ersten Mal als Erzählerin kennenlernen. Sie scheut das Individuelle, das Besondere. Ihre Figuren gleichen denen der modernen Malerei, die das Oval des Gesichts leer läßt. Selbst der Rückblick "Jugend in einer österreichischen Stadt" sieht nicht das eine Kind, nur von Kindern ist die Rede, so wie Undine es mit lauter Hänsen zu tun hat und die fragwürdigen Freunde unterschiedslos Moll heißen. Es geht der Autorin um Allgemeines, Typisches. Sie demonstriert an ihren Figuren die Ratlosigkeit und Zerrissenheit des heutigen Menschen, der in sich keinen festen Stand hat. An der Schwelle seines dreißigsten Jahres sieht der junge Mann mit Schrecken, daß er sich nun für einen seiner großartigen Träume - "ein großer Mann, ein Leuchtfeuer, ein philosophischer Geist" und so fort - entscheiden müßte. Er fühlt sich in der Falle, sein innerer Kompaß zeigt nirgendwohin. Steuerlos ist er durch die Jahre geschlendert, hat Arbeit, Freundschaft, Liebe angenommen, wie sie sich boten, und gelassen, wie er Lust hatte, er hat "gelebt". Vor der Entscheidung wird ihm angst, er sucht die Schuld für sein Versagen bei den Freunden, der Gesellschaft, der Bildung - fremde Saat, die man wie Unkraut ausreißen müßte, um zu sich selbst zu kommen -, er klagt Gott und die Welt an. Als Zwanzigjähriger hat er "alle Dinge zu Ende gedacht ... Er dachte - wenn jemand versteht, was das heißt!" Aber Gott hat ihn nicht zum "Mitwisser der Schöpfung" gemacht, so ist er mit ihm zerfallen. Das einzig Richtige wäre, mit allem Überkommenen und Bestehenden tabula rasa zu machen und die Welt neu zu ordnen. Wir fragen uns: aus welcher Substanz? Merkwürdig ist, wie bei der Schilderung dieser pathetischen Torheiten auch die Sprache nicht selten ins Schleudern gerät. Um sich dem "Zustand des Außersichseins" zu entreißen, flieht er nach Venedig und ergeht sich nachts auf dem Markusplatz: "Licht, lichtes Leuchten, fern vom Gelichter. Er geisterte durch." Nach flüchtigen Anwandlungen, irgendwie zu dienen oder einen Baum zu pflanzen und ein Kind zu zeugen oder sich das Leben zu nehmen, weiß er sich keinen andern Rat als in einer beliebigen Stellung "zu Kreuz zu kriechen". Die Lösung kommt ex machina. Der Genesungsschlaf nach einem Autounfall schenkt ihm neuen Lebensmut. - Auch in den übrigen Erzählungen führt das böse Erwachen zu keiner fruchtbaren Einsicht. Zwischen dem Vollkommenen, nach dem man sich sehnt, und dem Widerstreben, mitzumachen "in dieser unwürdigen Welt", scheint kein Weg. Einer hält sich für einen Ritter der Wahrhaftigkeit, weil er es mit Tatsachen genau nimmt, und flieht vor der Wahrheit, die ihn zwänge, sein Leben zu ändern, in die Krankheit. Ein anderer möchte, weil er selber seinem Dasein keinen Sinn zu geben vermag, sein Söhnchen wie den ersten Menschen ganz ohne Leitung aufwachsen lassen, damit es aus reinem Ursprung einen neuen Lebenssinn schöpfe. Man will verzweifeln darüber, daß man mit einem Mörder am Stammtisch sitzt, aber als Vater von drei Kindern könnte man den einflußreichen Mann eines Tages

brauchen. "Mir scheint, es geht in der Welt auf gar keine Weise!" Und eine Musikerin, die in ihrer Ehe versagt, schwelgt in Träumen, die von Sapphos Versen und dem Bild der heiligen Johanna inspiriert sind, und weiß ernüchtert, daß sie fortfahren wird wie bisher. Der Verlag spricht angesichts dieses Buches von einer "großen, unbedingten Rebellion". Wir sehen nur flaue Wallungen und flügellahme Sehnsüchte, ein Ausweichen vor der eigenen Verantwortung und Furcht vor ehrlichen, selbständigen Entscheidungen, die das Leben mit dem innersten Wesen und dem Gewissen in Einklang bringen. Oder sollen die Rezepte des Dreißigjährigen gelten? Das ließe uns irre werden an der Autorin, der wir schöne Gedichte verdanken; "still wie Vogelei" geht uns unvergeßlich aus ihren Versen nach. Doch sie selber reißt in der Undinenerzählung den vermauerten Horizont auf. Auch das ist nicht Rebellion und keine Offenbarung. Sie nimmt Überliefertes auf, wie auch das Ganze davon durchtränkt ist. Das Überraschende ist vielmehr, daß die Prosa, die aus lyrischen Flügen immer wieder niederstößt und mit scharfem Griff die innere Misere dieser Menschen bloßlegt, in der Dichterin die Moralistin enthüllt.
Frankfurter Allgemeine Zeitung, 5.8.1961

Zwei Meisterwerke in schwacher Umgebung

Von Walter Jens

Sehr große und sehr strenge Erscheinungen wie der Romancier Thomas Mann oder der Lyriker Stefan George hatten uns vergessen lassen, daß der Tanz auf vielerlei Hochzeiten, das Goethesche Sich-Umtun: die Benutzung epischer, lyrischer und dramatischer Mittel durch einen und denselben poetisch mächtigen Geist dem Schriftsteller durchaus angemessen ist. Denkt man an Marie Luise Kaschnitz und Frisch, an Brecht und an Graß, so erscheint auch der hier zu besprechende Versuch, ein Grundproblem, das Spannungsverhältnis zwischen Ordnung und Revolte, nicht im Gedicht, sondern mit Hilfe parabolischer Erzählungen zu verdeutlichen, keineswegs staunenswert -

Weit erstaunlicher als der nach dem Erscheinen des Hörspiels "Der gute Gott von Manhattan" geradezu erwartete Sprung von der reinen Lyrik zur lyrisch getönten Prosa ist die Konsequenz, mit der Ingeborg Bachmann das Thema des "Guten Gottes" - eben die Begegnung zwischen der bedingten Weltordnung und der anarchischen, zumal in der unbedingter Liebe sichtbaren Rebellion - sechsfach variiert hat.

Da ist der Mann, der in seinem dreißigsten Jahr, zum erstenmal zu wahrer Erinnerung befähigt, zum erstenmal mit der Vergangenheit konfrontiert, ins Bodenlose abstürzt und allen vertrauten Zusammenhängen entgleitet; da ist ein anderer Mann, der sich nicht ans Nächstliegende und nicht an die kleine, gewohnte Ordnung hält, sondern den Wunsch hegt, sein Kind möge gleichsam der erste Mensch sein, herangewachsen in einer neuen Sprache (der Sprache der Bäume und Gewässer), bewahrt vor der schlechtesten aller Welten, die die unsrige ist; da ist ein dritter Mann, an dessen Stirn das Kainsmal des Mörders haftet, und auch er, der schließlich als Opferlamm endet, ist einer, der die Übereinstimmung verweigert und den "Ausbruch" gewagt hat; da ist ein vierter Mann, ein Richter namens Wildermuth, der die eine, die alleinige große Wahrheit gegen alle die winzigen, brauchbaren Wahrheiten stellt und sich auf Kosten dieser Wahrheit nicht einordnen kann; da ist die Frau, die an der Seite einer anderen ihr eigenes Gesetz und Maß, Glück und Unglück finden möchte - fern von ihrem Mann und jenen Bereichen getrennt, in denen man "unser" sagt; da ist schließlich die Nymphe, jenes elbische Wesen, das die stärksten Anklagen gegen die bestehenden, aber längst nicht mehr geprüften Gebote schleudert, auf deren Unantastbarkeit das Zusammenleben der Menschen beruht.

"Undine geht", die bei weitem beste Geschichte, steht nicht zufällig am Ende des "Dreißigsten Jahrs": Hier wird die Trennung zwischen den Geschlechtern besiegelt, hier treten Mann und Frau auseinander, hier wird im Haltlosen gelebt, und keine Konvention verdeckt mehr die Tatsache, daß dem einen "Minenfeld" heißt, was den anderen ein "Garten" dünkt. Hier bleibt nichts als der Nachklang eines sehr sanften und schmerzlichen Tons, der anzeigt, daß es immer wieder Menschen geben wird, die trotz allem nicht einverstanden sind und übers Nützlich-Brauchbare hinausdenken, weil sie sich, ungestillt, an eine Zeit echter, ursprünglicher Einheit erinnern. Von sehr weither klingen, wie im Hörspiel "Zikaden", platonische Reminiszenzen an.

Nach einem lyrischen Vorspiel verdeutlicht sich im "Dreißigsten Jahr" sechsmal die Situation eines Menschen, der an einem ganz bestimmten Punkt außerhalb jener Zusammenhänge gerät, in denen man einander braucht. Dort begegnet er, "ordnungslos, hingerissen und von höchster Vernunft" dem "anderen", dessen Lockung er nicht widerstehen kann, so daß er sich von der Welt des "Brauchbaren" immer weiter entfernt: im Zustand der Liebe, der grenzenlosen Erinnerung und unbedingten Wahrhaftigkeit schießt er der Vernichtung entgegen. Das heißt: während er vorher nur aus der Froschperspektive blicken konnte, sieht er sich unversehens - *allem* gegenüber. (*Alles* ist ein Schlüsselwort des Buchs.)

An diesem Punkt wird deutlich, wie elementar die Geschichten des "Dreißigsten Jahrs" thematisch den "Guten Gott von Manhattan" variieren: Auch Jennifer verläßt ja den Teufelskreis der Konvention, wird, die sie nie war, löst alle Klammern, macht, in der Maßlosigkeit ihrer alles sprengenden Liebe, den Tag zur Nacht, den Kosmos zum Chaos, wirft alles hinter sich, verbrennt jede Maske und wagt den Riesensprung, dessen Ziel sie nicht kennt. Jennifer - das ist das Urbild jener Gestalten des Novellenbands, die ebenfalls nicht einverstanden sind und deshalb aufbrechen in Bereiche der Sprachlosigkeit, dorthin, wo die Dinge entgleiten und sich die Spiegel-Silhouette einer nie erahnten Welt zeigt. "In allen Augenblicken, wo dieses Äußerste ihm vorschwebte, wo es zum Greifen nah war, ist er ein Raub des Fiebers geworden, hat die Sprache verloren, sich verzehrt danach, die Sprache dafür zu finden. Er hat sich verzehrt danach, einen Schritt tun zu können, wo dies Äußerste für ihn war, und wollte handeln danach, ohne Rücksicht."

Aber nicht nur Jennifer, auch Jan, ihr Partner aus dem "Guten Gott von Manhattan", hat Nachfolger gefunden - Figuren, die wie er "rückfällig" geworden und in die Ordnung heimgekehrt sind, zum Leben Verurteilte, die die Erde wieder hat, Männer, die vorwärtskommen wollen, schlechte Laune zeigen, mit ihren Frauen Gemäldegalerien besuchen und sich am Ende in einem System von nützlichen Zärtlichkeiten einrichten.

So weit, so gut. Die Konstellation ist seit langem klar, sie wurde von Ingeborg Bachmann gewiß nicht zum ersten Male beschrieben: *Broch* zum Beispiel - um von Kafka zu schweigen - hat wieder und wieder den Augenblick des Aufbruchs analysiert, in dem der Mensch dem Raum der Geltungen entschwindet ... jene Sekunde des Absprungs, in der alles unwirklich wird, weil "es" geschieht. *Anouilh* - ein zweites, beliebiges Beispiel - hat in der "Antigone" das Gegeneinander von Ordnung und Rebellion in exemplarischer Weise beschrieben. Die Worte, mit denen Antigone sich ihr kleines bescheidenes Glück an der Seite des "Herrn" Haimons ausmalt, könnten geradezu als Motto über dem "Dreißigsten Jahr" oder dem "Guten Gott von Manhattan" stehen.

Wiederholung braucht kein Makel zu sein (nur Dilettanten schreiben "originell"), doch meine ich, daß zumindest die Figurationen "Liebe und Unbedingtheit", "Ehe und Bedingtheit" von Ingeborg Bachmann gar zu schematisch demonstriert worden sind. Welche Perspektiven dämmern demgegenüber in Hofmannsthals Tagebuch herauf! Wieviel nuancenreicher und dabei konsequenter wirkt das vor fünfzig Jahren analysierte Wechselspiel von Präexistenz und Existenz, von Unverbindlichkeit und Verantwortung, und wie dämonisch, mit sich selbst im Widerstreit erscheint die Ordnung der "allomatischen Lösung"!

Darüber hinaus aber bedürfte gerade "Das dreißigste Jahr" einer Diktion, die dem rebellischen Pathos der Geschichten entspricht. Wahrlich, das Stahlbad Camusscher Abstraktionen, die lyrische Präsenz Paveses oder die karge Prägnanz Kafkas wären vonnöten gewesen, um dem ungeheuren Anspruch dieser Novellen zu genügen: wer eine Welt in die Schranken fordert, muß, bei Gott, gerüstet sein. ("Keine neue Welt ohne neue Sprache" schreibt die Autorin selber.)

Nun, Ingeborg Bachmann, eine große Lyrikerin, ist, so scheint es zunächst, für ihr Unternehmen vortrefflich gewappnet: Wer könnte die Klage Undines vergessen! Wer wird die Sätze je aus dem Gedächtnis verlieren, mit deren Hilfe eine wahrhaft grandiose Wiener Szenerie aufgebaut wird! Wer hätte in den letzten Jahren eine Geschichte gelesen die sich mit "Alles" vergleichen ließe! Wer spürte nicht hinter Stimmungs-Bildern und kühnen Paradoxien den Hauch sehr großer Poesie. Wer wollte bestreiten, daß die beiden Zentralgeschichten zum Vollkommensten moderner deutscher Poesie gehören! Und doch, da die Prosa nun einmal etwas Entlarvendes hat, bemerkt der Kritiker neben vielem Licht auch allzubald viel Dunkelheit.

In der Tat, wer von solcher Warte aus rebelliert, wem Geschichten wie "Alles" und "Undine geht" gelingen, der darf verlangen, daß man sein Gesamtwerk an der eigenen Leistung mißt ... und hier hält nun freilich manches der Probe nicht stand.

Wie realistisch-reproduzierend wirken "Wildermuth" und "Unter Mördern und Irren" bei näherer Betrachtung; wie unüberlegt komponiert (Ausgangssituation und Pointe tragen die weit ausholende Manier nicht), wie zerdehnt sind die meisten Geschichten, viel zu lang meistens (ohne Fundament verschweben selbst die köstlichsten Lyrismen); wie unverbindlich, etüdenhaft-liebenswert erscheint das trauliche Jugend-Präludium. (Über "Ein Schritt nach Gomorrha" sei der Mantel der Liebe gedeckt.)

Und dann die Sprache! Wie oft glaubt der Kritiker in der Zeit des fin de siècle zu leben und sieht sich, die lyrisch-prägnante Diktion der Gedichte erwartend, mit schlechten Rilkeschen Klängen konfrontiert, mit "guten Einflüssen guter Gestirne", mit dem Duft parfümierter Rosen, mit Engels-Allegorien und "blassen, genesenden Häusern", mit klirrenden Alliterationen ("Sterne, Staub und Stein"), mit konventionellen Vergleichen (er "folgt den Schritten des Mädchens, als führten sie in die Ewigkeit"), mit allzu vagem Gependel zwischen Abstrakt und Konkret ("Der Hochmut ... blühte, wucherte, zog die Hecke über sie"), schließlich mit Nachlässigkeiten, die, nicht bewußt zitierend vorgetragen, den Fluß der lyrischen Prosa gewaltsam hemmen ("mit den extremsten Gedanken", "in seinem Gehirn waren schon alle Leitungen unterbrochen").

Seltsam, daß ausgerechnet Ingeborg Bachmann, deren Stärke die gedankliche und sprachliche Präzision ist, in den Geschichten dieses Buchs so oft ins Unverbindlich-Rhapsodische (in eroticis sogar bisweilen ins Süßliche) gerät oder - das andere Extrem - traktatartige Aussagen vorträgt. Auch will ein gestelztes Pathos, das sich manchmal vordrängt, dem Betrachter ganz und gar nicht gefallen: "Und einer hatte eine Stirn, die blau und tragisch erglühte zwischen den Gezeiten aus Sprachlosigkeit."

Eine neue Sprache? Man lese den folgenden Absatz: "Charlotte beugte sich über Mara, die jetzt, im Schlaf, keine Gefahr mehr war, küßte sie auf die Brauen, die schön geschweift und feierlich in dem fahlen Gesicht standen, küßte die Hand, die niederhing von dem Sessel, und dann, sehr heimlich, schüchtern beugte sie sich über den blassen Mund, von dem das Lippenrot im Lauf der Nacht verschwunden war."

Nein, das ist schlimm. Doch was soll der Kritiker sagen? Da schreibt eine Autorin zwei ganz außerordentliche Geschichten, die sie mit einem Kranz respektabler, in der Diktion zwischen Meisterschaft und barem Kitsch schwankender Erzählungen umgeben. Soll der Rezensent schweigen und den Schatten über dem Lichtglanz vergessen? Soll er mit Debutanten-Maß messen? Oder muß er nicht vielmehr mit Nachdruck betonen, daß Ingeborg Bachmann seit dem "Guten Gott von Manhattan" - wo sich der Hang zur Sentimentalität auch schon bemerkbar machte - in Thema und Stil einen Weg gegangen ist, der nicht zum Guten führen kann? Gewiß schlägt, wer sehr, sehr viel wagt und kühn im Gedanklichen ist, am leichtesten daneben: auf einem gewissen Niveau liegen Gelingen und Scheitern ganz nah beieinander. Doch ist das eine Beobachtung, die für eine Ingeborg Bachmann nicht Gesetzescharakter haben dürfte, und deshalb bleibt das Fazit, daß "Das dreißigste Jahr" - mißt man die Autorin an sich selbst - als Ganzes mißlun-

gen ist. Auf sehr hohem Niveau, aber mißlungen. Die Sprache, die so viel vermag, trägt oft nicht ans Ziel: es fehlt an Objektivation.
Die Zeit, 8.9.1961

Nur die Bilder bleiben

Von Günter Blöcker

Der Ruhm Ingeborg Bachmanns gründet sich auf zwei schmale Gedichtbände, die im Abstand von drei Jahren erschienen (1953 und 1956), sowie auf einige ebenfalls vorwiegend lyrisch orientierte Hörspiele. Alle ihre Veröffentlichungen erreichten eine für Arbeiten dieser Art ungewöhnliche Auflagenhöhe: die Lyrikbände "Die gestundete Zeit" und "Anrufung des Großen Bären" liegen beide im 12. Tausend vor, das Hörspiel "Der Gute Gott von Manhattan" hat es bis zum 28. Tausend gebracht. Von Anfang an zogen Person und Leistung dieser Autorin ein nicht alltägliches Maß an öffentlicher Aufmerksamkeit auf sich. Eine Lyrikerin, die sich rühmen kann, als Titelheldin einer "Spiegel"-Story figuriert zu haben (August 1954), darf auf jeden Fall Seltenheitswert beanspruchen. Wobei die Frage, ob die "Spiegel"-Veröffentlichung den Ruhm manipulierte oder nur bestätigte, der Médisance genau jenen Spielraum gewährte, der weiterer Popularität nur zuträglich sein konnte.

Auf den spektakulären Erfolg folgte ein nicht minder auffälliges Verstummen. Von wenigen, nicht sehr beträchtlichen Einzelveröffentlichungen abgesehen, schweigt die Lyrikerin Bachmann seit 1956, ohne daß sie damit etwa in Vergessenheit geraten wäre. Als Hörspielautorin, als Dozentin, als Übersetzerin und schließlich durch eine keineswegs zimperliche Ummontierung des Kleistschen "Homburg" zu einem handlichen Opernlibretto machte sie auf eine stille Art immer wieder von sich reden. Mit der kleidsamen Geste einer Unwichtigtuerin hob sie sich um so wirkungsvoller von den bundesüblichen literarischen Manieren ab. Zweifel an der Echtheit dieses Dichtertums schienen vorsorglich schon durch die Attitüde der Untertreibung abgewehrt, mit der es sich nach außen hin gab und die in eigentümlichem Kontrast zu der herben Tonart und der körnigen Substanz der Dichtung selbst steht.

Der Bachmann-Ton, wie er in harter Reinheit in den besten Gedichten der "Gestundeten Zeit" vernehmbar wurde, hält sich frei von den sprachlichen Selbstbehexungen der nach-Rilkeschen und nach-Bennschen Lyrik. Es ist ein knapper, fester, zuweilen bedrohlicher Ton, der in Bildern von heftiger Anschaulichkeit Tatbestände mitteilt. Niemals war die Sprache weiter davon entfernt, aus sich selber zu dichten, als hier. Ein herbes Mißtrauen gegen die ihr eingeborene Überheblichkeit bindet sie an die Dinge. Nicht in narzißhaftem Wohlgefallen an sich selbst, nicht aus eigener Machtfülle wird sie tätig, sondern sorgsam kontrolliert durch die sinnliche Wahrnehmung und in kritischem Wechselspiel mit ihr. Ein Dichten gleichsam mit unbezweifelbaren, gegen die Willkür der Sprache gesicherten Sachverhalten. Dem Abstrakten wird ebenso mißtraut wie allem Ornamentalen. Das Bild ist nicht Zierat, sondern Legitimierung vom Empirischen her. Ein Gedanke, ein Gefühl, eine Erfahrung sind erst dann wahr, poetisch wahr, wenn es gelingt, sie in die Schaubarkeit herüberzuholen. Die Titelmetapher von der "auf Widerruf gestundeten Zeit" ist dafür unübertreffliches Beispiel. Man kann die Situation der letzten Frist, des Lebens auf Abruf in einer äußerst gefährdeten Welt nicht schlagender konkretisieren. (In einem der späteren Gedichte wird dann freilich gerade dieses Bild in einer Tonart wieder aufgenommen, die einem Einlenken, ja einer Zurücknahme gleichkommt.)

Von solchen Funden lebt die frühe Lyrik Ingeborg Bachmanns. Schicksalsbereitschaft und radikale Illusionslosigkeit werden in Metaphern eingelassen, die wie Beckenschläge in die schmucklose Komposition gesetzt sind. Eine befehlende Kraft wohnt diesen Versen inne. Sie verschmähen (einstweilen noch) die Zuflucht beim Reim wie die Scheinsicherheit einer wohlgefügten Melodik. Mit hartem Sprachgriff wird der Leser auf die "ungangbaren Wasser" geschickt, auf "härtere Tage" vorbereitet, ermahnt, den "Schuh zu schnüren" und die "Lupinen zu löschen"; aber er wird auch auf die Köstlichkeit der "Arbeit auf den Schiffen" verwiesen, die "weithin fahren", und auf die Auszeichnungen, die jene erwarten, welche Befehle nicht achten und ihre Tapferkeit in der Freundschaft beweisen. Das leidige Gefühl von Verseschmiederei, von Sprachbastelei und poetischer Raumgestaltung oder gar von dekorativ geordneten Lesefrüchten, das einen großen Teil der zeitgenössischen Gedichtproduktion als eine Sache ohne Existenzgrund erscheinen läßt, entfällt völlig. Das Gedicht ist weder Bildungsfetisch noch sentimentales Kuntgewerbe; es wird gewählt, weil es das tauglichste Instrument poetischer Weltfindung ist, weil es in bündigster, eindringlichster Form Verstehenserlebnisse schafft.

Die Nähe einer solchen Art von Lyrik zu einer konzentrierten Prosa des Zeigens und Vergegenwärtigens liegt auf der Hand. Tatsächlich hat Ingeborg Bachmann schon vor Jahren einige Prosastücke verfaßt, die ihren gelungensten Versen gleichzuachten sind. Wahrheit kann weder beschrieben noch ausgesprochen, sie kann nur in glückhaften Augenblicken dazu gebracht werden, daß sie sich zeigt. Eben dies ist der Autorin in ihren römischen Spaziergängen ("Was ich in Rom sah und hörte") ebenso gelungen wie in etlichen kürzeren Texten, in denen sie die vibrierende Leiblichkeit eines startenden Flugzeugs spürbar macht oder das Wesen eines Musikinstruments: "Viele Instrumente kommen aus den Wäldern; die Herkunft ist ihnen noch anzusehen an Haut, Darm und Holz ..." Das sind Spielarten einer imaginativen Prosa, die weiterzuentwickeln sich lohnen würde. Doch die Verfasserin hat sich - vorerst - anders entschieden. Nach einigem nur zu verständlichem Zögern präsentiert sie sich als Erzählerin. Nichts an ihren bisherigen Arbeiten wies in diese Richtung. Erzählen ist nicht Beschwören, ist nicht Erleuchtung der Phänomene durch Anruf und sprachliches Feststellen, sondern Sinnerschließung durch Geschehensverknüpfung. Ohne den Glauben an die sinngebende Kraft der Fabel ist kein Erzählen möglich, und gerade dieser Glaube ist nicht der des Lyrikers. Vor allem nicht einer Lyrikerin vom Schlage Ingeborg Bachmanns, die aus dem expressiven Nebeneinander der Dinge, aus der Spannung des Unverbundenen ihre charakteristischen Wirkungen zieht. Von der nackten, kargen Einsamkeit ihrer in die Wüste gestellten Bilder und Zeichen führt keine Verbindung zu den Webformen konventionellen Erzählens, um die sie sich nun angestrengt bemüht.

Die Offenbarungsmacht der Fabel - Ingeborg Bachmann ist entschlossen, ihr zu vertrauen, doch es wäre gegen ihre Natur, wenn es ihr gelänge. So setzt sie in der Erzählung "Ein Wildermuth" zu der Geschichte eines Richters an, der, von der Routine sogenannter Wahrheitsfindung ausgehöhlt, an sich selbst irre wird. Ein höchst taugliches Sujet, das die Verfasserin novellistisch zuspitzt. Richter und Angeklagter (ein Vatermörder) tragen den gleichen Namen; der Zwang, den eigenen Namen immer wieder im Zusammenhang mit der kruden Tat und ihren blutigen Details zu sehen, macht den professionellen Wahrheitssucher anfällig für den Zweifel an der Wahrheit überhaupt. Das wird erzählerisch überzeugend ausgebreitet bis zu dem Augenblick, da der Richter in öffentlicher Verhandlung einen Nervenzusammenbruch erleidet. An diesem Punkt kippt die Figur aus der Handlung. Die Autorin weiß als Erzähler nicht weiter. Sie läßt die "Geschichte" fragmentarisch auf sich beruhen und behilft sich mit einem angehängten halblyrischen Monolog, in welchem der Mann der Wahrheit und des Rechts über sich selbst reflektiert. In einem anderen Fall ("Unter Mördern und Irren") geht sie abrupt und unsicher von einem Stoff-Fragment zum anderen über. Aus zwei möglichen guten Geschichten wird so eine schlechte, weil es der Dichterin nicht gelingt, erzählerische Konsequenzen aus ihrem Material zu ziehen. Ein von verleugneter Vergangenheit gezeichneter Nachkriegsstammtisch, an dem die Opfer und die Henker von ehedem gemeinsam bechern (schon ein Motiv des Gedichts "Früher Mittag"); und daneben das psychologische Porträt eines geborenen Mörders, der um seine Bestimmung kommt, weil in einem Säkulum des organisierten, bürokratisierten Mordes Töten keine Aufgabe mehr ist - diese beiden Komplexe stimmen wohl in sich, finden aber nicht zusammen, werden nicht einmal ausdrucksvoll durch ihre Beziehungslosigkeit.

Die Folgen hat nicht nur die Erzählform als solche, sondern auch die Sprache zu tragen. Sie hängt durch, hat Frische, Präzision und Überredungskraft nur in Einzelheiten, nicht aber im durchgehenden Fluß des Vortrags. Wo sich der Erzählton gegen den mangelnden Glauben an das Erzählen überhaupt, seine Notwendigkeit und seine Wahrheit, behaupten muß, wird er forciert und sucht Zuflucht beim Indiskreten ("Ein Schritt nach Gomorrha"). Das Gedicht kann zuweilen durch Masken sprechen, sie färben den Klang und rufen eine Person herauf, die der Dichter auch ist. So hat Ingeborg Bachmann ihre Verse gelegentlich nicht nur in männlicher Tonart, sondern ausdrücklich als Mann artikuliert ("Curriculum vitae"). In der Realität der Erzählung setzen solche Künste des point de vue meisterlichen Takt voraus und eine Breite des Weltbesitzes, die jeden Gedanken an unpassende Verkleidungsscherze ausschließt. Das thematisch bedeutendste Stück ("Alles"), die Ich-Erzählung eines Vaters, der vergeblich hofft, daß sich das abgelebte Leben in der Person seines Sohnes vom Zwang der bloßen Nachahmung befreien möge, wird durch solches Sprechen mit verstellter Stimme fast zu Fall gebracht. Betont herausgekehrte Subjektivität ist im strengen Haus der Prosa ein Formverstoß; sie bedeutet, ganz allgemein, nicht Gewinn, sondern Einbuße, nicht Facettierung, sondern Aufweichung. Um wieviel mehr gilt das für das prätendierte männliche Ich dieser Erzählung, das uns mit falschem Raunen in die inneren Bezirke maskuliner Erfahrung einzuweihen wünscht. Auch hier wird ein kostbarer Stoff unter Preis weggegeben. Doch diesmal ist der Grund nicht die geringe Zuversicht, die die Autorin zu der Beweiskraft der Fabel hat, sondern ein eingeschmuggelter "persönlicher" Ton, der sie hindert, eine Binsenweisheit objektiv auszuformen.

Der verzagte Leser tut gut, sich an die erzählferneren Texte des Bandes zu halten. Etwa an das Titelstück "Das dreißigste Jahr" mit seiner Beschwörung des vom Sommer überwältigten Rom ("August! Da waren sie, die Tage aus Eisen, die in der Schmiede zum Glühen gebracht wurden. Die Zeit dröhnte.") oder dem resignierten Lob auf die mürben Herrlichkeiten Wiens, die freilich auch schon das Thema zu einem Gedicht abgegeben hatten. Er kann ein übriges tun und diese Prosa, unabhängig von ihrem erzählerischen Anspruch, nach lyrischen Herrlichkeiten durchgehen, nach poetischen Treffern und sprachlichen Blattschüssen, und er wird sich reich genug beschenkt finden. Der ergiebigste Aspekt scheint mir jedoch der zu sein, diese gleichsam in fremden Zungen redenden Versuche als Material und Entwurf künftiger Möglichkeiten zu sehen. Für ein Talent, dessen formschaffender Elan sich aus der unmittelbaren Spannung zwischen Gegenstand und Sprache ergibt, muß die weitmaschige, künstliche Sinnverknüpfung der Erzählung tatsächlich so etwas wie ein "Mordversuch an der Wirklichkeit" sein. Die Bestimmung dieser Dichterin, die, um eines ihrer Worte auf sie selbst anzuwenden, wahrhaft in Bilder "hineingeboren" ist, wird es sein, weiterhin Bilder zu entwerfen, die immer neue Bilder erzeugen und - eine Sprache tief unter aller Sprache - auch dann noch gelten, wenn die Worte und Geschichten verstummt sind.
Der Tagesspiegel, 8.10.1961

Ingeborg Bachmann: Das dreißigste Jahr

Von Marcel Reich-Ranicki

Ingeborg Bachmann, deren Lyrik seit ihrem Debüt im Jahre 1953 in deutschen Landen mit Recht gerühmt wird, ist kühn genug, um ihr erstes Prosabuch, den Erzählungsband "*Das dreißigste Jahr*", einer Problematik zu widmen, die zumindest seit dem Zeitalter der griechischen Tragödie die Dichter aller Länder fasziniert. Hier der verzweifelte Mensch mit seinem dunklen Drange, seinen revoltierenden Ideen und edlen Absichten - dort die feindliche Welt, die in die Schranken gefordert wird; hier das einsame Individuum - dort die bestehende Gesellschaft mit ihren Regeln, Gesetzen und Konventionen. Seit Prometheus und Antigone ist es immer wieder die gleiche Konstellation. Sie steht auch heute im Mittelpunkt vieler literarischenr Versuche, zumal epischer Sinndeutungen unserer Zeit. Und das muß so sein, und das ist gut so. Nur daß wir jetzt, nach den Erlebnissen, die unserer Generation zuteil wurden, nicht recht die Geduld aufbringen können für eine Ablehnung der Weltordnung, die sich nur aus dem Emotionalen ableitet, für eine instinktive Revolte, in der man vergeblich ein intellektuelles Fundament sucht. Ein Autor, der diesen klassischen Konflikt aus heutiger Sicht behandelt, will gewiß wirken, doch läßt sich die Befürchtung nicht von der Hand weisen, daß die epische Darstellung einer nur gefühlsbedingten Auflehnung die große Problematik eher verwirren als klären kann.

Ingeborg Bachmann ist eine zu souveräne Künstlerin und eine zu gute Kennerin moderner Literatur, um nicht zu wissen, welche Gefahren ihre Prosaversuche bedroht haben. Aber ihr vornehmlich lyrisches Talent trieb sie immer wieder zu einer eben im Emotionalen verankerten Fragestellung. Nicht konkrete Überlegungen, nicht Gedanken veranlassen die Helden dieser Erzählungen zu ihrer schwermütigen Rebellion gegen die bestehende Ordnung, sondern Gefühle, die zwar sehr ehrbar sein mögen, sich jedoch leider einer rationalen Nachprüfung hartnäckig entziehen. Für die Menschen, die hier gegen die Welt gestellt werden, sind also gewissermaßen Pauschalgefühle charakteristisch. Ausgiebig und mitunter sogar ein wenig selbstgefällig operiert Ingeborg Bachmann mit Begriffen wie etwa "Wahrheit" oder "Schuld" oder "das Böse", die sich jedoch meist nur als unzulängliche Bezeichnungen dunkler Empfindungen erweisen. Ihre Helden empfinden das Leben als eine "ungeheuerliche Kränkung", sie verspüren "Lust, an der Verfassung zu rütteln" und möchten die "alte schimpfliche Ordnung" einreißen. Die simple Frage jedoch, warum das Leben eigentlich eine "Kränkung" und die Weltordnung so "schimpflich" sei, bringt leider die Konstruktion der meisten Geschichten schnell ins Wanken, denn ein lockeres Gewebe aus Ahnungen, Befürchtungen und Hoffnungen ist - jedenfalls für die erzählende Prosa - kein ausreichendes Fundament. Ins Wanken gerät übrigens auch schnell die psychische Struktur dieser verzweifelten und ratlosen Menschen. Vom Helden der Titelerzählung heißt es: "Er hat immer das Absolute geliebt und den Aufbruch dahin ... In allen Augenblicken, wo dieses Äußerste ihm vorschwebte, wo es zum Greifen nahe war, ist er ein Raub des Fiebers geworden, hat die Sprache verloren ..." Eines Richters, der in der Novelle "Ein Wildermuth" über sich und die Menschheit Gericht hält, muß sich schließlich der Nervenarzt annehmen. Der Ich-Erzähler der Geschichte "Unter Mördern und Irren" stellt am Ende fest: "Es hallte in mir die Nacht, und ich war in meinem Wahn."

Was wollen eigentlich diese Rebellen, die sich mit der Welt nicht abfinden können und vor allem mit sich selber nicht fertig werden? Der Richter Wildermuth sucht die ganze Wahrheit. Jener Mann, der das dreißigste Jahr erreicht hat, verlangt, die Welt solle die Richtung ändern. Wozu soll ihr die ganze Wahrheit nützlich sein? In welcher Richtung soll sich die Welt ändern? Darüber will sich die Dichterin nicht äußern. Die Sucht nach dem Absoluten, der Traum vom Ausbruch und die elegische Klage über das Leben waren immer schon Vorzeichen, unter denen Schriftsteller, junge zumal, der Welt zu begegnen suchten. Aber was hilft uns dieser Traum, wenn nicht einmal angedeutet wird, woraus der Ausbruch erfolgen und wohin er führen soll. Das "Absolute" ist ein Begriff, der viel und nichts bezeichnen kann. Wenn die ganze Menschheit angeklagt wird, ist, offen gesagt, eigentlich niemand angeklagt. Natürlich müssen sich diese Rebellen die Stirn wundschlagen und schließlich kapitulieren. Der Richter Wildermuth kann die ganze Wahrheit, "von der keiner träumt, die keiner will", nicht finden. Der Ausbruch in ein lesbisches Verhältnis ("Ein Schritt nach Gomorrha") ist keinerlei Lösung. Über den dreißigjährigen Mann heißt es lakonisch: "Wie alle Geschöpfe kommt er zu keinem Ergebnis." Erst ein Krankenhausaufenthalt hilft ihm, die seelische Krise zu überwinden. Die Geschichte endet mit einem lebensbejahenden, nicht gerade originellen und sehr pädagogischen Akzent: "Er ist lebhaft mit dem Kommenden befaßt, denkt an Arbeit und wünscht sich, durch das Tor unten bald hinausgehen zu können, weg von den Verunglückten, Hinfälligen und Moribunden." Die Empfindungen, Gedanken und Äußerungen der meisten Gestalten sind auswechselbar: im Grunde ist es nur ein einziger Held, ein lyrisches Ich, das in verschiedenen Prosastücken von seinem Verhältnis zur Welt, seinem Aufbegehren und seiner Niederlage wortreich, doch keineswegs klar berichtet. Diesen also nur scheinbar verschiedenen Gestalten haftet - ältere Männer nicht ausgeschlossen - etwas Jugendliches und wohl auch Weibliches an. Selbst der reife und erfahrene Richter spricht bisweilen wie ein vom Leben enttäuschter Backfisch.

Doch ist die Ursache der Schwäche dieser Erzählungen, die vom Beigeschmack weder des Konventionellen noch des Sentimentalen frei sind und das Banale mitunter bedenklich streifen, nicht nur in der mangelnden intellektuellen Konzeption zu suchen. Man merkt es diesem Band deutlich an, daß er aus der Feder einer Autorin stammt, die die Suche nach eigenen Ausdrucksmitteln im Bereich der Epik erst begonnen hat. In den lyrischen Prosastücken "Jugend in einer österreichischen Stadt" und "Undine geht", die den Band eröffnen und abschließen, fühlt sie sich unzweifelhaft am sichersten. Da jedoch, wo eine - allerdings nur sehr sparsame - Haltung angedeutet und ein epischer Rahmen angestrebt wird, ist die kompositorische Ratlosigkeit offensichtlich. Wenn es schon gar nicht anders geht, werden im "Dreißigsten Jahr" Tagebucheintragungen des Helden zitiert. Und es ist durchaus kein Zufall, daß Ingeborg Bachmann, deren prägnante Diktion in der Lyrik man nicht mehr zu preisen braucht, sich in dieser Prosa recht häufig stilistische Entgleisungen zuschulden kommen läßt, die beweisen, daß wir es mit einem typischen Erstling zu tun haben - auch wenn der Autorin längst ein ehrenvoller Platz in der neuesten deutschen Literaturgeschichte gebührt.

Wer so hoch einsetzt, wie Ingeborg Bachmann in diesem Band, der muß hoch verlieren. Freilich ist auch der Gewinn sehr groß, den man in einem Fall mit Sicherheit buchen kann. Die Parabel "Alles" unterscheidet sich in ihrer Grundhaltung kaum von den anderen Prosastücken der Sammlung, aber hier gelang es Ingeborg Bachmann, ihre Vision tatsächlich mit erzählerischer Kunst zu beglaubigen. Der Ich-Erzähler dieser Geschichte, ein junger Vater, erklärt: "Die Welt ist ein Versuch, und es ist genug, daß dieser Versuch immer in derselben Weise wiederholt worden ist mit demselben Ergebnis. Mach einen anderen Versuch!" Mithin haben wir wiederum den unverbindlichen Pauschalprotest, aus dem sich jedoch eine konkrete Tat ergibt. Dieser Vater möchte sich wenigstens im privaten Raum seiner Familie dem Fluch widersetzen, der auf der Menschheit seit Kain und Abel lastet. Er will seinem kleinen Sohn "die Schuld ersparen ... und ihn für ein anderes Leben frei machen". Der Junge soll also gleichsam der erste Mensch sein, durch den vielleicht alles ganz anders werden könnte. Es stellt sich jedoch bald heraus, daß er zu allem fähig war, nur dazu nicht, den Teufelskreis zu durchbrechen, denn "das Böse ... steckte in dem Kind wie eine Eiterquelle". Nachdem er den Jungen beerdigt hat, entschließt sich der Vater, seine künftigen Kinder so zu erziehen, wie die Zeit es erfordert: "Halb für die wölfische Praxis und halb auf die Idee der Sittlichkeit hin".

Wenn auch der Schatten groß ist, den andere Erzählungen des Bandes auf die wenig reale Auflehnung des Vaters gegen das Los des Menschen werfen, wenn auch der Fatalismus und Pessimismus dieser Geschichte fragwürdig wirken, so beweist sie doch, wie sehr die formale und sprachliche Bewältigung des Stoffes die Schwächen verdecken kann. Für sich allein betrachtet ist diese strenge Geschichte ein vielschichtiges und nachdenkliches Prosastück, dem wir gewiß noch oft - und mit Recht - in Anthologien begegnen werden. Die Geschichte "Alles" läßt uns weitere epische Versuche der Ingeborg Bachmann mit großen Hoffnungen erwarten.
Neue Deutsche Hefte, Jg. 8, Heft 84, Nov./Dez. 1961, S. 113-117

Auf der Schaukel

Von Anonym

Eine erste Ankündigung gab es bereits vor Jahren, aber noch auf der Frankfurter Buchmesse des vergangenen Herbstes ging der Scherz um: "Sie wird mit dem 'Dreißigsten Jahr' wohl in ihr vierzigstes gehen."

Die Anspielungen auf Alter und Arbeitstempo der vierfach preisgekrönten österreichischen Lyrikerin Ingeborg Bachmann ("Die gestundete Zeit", "Anrufung des Großen Bären") waren voreilig. Bereits zu ihrem 35. Geburtstag in diesem Sommer lag der erste Prosaband der Bachmann, "Das dreißigste Jahr", in den Buchhandlungen aus. Sehr emphatisch lobte "Die Welt": "Ein neuer Ton in der deutschen Literatur". Und: "Nur wer des Lebens unkundig ist und sich nie bewußt wurde, wie gefährdet es in jedem Augenblick ist, wird diese Erzählungen nicht verstehen."

Ob die Bachmann-Leser wirklich lebenskundig sein müssen, um die Bachmann-Prosa zu verstehen, oder ob nicht - in jedem Fall können sie in den Erzählungen einige der Lebensumstände der (1926 in Klagenfurt geborenen) Schriftstellerin rekapitulieren: Die Texte, die in dem Band "Das dreißigste Jahr" zusammengefaßt sind, haben deutlich auch autobiographische Momente.

Das wird besonders evident in der Erzählung, die dem Buch den Titel gegeben hat. Obwohl der Held, der abwechselnd in der Ich-Form oder als "er" von sich spricht, ein Mann ist, läßt sich sein Monolog unschwer als eine Art Selbstgespräch der Autorin mit ihrem Leben und über ihr Leben ausmachen. Schwerpunkt der Rückerinnerung des Helden, der in seinem dreißigsten Jahr in eine Krise gerät, ist das Philosophie-Studium in Wien - wo Ingeborg Bachmann mit einer Arbeit über "Die kritische Aufnahme der Existentialphilosophie Martin Heideggers" promovierte.

Der bald Dreißigjährige erinnert sich an ein Erlebnis im Lesesaal der Wiener Nationalbibliothek, in dem er im schmalen Lichtkreis der kleinen, grünen Lampe saß: "Und als er dachte und dachte und wie auf einer Schaukel hoch und höher flog, ohne Schwindelgefühl, und als er sich den herrlichsten Schwung gab, da fühlte er sich gegen eine Decke fliegen, durch die er oben durchstoßen mußte. Ein Glücksgefühl wie nie zuvor hatte ihn erfaßt, weil er in diesem Augenblick daran war, etwas, das sich auf alles und aufs Letzte bezog, zu begreifen."

Er kommt dann doch nicht durch die Decke. Ohnmächtig, getroffen von Schmerz, springt er ab: "Er wurde vernichtet als möglicher Mitwisser, und von nun an würde er nie wieder so hoch steigen und an die Logik rühren können, an die die Welt gehängt ist."

Mit dem Sturz von der Schaukel der Erkenntnis in das "Gefängnis" der gottlosen Welt - gottlos: "Denn hätte er mit dieser Welt hier etwas zu tun, mit dieser Sprache, so wäre er kein Gott" - assoziiert der Dreißigjährige ein ziemlich schlimmes Liebesabenteuer mit drei Mädchen in einer Skihütte, und schon beim nächsten Gedanken stellt er sich vor, wie es wäre, "wenn endlich endlich kommt" und er die "alte schimpfliche Ordnung" einreißen könnte.

Das schwierige, erinnerungsträchtige, erkenntniswütige dreißigste Jahr übersteht der Erzähler - wie ehedem die (damals noch nicht dreißigjährige) Autorin Bachmann - größtenteils in Rom, kehrt aber im Strudel der schlimmsten Depression nach Wien zurück, in diese "Stadt ohne Gewähr", in die "Strandgutstadt", "Barrikadenstadt", "Türkenmondstadt", "Endstadt" und "Peststadt mit dem Todesgeruch".

Die Haßliebe der ehemals Wiener Studentin und Redakteurin Bachmann zu der Stadt, "in der meine Ängste und Hoffnungen aus so vielen Jahren ins Netz gingen", dokumentiert sich auch in der ironisch-pointierten Beschreibung der Wiener Kulturprominenz.

Auf die Wiener Theaterkritik zielt die Österreicherin Bachmann den Satz "Für eine Pointe wird eine Wahrheit geopfert, und gut gesagt ist halb gelogen." Die Lyrikerin Bachmann gebot sich einst: "Es gilt mit dem Nachklang im Mund weiterzugehen und zu schweigen." Ihr ins Männliche transponiertes Erzähler-Ich definiert sich als "zum Schweigen gebrachtes Ich aus Schweigen".

Wenig schmeichelhaft für Wien klingt auch die Erzählung "Unter Mördern und Irren"; sie schildert eine Stammtischrunde in Wien, "mehr als zehn Jahre nach dem Krieg". Ein Teilnehmer, Abteilungsleiter "am Radio", ist offenbar eine Reminiszenz der Bachmann an ihre Redakteurszeit am österreichischen Sender Rot-Weiß-Rot; ein anderer ist Feuilletonchef beim "Tagblatt", ein dritter verdient seinen Wein, trotz prominenter nazistischer Vergangenheit, als Professor an der

Universität Wien. Auch ein in Wien wohlgeduldeter Millionär und Kunstmäzen ist mit den Gumpoldskirchner und burgenländischen Wein trinkenden Männern "unterwegs zu sich". Ingeborg Bachmann über die Männer: "Wenn sie zwecklos reden, sind sie auf ihrer eigenen Spur."

Der Ich-Erzähler freilich fühlt sich nicht recht behaglich in dieser "Welt aus Eulenspiegeleien, Mutproben, Heroismus, Gehorsam und Ungehorsam"; mit seinem betrunkenen Freud begibt er sich auf die Toilette, während die Kriegserzählungen der Saufkumpane sehr ins Detail gehen. Zum Schluß wird die "jämmerliche Einträchtigkeit" dieser Runde ganz gesprengt; ein Fremder kommt an den Tisch, spricht von seiner Mörder-Bestimmung und bringt sich selbst um. Im Nebenzimmer des Weinlokals ist das Kameradschaftstreffen der Narvik-Kämpfer unterdessen bei dem Lied "Heimat, deine Sterne" angelangt.

Die Männerwelt, in die sich die als schüchtern und zurückgezogen bekannte First-Lady der jungen deutschsprachigen Dichtergeneration mit ihrem Prosa-Erstling begibt, endet nicht immer beim Gumpoldskirchner Wein. So macht die Erzählung "Alles" durchaus generellen Anspruch: Ein Vater scheitert an seinem Kind, aus dem er den "ersten Menschen" machen will und dem er doch erst "alles" geben kann, als es tot ist. Das Patriarchat versagt. Und Charlotte, die Frau, die sich (in der Erzählung "Ein Schritt nach Gomorrha") aus einer konventionellen Ehe in eine lesbische Gemeinsamkeit flüchtet, überlegt, während die liebesbedürftige Mara vor ihr kniet: "Dieses Geschlecht war niemals festgelegt. Es gab Möglichkeiten."

Die Möglichkeit der Ehe ist für die Autorin Bachmann durchaus der Diskussion wert. In fünf von den insgesamt sieben Erzählungen steht die Ehe direkt oder indirekt im Mittelpunkt des Konflikts, im Mittelpunkt auch der jeweiligen Selbstgespräche. Der Titelheld einer Erzählung, der Oberlandesgerichtsrat Anton Wildermuth, der an seinem oberflächlichen Wahrheitsfanatismus zugrunde geht, sinniert über seine Ehe: "... Daß wir beide nicht wüten gegen diese gute glückliche Verbindung, in der unsere Körper abstumpfen, verdorren ... Zu unseren Körpern, zu dem, was unsere Körper unter Liebe verstanden, fällt uns beiden nichts mehr ein."

Der Ehemann und Vater aus "Alles" betrügt seine Frau mit einer Verkäuferin aus der Wiener Maria-Hilfer-Straße, denn er ist "auf der Suche nach Selbstbefriedigung, nach der lichtscheuen, verpönten Befreiung von der Frau und dem Geschlecht". Und während die redseligen Teilnehmer der Stammtischrunde trinken, hängt der Erzähler auch einige Gedanken an die "Frauen zu Hause", denn: "Mit den Gefühlen des Opfers lagen die Frauen da, mit aufgerissenen Augen in der Dunkelheit, voll Verzweiflung und Bosheit." Ihre nächtlichen Rechnungen gehen erst auf, wenn sie ihre Männer im Traum ermorden.

"Ihr Ungeheuer mit euren Frauen!" ruft auch die Bachmannsche "Undine" in ihrer Anklagerede gegen die Menschheit aus. Undine faßt offenbar in ihrem Monolog zusammen, was Ingeborg Bachmann in Gedichten, Hörspielen und Artikeln je an der Welt auszusetzen hatte.

Lobenswert findet Undine am Menschen höchstenfalls noch seinen Verzicht auf die ganze Wahrheit - "damit die halbe gesagt wird, damit Licht auf die eine Hälfte der Welt fällt, die ihr gerade noch wahrnehmen könnt in eurem Eifer" -, und außerdem: "Zu loben sind eure Hände, wenn ihr zerbrechliche Dinge in die Hand nehmt ...", allenfalls auch beim Umgang mit der Technik, "wenn ihr euch über Motoren und Maschinen beugt, sie macht und versteht und erklärt, bis vor lauter Erklärungen wieder ein Geheimnis daraus geworden ist".

Was Undine den Menschen beim Umgang mit Maschinen nachsagt - daß sie vor lauter Erklärungen neue Geheimnisse schaffen -, gilt mutatis mutandis auch für die Prosa der Bachmann.

Theoretisch hatte Ingeborg Bachmann als Dozentin für Poetik gefordert: "Dichtung muß sein wie trockenes Brot, das zwischen den Zähnen knirscht."
Der Spiegel, 26.7.1962

Es gibt ein Reich ...
Von Hans Jürgen Baden

In einer Welt, da alles bis zur Erschöpfung ausgesagt, beschrieben, wiederholt wurde, - da es kaum noch gelingen will, die Sprache mit dem Gemeinten in Übereinstimmung zu bringen -: in einer solchen Welt steht der Dichter vor fast unlösbaren Aufgaben. Er verfügt über Begriffe, die nicht mehr be-greifen, und die Sprachgewänder sind zerschlissen und durchscheinend geworden. Gibt es inmitten dieses Sprachverfalls noch den eigenen Ton, die unüberhörbare Stimme, welche die Wirklichkeit neu schafft und uns wie zum ersten Male mit ihren Wundern und Rätseln konfrontiert?

Als Ingeborg Bachmann, knapp dreißigjährig, ihre beiden ersten Gedichtbände "Die gestundete Zeit" und "Anrufung des Großen Bären" herausbrachte, bestand bei der Kritik seltene Einmütigkeit darüber, daß sich hier das Unverhoffte, für unwahrscheinlich Gehaltene wieder ereignet habe. Unter der Berührung dieser sensiblen, zugleich festen und leidenschaftlichen Sprache geschah die Erneuerung der Wirklichkeit; die poetische Wirklichkeit war eins mit jener, in der wir alle beheimatet sind. Wir lasen Verse, die sich keiner Schule, keiner literarischen Konvention verpflichtet zeigten; die Ursprünglichkeit dieser Aussage war unbestritten, wird unbestritten bleiben.

Nun hat Ingeborg Bachmann den Schritt zur Prosa getan, einen Schritt, der schwieriger ist als derjenige von der Lyrik zum Essay. Der Band Erzählungen ist überschrieben "Das dreißigste Jahr", er enthält sieben Stücke und hat die Würdigung gefunden, die er verdient.

Es soll unsere Aufgabe hier nicht sein, diesen Würdigungen eine weitere hinzuzufügen und den Erzählband literarkritisch zu werten. Uns interessiert etwas anderes: der explosive, fast selbstzerstörerische Wille des Menschen, sein Leben zu ändern, wie er in den meisten dieser Erzählungen hervortritt. Dieser Wille zur Veränderung betrifft nicht die Oberfläche des Daseins, so daß es darauf ankäme, die Kulissen zu wechseln, die Kostüme zu vertauschen, einige geläufige Dinge zu verrücken. Die Veränderung soll voll und ganz geschehen, sie soll nicht nur die Verhältnisse wandeln, sondern die Struktur der Existenz. Hier versuchen Menschen, sich selbst aus der Wurzel des Daseins zu reißen und alles - wirklich alles - hinter sich zu lassen. Sie betreiben die radikale Entfremdung von sich selbst, sie verleugnen die Schuld und das Geschlecht, sie jagen der Wahrheit und der Gerechtigkeit mit einer Monomanie nach, die sie in die Arme des Wahnsinns zu treiben droht.

Sagen wir es genauer: der Mensch leidet unter sich selbst, er verhungert, verdurstet im Gefängnis der geschichtlichen Welt, ihrer Konvention und offenbaren Sinnlosigkeit. Er will heraus aus dem Gefängnis, in dem er durch Schuld und Schicksal verriegelt wurde. Er weiß, daß er zugrundegeht, wenn er lebt, wie er bisher lebte, - ein schleichender Prozeß der Fäulnis, über den man sich weder durch Pflichten noch durch Ausschweifungen hinwegzusetzen mag.

Der Mensch muß das Gesetz sprengen, nach dem er antrat, oder er wird in den Fesseln dieses Gesetzes umkommen. Das Gesetz ist negativer Art: es zeigt sich in der unlösbaren Bindung an die Schuld und an das Geschlecht. Zugleich lebt der Mensch in einer Welt, in welcher Wahrheit und Gerechtigkeit nicht verwirklicht werden können; seine Existenz ist bestimmt durch den unaufhebbaren Verlust an Wahrheit.

Kaum begegnen uns in den Bachmannschen Erzählungen christliche Begriffe, und doch sind sie ständig präsent; was hier über den Menschen, mittelbar, ausgesagt wird, ist das Sein in der Sünde. Und der wütende, unerbittliche Versuch, den angeborenen Verhältnissen zu entkommen, erscheint als das Negativ dessen, was der Christ "Erlösung" nennt. Freilich nimmt der Mensch seine Erlösung, genauer: den Versuch seiner Erlösung hier selbst in die Hand. Er hämmert gegen die Tür des Gefängnisses, bis es aufzuspringen scheint. Er kennt keinen Gott mehr, - Gott taucht nur noch in einigen Erinnerungsfetzen auf, und der Name Christi wird nicht genannt.

Der Mensch tritt auf das Sprungbrett des Möglichen, soll heißen, des Geläufigen, Vertrauten, und tut den Sprung ins Unmögliche. Er tut den Sprung ganz, setzt alles aufs Spiel, alles, - wie auch der Titel einer Erzählung kurz und bündig lautet: "Alles". Kann der Springer im Unmöglichen atmen, wird er dort ankommen, das Glück finden, welches sich ihm im Möglichen definitiv entzieht? Oder ist das Unmögliche nicht ein Modus des Endes, der Endzeit, so daß in der Tat, wie es die handelnden Personen bei der Bachmann beabsichtigen, die Welt des Möglichen zuvor zerstört und eingeäschert werden muß?

Aber ich will diese Versuche, das Unmögliche möglich zu machen, jetzt an zwei Erzählungen demonstrieren, damit die moralische Absurdität Farbe und Relief gewinnt.

In der Erzählung "Alles" bemüht sich ein Mann, sein einziges Kind, seinen kleinen Sohn so aufzuziehen, daß diesem das Gefängnis der Welt erspart werde. Er soll nicht im Geläufigen steckenbleiben, versanden, sondern in ihm soll die Welt von neuem beginnen, ohne ihre uralten Fehler, Schwächen, ihre konventionellen Scheidungen zu wiederholen. In diesem Kinde soll sich eine lautere Welt widerspiegeln, eine Welt, sagen wir's christlich, vor dem "Fall". Dieser Sohn muß, so formuliert es die väterliche Erwartung, den "Teufelskreis" aufbrechen. Ich zitiere aus den Selbstgesprächen des Vaters, die unausgesetzt dieses einzige Thema variieren: "Er war der erste Mensch. Mit ihm fing alles an, und es war nicht gesagt, daß alles nicht auch ganz anders werden konnte durch ihn. Sollte ich ihm nicht die Welt überlassen, blank und ohne Sinn? Ich mußte ihn ja nicht einweihen in Zwecke und Ziele, nicht in Gut und Böse, in das, was wirklich ist und was nur so scheint. Warum sollte ich ihn zu mir herunterziehen, ihn wissen und glauben, freuen und leiden machen! Hier, wo wir stehen, ist die Welt, die schlechteste aller Welten, und keiner hat sie verstanden bis heute, aber wo er stand, war nichts entschieden. Noch nichts. Wie lange noch?"

Ein Mensch also soll gegen den Strom schwimmen: gegen den Strom des Bösen, der Sünde, gegen den dunklen und trüben Strom der Geschichte, in dem wir dahintreiben von Anfang an. Ein Kind soll, an einer Stelle fällt das Stichwort, die Welt "erlösen". "Es hört sich an wie eine Ungeheuerlichkeit", sagt der Vater. Aber es hört sich nicht nur so an, es ist eine Ungeheuerlichkeit, die sich in Kürze enthüllt. Es gibt keinen Menschen, der rein genug wäre, die Welt zu erlösen, - und sich mit der Welt! Die Unschuld, die vorausgesetzt wird, ist eine Utopie, ein apokalyptisches Datum.

Es kommt, wie es kommen muß: das Böse ist da, ohne daß es gerufen wurde, es war im Kind ursprünglich angelegt. Das Kind lügt und schlägt und treibt bald die Spiele, die alle treiben; es zerstört ohne plausiblen Grund, nur um des Zerstörens willen, es fällt einen Schulkameraden mit dem Messer an. Als es bei einem Schulausflug tödlich verunglückt, sind die Akten längst geschlossen: ein Mensch wie alle anderen, der nichts geändert hat, - der Norm des Bösen ausgeliefert, in der schlechtesten aller Welten mit jener Selbstverständlichkeit beheimatet, die unser aller Los ist. Das väterliche Fazit lautet: "Denn das Böse, wie wir es nennen, steckte in dem Kind wie eine Eiterquelle."

So endet der erste Sprung ins Unmögliche: der Aufstand wider das Böse, wider die Erbsünde. Der Gefangene hat das Gefängnis nicht einen Augenblick verlassen.

Eine weitere Erzählung, "Ein Schritt nach Gomorrha", hat ein delikates, abseitiges Thema zum Gegenstand: den Versuch eines Mädchens, eine verheiratete Frau zu verführen, eine lesbische Verbindung mit ihr einzugehen. Die Frau, in keiner Weise anormal veranlagt, erliegt dieser Versuchung - zumindest theoretisch - bis zu einem gewissen Maße. Warum? Man kann nicht sagen, daß sie sinnlich durch die Möglichkeit eines Verhältnisses affiziert würde, von dem sie keine praktische Vorstellung besitzt und das ihr imgrunde fatal bleibt. Aber was sie reizt, ist etwas anderes: der Austritt aus der polaren Geschlechtlichkeit, welche für sie, allen Redensarten zum Trotz, immer mit Abhängigkeit, Unterwürfigkeit der Frau gegenüber dem Manne verbunden bleibt.

Beginnt die Freiheit der Frau imgrunde nicht erst dort, wo sie sich vom Manne löst, wo sie den Mann - rilkisch gesprochen - "übersteht" und sich selbst genug ist? Hängt nicht alles Elend der Frau mit ihrer Geschlechtlichkeit zusammen, bleibt nicht die mann-weibliche Tragödie Ausdruck des menschlichen "Falls" (im theologischen Sinne), Ausdruck uralten Ungenügens, weil weder der Mann noch die Frau allein imstande sind, den Kreis des Seins zu runden, zu erfüllen?

Man sieht: wiederum schickt sich der Mensch an, aus der Ordnung des Seins auszubrechen, den Status der Geschöpflichkeit zu leugnen, den Sprung ins Unmögliche zu wagen. Ein neues "Reich" wird proklamiert: das Reich androgyner Ganzheit, wie es Jakob Böhme geschaut hat; das Geschlecht wird ausgelöscht und überwunden. Die Frau will selbst das Maß der Dinge bestimmen, für sich und ihre Gefährtin, sie ist nicht länger willens, sich dieses Maß, direkt oder indirekt, von einem Manne vorschreiben zu lassen. Lautlos welkt der Mann in dieser gewittrigen, gespenstischen Nacht dahin, er stirbt, die Ehe zerfällt. "Komm, Schlaf - so heißt es -, komm tausend Jahre, damit ich geweckt werde von einer anderen Hand. Komm, daß ich erwache, wenn dies nicht mehr gilt - Mann und Frau. Wenn dies einmal zu Ende ist! Und an anderer Stelle: Nein, erst wenn sie alles hinter sich würfe, alles verbrennte hinter sich, konnte sie eintreten bei sich selber. Ihr Reich würde kommen, und wenn es kam, war sie nicht mehr meßbar, nicht mehr schätzbar nach fremdem Maß. In ihrem Reich galt ein neues Maß."

Das ist der prometheische Griff hinter die Existenz, die Erlösung des Daseins aus dem Würgegriff des Geschlechts. Das Reich jedoch, das hier beschworen wird, ist eine postgeschichtliche Größe: denn erst in der Endzeit, so heißt es im Evangelium, sei die mann-weibliche Markierung der Existenz hinfällig, das Geschlecht für immer aufgehoben.

Es kann nicht ausbleiben, daß der Mensch, nach diesem fast blasphemischen Aufschwung, wieder auf seine Ausgangsposition zurückfällt. Wie hieß es doch: "Das Reich erhoffen. Nicht das Reich der Männer und nicht das der Weiber." Aber das Reich bleibt eine Chimäre. Es kommt nur zu ein paar toten Zärtlichkeiten zwischen den beiden, und dann: "Charlotte weinte, wandte sich um, langte nach der Weckeruhr und zog sie auf. Mara sah gleichgültig zu ihr hin. Dann stürzten sie ab in den Schlaf und in einen gewitterhaften Traum."

Das Unmögliche, in das der Mensch zu springen sich anschickt, ist eine neue Existenz, ein neues Sein. Diese Existenz und dieses neue Sein haben endzeitlichen Charakter. Damit ergibt sich zwangsläufig, daß der Springende scheitern muß: entweder kehrt er, ernüchtert, desillusioniert in die alte Welt zurück und unterwirft sich der Fatalität des Möglichen. Oder der Sprung läßt ihn in Tiefen zerschmettern, die niemand auslotet.

Bis an diese Grenze führt Ingeborg Bachmann in den meisten ihrer Erzählungen (nicht nur in den beiden genannten) mit fast männlicher Härte, Entschlossenheit. Es ist die Grenze des menschlich Möglichen, des irdisch Möglichen. Aber das Dunkel, das sich hinter dieser Grenze auftut, lastet weiter. Die Stimme Gottes tönt nicht mehr, das Licht der Gnade erlosch. Der Mensch bleibt zum tragischen Scheitern bestimmt, denn auch die Heimkehr aus dem Unmöglichen ins Mögliche, welches das Alltägliche, Begrenzte ist, bietet keinen Trost.

Die Sehnsucht nach dem Letzten, dem neuen Himmel und der neuen Erde flammt an der Grenze noch einmal rabiat, fast selbstzerstörerisch auf. Aber diese

Sehnsucht verlor das metaphysische Ziel, und sie ist für die ewige Antwort, durch die sie allein gestellt werden könnte, taub. Es ist die gleiche Sehnsucht, welche den Unteroffizier Beckmann des unvergessenen Wolfgang Borchert an allen Türen der Welt rütteln und schreien läßt: "Gibt denn keiner eine Antwort?"
Frankfurter Hefte, Jg. 17, Nr. 8, Aug. 1962, S. 559-561

Muster einer utopischen Existenz

Von Wolf Wondraschek

Über die österreichische Schriftstellerin Ingeborg Bachmann war man nach dem Erscheinen ihrer Gedichtbände schnell und gründlich in Begeisterung geraten. 1953 hatte sie den Preis der 'Gruppe 47', 1958 den Hörspielpreis der Kriegsblinden erhalten, und 1959 bestieg sie in Frankfurt den neu eingerichteten Lehrstuhl für Poetik. Vor genau fünf Jahren (1961) veröffentlichte sie ihren ersten Prosaband, sieben Erzählungen unter dem Titel "Das dreißigste Jahr". Sie hatte über Heidegger und die Existentialphilosophie promoviert und einen interpretatorischen Versuch über den Neopositivismus Wittgensteins publiziert. Ganz im Sinne der wissenschaftlichen Arbeiten des sog. 'Wiener Kreises' ist ihre Prosa eine philosophische Besinnung auf die Sprachbedingtheit aller Wirklichkeit. Die sieben Erzählungen dieses Bandes, ausgezeichnet mit dem Kritikerpreis, werden zum bloßen Vorwand für die Explikation sprachkritischer Überlegungen, und hinter schlecht inszenierten Handlungsabrissen reflektiert sie, was man philosophisch 'falsches Bewußtsein' nennt. "Wir werden Gott nicht los, solange wir noch an die Grammatik glauben", hatte Nietzsche geschrieben. Ingeborg Bachmann will nicht Gott, sondern die alte falsch organisierte und in Form und Konvention erstarrte Welt loswerden. "Keine neue Welt ohne neue Sprache" heißt es in der Titelerzählung. Dies habe, nach Ingeborg Bachmann, zu geschehen in einer "Kündigung der Geschichte, nicht zugunsten der Anarchie, sondern zugunsten einer Neugründung". Die Figuren der Handlung versuchen sich der Verfügungsgewalt der so und nicht anders eingespielten Welt zu entziehen, haben nur einen einzigen Gedanken: die "Gangart einer neuen Sprache" zu finden. Die Welt und die Menschen in ihr werden in diesen Erzählungen zum Muster einer utopischen Existenz stilisiert, nicht das Erzählen oder die Fabel ist wichtig, sondern die Verdeutlichung jenes "Erkenntnisstoßes", das Unbehagen an Sprache und Welt.

Ingeborg Bachmann ist keine Sprachavantgardistin, sie zweifelt weder an der Grammatik noch zerstört sie die Grundstruktur der Sprache; nie verliert sie (bei allem, was sie thematisch zu entwickeln versucht) die Zuversicht in das Wort. Die Autorin hat zwar Sprache, wie Helmut Heißenbüttel es formulierte, "als bloßen Vorrat bloß zitierbarer Formeln" durchschaut, zementiert aber gleichwohl die Ideologie vom 'poetischen Wort' und sanktioniert eben das, was sie vom Sockel stieß. Ihre Einsichten sind ihrer Literatur weit voraus. "Das dreißigste Jahr" zeigt große Qualitätsschwankungen, die bis hinunter zum lyrischen Kitsch reichen: "wenn alle Gesichter, frisch und jungen Monden gleich, durch die Dämmerung

scheinen" oder "bei Tisch sitzen die Kinder still da, kauen lang an einem Bissen, während es im Radio gewittert und die Stimme des Nachrichtensprechers wie ein Kugelblitz in der Küche herumfährt und verendet, wo der Kochdeckel sich erschrocken über den zerplatzten Kartoffeln hebt". Wer so unkritisch mit der Sprache umgeht und sich so unbedenklich den Klischees anvertraut, dem muß notwendigerweise die sprachliche Realisation einer Konfliktwelt mißlingen. Wer eine neue Sprache fordert und die "Errichtung einer Utopie" postuliert, dem dürfen 'poetisch' und 'sachlich' keine Gegensätze mehr sein. Das Buch "Das dreißigste Jahr" von Ingeborg Bachmann, verstanden als dichterischer Beitrag zur Sprachkritik, ist mißlungen, weil es den Zweifel an der Sprache thematisch isoliert und nicht ins Werk integriert hat. Das Wort von Martin Walser: "Außerhalb der Werke herrscht der schönste Zweifel", hier trifft es zu.
Streit-Zeit-Schrift, Bd. 5, Heft 2, Sept. 1966, Sp. 87-90

GEDICHTE, ERZÄHLUNGEN, HÖRSPIEL, ESSAYS (1964)

Ingeborg Bachmann - eine Zwischenbilanz

Von Hans Jürgen Heise

Ingeborg Bachmanns Name hat in der Welt der deutschen, der deutschsprachigen Literatur einen beinahe magischen Klang. Wo immer der Versuch gemacht wird, von der Lyrik der Nachkriegszeit zu reden, wird, zusammen mit einigen anderen, stets die Österreicherin Ingeborg Bachmann genannt; etwa so, wie man nie vom Expressionismus spricht, ohne Gestalt und Werk Else Lasker-Schülers zu erwähnen. Zwar hat es inzwischen andere Dichterinnen gegeben - Hilde Domin etwa; oder auch die satirisch-maskuline Christa Reinig -, aber noch immer fällt der Name Bachmann, kommt das Gespräch auf Lyrik oder gar Frauenlyrik (auf Lyrik von Frauen), vor allen anderen. Zu Recht? Oder nur aus Gewohnheit?

Ingeborg Bachmanns erster Gedichtband "Die gestundete Zeit" erschien 1953, zu einer Zeit, als ein großer Teil des heute in der Lyrik Gültigen noch unpubliziert, ja noch ungeschrieben war. Zwar gab es bereits (in Gestalt des Hefts "Untergrundbahn") eine keimhafte Fassung von Eichs "Botschaften des Regens". Und auch Karl Krolow war schon dabei, sich vom französischen Surrealismus und den Leistungen und Erkenntnissen der Spanier ausgehend, an seinen kubistischen Stil heranzuarbeiten. Heißenbüttel hatte bereits seine ersten kühlen Texte in Arbeit; doch bis zur Anerkennung war es noch weit. Das allgemeine Verhältnis zur Sprache war noch naiv. Rilke klang in Hagelstanges Sonetten nach. Und die im Windschatten von Wilhelm Lehmanns älteren und neueren Büchern gedeihende Naturpoesie brachte ein bukolisch-idyllisches Element in die deutsche Lyrik, das nicht recht zu den Ruinen der Nachkriegszeit passen wollte: wenn auch, besonders nach der Währungsreform, wieder "neues Grün" zu sprießen begann. Gewiß, die verschiedensten Poeten bemühten sich darum, einen aktuellen, ein den besonderen Umständen gemäßen Ton anzuschlagen. Doch einstweilen gelang das nicht. Die alten Formen - Sonette, Terzinen, Reimstrophen - vermochten die neuen Inhalte nicht mehr zu tragen. Und auch Rückgriffe auf frühere revolutionäre Bewegungen, Anleihen beim Expressionismus etwa, beim formlosen Aufbegehren und beim Seid-umarmet-Brüder-Pathos, führten nicht weit. Religiöse (Schröder, Kaschnitz) und politische, zeitkritische Dichter (Weyrauch, Hermlin, Maurer) - sie alle fanden nicht die Sprache, die identisch war mit dem allgemeinen Unbehagen, der wachen hungrigen Skepsis und dem schweigenden Dauerton der Transzendenz. Der einzige Dichter, der in totaler Übereinstimmung mit der Zeit schrieb, war Benn. Der Benn, der vom "Verlorenen Ich" sprach und sagte: "Die Welt zerdacht. Und Raum und Zeiten/ und was Menschheit wob und wog,/ Funktion nur von Unendlichkeiten/ die Mythe log".

So gesehen hatte Günter Blöcker also recht, wenn er Ingeborg Bachmanns ersten Gedichtband mit großem Überschwang begrüßte und ihn, zusammen mit

Benns "Destillationen", enthusiasmiert als etwas Einmaliges, völlig Neuartiges feierte. Zwar hatte es in den letzten Jahren schon ein paar bemerkenswerte Bücher gegeben (Eichs "Untergrundbahn", Huchels "Gedichte", Brechts "Hundert Gedichte", Celans "Mohn und Gedächtnis"; ferner die Bände von Benn, Krolow und einigen anderen). Im ganzen aber lag das poetische Terrain sehr im argen, und die Zeit war nicht im dichterischen Wort artikuliert worden. Denn weder hatte schon der intensive und nützliche Einfluß Hans Arps begonnen, der der deutschen Lyrik und dem deutschen Gemüt half, sich aus der Umklammerung des Todernsten zu befreien, noch hatte die Poesie, von Celan einmal abgesehen, Nutzen aus den assoziativen Möglichkeiten des Surrealismus gezogen.

Botschaft

Aus der leichenwarmen Vorhalle des Himmels tritt die Sonne,
Es sind dort nicht die Unsterblichen,
sondern die Gefallenen, vernehmen wir.

Und Glanz kehrt sich nicht an Verwesung. Unsere Gottheit,
die Geschichte, hat uns ein Grab bestellt,
aus dem es keine Auferstehung gibt.

"Unsere Gottheit, die Geschichte, hat uns ein Grab bestellt, aus dem es keine Auferstehung gibt". Das war nun wirklich ein neuer Sound. Er schockierte. Aber jeder spürte: Die Aussage traf zu. Sie stimmte - mehr als Hymnen und Parolen, als Erbauungsansprüche und Aufbaudevisen - mit den historischen und naturwissenschaftlichen Sachverhalten, mit Atombombe und Quantenmechanik, mit Hitler und Stalin, mit Darwin und Pawlow, überein.

Vor Begeisterung übersah man damals in Bachmanns Lyrik allerdings formale Mängel und romantische Restbestände: zahlreiche Gleichartigkeiten mit der übrigen, mit der konventionellen Poesie. "Unser Acker ist der Himmel,/ im Schweiß der Motoren bestellt ..." Das war ein schlechtes Bild, ein verunglückter Vergleich. Motoren schwitzen nicht. Sie sind mechanisch, anorganisch. In Versen wie diesen gingen der Dichterin Gestaltungskraft und Gefühl, Konvention und Moderne, Absicht und Wirkung durcheinander. Was demonstriert wurde, war etwas anderes als das, was demonstriert werden sollte. Denn hier enthüllte sich nur, wie schwierig es war, die Besonderheit der Epoche - wenn man sie auch empfand - zu formulieren. Als zu groß erwies sich der Sog der Klischees, die Gefahr der unfreiwillig-komischen Bilder.

Was Ingeborg Bachmann hatte und hat, ist ein Gespür für das Moderne, für das Neuartige unserer Welt. Was ihr aber (damals) oft fehlte, war die Fähigkeit, ihrem Empfinden und ihrem Wissen adäquate Bilder zu finden. So stehen denn auch in ihren beiden Versbänden nicht ausschließlich gelungene, eigen getönte Arbeiten wie etwa "Alle Tage, Botschaft, Im Gewitter der Rosen, Landnahme, Erklär mir Liebe, Reklame und Schatten Rosen Schatten." -

Was man, als man Ingeborg Bachmanns Poesie entdeckte nicht bemerkte (und wohl auch nicht bemerken wollte), sind gewisse Schwächen und Unselbständigkeiten. Da ist zunächst einmal eine Neigung zu essayistischer Weitschweifigkeit, die keinesfalls zur Verfremdung und zum Sprödmachen der Substanz gehört: "Eine Gemeinsamkeit ist auch zwischen uns/ und dem Verurteilten, da er uns zu überzeugen vermag/ daß dem Mord, den wir vorbereiten/ und dem Mord, dem ...". In Passagen wie dieser entartet das Poetische zum Aufsatz-Jargon. Gelegentlich gibt es auch ein Anlehnen an Paul Celans sehr individuelle (und deshalb nicht wiederholbare) musikalische Sprechweise:

Drüben versinkt dir die Geliebte im Sand,
er steigt um ihr wehendes Haar,
er fällt ihr ins Wort,
er befiehlt ihr zu schweigen ...

Die rhythmische Ähnlichkeit mit Gebilden wie "Chanson einer Dame im Schatten" und anderen aus "Mohn und Gedächtnis" ist groß. Wichtiger aber als das Verwenden essayistischer Elemente und ein gelegentliches Übernehmen von Stilmitteln Celans ist die heute nicht mehr zu übersehende Tatsache, daß Ingeborg Bachmanns Lyrik - von den genannten herausragenden Stücken abgesehen - doch gar nicht so spezifisch war und daß sie das, was Günter Blöcker ihr nachrühmte, "das wirklich Moderne, nämlich: den lyrischen Intellekt" keinesfalls durchweg besaß. Daß diese Poesie vielmehr - manche Kritiker deuteten das ja auch an, wenn sie vom Nichtverleugnen der Tradition sprachen - eine Kunst ist, die sich zum Teil durchaus in die literarische Entwicklungsgeschichte fügt und sich ans Herkömmliche anpaßt. Wahrscheinlich ist es sogar so: Der Erfolg hat sich, wenigstens partikulär, nicht *wegen*, sondern *trotz* vereinzelter radikaler Poesien eingestellt (so daß hier wohl ein gewisser Analogfall zu Georg Heym besteht, diesem aus heutiger Sicht sowohl formal wie inhaltlich relativ zahm wirkenden "Expressionisten", der gerade wegen seines aus den Speichern der Romantik stammenden Vokabulars, wegen der von ihm verwendeten poetischen Requisiten und Versatzstücke, sich - vor Benn, Stramm und Trakl - als literaturgeschichtlicher Kompromiß anbot, als eine für das Gros der Kunstbetrachter begehbare Brücke zwischen 19. und 20. Jahrhundert):

Großer Bär, komm herab, zottige Nacht,
Wolkenpelztier mit den alten Augen,
Sternenaugen ...

Das ist eine Ansammlung unverbindlicher Romantizismen. Die Welt mit den Augen der Ahnen gesehen. Das Universum, betrachtet aus nicht mehr gültiger Perspektive. Hier soll nun keineswegs einem platten naturwissenschaftlichen Denken und Dichten die Tür geöffnet werden. Nur: Wir alle wissen doch mittlerweile wenigstens so viel über das All, daß wir das Kosmisch-Unbekannte - den uns gebliebenen metaphysischen Rest - im poetischen Bereich (im Bereich des noch nicht Erforschten, des wohl auch nie zu Erforschenden) nicht gern durch einen zottigen Bären veranschaulicht sehen. (Und von ähnlicher Unverbindlichkeit sind auch, im Hörspiel "Der gute Gott von Manhattan", die Eichhörnchen, die dort etwas vom Hänsel-und-Gretel-Wald, etwas Märchenhaft-Verwunschenes in die Straßenschluchten von New York bringen sollen; die im Effekt aber doch - statt zu verfremden - nur verärgern ... denn: Was es auch immer an Unheimlichem in unserer Welt gibt, so kommt man ihm nicht mehr bei; nicht nach Kafka; und nicht gleichzeitig mit Beckett.)

Vieles von der Lyrik Ingeborg Bachmanns ist nicht auf der Bewußtseins- und Gefühlshöhe (der eisigen Gefühlsebene) unserer Tage. Vieles weist zurück auf Herkömmliches, reiht sich unter Früheres ein, unter Hofmannsthalhaftes ("Die große Fracht des Sommers ist verladen"); unter Literaturgeschichtliches.

So hat denn Ingeborg Bachmann in den letzten zehn Jahren - folgerichtigerweise - nur wenig neue Verse veröffentlicht. Was aber nicht heißen soll, daß sie keine mehr schreiben kann, künftig nie mehr welche schreiben wird. Das Schweigen besagt vielmehr nur, daß die Dichterin selbst (im Gegensatz zu den Kritikern) ihre eigene Krise begriffen hat und sich darüber klar ist, daß die Poesie weitergewandert ist: in Randzonen des Schweigens hinein und an "Sprachgittern" entlang, durch surreale Gefilde hindurch auf Kybernetisches zu. Daß Ingeborg Bachmann diese Entwicklung erkannt hat, zeigt gerade die Modernität von zwei Gedichten aus den letzten Jahren der nicht mehr schäumenden und knospig-schwellenden, sondern der mühselig laborierenden, der komprimierenden Produktivität: "Exil" und "Hotel de la Paix".

Übrigens: Bezeichnend dafür, daß man Bachmanns Begabung, daß man ihre Möglichkeiten und ihre Schwächen selten richtig beurteilte, ist die Tatsache, daß man nicht stark genug die Bedeutung ihrer Prosa hervorgehoben hat. Hier - vor allem in einigen ihrer Geschichten; aber auch in verschiedenen ihrer Essays - zeigt sich mehr Genie als in den meisten Gedichten. Ich denke hier weniger an die Frankfurter Vorlesungen, die doch, bei aller Geschicklichkeit und Belesenheit, gelegentlich etwas angestrengt und auf den Anlaß hin gemacht anmuten. Und ich meine auch nicht den klugen Aufsatz über Wittgenstein und die Gedanken über "Musik und Dichtung", sondern vielmehr die lyrischen Prosatexte "Die blinden Passagiere" und "Was ich in Rom sah und hörte", Stücke, die stilistisch, entfernt zum Umkreis von "Undine geht" gehören, jener großen Prosafreske, in der sich die Dichterin, um ihr Verhältnis zu den Männern zu klären, eines nicht existierenden (hier aber glaubhaft dargestellten) Mediums bedient: der sagenhaften Wasserjungfrau, die, lange vor der Psychoanalyse, dennoch eine Erscheinung aus dem Bereich des Psychologischen ist: stellt sie doch das dar, was der Mann an den irdischen, den bürgerlichen Frauen bald - nach der Zeit des Kennenlernens und Kinderkriegens - vermißt: Tiefe, Geheimnis, geistiges Gegenüber. Undine ist das, was in der Welt fehlt. Das Vakuum zwischen dem Mann, "Hans" ("Ihr Ungeheuer mit Namen Hans ..." und "Ich habe einen Mann gekannt, der hieß Hans ... ich liebte ihn"), und der Frau, der geburtenfreudigen, praktischen, diesseitigen. Zwar hält die Dichterin (Undine) mehr vom Mann: "In euren schwerfälligen Körpern ist eure Zartheit zu loben ... viel zarter als alles Zarte von euren Frauen ist eure Zartheit, wenn ihr euer Wort gebt oder jemand anhört und versteht ...". Aber auch die Männer sind unzulänglich, sind nur dann und wann undinebedürftig. Meist begreifen sie Undine nicht; und Undine begreift sie nicht: "Ich bin nicht gemacht, um eure Sorgen zu teilen. Diese Sorgen nicht! Wie könnte ich sie je anerkennen ... Wie könnte ich je an die Wichtigkeit eurer Verstrickungen glauben?" Die Männer, im allgemeinen, kommen mit ihren hausbackenen wirklichkeitsdrallen Frauen aus: "Arbeiter, die ihr euch Frauen nehmt zum Mitarbeiten, da arbeitet ihr beide, jeder wird klüger an einer anderen Fakultät, jeder kommt voran in einer anderen Fabrik ..."

Diesen fatalen Kreislauf banaler Wiederkünfte will, in der Geschichte "Alles", der Mann durchbrechen: in der Person seines kleinen Sohnes, den er - in einer gewissen Nachbarschaft zu Rimbaud, der einmal geklagt hat "Die gleiche bürgerliche Magie aller Orten, wo immer uns die Post absetzt!" und der deshalb aufforderte zum "Aufbruch in neuer Liebe und neuem Geräusch" - eine besondere, noch nie gesprochene Sprache lehren will, eine totalere Sprache, gültiger als die Menschensprache, die nicht weit her ist und nicht weit hinreicht. Der Vater will für seinen Sohn nicht nur jenen kleinen Brocken Wirklichkeit, den alle bekommen - vom Tisch der Konvention. Er will alles für ihn, alles. Aber bald stellt sich heraus, daß der Sohn nach dem Zuviel, das ihm sein Vater parat hält (oder halten möchte), gar nicht verlangt. Er wächst, unter der Obhut der Mutter (die viel weniger tut, als der Vater tun will. Aber doch genug. Genug von Situation zu Situation, von kleinem Anlaß zu kleinem Anlaß), so heran wie alle Kinder. Und unversehens befindet er sich unter den Menschen und zwischen ihren Gebräuchen. Ergo: Der Ausbruch ins Totale ist nicht möglich. Die Welt bleibt, was sie ist; was sie immer war: eine Reibefläche für den träumenden, den geistigen, den hoffenden, den auf Erlösung erpichten Menschen. Erst als der Junge tot ist, verunglückt, vermag der Vater ihn wieder zu lieben. Erst im Tode also verschwinden die trennenden Barrieren aus realer Banalität.

Hier - in "Undine geht" und in "Alles" - ist die Erschaffung von unserer Zeit adäquaten Parabeln, von neuen Mythen gelungen. Und selbst wenn Ingeborg Bachmann nie mehr über diese Arbeiten hinausfände, wäre sie, wegen ihrer und auch wegen der besten unter ihren lyrischen Stücken, eine große Dichterin ... (und sie ist es nicht zuletzt ihres fortschreitenden Traditionsbewußtseins wegen. Die Red.)
Die Tat, 24.4.1964

Eine Wahrheit - die keiner will

Von Marianne Uchtmann

Auf den ersten Blick wirkt das Buch nicht außergewöhnlich. Es scheint sogar, als habe es seine 345 Seiten besonders sachlich ökonomisch vermietet: ein wenig Lyrik, ein paar Erzählungen, ein Hörspiel, einige Essays. Die meisten der literarischen Arbeiten konnten bereits irgendwo einmal zwischen zwei Buchdeckeln gebettet werden. Nur wenige Gedichte und Essays sind vorerst nur in Zeitschriften oder Anthologien publiziert worden. Auch der weiße Einband mit den akkurat gestelzten blauen Buchstaben leuchtet in steriler Alltäglichkeit. Nichts deutet darauf hin, daß dieses Buch seit einigen Wochen Favorit aller deutschen Buchhandlungen ist, das mit einer Blitzkarriere alle Verkaufshürden nehmen konnte, daß es den ersten Platz der Bestsellerliste erobert hat: Ingeborg Bachmanns "Gedichte, Erzählungen, Hörspiele, Essays".

"Die Bachmann ist eben in Mode", sagen diejenigen, die immer einen Erfolg banalisieren wollen. "Die Bachmann ist so sensitiv und doch wieder so intellektuell-abstrakt", sagen diejenigen, die ihr Idol immer definieren müssen. "Die Bachmann ..." Worauf beruht eigentlich der seltsame Reiz dieser Bachmann? Mit den Schlagwörtern "in Mode" und "intellektuell-abstrakt" kommt man dem literarischen Sex-Appeal der 38jährigen Österreicherin nicht auf die "Schliche". Ingeborg Bachmanns "Geheimnis" liegt auf einer vollkommen anderen Ebene. Die unerhörte Ausstrahlung ihrer Dichtung resultiert aus einer Eigenschaft des Menschen Ingeborg Bachmann: Die Bachmann ist gleichgültig gegen ihre Umwelt und konzentriert beschäftigt mit sich selber. Und gerade die Zwanzig- bis Dreißigjährigen sind fasziniert von dieser Gleichgültigkeit, von diesem "Sich-über-Konventionen-Hinwegsetzen". Natürlich wissen die wenigsten, wie ungleich schwieriger es ist, sein "Ego" zu ergründen, als sich mit einer immer distanzierten Umgebung zu beschäftigen. An der eigenen Person scheitert man viel schneller - und auch die Bachmann hat dieses Scheitern manchmal unumwunden zugeben müssen. Dieses Geständnis der eigenen Unvollkommenheit ist allerdings wiederum ein Teil ihres "Geheimnisses".

In der Erzählung "Ein Wildermuth" versucht sie, dem Begriff "Wahrheit" bis zur Wahrheit nachzupirschen: "Ja, was ist denn die Wahrheit über mich, über irgendeinen? Die ließe sich doch nur sagen über punktartige, allerkleinste Handlungsmomente, Gefühlsschritte, die allerkleinsten, über Tropfen um Tropfen aus dem Gedankenstrom ... Und was ist dieser massige Tisch ... Schon über diesen Tisch ist kein Ende abzusehen. Eine Fliege wird ihn anders sehen als ein Wellensittich, und ob Gerda den Tisch je so gesehen hat wie ich?" - Spiegelt jene skeptische Definition der "Wahrheit" nicht fast vollkommen eine skeptische unentschlossene Generation, die das pamphletische Resultat scheut und lieber "punktartig" einen Begriff ergründen will? Die Bachmann allerdings fügt in "Ein Wildermuth" die "Punkte" ihres Wahrheitssuchens dennoch zu einem Ganzen. Aber wie resignierend ist dieses Ergebnis: "Bis mir die Wahrheit wird über das Gras und den Regen und über uns: Ein stummes Innewerden, zum Schreien nötigend und zum Aufschrei über alle Wahrheiten. Eine Wahrheit, von der keiner träumt, die keiner will."

Die Wahrheit, von der keiner träumt - schlummert auch in dem Hörspiel "Der gute Gott von Manhattan": Die absolute Liebe ist zum Tode verurteilt.

Sie schlummert auch in der Erzählung "Das dreißigste Jahr": "Nie hat er einen Augenblick befürchtet, daß der Vorhang, wie jetzt, aufgehen könne vor seinem dreißigsten Jahr, daß das Stichwort fallen könne für ihn und er zeigen müsse eines Tages, was er wirklich zu denken und zu tun vermochte, und daß er eingestehen müsse, worauf es ihm wirklich ankomme ..."

Und der Bachmann-Leser leidet mit der Autorin, wenn sie derartig "wahrheitsfanatisch" ihre seelischen Qualen analysiert. Er folgt ihr sogar willig, wenn sie ihn kaltblütig zu ihrem Psychiater ernennt und ihn schließlich zwingt, auch seine eigene Seelenpein zu zergliedern.

Eine Mußestunde wird dem Leser bei der Lektüre dieses Buches kaum gegönnt. Allenfalls die Frankfurter Poetik-Vorlesungen verhüllen noch ein wenig die schreckliche Unruhe dieser Ingeborg Bachmann. Aber auch sie sind schon wieder nur durchsichtig verkleidet. Auch sie schienen damals im Wintersemester 59/60 die akademische Gelassenheit der Studenten zu kitzeln. Und die Essays? - Vor allem jene über Musik? - Sind sie nicht bereits auch wieder herzklopfende Untersuchungen des Ichs?

Am beunruhigsten aber ist immer die Lyrikerin Bachmann. In den Gedichten ertrinkt sie fast in ihren schwermütigen Metaphern. Hier schockiert sie plötzlich mit einer nüchternen, männlichen Sprache. Hier gelingen ihr Beobachtungen, die in ihrer Schlichtheit lyrisch unübertroffen sind: "... wenn ein Tag an den Küsten verdampft ..." In ihrer bizarren Gedankenlyrik darf sie ihr Ich am kühnsten entblößen. Hier ist sie erregend, wenn sie in Symbolen beichtet. Hier ist sie anrührend, wenn sie in realistischen Wortgebärden deutet. In ihren Gedichten offenbart die Bachmann, daß die Literatur das einzige Ventil ihres verwirrten Herzens ist. "Es gilt weiterzuschreiben", gestand sie damals im Frankfurter Hörsaal. "Wir werden uns zwar weiterplagen müssen mit diesem Wort Literatur und mit der Literatur, dem, was sie ist und was wir meinen, daß sie sei, und der Verdruß wird noch oft groß sein über die Unverläßlichkeit unserer kritischen Instrumente, über das Netz, aus dem sie immer wieder schlüpfen wird. Aber seien wir froh, daß sie uns zuletzt entgeht um unsertwillen, damit sie lebendig bleibt und unser Leben sich mit dem ihren verbindet in Stunden, wo wir mit ihr den Atem tauschen."
Spandauer Volksblatt, 10.5.1964

Ingeborg Bachmann

Von Karlheinz Schauder

"Bei allem, was wir tun, denken und fühlen, möchten wir manchmal zum Äußersten gehen. Der Wunsch wird in uns wach, die Grenzen zu überschreiten, die uns gesetzt sind. Innerhalb der Grenzen haben wir den Blick gerichtet auf das Vollkommene, das Unmögliche, Unerreichbare, sei es in der Liebe, der Freiheit, der Gerechtigkeit - jeder reinen Größe. Im Widerspiel des Unmöglichen mit dem Möglichen erweitern wir unsere Möglichkeiten." Diese Sätze stammen von der österreichischen Schriftstellerin Ingeborg Bachmann, die seit dem Erscheinen ihrer ersten Gedichte in der zeitgenössischen Literatur eine hervorragende Stellung einnimmt. Das Werk der 1926 in Klagenfurt geborenen Autorin wurde mit mehreren Preisen ausgezeichnet, unter anderem mit dem Hörspielpreis der Kriegsblinden und mit dem Preis der Gruppe 47. Die Veröffentlichungen dieser lyrischen und dramatischen Begabung fanden von Anfang an eine aufmerksame Kritik. Mit ihrer wohldosierten Mischung von Gefühl und Verstand erreichte Ingeborg Bachmann das breite Publikum, sprach sie vor allem jüngere Leser an.

Der Piper Verlag war deshalb gut beraten, als er in der Reihe der "Bücher der Neunzehn" eine einmalige Sonderausgabe herausbrachte, die einen repräsentativen Querschnitt durch das bisherige Werk der jungen Dichterin bietet. Die Auswahl, die in Zusammenarbeit mit der Autorin getroffen wurde, enthält veröffentlichte und unveröffentlichte Beiträge. Auf Gedichte aus den beiden früheren Lyrikbändchen folgen vier Erzählungen aus dem Prosaband "Das dreißigste Jahr". Von den Essays sind vor allem zwei Abschnitte aus den Vorlesungen an dem Frankfurter Lehrstuhl für Poetik zu nennen, in denen sie entscheidende Aussagen über Wege und Ziele der Dichtung macht. In der Mitte, gleichsam im Zentrum des Buches, steht das Hörspiel "Der gute Gott von Manhattan", eine bittersüße Liebesgeschichte im Asphaltdschungel von New York. Vor einer Kulisse von Stahl und Beton schildert die Bachmann in den Erlebnissen eines jungen Paares die Bedrohung der Liebe in unserer Zeit schlechthin. Der neidische Gott von Manhattan muß jedoch anerkennen: "Ich glaube, daß die Liebe auf der Nachtseite der Welt ist - daß, wo sie aufkommt, ein Wirbel entsteht wie vor dem ersten Schöpfungstag."

Ingeborg Bachmann möchte dem Leben in der Dichtung einen neuen Glanz und eine neue Tiefe geben. Sie hat dabei einen unverwechselbaren persönlichen Stil gefunden, eine nicht immer leicht zugängliche Bilderwelt und Sprachform. Ihre Gedichte, vor allem Gedankenlyrik in freien Rhythmen, bezwingen durch ihre Wortgewalt und Musikalität. Hörspiel und Prosa sind bei ihr gleichfalls von lyrischer Art, ihre Essays bestechen dagegen durch die Klarheit ihrer Begriffe. Die Sprache der Bachmann ist zauberisch und traumhaft, nüchtern und sachlich zugleich. Sie pendelt ständig zwischen empfindlichem, verletzlichem Fühlen und wachem, kaltem Bewußtsein. Bei aller Moderne sind ihre Dichtungen doch auch an die Tradition gebunden, sie sind geradezu das Beispiel einer modernen Klassik.

In ihren Erzählungen und Essays erinnert diese junge Dichterin hin und wieder an Albert Camus. Wie jener geht Ingeborg Bachmann illusionslos, aber nicht resignierend den Widersprüchen der Welt auf den Grund. Ihre Themen sind Schwermut und Leiden, Einsamkeit und Angst. Ihre Dichtungen sind Beschreibungen der Lage vor Wandlung und Untergang. Sie ist aber weit davon entfernt, vor den "kommenden härteren Tagen" in Vergessen und Illusion zu fliehen. Sie hat unsere Situation mit den Worten gekennzeichnet: "Du wachst und siehst im Dunkeln nach dem Rechten, dem unbekannten Ausgang zugewandt." Nicht klagend oder verzweifelt, sondern mutig und schicksalsbereit stellt sie sich der Zukunft. Die zukünftige Poesie sollte nach ihrer Ansicht "scharf von Erkenntnis und bitter von Sehnsucht" sein und den Leser "zu neuer Wahrnehmung, neuem Gefühl, neuem Bewußtsein" erziehen. Trotz aller Bedrohung und allem Scheitern, den beiden Grunderfahrungen in ihren Büchern, stellt sie sich auf die Seite des Lebens, denn sie weiß "nichts Schönres unter der Sonne als unter der Sonne zu sein".

Aufwärts, Jg. 17, Nr. 6, 15.6.1964, S. 6

Ingeborg Bachmann

Von Edwin Hartl

Wenn man den sogenannten Bestseller-Listen glauben darf, die in einigen Blättern der Deutschen Bundesrepublik und der Schweiz regelmäßig veröffentlicht werden, so hat dieser Auswahlband gleich nach seinem Erscheinen im überraschendsten Ausmaß das Interesse des Lesepublikums gefunden. Spricht so ein ungewöhnlicher Verkaufserfolg nun für oder gegen den hohen Rang der erst knapp achtunddreißigjährigen Dichterin, die nicht nur mit großer Wortbegabung, sondern auch mit dem größtem Wohlwollen der Gruppe 47 begnadet ist? Mögen besagte Bestseller-Listen ursächlicher Aufruf oder echtes Echo sein, eine stark ansprechende, einprägsame und sozusagen zitierbare Formulierungskunst, die qualitativ das eine Mal an Rilke das andere Mal an Brecht erinnern könnte, ist kaum zu übersehen, wiewohl sie nicht so dicht aufscheint wie bei den zwei Genannten. Solche Prägungen begegnen dem Leser bei Ingeborg Bachmann unvergeßlich in einzelnen Verszeilen, seltener in der erzählenden Prosa und im Hörspiel, wo das Zu-hoch-hinaus-Wollen, wie es für Anfänger typisch ist, noch immer spürbar bleibt. Niemand hat besser argumentierend darauf hingewiesen als Marcel Reich-Ranicki, ein Kritiker, dem die Gruppe 47 bekanntlich besonders nahesteht. Unter den Essays sind der wohlversierte Aufsatz "Ludwig Wittgenstein - Zu einem Kapitel der jüngsten deutschen Philosophiegeschichte", die kurze Rede "Die Wahrheit ist dem Menschen zumutbar" und manche Passage aus den "Frankfurter Vorlesungen" hervorragend und bilden wohl überhaupt das beste unter den bisherigen Prosaleistungen Ingeborg Bachmanns. Die Komposition (wie eine Erzählung oder ein Hörspiel sie braucht) ist eben ihre Stärke noch nicht und gelang ihr vorläufig nur vereinzelt; aber der Essay gestattet unter Umständen auch den Vortrag einer lose gefügten Gedankenreihe. Der Übergang von einem zum andern kann fast unmerklich gelingen, durch eine vermittelnde sprachliche Geste von gleichsam lyrischer Qualität. So sind denn die Vorlesungen durchaus von dem gleichen Geiste getragen wie die Gedichte, fachlich unverbindlich und doch relevant dank den ausdrucksstarken Schönheiten, die sie zur Schau tragen. Vieles stimmt also nicht, aber das meiste ist stimmig, paßt zueinander, vollendet als Aussage das Porträt der Dichterin. Diese Prosa ist nicht leicht geschrieben und trotzdem nicht allzuschwer zu lesen; denn der wohlbedachte Glanz gewisser Wendungen leuchtet weiter bei der Lektüre, so daß auch der vielleicht schon Ermüdende nicht unsicher wird. Und wenn die überraschend vielen Käufer des Buches es sogar gelesen haben sollten, so läßt sich das nur so erklären.
Wort in der Zeit, Jg. 10, Heft 7/8, Juli/Aug. 1964, S. 90f.

Scharf von Erkenntnis und bitter von Sehnsucht

Von Ruth Tilliger

Jüngst hatte ich einen jungen Dichter zu Gast. Wir tranken und wir redeten, und als wir genug geredet hatten, wollte er, den Karl Krolow ganz korrekt den Landschaftslyrikern zugeordnet hatte, meine Schallplatten hören. Die erste Platte, von Ingeborg Bachmann mit Gedichten und dem Poem "Undine geht" besprochen, fand sein Gefallen bis zum vierten Gedicht. Dann hob er den Saphir ab. "Doch lieber Benn." Benn, von ihm selbst gesprochen, kreiste ohne Zwischenfall.

Bei Benn, von Westphal und mit viel Jazz inszeniert, gab es echte, sentimentale Tränen aus denselben Dichteraugen, die vorher das Porträt der Bachmann entzückt hatten. Gegen den Inhalt der Plattenhülle freilich wehrt er sich noch immer. Es ist eine Spur von Neid in diesem Widerstand, ein gehöriges Maß auch von unkontrollierter Bewunderung.

Sie sei der einzige Mann unter den lebenden Lyrikern, hat Karl Kraus einst von Else Lasker-Schüler behauptet. Würde er heute leben, er würde seiner Landsmännin Bachmann ganz gewiß auch den Vorzug geben vor ihren männlichen Kollegen. Wie es längst seine Nachfolger tun, die großen und die kleinen Kritiker, und die Literaturpäpste.

Was über das Werk der heute achtunddreißigjährigen Klagenfurterin nach Abstammung, Weltstädte-Vagabundin (Wien-London-Rom-Zürich-Berlin) nach Wahl alles geschrieben worden ist, übersteigt bei weitem die Quantität dessen, was sie selbst veröffentlicht hat.

Die scheue, verschattete Dame, deren Stimme in der Masse so leicht verhaucht (man erinnere sich ihrer Frankfurter Poetik-Vorlesungen) und unter der Grammophonnadel so hart und unwiderruflich klingt (und auch anklagend, besonders in "Undine"), deren Stimme aber seit geraumer Zeit verstummt zu sein scheint, sie hat nun sogar ihren "Nachlaß zu Lebzeiten" bekommen.

Der von ihr sehr verehrte Robert Musil zog ihn einst ebenfalls dem "echten" Nachlaß vor: "Ich habe jedenfalls beschlossen, die Herausgabe des meinen zu verhindern, ehe es so weit kommt, daß ich das nicht mehr tun kann. Und das verläßlichste Mittel dazu ist, daß man ihn selbst zu Lebzeiten herausgibt; mag das nun jedem einleuchten oder nicht."

Den Spöttern zum Beispiel leuchtet es nicht ein, daß eine noch junge Dichterin bereits einen Auswahlband vorlegt; die sagen, sie (oder der Verlag) wolle damit nur eine ausgiebige schöpferische Pause überbrücken. Bachmann-Anhänger wiederum nehmen die Sammlung als endgültigen Beweis dafür, daß ihre Dichterin die Klasse der Klassiker erreicht hat. Sie haben alle recht. Und recht macht es auch der Verlag, der hier zu einem erschwinglichen Preis das Œuvre der prominentesten deutschsprachigen Lyrikerin unserer Zeit in einem repräsentativen Querschnitt vorlegt.

Es soll keine Gesamtausgabe sein, die Autorin hat die Auswahl selbst mitbestimmt. Trotzdem vermißt man einiges dringend. Zum Beispiel ihr erstes, 1955 gesendetes Hörspiel "Die Zikaden", das unverständlicherweise gerne, auch bei

Werkinterpretationen, übergangen wird und bislang überhaupt nur in Hörspielanthologien enthalten ist. Dabei gibt dieser Funkerstling, für den Hans Werner Henze die Musik geschrieben hat, bereits die Stichworte für das ganze schmale und gewichtige Werk: Flucht, Insel, leidvolle Einsamkeit und leidende Liebe, Verstummen und Schweigen ...

Eines der letzten Gedichte, das letzte in der Sammlung, beschwört noch einmal, mit Verzweiflung die Worte:

"Ihr Worte, auf, mir nach!/ und sind wir auch schon weiter, zu weit gegangen, geht's noch einmal/ weiter zu keinem Ende geht's." Das Gedicht endet: "*Kein Sterbenswort, ihr Worte:*"

Das Verstummen ist greifbar geworden. Dann, ebenso verzweifelt, der Befehl an den Gedanken: "Laß stehn, was steht, geh Gedanke!/ von nichts anderem als unsrem Schmerz durchdrungen./ Entsprich uns ganz!"

Was die "movens"-Leute in Schreibmaschinenbildchen auszudrücken versuchen, spricht Ingeborg Bachmann aus: das Verstummen. ("Zum Schweigen gebrachtes Ich aus Schweigen" definiert sich der Mann im "Dreißigsten Jahr".) Sie erreicht die Grenze, vielleicht überschreitet sie sie sogar, sie stößt gegen die Decke wie jener Mann aus dem "Dreißigsten Jahr", der sich da in der Wiener Nationalbibliothek in einem Glücksgefühl ohnegleichen auf einer Schaukel wähnt, höher und höher fliegt und eben, als er nahe ist, "etwas, das sich auf alles und aufs Letzte bezog, zu begreifen", plötzlich das Ende aller Erkenntnis begreift: "Er hatte seine Kapazität zu denken überschritten oder vielleicht konnte dort kein Mensch weiterdenken, wo er gewesen war."

Die Titelerzählung aus Ingeborg Bachmanns einzigem Prosaband (sie ist, neben den Erzählungen "Alles" und "Ein Wildermuth" und dem Prosagedicht "Undine geht", in der Auswahl enthalten) ist, wiewohl sie einen Mann als Helden vorgibt, der biographisch aufschlußreichste Monolog der an der Welt und mit der Welt und an sich leidenden, der nach einer neuen Ordnung, nach einer neuen Moral, der nach "Alles" suchenden Dichterin. "Er dachte - wenn jemand versteht, was das heißt!", steht da.

Ingeborg Bachmann denkt und sie schreibt dennoch Gedichte, und schon deshalb ist sie manchen nicht ganz geheuer. Daß sie denkt und trotzdem Liebesgedichte schreiben kann, mag vielen unverständlich bleiben.

Freilich, was sie schrieb, war selten umstritten. Es gab nie große Diskussionen über die schmalen Lyrikbändchen "Die gestundete Zeit" und "Die Anrufung des Großen Bären", über ihr preisgekröntes Hörspiel "Der gute Gott von Manhattan" Es gab fast immer nur Lob, Bewunderung, großes Staunen.

Stets aber ist in das Lob auch eine gewisse Ratlosigkeit vermischt: wie soll man diese Frau festlegen, wie einstufen können, die den Intellekt eines Mannes mit dem Herzen einer Frau in Einklang zu bringen vermag?

Am besten hat sie sich und ihre Lyrik selbst charakterisiert in ihren Frankfurter Poetik-Vorlesungen, als sie, bei aller Selbstbezweiflung, die "neue Sprache" anrief und Simone Weils Vergleich von Poesie und Brot unserer Zeit anpaßte: "Poesie wie Brot? Dieses Brot müßte zwischen den Zähnen knirschen und den

Hunger wiedererwecken, ehe es ihn stillt. Und diese Poesie wird scharf von Erkenntnis und bitter von Sehnsucht sein müssen, um an den Schlaf der Menschen rühren zu können."

Zumindest mit ihren beiden Lyrikbänden, auch mit ihren beiden Hörspielen, hat Ingeborg Bachmann diese Forderung erfüllt. Nicht immer mir ihrer Prosa. "Das dreißigste Jahr" hat zum Teil sogar scharfe Ablehnung erfahren, das schmähliche Wort "Kitsch" rutschte manch einem Rezensenten in die Tasten. Daß ihre Menschen die "alte schimpfliche Ordnung einreißen" wollen, daß sie auf der Suche "nach neuen Möglichkeiten" sind ("damit die Welt sich verändert, damit sie die Richtung ändert, endlich!"), das nahm man hin. Daß diese Menschen aber nicht wissen, wie ungefähr diese neuen Möglichkeiten aussehen sollen, was eigentlich sie suchen, das kreidete man der Autorin an.

Immerhin: Der Hunger, die Verzweiflung, die Sehnsucht, die Ungeduld, mit der die unglücklichen Menschen in diesen Prosastücken nach dem "Alles" suchen, nach einer veränderten Welt, nach einer neuen Ordnung, das charakterisiert das Werk der Bachmann, das macht seinen "Inhalt" aus. Was Ingeborg Bachmann dichtet, ist Abgesang. In dem Prosagedicht "Undine geht" ist er zusammengefaßt in wenige große, schöne, schreckliche Seiten. "Ihr Menschen! Ihr Ungeheuer!", beginnt Undines Monolog.

Dann, in einem Aufsatz über Dichtung und Musik, setzt die Dichterin auf die menschliche Stimme: "Auf diesem dunkelnden Stern, den wir bewohnen, am Verstummen, im Zurückweichen vor zunehmendem Wahnsinn, beim Räumen von Herzländern, vor dem Abgang aus Gedanken und bei der Verabschiedung so vieler Gefühle, wem würde da - wenn sie noch einmal erklingt, wenn sie für ihn erklingt! - nicht plötzlich inne, was das ist: Eine menschliche Stimme." Undine Ingeborg Bachmann, die menschliche Stimme.
Christ und Welt, 11.9.1964

Alltag und Metapher

Von Hans Gerd Rötzer

Über die gegenwärtige literarische Produktion im ganzen kann man folgenden Satz wagen: Die führenden Autoren ringen in ihren Werken mit einem Thema, das auch Goethe ein Leben lang beschäftigt hat - die Relation von Augenblick und Erfüllung. Faust starb in dem Wahn, Augenblick und Erfüllung seien eins geworden; ein Trugschluß, der allerdings auf dem ehrlichen Bemühen beruhte, das Hier und Jetzt zu meistern. In der deutschen Literatur ist die Transzendenz als ein allzu bequemer deus ex machina schon längere Zeit ausgeklammert, nicht daß sie durchweg geleugnet wird, nein, es soll nur nicht das Ziel dem Weg vorweggenommen werden. Die Autoren beschränken sich darauf, die Realität der sichtbaren Welt aus ihren Erscheinungsweisen zu erklären. Die Mutmaßung, den Sprung über die Empfindung hinaus, überlassen sie anderen Disziplinen.

Aus diesem Grunde ist die Zeit, als die ungeheuerlichste Erscheinung des Daseins, Mittelpunkt der Diskussion geworden: denn der Zwiespalt von Wunsch auf Dauer und sichtbarer Vergänglichkeit reizt zur Analyse. In den chiliastischen Strömungen des Expressionismus glaubte man, den Widerspruch durch eine große, alles umfassende Geste: Mensch zu Mensch aufheben zu können. Heute sind die Schriftsteller bescheiden: Sie sezieren die Vorgänge, sie erhellen, sie stellen heraus - aber die Summe des Daseins zu addieren, davor hüten sie sich. Sie geben sich mehr als Diagnostiker denn als "Heilande", eine Tendenz, die sehr zu begrüßen ist, solange sie aus Notwendigkeit beibehalten wird und nicht zur Gebärde wird.

Ingeborg Bachmann läßt in ihren Gedichten keine Statik aufkommen, alles vermittelt sie nur durch Bewegung, durch Aktion: die Syntax, der Wortsinn, die Aussage, nichts ist durch eine Formel faßbar. Es eröffnet sich nur, wenn auch der Leser sich dem Fluß hingibt, wenn er die Deutung im Ablauf selbst sucht, nicht für die Dauer greifbar, sondern nur für den Augenblick der Bewegung. Aus diesem Grunde verschließen sich die Gedichte Ingeborg Bachmanns der endgültigen Interpretation, man kann nur auf dem Umweg des Dialoges in sie eindringen. Die Bilder gleiten, leuchten auf in faszinierender Schönheit, reihen sich, dem kausalen Denken fremd, in einer neuen Einheit schlüssig zu einem Text. Die Worte legen ihre konventionelle Starre ab, sie öffnen sich wieder einer vielschichtigen Deutung, Alltag und Metapher sind nicht mehr zu trennen.

Ingeborg Bachmann ist eine Entdeckung in der deutschen Literatur der Nachkriegszeit. Es ist aber zu bedauern, daß sich das "Literatur business" ihrer angenommen hat. Sie wurde dazu bewogen, aus ihrem lyrischen Schaffen auszubrechen und in Vorlesungen über die Poetik selbst zu reflektieren. Es ist ein Verhängnis für originalveranlagte lyrische Naturen, Literaturhistorie zu betreiben. Ähnlich auch wie ein akademischer Bildhauer nur noch selten neuerschafft, da er ständig, auch unwillkürlich, mit Vorbildern korrespondiert.

Der Piper-Verlag hat in der Reihe "Die Bücher der Neunzehn" eine Volksausgabe der Bachmannschen Texte herausgebracht, und es ist zu erwarten, daß die Edition ein Geschäft wird, wie der Verlag im Begleitbrief selbst vermutet. In dem Buch ist von allem etwas zu finden: Gedichte, Erzählungen, ein Hörspiel, Essays und Auszüge aus Vorlesungen. Zwar hat Ingeborg Bachmann ihr Plazet zu dieser Auswahl gegeben. Wäre es aber nicht wirklich besser gewesen, sich auf das dichterische Werk zu beschränken und dies ganz zu veröffentlichen?

In der vorliegenden Form ist das Buch eher eine Enzyklopädie zur Person Bachmann als zum Werk. Diese Tatsache unterstrich der Verlag selbst, vielleicht unbewußt oder auch mit verlegerischem Kalkül: Der Name der Autorin ist fettgedruckt, die Titel verbergen sich schüchtern unter ihm. Man kauft eben heute nicht mehr ein Werk, man kauft seinen Böll, Grass usw.
Rheinischer Merkur, 6.11.1964

EIN ORT FÜR ZUFÄLLE (1965)

Es ist nie wieder gutzumachen

Von Caroline Neubauer

Vor mehr als zwanzig Jahren schrieb Ingeborg Bachmann ihren Berlin-Text, eine Serie von alptraumhaften Vorgängen, moralischen und technischen Kleinkatastrophen, die für Berlin signifikant sein sollten. In welchem Sinne aber? Die erste Lesart der Krankenhausallegorie: Berlin ist ein Krankenhaus, ist ein Patient, ist fast schon die letzte, wird plattgewalzt. Berlin ist unheilbar, keine Versicherung kann für dieses Leiden aufkommen, weil es "vorvertraglich" ist, es liegt außerhalb der klinischen Definition. Sie sagt selbst, ein Kundschafter sei ein Ortsfremder, er sei somit im Vorteil und im Nachteil. Ich glaube, für sie war die Ortsfremdheit von Nachteil, oder vielleicht weniger die Ortsfremdheit als die Tatsache, daß sie, behaupte ich, keine wirkliche Beziehung zu Berlin hatte.

Natürlich - es handelt sich schließlich um die Bachmann - fehlen die starken Passagen nicht, nicht die bitteren: "Am besten man schaut mit den Augen fest in den Sand", nicht die surreal-realen: "Das glaubt niemand, am wenigsten die Neuangekommenen, daß die Tiere alle wirklich am Bahnhof Zoo wohnen. Niemand ist gefaßt auf das Kamel. Auf seinem Höcker steht jetzt die Siegessäule", und wie fast prophetisch klingt der Passus "Im Kommen ist jetzt der Kreuzberg" angesichts der heutigen Kreuzberg-Vermarktung, die mit daran schuld ist, daß dieser Stadt die Literatur verlorengegangen ist.

Zufall versteht Ingeborg Bachmann im ambivalenten Sinn: als etwas ohne Bedeutung und als etwas Traumatisches und schließlich ist für sie in Berlin traumatisch, daß man aus dem Trauma keine Bedeutung machen kann, obwohl doch gerade das Trauma den ganzen Bedeutungszusammenhang aufwirbelt. Dieser Stoff von traumatischen Dingen, die dann nichts bedeuten, liegt hier überall herum, der Patient kann nicht weg, er kann nur versuchen wie jeder Phantasierende, die Realität irgendwie zu gruppieren.

Wenn der Patient, der Text, murmelnd schließt: "Es war eine Aufregung, war weiter nichts. Es wird nicht mehr vorkommen", so exponiert die Autorin mit fast klinischer Deutlichkeit das Falsche einer beabsichtigten Indifferenz.

Es ist gut, daß dieser Text heute wieder erscheint, denn er ist Literatur, geschrieben vor dem "Geschichtsbruch", pathetisch gesagt, den die Studentenbewegung im weitesten Sinne mit sich gebracht hat. Sie räumte mit der Modernität von Literatur überhaupt auf und kehrte zurück in eine substantielle Sittlichkeit à la Lukács. Ist sie dann ihrerseits enttäuscht, nachdem sie mit den Depressionen der sechziger Jahre aufgeräumt hatte, so wird dieses Aufräumen doch nicht wieder rückgängig gemacht, die modernen Erfahrungen bleiben verdrängt. Die heutige Literatur pflegt neue Kultismen, deren Fundament die Indifferenz ist, aber nun nicht im kritischen Bachmannschen Sinne. In diesem Kontext ist der Bachmann-

Text erfrischend und im historischen Sinn eben: modern. Gemessen aber an ihren eigenen Möglichkeiten, bleibt die Autorin, auch was sprachliche Präzision betrifft, hinter diesen zurück. Der Bachmann-Ton fehlt, nicht durchgängig, aber überwiegend, er ging, mit ihren eigenen Worten, "auf etwas Kühnes". Sie konnte dieses Kühne dem Berlin-Stoff nicht abgewinnen, zu Berlins verstocktem Existentialismus, zu der Weise, wie er sich an der von ihr deutlich gesehenen Spießbürger-Mentalität bricht, hatte sie keinen Zugang, eine Autorin, die sonst so außerordentliche Möglichkeiten hatte, gerade Existentialismus auszudrücken. Berlin scheint tatsächlich ein heikler Ort für lyrische Erfahrungen: In Kunerts letztem Gedichtband "Berlin beizeiten" sind die nicht auf Berlin bezogenen Gedichte die weitaus besseren. Das letzte große Berlin-Gedicht, das mir erinnerlich ist, ist Celans Rosa-Luxemburg-Gedicht.

Hätte Ingeborg Bachmann mehr von sich, von ihrem Zusammenstoß mit der Wirklichkeit Berlins geschrieben, hätte man die Bachmann in diesem Text weniger vermissen müssen, kurz: Wäre dieser Text viel subjektiver gewesen, wäre er vielleicht objektiver geraten.
Süddeutsche Zeitung, 1.8.1987

MALINA (1971)

Ingeborg Bachmann: Malina

Von Sibylle Wirsing

Tote reden nicht. Man ist tot, aber man ist nicht tot gewesen, es sei denn in einem ganz speziellen klinischen Sinn, der hier nicht interessieren kann. Ingeborg Bachmanns Roman "Malina" endet mit dem Satz : "Es war Mord." Der Mord ist an der Hauptfigur des Romans geschehen, die aber nicht etwa Malina heißt, sondern einfach Ich: ein weibliches, sehr weibliches Ich, von dem auf den 356 Buchseiten keinen Gedankenstrich lang abgesehen wird. Der Leser hat sich an dieses Ich zu halten, mit den Ich-Augen wird er mitsehen, den Ich-Ohren mithören, dem Ich-Kopf mitdenken müssen. Aber mit der Ich-Liebe, um die es geht (denn was uns hier blüht, ist ein Liebesroman), wird auch der mitfühlende Leser womöglich nicht fertig werden: sie verlangt sehr viel. So viel, daß man auch noch das Liebessterben des Ichs, in der Ich-Kommentierung verkraften soll und als letzten Point die Aufklärung: "Es war Mord."
Wie also - redet das Ich nicht nur mit verlöschender Stimme bis zum letzten Atemzug, sondern auch noch darüber hinaus mit Grabesstimme? Man wird nicht umhinkönnen, Ingeborg Bachmann einige Inkonsequenzen nachzuweisen, und zwar nicht nur solche im Umgang mit der deutschen Grammatik; aber das soll ihr doch gleich bestätigt werden: raffiniert ist sie. Also selbstverständlich veranstaltet auch bei ihr ein gemordetes Ich kein Zetermordio mehr, indessen hat sie aber als die Ich-Schöpferin etwa nach dem Prinzip "Doppelt genäht hält besser" dem einen Ich allmählich und fast unmerklich ein anderes, *sein* anderes Ich hinzugesellt. Auf leisen Sohlen hat sich dieses männlich vestierte oder transvestierte Ich II unter dem Decknamen Malina durch den ganzen Roman bewegt. Malina begleitet als schattenhafter Mitläufer und als graue Eminenz das Ich I, spielt ein bißchen unheimlich und, da zunächst vorwiegend nichtssagend, auch ein bißchen fad lange Zeit nur den Dritten in der Dreiecksaffäre, die das First- und Lady-Ich angezettelt hat, ist, wenn gewiß auch kein Voyeur (zu sehen gibt es nicht viel), so doch vermutlich ein genauer Beobachter, bewährt sich in den Krisenphasen, die ja einem jeden Liebesfrühling so notwendig nachfolgen wie die Winterstürme dem Wonnemond, bewährt sich also in dieser Niedergangsepoche als brüderlicher Freund und kehrt dann erst gegen Ende der Peinzeit ein mutwilligeres und eigenartiges Verhalten heraus, insofern er die Liebeskranke anhält, den Geliebten umzubringen - erfolglos, wie sich denken läßt, aber nicht folgenlos. Bist du nicht mordwillig, so etwa muß Malina für sich argumentiert haben, so brauch' ich Gewalt - denn nun drängt er Schritt für Schritt das liebende Ich, das den Liebestod dem Tod des Liebsten vorzieht, an die Wand, ein Mauerspalt tut sich auf, und der ganze Spuk verschwindet. Malina bleibt zurück, der Doppelgänger als Einzelgänger, usurpatorenhaft übernimmt er die ganze Ich-Identität und kommt als die angemaßte Stimme seiner Herrin zu dem Schluß: "Es war Mord."

Niemandem, der dieser Explikation nicht haarscharf hat folgen können, darf ein Vorwurf gemacht werden. Vertrackter eigensinnig, verschrobener eigensüchtig und komplizierter selbstgefällig läßt sich eine Liebesgeschichte wohl nicht überliefern, als es die Bachmann hier zu tun versucht hat. Zur Konstruktion dieses Ich-Romans gehört ein labyrinthisch angelegtes System von Leitmotiven, Zitatverschlüsselungen, Anspielungsgeflechten, Symbolverstrickungen et cetera. Der Schabernack mit den Identitäten, die sich haschen, ist dafür nur ein handgreiflichster Beweis. Und nun der erste ernstere Rechenfehler: Wer den Teufel im Leib hat, wie das Roman-Ich doch von sich glauben machen will, wer toll ist vor amouröser Inbrunst, der kann nicht mehr tüfteln und basteln, dem ist das kunstvolle Literarisieren und bedeutungsvolle Augenzwinkern vergangen. Wer so liebt, wie hier geliebt werden soll, nämlich ichhaft-distanzlos, nicht etwa durch das Medium der Erinnerung, sondern hautnah in die Gegenwart gebunden, rauschhaft unfähig, etwas anderes zu bedenken als die eigene Ergriffenheit, der hat doch, grob gesprochen, nur noch zwei Möglichkeiten des Ausdrucks: entweder den unartikulierten Seelenschrei, der sich aber schlecht aufschreiben und gewiß nicht publizieren läßt, oder die große original-geniale Rhapsodie - nicht à la "Werthers Leiden", sondern "Werthers Leiden", nicht à la "Hyperion", sondern "Hyperion", nicht à la passion, sondern passion nature.

Dieser Anspruch zeugte von kritischem Größenwahn und kritischer Trivialität, wenn er sich an eine skeptisch nuancierte Gefühlsschilderung richtete und sich einem Romancier aufdrängen wollte, der auch im Umgang mit der Leidenschaft einer Ich-Figur die letzte mitmenschliche Scheu wahrt. Die Ingeborg Bachmann des *Malina*-Romans kennt solche Skrupel nicht. Ihre Ich-Figur soll mit Haut und Haaren an die Liebe verfeuert werden. Ich brenne, also bin ich - das ist der Maßstab, und daran hat man sich zu halten. Wer sich indessen an dieses Postulat am wenigsten hält, ist die Schriftstellerin selber. Ihr brennendes Ich betrachtet im Fackelschein der Liebe nicht etwa den Geliebten - der kommt zwar auch vor, Ivan geheißen, bleibt aber in diesem Namen wie ein Muschelwesen eingeschlossen und hat, wie auch der Roman von seiner namentlichen Anrufung widerhallen mag, als die männliche Du-Figur nur schematische Funktionen und abstrakte Rechte -, nein, das Ich richtet den Blick monomanisch auf sich selber. Obgleich das Romanthema die Selbstaufgabe ist, kennt das Ich nur einen Faszinationspunkt: den eigenen Nabel.

Die Bekanntschaft mit dem bohrend auf sich selber gehefteten Ich-Blick ist das erste, was dem Leser angeboten wird. So steht es im Eingangssatz des Romans: "... aber wenn mir etwa Leute mitteilen, was sie heute vorhaben, bekomme ich nicht, wie man oft meint, einen abwesenden Blick, sondern einen sehr aufmerksamen, vor Verlegenheit, so hoffnungslos ist meine Beziehung zu 'heute' ..." Welch ein Selbstbewußtsein, das so dezidiert mit einer Studie der eigenen Blickart von sich selber zu reden beginnt und überdies auch noch fraglos voraussetzt, daß ein alle Welt bedeutendes 'man' diesen Blick mit ähnlichem Interesse, wenn leider auch ohne die nötige analytische Feinfühligkeit beobachtet! Von einem bloßen Rechenfehler im Romangewebe kann nun schon kaum mehr die Rede sein. Denn wie dürfte dem Ich, das bis zu den Nuancen eigener Augenblicke über sich Bescheid weiß, entgangen sein, wes Geistes und Fleisches Kind seine Liebe ist? Warum uns Ingeborg Bachmann die Fiktion einer Ich-Du-Beziehung vortäuscht und sich nicht offenherzig zu dem rasenden Selbstgefallen ihrer Ich-Figur bekennt, bleibt eine offene Frage. Da sie in ihrem Roman viele Teilstücke des altüberkommenen Bildes von der "großen Liebe" benutzt - so den Liebesblitz aus heiterem Himmel und auf offener Straße, mit dem der Fremde neben uns Knall und Fall zum Schicksalstreffer wird, so die angebliche Totalhingabe der Frau und folglich den Totaltriumph des Mannes, so die Liebesflucht im Märchenlande und die Liebesnot in Angstträumen, so schließlich auch das Liebesende als Lebensende -, da also an überliefertem Repertoire kein Mangel ist, möchte es wohl sein, daß auch die Übersetzung der Eigenliebe in die eigentliche Liebe ein Traditionszwang ist. Eine andere Erklärung liegt noch näher: Die verzehrende Leidenschaft, auf sich selbst gerichtet, ernüchtert den Beobachter, während sie, nach außen an ein Gegenüber gewendet, rührend und geheimnisvoll erscheint. Da nun aber in diesem Roman um nichts so dringlich geworden wird wie um das Ohr des Zuhörers, möchte es schon sein, daß die Schreiberin den Leser- und Zuhörergefühlen mit der Liebesverwandlung von der Egozentrik zur Ivan-Passion entgegenkommen will.

Denn soviel steht fest: Die Ich-Figur, die ihren Bericht in mysteriöser Tateinheit von eben gelebtem Leben und eben daraus destillierter Selbstbiographie veröffentlicht, zählt auch noch in ihren Angstträumen und selbst im Tode auf unsere Anwesenheit. Wir, die Leser, sollen sozusagen die Wachsplatte sein, in die sich ihr Leben, noch nicht gelebt und schon um Fortdauer besorgt, einritzt. Wir sind der Abnehmer, der Adressat, der unmittelbar Beteiligte, vielleicht die stabilste Realität im Roman.

Sind wir das wirklich, oder sehen wir uns von so viel Zutrauen einerseits und so hohen Ansprüchen andererseits überfordert? Zu fragen wäre, was man uns denn eigentlich als Lohn für unsere Mühe anbietet: ein kolossal vergrößertes Innenleben, das sich womöglich raffinierter als redlich an uns verkaufen will, und dazu nur wenig Außenwelt und gemeinere Hiesigkeit. Der Ort, an den man uns bittet, ist das Wien unserer Tage, verschwimmt aber vor den Augen der Ich-Betrachterin schon bei flüchtigem Hinsehen zum Vorgelände des Seelenterrains. Immerhin: Milieu ist da. Menschen fehlen indessen, was kein Wunder ist, denn das Ich dieses Romans ist ein Menschenfresser. Also werden wir einsam sein. Im ersten Kapitel, das unter dem Titel "Glücklich mit Ivan" die Katastrophe einläutet, glauben wir vielleicht noch die Fiktion, das Ich dulde neben sich ein Du. Aber der Rückzug ins Abend- und Nachtland solipsistischer Angstträume hat schon begonnen. "Der dritte Mann" heißt die Überschrift der gesammelten Träume. Es sind Grauensvisionen, in denen ein Beserker-Vater der Ich-Tochter das Seelenheil zertrümmert. Da es dabei streng hermetisch-traumatisch zugeht, stehen wir etwas außenseiterhaft am Rande der Trümmerlandschaft. Einzelne Untergangsbilder prägen sich ein, ohne der Monotonie des, wenn man so sagen darf, unerschütterlichen Ich-Bebens recht abzuhelfen. Im Schlußkapitel, handelnd "Von letzten Dingen", befinden wir uns dann wieder mit einem mehr und mehr verblassenden Ivan und einem nun etwas gesprächiger werdenden Malina auf der Oberwelt, aber das Ich stülpt sich weiterhin über uns alle wie eine Glocke aus Milchglas.

So ganz trauen wir nun der Sache nicht mehr: Raubt man uns die Klarsicht und Frischluft, damit wir apathisch werden und uns artig fressen lassen? Wieder ist die Rechnung nicht aufgegangen. Das Ich, das uns einwickeln wollte, hat einen Kapitalfehler gemacht. Es hat uns, seine letzten Nothelfer und Beichtiger, beleidigt, indem es in hohen Tönen der Arroganz eine Teilung der Menschheit vornahm: Auf die eine Seite plazierte es Ivan, Malina und, selbstredend, die eigene Herrlichkeit, allenfalls noch ein paar Wiener Aristokraten, die es flüchtig mit ins Spiel brachte - auf die andere Seite aber wird der Rest der Sterblichen abgeschoben, der auf den Pauschalnamen "Leute" hört, nichts zu melden hat und mehr oder weniger als ein Haufen Imbeziler behandelt wird. Damit ist unsere Geduld am Ende, und indem sie platzt, platzt wohl auch die Illusion. Man braucht uns und verachtet uns. Für so dumm werden wir gehalten, daß man nichts voraussetzt und uns auch noch die gröberen Feinheiten eines gebildeten Umgangs und einer zarten Konstitution wortreich erklärt, so etwa wie früher eine bourgoise Hausfrau ihrem Trampel von Dienstmädchen das teure Porzellan und die geschliffenen Gläser nicht ohne umständliche Mahnungen anvertraute. Ist es da wirklich nur die Rache des kleinen Mannes, wenn wir nun nicht mehr übersehen wollen, wie angeschlagen das Porzellan doch allenthalben ist und wie zum Beispiel die neue Bachmann-Sprache, sehr weit entfernt ist vom letzten Schliff, an Wortschnitzern und Grammatik-Untätchen mancherlei mit sich führt?

Die anteilnehmende Rührung, auf die es angekommen wäre, ist dahin. Nicht jedoch die Betroffenheit. Nach den zehn schweigsamen Jahren der Ingeborg Bachmann war man auf eine Verwandlung gefaßt. Eine Verschlimmerung im Zustand ihres seit eh und je fragwürdigen Selbstbewußtseins und Weltverhältnisses war zu befürchten und hätte doch im mindesten keine Verschlechterung ihrer Kunst zu bedeuten brauchen. Nun ist es umgekehrt gekommen: Diese Ich-Ergießung zeugt weit mehr von Courage sich selbst und der Welt gegenüber als von schriftstellerischer Mühewaltung. Vielleicht ist wirklich das hypertrophe Ich an allem schuld. Ingeborg Bachmann sollte versuchen, es sich auszutreiben, und könnte sich dabei auf die Disziplin besinnen, mit der sie vor Zeiten in ihrer Erzählung "Das dreißigste Jahr" eine Existenzkrise aus halber Distanz, halb ichhaft und halb anonym, dem Leser sehr nahegebracht und doch nicht aufgeschwätzt hat. Der klare Schluß, zu dem sie damals kam: "Steh auf und geh! Es ist dir kein Knochen gebrochen" - wie gerne hätten wir ihn wieder anstelle der obskuren Malina-Bezichtigung: "Es war Mord."
Neue Deutsche Hefte, Jg. 18, Heft 2, 1971, S. 141-146

Malina

Von Jürgen P. Wallmann

Seit Ingeborg Bachmann 1953 ihren ersten Gedichtband "Die gestundete Zeit" veröffentlichte und im gleichen Jahr den Preis der "Gruppe 47" erhielt, ist ihr Ruhm beständig gewachsen. Ihre letzte größere Buchveröffentlichung, der Erzählungsband "Das dreißigste Jahr", war 1961 erschienen. Und doch wurde die Dichterin in dem Jahrzehnt, das seither vergangen ist, nicht vergessen. Ingeborg Bachmann scheint, ähnlich wie Wolfgang Koeppen, eine der wenigen Ausnahmen von der allgemeinen Regel zu sein, die besagt, daß ein Autor heutzutage aus dem Bewußtsein der Leser verschwindet, wenn er nicht wenigstens alle paar Jahre eine Neuerscheinung präsentiert.

In diesem Frühling aber nun ist endlich jener lange erwartete erste Roman von Ingeborg Bachmann erschienen, von dem gerüchteweise schon vor Jahren zu hören war: "Malina". Die Erwartung ist hoch gespannt. Wird die Autorin mit diesem Buch die Hochschätzung bestätigen können, die sie seit langem genießt? Oder trifft ihr Buch - vorausgesetzt, sie ist ihrer Schreibweise treu geblieben - in einer veränderten literarischen Landschaft auf skeptischere, kritischere Leser, die sich nicht mehr so leicht von poetischem Zauber werden einfangen lassen?

"Malina" ist die Geschichte einer großen Liebe, der Liebe der Ich-Erzählerin, die mit dem Mann Malina zusammenlebt, die aber einen anderen Mann namens Ivan liebt. Ivan und die erzählende Frau leben in Wien, nur wenige Häuser voneinander entfernt. Ivan ist für die Frau ein Schutzwall gegen die andrängende Welt, auf ihn, auf seine Besuche, auf die Telephongespräche mit ihm wartet sie täglich. Ihr ganzes Leben ist ausgefüllt von diesem Mann, den sie nur zu selten sieht und der ihr viel kühler, reservierter und distanzierter begegnet als sie ihm. Davon spricht, in Monologen und Gesprächen, in Reflexionen und Berichten, Briefen und einer eingefügten poetischen Legende, das erste der drei Kapitel des Buches "Glücklich mit Ivan".

Freilich bleibt vieles im Dunkel, die Außenwelt wird nur in einigen konkreten Details gegeben, manches bleibt Andeutung; wichtig sind allein die inneren Bilder und die Reflexionen, die Einblick geben in die Psyche der Erzählerin und in die komplizierten seelischen Bindungen an Ivan und jenen geheimnisvollen Malina.

Diesem Malina erzählt die Frau im zweiten Kapitel ("Der dritte Mann") ihre Träume, alptraumhaften Visionen und bilderreichen Wahnphantasien, in denen in vielerlei Gestalt immer wieder der übermächtige, schreckliche Vater auftritt und sie in tödliche Ängste versetzt. Malina ist besorgt um die Frau, er versucht, sie zu beruhigen; Ivan aber soll von diesen schrecklichen Träumen nie etwas erfahren.

Das dritte Kapitel schließlich ("Von letzten Dingen") zeigt die Trennung von Ivan, der sich mehr und mehr zurückzieht. In den ausführlichen Dialogen mit Malina artikuliert die Frau den tödlichen Schmerz, den ihr der Verlust dieser Liebe zufügt. Und dabei wird dann immer deutlicher sichtbar, was sich früher schon in versteckten Andeutungen angekündigt hatte: daß nämlich Malina in

Wahrheit der männliche Doppelgänger der Ich-Erzählerin ist, eine in die Realität projizierte Figur mit den Eigenschaften des Rationalen, Produktiven, die der Frau in ihrer alles verzehrenden Liebe zu Ivan abhanden gekommen sind.

Es erscheint allerdings fragwürdig, ob diese verwirrende Aufspaltung einer Figur in zwei Personen zwingend ist, ja, ob sie überhaupt durchschaubar ist für einen Leser, der den Informationstext des Verlages mit den entsprechenden Fingerzeigen nicht kennt. Und ebenso fragwürdig scheint das Halbdunkel, in dem die Fakten der Realität gehalten werden, so daß eine Orientierung für den Leser sehr erschwert wird. Nicht, daß unter allen Umständen realistisches Erzählen gefordert wäre und eine poetische oder reflektierende Prosa keine Daseinsberechtigung hätte. Nur schiene es mir in einem Roman angemessener zu sein, Poesie und Reflexion etwas fester mit der Realität zu verbinden als es hier geschehen ist.

Das hätte dann wohl auch verhindert, daß die Konturen so sehr verschwimmen und daß der Text in die Breite fließt. Dieser Roman über das private Weltereignis Liebe ist gewiß ein beachtenswertes Zeugnis einer äußersten Sensibilität, er enthält einige rundum gelungene Passagen - aber insgesamt ist er zu diffus, zu ungenau, zu sehr wabert er ins Ungefähre.

Das gilt auch für die Sprache mit ihrer temperierten Modernität: raunend, schwermütig, trauernd, wie schon früher bei Ingeborg Bachmann. Diese Diktion, die aus der kühleren Reflexion unvermittelt ins Poetische gleitet oder zu Lebensweisheiten gerinnt wie der "... Mensch ist ein dunkles Wesen, er ist nur Herr über sich in der Finsternis und am Tag kehrt er zurück in die Sklaverei" - eine solche Sprache mit ihren Banal-Weisheiten und Pseudo-Lyrismen ist heute, zehn Jahre nach dem Erscheinen des ersten Prosabuches von Ingeborg Bachmann, nur noch schwer zu ertragen. Weit stärker noch gilt für diesen ersten Roman Ingeborg Bachmanns, was Hans Daiber 1963 schon für ihre Erzählungen festgestellt hatte: die Prosa nämlich rutsche "gelegentlich aus der Poesie in den Kitsch, der Feinsinn kann zum ganz zart gesponnenen Quatsch werden".
Die Tat, 6.3.1971

Der erste Bachmann-Roman: staunend leben und schreiben
Von Kurt Lothar Tank

Ein rätselhafter, ein sehr schöner, ein trauriger Liebesroman. Ingeborg Bachmann legt ihn nun vor, nach langem Schweigen. Die farbige Deckschicht des Buches ist Wien und die weitere Umgebung. Die Herkunft: Romantik plus Psychoanalyse plus Sprachphilosophie. Der dunkle Hintergrund: eine Epoche der Verfinsterung, die sich vor allem im zweiten Buch des Romans, dem Kapitel "Der dritte Mann", in Todesträumen widerspiegelt.

Dabei beginnt alles so gut und hell und hymnisch. Die Erzählerin, die in der Ungargasse in Wien wohnt - sie spricht immer wieder von ihrem "Ungargassenland" -, liebt einen Ungarn namens Ivan. Ivan ist dagegen, daß die Erzählerin Todesbücher liest, daß sie Geschichten schreiben will zum Stichwort "Drei Mörder".

Er ist dagegen, daß es nur eine Klagemauer gibt. Ivan fragt in der Nacht: "Warum hat noch nie jemand eine Freudenmauer gebaut?" Die Erzählerin ist glücklich. Sie denkt: "Wenn Ivan es will, baue ich eine Freudenmauer um ganz Wien herum, wo die alten Basteien waren und wo die Ringstraße ist, und meinetwegen auch eine Glücksmauer um den häßlichen Gürtel von Wien."

In einem Gartenwinkel dieser Glücksmauer wächst eine blaue Blume. Man möchte sie die blaue Blume der Romantik nennen. Aber diese Blume ist rot. Es wird ein Märchen erzählt, eine Sage von der Gründung der Stadt Klagenfurt. Die Prinzessin von Kagran gerät in Bedrängnis. Sie gelangt an die Grenze der Menschenwelt und bekommt über Nacht das zweite Gesicht.

Unter dem geheimnisvollen, dem somnambulen Diktat dieses zweiten Gesichts sind viele Seiten des rätselreichen Buches geschrieben. Für einige der Rätsel gibt es Schlüsselworte und -sätze. Anderes bleibt dunkel wie der Sinn der dem Tode, dem Kältetod zutaumelnden Welt der Zivilisation. "Ich bin ins Zeitalter der Stürze gekommen", schreibt die Erzählerin, die sich auf ein zweites, ein männliches Ich stützt. Sie nennt es Malina. Und dieser Malina, der anfangs recht irritierend wirkt, weil er die Einheit der Person aufzulösen scheint, gibt am Ende die Antwort auf die Frage der Träumenden: "Warum ist mein Vater auch meine Mutter?" Malina sagt: "Wenn jemand alles ist für einen anderen, dann kann er viele Personen in einer Person sein."

Der Vater der Träumenden ist der Tod. Sein Name ist Krieg und Gewalt. Im Gefängnis ihres Traumes werden der Erzählerin drei Sätze, drei Steine zugeworfen. Der erste rötliche Stein sagt: "Staunend leben." Der zweite blaue Stein, "in dem alle Blaus zucken", sagt: "Schreiben ist Staunen." Die Botschaft des dritten Steins ist in der sich plötzlich verfinsternden Zelle nicht zu lesen.

Im dritten Kapitel ("Von letzten Dingen") offenbart sich der Sinn des dritten Steins. Die Liebe empfängt den Befehl: Töte den Geliebten. Und das männliche Ich in der Erzählerin tut es. Sie läßt es zu, daß der Geliebte, daß Ivan sich von ihr löst. Und in diesem Sichlösen stirbt die Liebe. Die Welt ist der Lieblosigkeit, dem Kältetod anheimgegeben.

Der Roman "Malina", in dem die Lyrik der Liebe noch einmal beschworen wird und in dem sie am Ende siegend verstummt, bindet in kunstvoller Komposition autobiographische und zeitgeschichtliche Elemente. Immer wieder versucht sich die Erzählerin zurechtzufinden in der Reise- und Reklamewelt unserer Tage. Sie bemüht sich meist vergeblich, in Gesprächen, in Briefen, in einem langen Interview, ihre Position zu bestimmen inmitten einer Gesellschaft, die noch immer beherrscht wird von den Gesetzen des schwarzen Marktes, die gekennzeichnet ist durch eine "universelle Prostitution". Am Anfang heißt es einmal: "Es müßte eine Versicherung geben, die nicht von dieser Welt ist." Da es eine solche Versicherung nicht gibt, sondern nur Irritation von innen und außen, so wird die Erzählung zu einer Erzählung der Störungen, an denen die Liebe des empfindsamen Ichs am Ende zugrunde geht.

Und doch gibt es, auch im Untergang, Sätze, die über das Sterben hinausweisen: "Wer ein Warum zu leben hat, erträgt fast jedes Wie", so heißt es einmal.

Und die Erzählerin schreibt, nach der Erfahrung des Schrecklichen: "Das Schöne kommt nicht mehr aus mir, es hätte aus mir kommen können, es ist in Wellen von Ivan zu mir gekommen, der schön ist, ich habe einen einzigen schönen Menschen gekannt, ich habe immerhin noch die Schönheit gesehen, zuletzt bin ich doch ein einziges Mal schön geworden, durch Ivan."
Die Welt, 14.3.1971

Liebe als mörderisches Risiko
Von Karl Krolow

Es ist sieben Jahre her, seit die letzte Buchpublikation Ingeborg Bachmanns als Sammelband des bisher von ihr Erschienenen innerhalb der Reihe der "Bücher der Neunzehn" herauskam. Seither hat diese bedeutende, mit unseren besten Auszeichnungen bedachte Schriftstellerin hartnäckig geschwiegen. Was sich hielt, war das Gerücht, daß sie an einem Roman arbeite. Aus dem Gerücht ist nun Wirklichkeit geworden. Der Roman - Ingeborg Bachmanns erste umfangreiche Prosa-Arbeit - ist bei Suhrkamp erschienen, zugleich ist es ihr erstes Buch nach der Trennung vom Piper Verlag. Die literarische Entwicklung der sechziger Jahre hat sich bei uns in einer Richtung bewegt, die vieles von dem, was bis dahin erreicht worden war, in Frage stellte. Der Prozeß literarischen Engagements und artistischer Progression ist inzwischen allgemein geworden. Die politische Auseinandersetzung hat in den zehn Jahren, die hinter uns liegen, das Bild dieser Literatur entscheidend mitbestimmt. Nicht nur jüngere Autoren sind hier betroffen, auch ältere haben - nicht immer, wie etwa im Falle Fried, mit Qualitätsgewinn - sich derartigem Eindringen des Politischen gestellt. Man ist heute sehr schnell dabei, als Esoterik und "Innerlichkeit" abzuqualifizieren, was einmal als bedeutende Individualleistung angesehen wurde. Kein literarischer Bereich - vom Gedicht bis zum Hörspiel - ist ausgenommen, schon gar nicht der sich literarisch immer mehr problematisierende Roman.

Das Prosabuch, das jetzt Ingeborg Bachmann als Roman mit dem Titel "Malina" vorlegt, ist gewiß auch nur mit Vorbehalt zum Genre dessen zu zählen, was man im traditionellen Sprachgebrauch das Epische nennt. Das Buch lebt von anderen Intentionen und artistischen Mitteln als denen des geräumigen epischen Zusammenhangs. Die Vorstellung von jeglichem Zusammenhalt, zu schweigen von "Geräumigkeit", entfällt. Die außerordentliche Intimität der Szenerie - die sich mit drei Personen abspielt - entwickelt vielmehr die ihr zugehörigen Ausdrucksformen: den Dialog, den Brief, die monologische Reflektion, den Traum. Das Interieurhafte überwiegt, wie es hier wohl erforderlich ist, das Impressionable, das Changieren von Realität und Imagination. Die Außenwelt erscheint nicht zugelassen in einem Buch, das so stark der poetischen Phantasie verdankt, was es geworden ist: ein Buch von der menschlichen Hilflosigkeit, der Einsamkeit und Verlassenheit in der Liebesbeziehung. Der schöne und verschwenderische Rigorismus, der in Ingeborg Bachmanns einstigem Hörspiel vom "Guten Gott von Manhattan" wirksam war, kam mir bei der Lektüre von "Malina" wieder in den Sinn. Mit anderen Mitteln ist hier noch einmal entstanden, was damals erreicht und auf faszinierend einseitige Weise akustisch bekannt wurde: die Ausschließlichkeit von Gefühl, die alles nicht zu ihm Taugende wegsaugt. Eine mörderische, euphorische Dauer-Situation und Dauer-Krise, die sich in "Malina" zwischen drei Menschen - zwei Männern und einer jungen Frau - abzeichnet und einem ausweglosen Ende zutreibt, einem Tod, der als Mord bezeichnet wird.

Wien ist Schauplatz des Geschehens, sieht man von einer kurzen Fahrt ins Salzburgische ab. Der Zeitpunkt wird kurz mit "heute" angegeben. Die Ich-Erzählerin aus der Ungargasse im dritten Wiener Bezirk lebt mit dem vierzigjährigen Mann Malina zusammen, einem schreibenden "Staatsbeamten der Klasse A". Aber ihre verzehrende Liebe gilt dem ein wenig jüngeren Ivan, der mit seinen beiden Kindern in unmittelbarer Nachbarschaft lebt. Im ersten Romandrittel ("Glücklich mit Ivan") ist von dieser ebenso hoffnungs- wie bedingungslosen Beziehung zu Ivan die Rede. Vor dieser Beziehung weicht alles andere zurück: Gegenwart, Umwelt, Öffentlichkeit, Realität (immer wieder muß der Erzählerin Wirklichkeit "injiziert" werden). Eine bis zur Erschöpfung reichende Benommenheit, eine glückliche und gefährliche Betäubung, ja ein Virus, von dem anfangs die Rede ist: Liebe als besondere Erkrankung ("Wenn daraus eine Epidemie entstünde, wäre allen Menschen geholfen"). Das Geschehen besteht aus nichts anderem als einem Hin- und Hertaumeln der Erzählerin zwischen dem fürsorglich-korrekten Malina und dem anderen, mit dem sie hastige Telefonate führt, der nah ist und sich zugleich entzieht und immer mehr entziehen wird.

Das geringe Maß an Realität wird in den übrigen zwei Dritteln des Buches vollends aufgegeben. Im Teil "Der dritte Mann" sind unablässige Angstträume, Malina zugeflüstert, gleichsam ausgeschüttet, ein Schreckensstrom, der sich langsam ausbreitet, mit dem "Vater" als einer Inkarnation dieses Schreckens, der Nachstellungen, denen man im Auf-der-Welt-Sein ausgeliefert ist. Im Schlußdrittel endlich wird aus dem merkwürdigen partnerhaften Gegenüber Malina mehr und mehr ein männlicher Neben- und Widergänger zum erzählenden Ich: ein männliches Double, mit dem man schließlich in einer Art Selbstgespräch liegt, in einer Selbstauseinandersetzung, ohne es zu merken oder zu wollen. Die Willenlosigkeit des Verhältnisses ist dunkel erkennbar, das Geheimnis der Relation des einen zum anderen, das Aufeinander-Zufallen und unmerkliche Einswerden. Freilich ist das auf eine derart vexierende Weise zugleich auch wieder offen gelassen, daß der Leser eher erfühlen oder erraten als wirklich wissen kann, wie es schließlich zwischen Malina und der Ich-Erzählerin in dieser besonderen Dreiecksgeschichte (die keine ist) zu einem quälenden Existenz-"Abtausch" kommt, der in besagtem, im letzten Satz des Buches ausgesprochenem Mord endet. Der Doppelgänger, die andere Möglichkeit, tötet in einem bestimmten Anwesenheits-Augenblick das sensibel zerstörte, das paralysierte Ich des Buches, die liebende Frau, bei der sich "Liebe" längst auf eine wütende Weise von ihr, ihren Fähigkeiten, ihrem Körper, ihrem Geist selbständig gemacht hatte.

Nicht mehr und nicht weniger also als - Liebe. Die Frau, die einmal von sich sagt: "Bin ich eine Frau oder etwas Dimorphes?" und deren Horoskop "nicht das

Bild von einem Menschen, sondern von zweien" erkennen läßt, die "in einem äußersten Gegensatz zueinander stünden", ein Wesen von zerrissener Empfindlichkeit, wie man im Kapitel "Von den letzten Dingen" immer deutlicher sieht, wird in diesem beschwörenden Bekenntnisbuch gleichsam durch das erotische Ereignis aus der Lebensfähigkeit ihrer Existenz herausgeschleudert, in den Tod, in ein nicht weiter zu bezeichnendes Ende jedenfalls. Es ist ein radikales Buch geworden, das radikalste - und das problematischste - der Ingeborg Bachmann, radikal in der rigorosen, extrem "privaten" Position, die aber gerade dadurch, in dieser schonungslosen, schutzlosen Lage einer Individualität, etwas Überindividuelles annimmt und - etwas Exemplarisches. Liebe in ihrer empfindlichsten, konsequentesten Ausprägung als Alleingelassensein und tödliches, mörderisches oder selbstmörderisches Risiko. Das Problematische ist wohl die Darstellung derartigen auszehrenden Auf-Sich-Gestellt-Seins und seine literarische Artikulierung, die - wie es selbstverständlich ist - mit der "poetischen" Darstellung der Verheerung des einzelnen in seiner Vereinzelung arbeitet. Die Manie, mit der in "Malina" - unter Aufbietung großer Kunst - für das Recht auf Individuation, für Gefühls- und Liebesanrecht, für Unmöglichkeit und Scheitern eingetreten wird, hat so hohe sensitive Brisanz, daß es dem von längst lakonisierter, entindividualisierter und brutalisierter Literatur umgebenen Leser durchaus den Atem verschlägt. Die Aggressionen von Schmerz und Verzweiflung, wie sie in "Malina" Sprache angenommen haben, könnten der sonst hier waltenden Irritation und Sprachlosigkeit ein Ende setzen.
Der Tagesspiegel, 21.3.1971

Ingeborg Bachmanns Seelentausch

Von Anonym

Das Dreieck besteht aus zwei Männern und einer Frau oder zwei Frauen und einem Mann, denn eine fühlte sich mal als Mann, mal Frau. Die bekannte Lyrikerin Ingeborg Bachmann beschreibt - nach zehnjährigem Schweigen - in ihrem ersten Roman eine Welt, die auf ein Verhältnis zwischen Erzählerin, Ivan und Malina geschrumpft ist. Es entstand ein sehr privates Drama: Die Erzählerin geht "in ihrem Fleisch herum", sie klappert alle Traumata ab, zerfleischt sich auf der Suche nach dem Ich, bricht zusammen und läßt sich trösten. Sie kämpft gegen die "Guerillas von Tagträumen" und schildert - hart gegen sich selbst - die Schizophrenie der Welt: "Ihr wahnsinniger, sich weitender Spalt schließt sich unmerklich." Das Hauptproblem der Geschichte (Inzest mit dem Vater) wird beklemmend beharrlich aufgearbeitet. Zum Schluß wimmelt die kleine Malina den großen Geliebten Ivan ab, und die komplizierte Liebe zerbricht an der kalten Vernunft der Umwelt: "Ich habe in Ivan gelebt und sterbe in Malina." Auf den ersten Blick wirkt der Roman nur kultiviert langweilig, oft ein bißchen zu peinlich-privat. Trotzdem: Die Bachmann hatte den erstaunlichen Mut, einen klinischen Fall von Persönlichkeitsspaltung zum literarischen Ereignis zu machen. So gesehen, wird

ihr Roman zu einem Rekord an Verfeinerung. Es ist, in jeder Beziehung, ein qualvolles Buch.
stern, 28.3.1971

Nachtwald voller Fragen

Von Gabriele Wohmann

Zum Phänomen Rezension hat wohl kein Autor ein ungestörtes Verhältnis. Wenn er selber eine schreibt, sollte er jedenfalls nicht wie professionelle Alles- und Besserwisser den Spielraum zertrampeln, den ein Buch seinen Lesern läßt. Vorgeschichten rangieren da am Rande, hier wäre es etwa die: Sozusagen mit angehaltenem Atem hat man darauf gewartet, daß Ingeborg Bachmann ihr Schweigen bricht, und jetzt - weil der "Große Siegfried" (Unseld), zitiert auf Seite 184, schließlich doch erfolgreich gedrängt hat -, jetzt geht das Reden los.

Mein Reden-Rezensieren scheint mir am ehesten noch legitim, indem ich während der Lektüre notiere, also nicht dem Ballast des Ganzen dem Buch hinterherpredige. Und auch das Hellsehen in die ungewisse Zukunft einer Trilogie, als deren Anfang der Roman "Malina" konzipiert sein soll, das "Wie weiter?" lasse ich lieber weg.

Wichtig sind in diesem Buch drei Personen: die Ich-Erzählerin und die beiden Männer, die einzigen, allerdings unentbehrlichen Zugelassenen. "Zeit: Heute ..." Und schon fängt es an mit den emotionalen Schwierigkeiten. "Heute" wagt die zwischen Gestern und Morgen verschreckte Erzählerin eigentlich nicht zu sagen, "heute" sagen dürfen eigentlich nur die Selbstmörder (da sie es heute tun). Dennoch: Von heute, das sich aus viel Vergangenheit zusammensetzt und in das die vielen Ängste vor dem Kommenden einfließen, wird berichtet.

Um einen Fixpunkt zu haben, gibt die Un-Heldin zunächst eine genaue Ortsbestimmung: Ich lese eine Biographie der Wiener Ungargasse, in deren Nr.6 mit Malina zusammen gewohnt wird, in deren Nr. 9 Ivan wohnt, und wohin man "dringlich vor Glück" zurückkehrt. Ich weiß aber gleich: Dies ist nicht irgendein herkömmliches Glück, es ist vielmehr hektisch, dem universalen Unglück abgezwungen, zum Selbstschutz.

Weiterlesen. Die Beziehung zu Malina kommt pathetisch-pathologisch zustande. Es gibt gleich Tränen und Nachdenklichkeiten übers Zusammenleben mit Malina bei großer Verschiedenheit. Malina funktioniert im Roman als Adressat für die Retrospektiven der Erzählerin: Sie will sich erinnern, an etwas Ungenaues, aber mit Sicherheit Verhängnisvolles, daran, wie es angefangen hat, zum Beispiel mit Tränen, mit Bewußtsein also, mit ihr selber also - ganz bestimmt jedenfalls in Klagenfurt, aber viel mehr steht nicht fest.

"Glücklich mit Ivan" heißt der zweite Abschnitt, und auch Ivan ist eine Kontrastperson, auch ein sogenannter Normaler, aber mit ihm findet Liebe statt und ein Unmaß davon, das er selber überhaupt nicht will; sie jedoch ist in jeder Emotion zum Maßlosen verdammt. Dieser Ivan bewerkstelligt, Seite 28, bei ihr: "daß hier ... der Schmerz im Abnehmen ist, zwischen der Ungargasse 6 und 9, daß die Unglücke weniger werden, der Krebs und der Tumor ..." Ivan, das Medikament. Und sie will die Mediziner informieren, aber ich glaube, sogar die wissen das längst, nur ist eine Person schwer zu verordnen. Ivan; das inkarnierte Psychopharmakon.

Die von allem Schönen und somit zugleich von allem Schrecklichen dauernd Infizierte zwingt sich zur Einsilbigkeit in Dialogen. Dazu viel Telephon, viele Zigaretten, viel Teekochen und Whisky in der Nacht, und eben: all about Ivan bei andauernder Angst vor einem imaginären "Früher".

Auf Seite 43 bin ich entschlossen zu wissen: Nur Ivan wird geliebt, was aber ist inzwischen und überhaupt mit Malina, der Titelfigur, los? Allmählich gibt es konkrete Umweltbezüge, die Arbeitswelt einer Schriftstellerin kommt zum Vorschein, die unbeantwortete Post, die abgesagten Verpflichtungen zwischen London und Moskau, denn wegen Ivan muß alles andere vernachlässigt werden. Leute, Freunde, Gesellschaft: Das bleibt ein lästiger Rahmen von Chargen. Ein einfacher Vorgang. Über-die-Straße-Gehen, ist unmöglich ohne den kosmischen Kontext, denn als "siderisch" empfindet sich die Chaotikerin, schwer leidend am Erdboden, aber auf die Gestirne bezogen. Seite 62: Das Leitmotiv-Märchen taucht auf, die Legende von einer Prinzessin, die wohl mit Klagenfurts Ursprung zu tun hat, und ich erkenne undeutlich die archaisch-anrührende Parallele zu ihr, jemand, "um den es geschehen ist".

Es gibt merkwürdigerweise keine Eifersucht in diesem Dreieck, die einander ähnlichen Männer wissen nichts voneinander oder wollen nicht. Weiß ich von den beiden mehr, auf Seite 129? "Ivan und ich: die konvergierende Welt. Malina und ich, weil wir eins sind: die divergierende Welt ..." Dies Ich ist allein, bei permanentem Psycho-Hochdruck, zwischen zwei immer "gefaßten", in ihrer Emotionslosigkeit sterilen Männern. Die ivansüchtige Passion ist auch eine Passion gegen das "Schizoid der Welt", gegen den Wahn von verordnetem Leben.

Ich bin auf Seite 135, und ich weiß vieles noch nicht, auch nicht, warum das Buch "Malina" heißt und nicht "Ivan" oder am besten: "Ich".

Weiterlesen. Sie, Ivan, Ivans Kinder: Körperwärme, poetisierte, spasmische Innenbesichtigungen. Die Ivan-Anästhesien reichen nie lang genug. Zu etwas seraphischem Optimismus rafft sich dann doch wieder der Märchenton auf: "Einmal werden alle Frauen goldene Augen haben, sie werden goldene Schuh und goldene Kleider tragen ... Ein Tag wird kommen ..." - ein messianischer Tag, aber ich bin skeptisch: Wird hier ernsthaft an dies "Einmal" geglaubt, oder soll das nur der Geschmack von *Dichtung* sein?

Glauben kann ich den verzweifelt per Sprache - in Briefen, die zerstört werden und die immer "Eine Unbekannte" unterschreibt - angestellten Versuchen zu überleben; aber die Hoffnung destruiert sich selber. Und dies alles, während "Wien schweigt".

Im dritten Abschnitt, "Der dritte Mann", heißt der Ort nicht Wien, sondern "Überall und Nirgends". In Träumen erscheint der Vater als Blutschänder, Prügler, Abschlächter, als Verfolger in apokalyptischen Wahnszenarien, und in den halbwachen Phasen übernimmt Malina, nun wieder der, eine distanzierte Sanitäterrolle. Fragt er die Leidende nicht gut genug? Denn zusammen mit ihm scheitere ich in der Ursachenfindung.

In diesem Abschnitt schieben sich die Obsessionen vor alles Dechiffrierbare. Es ist ein mordender Alltag, ein infernalisches Kostümfest der lebenden und der toten Toten, und dazwischen hilft auch ein Zitat nicht weiter: "Wer ein *warum* zu leben hat, erträgt auch fast jedes WIE"; denn diese Patientin hat kein "Warum", und fast jedes "Wie" ist unerträglich.

Letzter Abschnitt, anspruchsvoll: "Von letzten Dingen" - aber ich atme zunächst ein bißchen auf: Es beginnt mit dem Faible für Straßenarbeiter (gebräunte Oberkörper) und Postbeamte, speziell für einen, der vor Gericht kam, weil er's mit dem Briefgeheimnis auf seine Art ernst nahm: Er stapelte seit Jahren die Post in seiner Wohnung. Das paßt zur Erzählerin, denn auch im sozusagen normalen Postverkehr sieht sie die Heimtücken, den Mangel an Angst vor der Angst. Sie weiß: Alles, was von ihr kommt, ist "flammend", aber ringsum brennen für sie nur gezähmte Feuerchen. Sie versteht sich als "die erste vollkommene Vergeudung, ekstatisch und unfähig, einen vernünftigen Gebrauch von der Welt zu machen".

Seite 290: "Die Gesellschaft ist der allergrößte Mordschauplatz." Todesarten, täglich, in Todesraten. Auf Seite 306 beredet man sich über das Leben. Malina: "Was ist Leben? Ich: Es ist das, was man nicht leben kann." Malina fordert: "Töte ihn." Ich nehme an: Ivan. Aber warum gerade diese Therapie? Es bleibt der "Nachtwald voller Fragen", während Malina plötzlich aktiver wird, Schlaftabletten nachzählt, Whisky versteckt. Ein Engagement ohne rechte Motivation.

Von Seite 345 an entwirft die immer schwerer Betroffene Briefe an einen Juristen. Sie will Ordnung machen, ein Testament. "Ich habe in Ivan gelebt, und ich sterbe in Malina." Der ist es, der zum Schluß die Ivan-Beziehung zerstört, und sie verschwindet in einem Wandriß: "Es war Mord".

Ich habe keineswegs alles verstanden, ich habe immer dort nicht verstanden, wo es konkret sein sollte. Ich verstehe wohl die wahre Inschrift: Leiden. Doch stört mich an diesem Buch eine allgemeine Undurchschaubarkeit, der haut goût *Dichtung*, dies auch Ivan unerwünschte Nachobenziehen von allem und jedem. Dichtungsflair, womöglich etwas oktroyiert, aber auch das weiß ich nicht so genau, fragen wir den "Großen Siegfried", der weiß es sicher besser.
Der Spiegel, 29.3.1971

Vor fünfzig Jahren oder in fünfzig Jahren
Von Angelika Mechtel

Eigentlich könnte es eine ganz einfache Geschichte sein: Eine Frau lebt mit zwei Männern, mit Malina und mit Ivan, auf den sie die ganze Intensität ihrer Liebe richtet. Also eine Dreiecksgeschichte?

Angetrieben wird diese Geschichte von einem Ereignis in der Vergangenheit, das immer wieder angedeutet und in den Träumen der Frau bizarr ausgestaltet wird. Ausgelöst wurde dieses Ereignis wahrscheinlich vom Vater, zumindest aber von einer männlichen Autoritätsperson. Es gibt da zwei Fährten, denen der Leser nachspüren kann: einmal die altbekannte Fährte der Vater-Tochter-Beziehung bis hin zur Inzucht, körperlichen Züchtigung und zum Sadismus, zum anderen die Möglichkeit einer Inhaftierung und Folterung, die Fährte, die in ein Konzentrationslager führen kann.

Beide Fährten werden bereitwillig verfolgt, weil sie eingeübte Vorbilder haben.

Also eine ganz einfache Geschichte, auf ein ganz einfaches Sujet reduziert: Eine Frau lebt mit einem Mann, Malina, liebt aber einen anderen, Ivan, und leidet unter einem psychischen Jugendtrauma, ausgelöst von einem Vater. Ein Konzept, das seit Freud vielen Romanen den Handlungsablauf in vorgezeichneten Bahnen gegeben hat.

Geschickt daran angepaßt scheint der Schlußsatz des Romans: "Es war Mord." Da viele Leser die letzte Seite eines Buches vor der ersten lesen, beginnen sie unter der Voraussetzung, einem Kapitalverbrechen auf die Spur zu kommen. Damit ist eine Spannung erzeugt, die rücksichtslos weiterlesen läßt. Aber so eigentlich einfach ist dieser Roman eben doch nicht. Zwar wird jeder Leser beharrlich von einer eingestreuten Vermutung zur nächsten weitergeworfen, aber langsam begreift er dann, daß es vielleicht doch eine ganz andere Geschichte ist.

Vielleicht ist es das Märchen der Prinzessin von Kagran? "Die Prinzessin war sehr jung und sehr schön, und sie hatte einen Rappen, auf dem sie allen anderen vorausflog." Sie gerät in die Gefangenschaft der "Hunnen oder Awaren" und soll dem König der "Hunnen oder Awaren" zur Frau gegeben werden. "Man hielt sie als Beute gefangen und ließ sie bewachen von den vielen roten und blauen Reitern." Bis ein namenloser Retter kommt. Er rettet die Prinzessin zweimal. Zum zweiten Mal, als sie auf die "Zauberinsel" (in der Donau) geraten ist, "wo man Hunger starb, aber auch die Gesichte bekam und das höchste Entzücken im Furioso des Untergangs erlebte", die "Grenze der Menschenwelt".

Die Prinzessin sagt zu ihrem Retter: "Ich weiß, wir werden einander wiedersehen - es wird mehr als zwanzig Jahrhunderte später sein -, sprechen wirst du wie die Menschen: Geliebte ..." Also ist es vielleicht die Geschichte der Prinzessin von Kagran, die zwanzig Jahrhunderte später in Wien wieder auf ihren geheimnisvollen Retter stößt. Ivan ist also die Wiederkehr des Geliebten?

Auch diese Möglichkeit findet ihre Bestätigung im fortlaufenden Text.

Bis sich der Verdacht erhärtet: Es ist doch eine ganz andere Geschichte. Es ist die Geschichte des erzählenden Ich, die Geschichte der Liebe, nicht irgendeiner Lücke und die Geschichte des menschlichen Lebens.

Malina ist gar nicht wirklich der eine Mann, Malina ist nichts anderes als die abgespaltene Hälfte des Ich.

Und wer ist Ivan?

Ist Ivan etwas anderes als die notwendige Materialisation, um eine Liebe fixieren zu können? Diese Geschichte ist nichts anderes als die Geschichte eines Ich: seiner Träume, Erinnerungen, Kämpfe, Wünsche und seines Untergangs. Auch die Prinzessin von Kagran hat nur symbolische Bedeutung. Ivan ist ein Symbol und Malina auch.

Konzeptionen, wie sie Ingeborg Bachmann schon in früheren Arbeiten verfolgt hat, werden wieder angegangen. Schon in der Erzählung "Das dreißigste Jahr" schrieb sie: "Und daß sich alle vor dem Tod fürchten, in den allein sie sich retten können vor der ungeheuerlichen Kränkung, die das Leben ist."

In "Malina" ist immer wieder vom Tod die Rede, von verschiedenen Todesarten. Oder vom Selbstmord, von der Möglichkeit, sich in den "Tod zu retten": "wir werden tot sein und atmen, es wird das ganze Leben sein."

Auch zu Ingeborg Bachmanns Hörspiel "Der gute Gott von Manhattan" lassen sich Parallelen finden. Dort darf in dieser verwalteten und geordneten Welt nichts existieren, was sich nicht verwalten und einordnen läßt, zum Beispiel eine Liebe, die bis zur Selbstaufgabe führt. In "Malina" sagt es die Autorin so: "So empfindlich sind Anfang und Entstehen dieser stärksten Macht in der Welt, weil die Welt eben krank ist und sie, die gesunde Macht, nicht aufkommen lassen will." Im Hörspiel wird das Entstehen der "gesunden Macht" noch durch einen Gewaltakt verhindert. Im Roman "Malina" ist die Lösung diffiziler geworden: Die Liebe wird aufgelöst: sie wird zu Ende gelebt in Kriegs- und Friedensspielen, "so geben sie sich nämlich aus, als wären es keine Kriegsspiele". Und diese Spiele leben von Kodeworten und Kodesätzen, von Satzgruppen und dem Gewicht, das auf mystische Bilder gelegt wird. "Habe ich einige Sätze im kreisenden Blaulicht gesehen, zwischen den Bäumen hängend, in den Abflußwässern schwimmend, von vielen Autoreifen in einen zu heißen Asphalt gedrückt. Ich habe mir auch alle Sätze gemerkt, und andere sind auch noch im Kopf geblieben, aber aus der früheren Zeit." Einer dieser Sätze wird bis zum Ende durchgespielt: "Weil wir noch das ganze Leben vor uns haben."

Dieser Satz klingt wie die Möglichkeit einer Hoffnung im ersten Kapitel "Glücklich mit Ivan".

Aber schon im zweiten Kapitel "Der dritte Mann" wird dieses "ganze Leben" in seinem Grauen gezeigt, in der "ungeheuerlichen Kränkung, die das Leben ist". Im dritten Kapitel "Von letzten Dingen" ist dieser Satz ad absurdum geführt, denn das "ganze Leben" hört auf zu existieren.

"Ivan und ich: die konvergierende Welt" ist aufgelöst, und "Malina und ich, weil wir eins sind: die divergierende Welt" wird zerstört, weil das Ich vom Über-Ich Malina (auch hier, wie im zweiten Kapitel der Vaterkomplex, ein Freudsches Thema) beseitigt wird.

Was bleibt also, wenn sowohl die konvergierende wie die divergierende Welt eliminiert werden? Das Nichts? Ist der Existentialismus der Mittelpunkt dieser Geschichte, die mit soviel Intensität, Mystik und Ekstase geschrieben wurde? Ist es der persönliche Existentialismus der Ingeborg Bachmann, die in einem Interview mit der Münchner "Abendzeitung" bestätigt, daß "Malina" ein autobiographischer Roman sei?

Der Kern dieser Geschichte liegt in einer gespaltenen Persönlichkeit, die sich aufteilt in ein sehr weibliches Ich und den männlichen Gegenpart Malina. Sie ist die Entwicklungsgeschichte und der Kampf einer Persönlichkeit mit sich selbst.

Die Umwelt ist nur eine Randerscheinung, und die Liebe zu Ivan führt diesen Kampf nur schneller an sein endgültiges Ziel, zum Ende.

Die Geschichte einer außergewöhnlichen Frau also, die durch die Konstellation männlich/weiblich eine Komponente erfährt, die die Geschichte zur Geschichte eines Menschen machen kann, der sich ausgesetzt sieht seinen Erinnerungen, Reflexionen, Vorstellungen, Möglichkeiten und Träume; ein Psycho-Roman, der mit dem Mord des Über-Ich am Ich endet.

Ein Roman, dem man, von einigem Beiwerk abgesehen, nicht anmerkt, daß er Ende der sechziger Jahre geschrieben wurde; er könnte genauso vor fünfzig Jahren entstanden sein oder in fünfzig Jahren vielleicht noch geschrieben werden. Ein klassischer Roman? Der erste Roman der Ingeborg Bachmann; ein lyrischer und sehr weiblicher Roman, dessen drittes Kapitel wie eine Partitur geschrieben ist: zwei Stimmen, Malina und Ich, werden mit- oder gegeneinander geführt, bis Malina dominiert - "fortissimo".

"Malina" ist ein Roman geworden mit allen Komponenten, die einen Roman nach vorgegebenen Mustern ausmachen sollen. Ingeborg Bachmann aber ist es gelungen, Lyrik und Epik zu einer Synthese zu verschmelzen, und manche Schwächen wie etwa "Ich kenne seine Ideen, sie sind nicht zu verkennen", ein flacher und fast plakativ aufgesetzter Satz, hätte vielleicht der Lektor "begradigen" können.

Andererseits zeigt sich "die Bachmann" ganz deutlich in den "Satzgruppen für Ivan", wie sie sie selbst nennt. Hier werden Gespräche aufgezeichnet, aber nicht zu Ende geführt, erinnern an die Lyrik der Ingeborg Bachmann und könnten die alte Form des Gedichts im Roman wieder aufleben lassen, ohne den epischen Rahmen zu sprengen.

Frankfurter Allgemeine Zeitung, 30.3.1971

Vergebliche Suche nach Identität

Von Georges Schlocker

Malina ist kein weiblicher Vorname à la Petra, obwohl abzusehen ist, daß Ingeborg Bachmanns Erfindung auf Zivilstandesämtern bald Furore machen wird. Malina ist auch nicht die Protagonistin des gleichnamigen Romans, mit dem die Autorin der "Gestundeten Zeit" ihr zehnjähriges Schweigen bricht.

Malina ist ein Mann, genauer: der männliche Gegenpol der Heldin; ein seelischer Transvestit also. Von den drei Personen des Romans verständlicherweise die blasseste. Begleiter der Ich-Erzählerin in allen Lebenslagen, einer, der "im besten Sinne nichts zu sagen hat". Er bleibt am Schluß übrig, nachdem die reichlich exaltierte Heldin, weder ein noch aus wissend, sich der Verstrickung in die Liebe zu Ivan durch Freitod entzog.

Von Liebe ist die Rede. Als einen - natürlich tragischen - Liebesroman stellt der Suhrkamp Verlag das Buch denn auch vor. Die Erzählerin wird die wehrlose Beute Ivans, eines 35jährigen Ungarn, Vater zweier kleiner Kinder. Er gehe einer geregelten Arbeit nach, meldet das Personenverzeichnis; welcher, spielt keine Rolle.

Solche Einzelheiten, die eine Person in faßbaren Bezug zur Alltagswirklichkeit setzen, erwähnt Ingeborg Bachmann nicht. Das bürgerliche Leben ihrer Hauptpersonen verläuft wie unter einer Tarnkappe: Sie gehen in ein Büro und sind abends frei, diktieren Briefe, empfangen Einladungen (offenbar zu Vorträgen), sagen ab, weil ihr Gefühlsleben sie bis zu körperlicher Mattigkeit und geistigem Überdruß strapaziert. Dieser Alltagskram ist auch zu unwichtig. Genauer: unwirklich ist er und daher blaß gespensterhaft.

Die Wirklichkeit beginnt anderswo. Wenn der Wagen der Erzählerin in die Ungargasse im dritten Wiener Stadtbezirk einbiegt, wo Ivan, der geisterhaft abrupte Geliebte, ihr schräg gegenüber wohnt. Diese Wirklichkeit tritt deutlicher vor Augen, sie gehört zum Rahmen, der die überbelichtete Innenwelt einfaßt. Er begrenzt sie auch nach der ebenso gleichgültigen wie feindlichen Außenwelt hin, entrückt sie von ihr. Die Ungargasse mit dem Haus Nummer 6 und 9 liegt im Sonderbezirk, wo weniger als die Phantasie mit ihren Baukräften die aufgescheuchten Träumereien des Gefühls regieren.

Die Erzählerin merkt am Schluß selbst, zu welcher Inkonsistenz des Seins diese wallenden Emotionsschleier die Menschen verurteilt. Mit Recht stellt sie sich die Frage, ob denn da überhaupt was war. War ihre Ivan-Sucht gleicherweise ein Hirngespinst wie die sadistischen Fiebervisionen im zweiten Teil, durch die ihr Vater als Quälgeist und bedrohlicher Töter hindurchschwankt? "Ivans Geschichte mit mir, da wir keine haben, die wird niemals zu erzählen sein", versichert sie.

Der Leser widerspricht ihr mitnichten. Er sieht in diesem Satz zusammengefaßt, was er schon bald nach Beginn der Lektüre erkannte: daß die Suche nach Identität, in der die Gestalten sich verankern und realisieren könnten, vergeblich bleibt. Es hat seine Berechtigung, daß die Erzählerin ihre Absage- und Dankesbriefe an Akademiepräsidenten mit "eine Unbekannte" unterzeichnet. Unbekannt bleiben sie alle drei dem Leser, damit aber auch gewichtslos, "ein Spiel frei von jedem Druck der Luft".

Da sie nur zarte Zeichnung auf wehendem Tüll der Phantasie sind, könnte man sie durchscheinend auf dem Hintergrund der Wirklichkeit der Zeit und Gesellschaft wähnen. Solche Durchblicke gibt es einige. Sie führen jedoch zu einer Kritik, die die Lebens- und Denkweisen der Zeitgenossen, der versnobten Oberschicht etwa, nur leicht ankratzt. Auch die Altenwyls und ihr eingebildeter Kreis, blutarme Enkel aus der Welt des "Schwierigen", sprechen nicht viel anders als die umgetriebene Erzählerin, nämlich im "schwerelosen Aneinandervorbeireden". Die treffliche Formulierung gilt für beide.

Unglücklich ist ja die Erzählerin, weil sie sich gefährdet weiß durch ihre Ausflugbereitschaft ins Nichtige. Unglücklich aber auch, weil sie ihrer Unstetigkeit nie entrinnen wird, weil es also für sie keine Entwicklung gibt. Handlung bleibt dem Buch tatsächlich fremd; es geschieht nichts, denn auch Züge oder Autos, die man besteigt, verschieben ja nur eine festgelegte Innenlage durch eine nicht existente Außenwelt. Sie versetzen eine Unruhe in Bewegung, die sich nach außen ableiten möchte und es nie kann, der es auch nicht gegeben ist, die engen Ichgrenzen zu übersteigen.

So wird die Weltlosigkeit zur Welt. Der flüchtige Blick aber auf die Wirklichkeit, die eigentlich von der Erzählerin gesucht, vom Wellengang ihrer Subjektivität allerdings sogleich weggespült wird, enthüllt nur das gängig Banale. Seine Mediokrität verstört rückwirkend das erzählende Ich, treibt es wieder in seine Abkapselung, wo das aufgebrachte Gefühl zum Protest ansetzt. Der aber ist nicht nur wegen seiner durchblasenen Rationalität ohnmächtig, sondern auch der wenig treffenden Sprache wegen.

Wie Schlaufen schlängeln sich die Sätze hin, winden sich durch Parataxen, die Zufallsstoff anhäufen. Das sind Sätze, die sich nicht entschließen können, vom Geschilderten, das sie umwegvoll transportieren, Abschied zu nehmen am Punkt. So tastend und sorgsam langfädig hört sich eine gewisse österreichische Diktion an; auch die Allerjüngsten, die häufig aus Österreich stammen, greifen zum langen Satz, der Wirklichkeit und Gegenwirklichkeit schüppchenweise anlagert.

Bei Ingeborg Bachmann verrät er traditionelleres Herkommen. Die Spannung zwischen Erzähltem und Erzähler baut er ab, das Objekt biegt er ins Subjekt ein, über alle möglichen sanften Brüche hinweg. So wird die Rede zum schleichenden Monolog.
Die Welt, 1.4.1971

Der andere dritte Mann

Von Heinz Beckmann

Ein dritter Mann, und das auch noch in Wien, klingt verdächtig. Den kennen wir doch, damals vom Film. Den anderen dritten Mann, den von Ingeborg Bachmann, kennen wir schon viel länger. Aber das merkt man erst später. In Ingeborg Bachmanns erstem Roman "Malina" merkt man manches erst später. Deshalb wäre eine gemächliche Lektüre im Zustand der Muße zu empfehlen. Wenigstens bis zum dritten Mann, also bis zu der Seite 181, sollte man durchhalten, auch wenn die Geschichte mit den beiden Männern der Ich-Erzählerin mitunter Verdruß bereitet.

Die beiden Männer bekommt man nicht recht in das Visier. Die Dame Ich reagiert auf den Mann Malina, auf den Mann Ivan, ganz verschieden reagiert sie, doch den Männern selbst wird eine eigene, klar profilierte Existenz kaum gegönnt. Die Dame Ich expliziert sich. Dazu taugen die beiden Männer in ihrer Gegensätzlichkeit ausgezeichnet. Malina ist ein so souveräner, besonnener und disziplinierter Mann, daß man ihn zunächst kaum wahrnimmt. Er ist das. Das scheint zu genügen. Die Erzählerin lebt mit ihm zusammen.

Kaum jedoch hatte sie sich nach manchen schwierigen Annäherungen und Entfremdungen überwunden, mit dem unausweichlichen Malina zusammenzuziehen, da lief ihr der jüngere Ivan buchstäblich über den Weg. Auf der Straße in Wien redete er sie an, ein Leichtfuß aus Ungarn, und sofort nahm die Dame Ich ihn mit. Seitdem besucht er sie häufig. Malina übersieht das, Malina läßt es geschehen. Auch Ivan fragt nur ein einziges Mal, ohne Zusammenhang: "Wer ist Malina?" Eine Antwort bekommt er nicht.

Ivan ist geschieden, hat zwei kleine Kinder, die ihn gelegentlich besuchen. Auch die Dame Ich kommt mit den Kindern ganz gut aus. Vor allem aber liebt sie Ivan mit Leidenschaft. Ivan ist immer guter Dinge, Ivan nimmt nichts schwer, gar nichts. Frei heraus sagt er: "Ich liebe niemand. Die Kinder selbstverständlich ja, aber sonst niemand." Die Dame Ich ist trotzdem sehr glücklich, zum erstenmal in ihrem Leben einfach nur glücklich. Sie verdammt alle Bücher, die das Elend auf den Markt tragen - "das ist doch widerlich!" - und träumt von einem Buch, in dem man nur eine Seite zu lesen braucht, um sich "vor Freude auf den Boden zu werfen".

Die Ich-Erzählerin scheint sonst Bücher zu schreiben. Aber jetzt liebt sie Ivan: "Ich denke an Ivan. Ich denke an die Liebe. An die Injektionen von Wirklichkeit." Ohne Malina im Hintergrund wäre sie sicher schon ganz aus dem Häuschen. Wer ist Malina? "Als wär ich nur aus seiner Rippe gemacht und ihm seit jeher entbehrlich", sagt die Dame Ich, "als hätte er mich ausgeschieden, einen Abfall, eine überflüssige Menschwerdung." Aber sie braucht ihn. Malina ist so vernünftig, ist immer ganz ruhig, immer von einer überlegenen Gelassenheit. Deshalb ist nicht Ivan, sondern Malina zur Stelle, wenn der dritte Mann kommt, mitten hinein in das Glück mit Ivan.

Der dritte Mann kommt im Traum. Mit der Seite 181 stürzt der Roman aus der mitunter so verdrießlichen Dreiecksgeschichte in Abgründe, die bis dahin nicht zu vermuten waren. Wer ist der dritte Mann? Malina fragt anders, sehr dringend fragt er: "Wer ist dein Vater?" Aber da ist die Dame Ich schon wieder in ihren Traum abgestürzt. Manchmal holt Malina sie aus dem dunklen Traum hervor, spricht mit ihr, begütigend sogar. Doch der finstere Bildersturz reißt nicht ab. Der blutschänderische Vater will seine Tochter ermorden. In immer anderen Gestalten bringt er sie um.

Der Vater hat eine Oper, in der die Tochter singen muß, aber sie kann nicht singen. Der Vater ist ein Sonntagsprediger, ein Filmregisseur, ein Modeschöpfer, ist schließlich ein Krokodil, "mit müden herabhängenden Augen, das mich nicht vorbeilassen will". Der Vater "trägt den blutbefleckten, weißen Schlächterschurz, vor einem Schlachthaus im Morgengrauen, er trägt den roten Henkersmantel und steigt die Stufen hinauf, er trägt Silber und Schwarz vor einem elektrisch geladenen Stacheldraht, vor einer Verladerampe ..."

Der dritte Mann ist der Tod, ist das Grauen, ist der immerwährende Krieg, Verhängnis und Vergänglichkeit, der Würger allen Lebens. Nun trägt sie doch das Elend auf den Markt, die Ich-Erzählerin. Niemand gelüstet es mehr, sich vor Freude auf den Boden zu werfen. Sogar der Leser muß sich kalten Schweiß von der Stirn wischen, wenn er durch das Kapitel von dem dritten Mann hindurch ist, dem eigentlichen, dem faszinierendsten Kapitel des ersten Romans von Ingeborg Bachmann. Plötzlich hebt sie den Kanaldeckel hoch. Ihre Sprache wird dicht.

Nach dem dritten Mann zerbricht das Glück mit Ivan. Er kommt zwar noch, er ruft zwar noch an, aber die große Schönheit des Glücks ist geborsten. Die Ich-Erzählerin schreibt: "Er ist viel lustiger, ausgelassener, so schrecklich ausgelassen war er nie mit mir ..." Ivan hat den dritten Mann nicht erlebt. Da war nur Malina zur Stelle. Für Ivan wurde nie sichtbar, "daß ich doppelt bin. Ich bin auch Malinas Geschöpf." Seit dem dritten Mann hat Malina sich sehr verändert. Er wird barsch, er nimmt seine Herrschaft wahr. "Ich brauche mein Doppelleben", schrieb die Ich-Erzählerin. Aber Ivan verflüchtigt sich jetzt: "Sind Ivan und ich eine dunkle Geschichte? Nein, er nicht, ich allein bin eine dunkle Geschichte."

Am Ende vernichtet Malina alle Gegenstände und Papiere, die mit der menschlichen, der liebenden, der so leicht erregbaren Person der Ich-Erzählerin zusammenhängen. Noch einmal ruft Ivan an. Malina hat den Hörer aufgenommen. Malina sagt: "Nein, gibt es nicht. Hier ist keine Frau. Ich sage doch, hier war nie jemand dieses Namens. Es gibt sonst niemand hier. Meine Nummer ist 723144. Mein Name? Malina." Der letzte Satz des Romans lautet: "Es war Mord." Nur Malina ist noch da, kein Doppelleben mehr. Die Dame Ich heißt fortan Malina. Eigentlich hieß sie immer so: "Malina und ich, weil wir eins sind: die divergierende Welt."

Jetzt weiß man, warum man Malina nicht recht in das Visier bekam. Er ist das wache Bewußtsein der Dame Ich, der Mann, der die Bücher schreibt, die dann doch das Elend, die Verstörung auf den Markt tragen. Und Ivan, was hat es mit Ivan auf sich, dieser kurzen Strecke Glück und Schönheit, wenn man sich vor Freude auf den Boden wirft? Malina und der dritte Mann bringen es deutlich an den Tag: Auch Ivan ist so wirklich nicht, wie man es von einem geliebten Mann im Roman erwartet. Ivan ist das Märchen, das manchmal gelebte Märchen von einer schönen, friedlichen Welt, ist Leben schlechthin, das es leider nur als Idee gibt.

Die Dame Ich hat in ihrer Dreiecksgeschichte gar keine Partner. Partner ist sie sich selbst als Malina, als Ivan. Es gibt nur einen Partner, den dritten Mann, die unzumutbare Welt des Todes, der Kriege des Grauens, "das Schizoid der Welt". Eine Dreiecksgeschichte mit Mord oder Selbstmord im letzten Satz, so schien es, so wird es mancher zu lesen versuchen. Tatsächlich aber bleibt die Dame Ich ganz allein mit sich selbst und schreibt, wie man so sagt, einen autobiographischen Roman. Nur hat das Ich in diesem Roman keine private, sondern exemplarische Bedeutung.

In ihren Erzählungen unter dem Titel "Das dreißigste Jahr" war Ingeborg Bachmann exemplarischer. Es gelang ihr damals die gültige Fabel, auch wenn sie sie ganz nach innen verlegte. Bei ihrem ersten Roman schimmern allenthalben noch die Konstruktionszeichnungen durch. Auch hat die Uferlosigkeit der Romanform Ingeborg Bachmann zu mancherlei Ausflügen verlockt, wenn sie Milieu und Gesellschaft schildern will: "Was sagt ihr aber erst zum Karajan?" Solche Banalitäten unterlaufen ihr, indessen der Leser ganz auf das inwendige Drama der Dame Ich fixiert bleibt.

Der Autor dieses Romans heißt Malina. Daran gibt es keinen Zweifel. Was es für einen Menschen, eine Frau bedeutet, mit der Gabe und also mit der unentrinnbaren Nötigung zum schöpferischen Schreiben geschlagen zu sein, das kann man

aus dem Roman "Malina" erfahren, und eben dies macht die Größe des Romans aus, das Spiegelbild einer intellektuellen und existentiellen Anstrengung äußerster Redlichkeit. Es bleibt Malina, es bleibt der dritte Mann. Dem Leser bleibt die Trauer um jene Dame Ich, die mit Ivan glücklich war. Diese Dame kennt er, genauso gut wie den dritten Mann.
Rheinischer Merkur, 2.4.1971

Dokument einer Lebenskrise

Von Rudolf Hartung

In Ingeborg Bachmanns vor zehn Jahren erschienenem Erzählband "Das dreißigste Jahr" hieß es von dem Helden der Titelgeschichte: "Er kann nicht mehr unter den Menschen leben. Sie lähmen ihn, haben ihn sich zurechtgelegt, nach eigenem Gutdünken." In der gleichen Erzählung ist auch die Rede von der "ungeheuerlichen Kränkung, die das Leben ist" - nur in den Tod könne man sich vor dieser Kränkung retten.

Rebelliert wurde in den Erzählungen dieses Bandes gegen die bestehende Ordnung, gegen jede Ordnung - das Leben insgesamt wurde als "Falle" (das Wort fand sich mehrmals) verstanden, in die jeder geht, der niemand entrinnen kann. Wobei schon damals auffiel, daß das, wogegen diese totale Rebellion sich richtete, nur recht allgemein und vage bestimmt werden konnte - wie es bei einer solch totalen Rebellion und Absage wohl nicht anders sein kann. Erkennbar auch wurde, vor allem in der Erzählung "Undine geht", daß jene, in deren Namen Ingeborg Bachmann sprach, einsam, stolz und verzweifelt ihre Sonderexistenz zu behaupten versuchten und sich auf einem unaufhörlichen Rückzug vor der Menschenwelt befanden. "Sie war unerlösbar", hieß es von der Heldin in der Erzählung "Ein Schritt nach Gomorrha", "und keiner sollte sich anmaßen, sie zu erlösen ..."

Alles in allem waren das wohl ungünstige Voraussetzungen für die Prosa, die, jedenfalls einst, ohne eine beträchtliche Portion Weltverstand nicht auskam: Die konkrete Wirklichkeit, auch wenn der Erzähler sie haßt, muß ernst genommen werden und muß durchschritten werden; auch der Zorn muß sich an ihr abarbeiten.

Aber wurde in diesen Erzählungen das Leben in seiner Konkretheit auch nur ersatzweise und oft nur in Abbreviaturen wiedergegeben, so spürte man doch den Zorn und die Kraft dieses Zorns, mit der dieses Leben zurückgestoßen wurde - gleichsam ein Beben an der Stelle des Absprungs. Und betörend, wenn auch vielleicht nicht zeitgemäß, war der immer wieder aufblühende Lyrismus der Prosa, die ihre Herkunft aus dem Gedicht nicht verleugnen mochte.

Nach langem Schweigen erschien nun Ingeborg Bachmanns erster Roman, in welchem man Motive und Elemente ihres Erzählbandes wiederfindet. Intensiviert aber hat sich die Krisensituation in einem solchen Maße, daß man "Malina" im Doppelsinn des Wortes als den Roman einer Krise bezeichnen dürfte: als deren Darstellung und als ihr künstlerisches Produkt.

Was man in manchen Erzählungen damals schon mit Besorgnis konstatierte, nämlich den Rückzug aus der Welt auf die Innerlichkeit des erzählten oder erzählenden Subjekts, ist in diesem Ich-Roman bis zu einer äußersten Grenze vorgetrieben.

Fast erschreckend deutlich wird dies schon auf den ersten Seiten, als nach einer kurzen Vorstellung der drei Romanfiguren - Ivan, Malina und Ich - über die zeitliche Lokalisation des Romans meditiert wird und die Autorin gesteht, daß es ihr fast unmöglich sei, "heute" zu sagen - "so hoffnungslos ist meine Beziehung zu 'heute', denn durch dieses Heute kann ich nur in höchster Angst und fliegender Eile kommen und davon schreiben ..." Fast unmittelbar anschließend ist auf recht elitäre Weise von den anderen die Rede, für die das Wort heute so gut wie keinen Sinn habe, weil sie bloß einen beliebigen Tag damit meinen, an dem sie ihr alltägliches Leben führen.

Wer nur in höchster Angst durch das Heute jagen und davon schreiben kann, wer unablässig den Terror der Gegenwart spürt, wird schwerlich einen Roman schreiben können - und sei er wie "Malina" im Präsens abgefaßt -, in dem die Wirklichkeit geduldig und standhaft erforscht wird: Nur die Angst zählt noch und das, was sie stillt; alles andere ist relativ unwichtig und hat Bedeutung nur, insofern es von diesem sich ängstigenden und leidenden Subjekt erlebt wird. Die Stadt mit ihren Straßen und Plätzen - Schauplatz ist Wien - kann nicht wirklich werden, nur die Erlebnisse gelten, die man dort hat; nicht die Gegenstände, sondern nur das, worauf sie verweisen. Diese Verfassung gibt dem Roman Ingeborg Bachmanns etwas Atemloses, fast Süchtiges und damit trotz allem Fragmentarischen und Disparaten, eine gewisse Einheitlichkeit.

Wo nur die subjektive Empfindung zählt und das durch keine Vernunft zu kontrollierende und darum fast anarchische Gefühl, verlieren auch Fabel und Konstruktion an Bedeutung; denn für die reine Subjektivität sind auch sie etwas Äußerliches.

Fast ausschließliches Thema dieses Romans ist die Liebe. Die Heldin, wie die Autorin in Klagenfurt geboren und wie sie Schriftstellerin, liebt Ivan, sie lebt aber auch mit einem Mann namens Malina zusammen. Wie dies Dreiecksverhältnis funktioniert, bleibt dem Leser solange unklar, bis er zu begreifen beginnt, daß Malina nicht eine eigene Person, sondern so etwas wie ein Alter Ego, ein fingierter Doppelgänger der Erzählerin ist. Eine nicht sehr überzeugende Konstruktion, aber wohl eine, die ein tiefes Bedürfnis der Autorin befriedigt - "Ich brauche mein Doppelleben, mein Ivan-Leben und mein Malina-Feld, ich kann nicht sein, wo Ivan nicht ist, aber ebensowenig kann ich heimkommen, wenn Malina nicht da ist."

Malina, mit dem das Ich des Romans viele Gespräche führt, braucht natürlich als Doppelgänger keine profilierte Person zu sein. Gravierender - für den Roman wie für die Situation des erzählenden Ichs - ist jedoch, daß auch Ivan nicht eigentlich Gestalt gewinnt, sondern nur Zielpunkt der Sehnsucht der Erzählerin ist. Auch die Liebe ist in diesem Roman nur subjektives, in sich verfangenes Gefühl, nicht aber eine Woge, welche die Liebende zu einem konkreten Du hinüberträgt.

Daß in dem Roman einer solchen Liebe trotzdem heilende, rettende Kraft zugesprochen wird, bleibt schlechthin unglaubwürdig. "Weil Ivan und ich einander nur das Gute erzählen ..., weil wir sogar so weit kommen, zu lächeln vor Versunkenheit, also den Ausdruck finden, in dem wir zu uns selber kommen, hoffe ich, wir könnten eine Ansteckung herbeiführen. Langsam werden wir unsere Nachbarn infizieren, einen nach dem anderen, mit dem Virus, von dem ich schon weiß, wie man ihn nennen dürfte, und wenn daraus eine Epidemie entstünde, wäre allen Menschen geholfen." Die Hoffnung, welche hier Wort werden möchte, wird schon durch die Sprache denunziert, die an solchen Stellen merkwürdig kraftlos, manchmal auch rhetorisch wirkt.

Wahr ist dieser Roman, der nicht nur die Geschichte einer großen Leidenschaft wiedergeben will, sondern daneben aus vielen anderen erinnerten Geschichten, Episoden und Briefentwürfen besteht und in dessen zweitem Kapitel die Erzählerin eine Reihe von Träumen berichtet, in denen eine finstere Vater-Figur die Heldin immer wieder dem Tod überantwortet - wahr ist dies Buch Ingeborg Bachmanns, insofern es ein unglückliches Bewußtsein authentisch darstellt, die Schwierigkeit des Lebens, ja, dessen Unmöglichkeit. "Warum habe ich bisher nie bemerkt, daß ich Leute fast nicht mehr ertragen kann? Seit wann ist das so? Was ist aus mir geworden?"

"Malina" ist das Dokument einer tiefen Verzweiflung und Lebenskrise. Einer Verzweiflung, die so sehr das Ich überschwemmt und gleichsam durchtränkt hat, daß die Vorkommnisse, die sie im Einzelfall auslösen, fast nichtig sein können - beispielsweise der Umstand, daß die Erzählerin nicht mehr in der Lage ist, von einer Zelle aus zu telephonieren.

Darüber mag die Nase rümpfen, wer keine Erfahrung von Neurosen und Zusammenbrüchen hat und wer nie empfunden hat, daß das Leben, um mit Ingeborg Bachmann zu sprechen, etwas ist, "was man nicht leben kann". Vergessen kann man aber darüber trotzdem nicht, daß es reichere und tiefere Möglichkeiten des Menschseins gibt, als dieser Roman schildert, und in der Welt andere und härtere Formen des Schmerzes und des Elends. Das Versponnensein in die eigene Subjektivität, das grenzenlose Wichtignehmen der eigenen Gefühle und Schmerzen, so daß die Wirklichkeit kaum mehr wahrgenommen wird und keine disziplinierende Wirkung mehr ausüben kann - das Leiden der Erzählerin dieses Romans besteht wesentlich darin.

Aus eben diesem Grunde wirkt die gelegentlich artikulierte Rebellion gegen die Gesellschaft und die Verhältnisse ohnmächtig, so wenn es etwa heißt: "Die Gesellschaft ist der allergrößte Mordschauplatz. In der leichtesten Art sind in ihr seit jeher die Keime zu den unglaublichsten Verbrechen gelegt worden ..." Eine solche Anklage muß mit der monomanischen Wut eines Thomas Bernhard vorgebracht werden, um Gewicht zu haben - von einem Schriftsteller, der aus seinem Schmerz ein Vehikel der Erkenntnis macht, nicht aber sich ihm überläßt, als wollte er darin ertrinken.

Bleibt die schöne Legende des Ursprungs, wie sie Ingeborg Bachmann, um das eigene Geschick zu deuten, in dem Stück "Die Geheimnisse der Prinzessin von Kagran" vorträgt; bleibt die Utopie des befreiten Lebens, die da und dort wie ein heller Fanfarenruf - "Ein Tag wird kommen ..." - in diesem verdüsterten Roman

erklingt. Aber so verschollen wie der Ursprung, so fern und illusionär ist jener Tag, an dem die Menschen frei sein und die Schönheit sehen werden - der Roman zeigt nicht die Spur eines Weges auf, der in diese Zukunft führen könnte. Begründeter scheint eine andere Hoffnung, die in diesem Roman einer Krise und einer - freilich noch ohne rechte Energie unternommenen - Selbsttherapie an manchen Stellen erkennbar wird: "Ich werde leben!" sagt die Erzählerin einmal mit leiser Emphase in einem der Träume. Und in einem der letzten Dialoge mit Malina bekennt sie: "Ich bedaure mich nicht mehr."
Die Zeit, 9.4.1971

Im Namen der Liebe

Von Helmut Heißenbüttel

Wenn es in dem neuen Buch von Ingeborg Bachmann zur Person des Titelhelden Malina heißt: "Verfasser eines 'Apokryph', das im Buchhandel nicht mehr erhältlich ist und von dem in den späten fünfziger Jahren einige Exemplare verkauft wurden. Aus Gründen der Tarnung Staatsbeamter der Klasse A, angestellt im Österreichischen Heeresmuseum" usw., so ist das offenbar ironisch gemeint, österreichisch ironisch, Hofmannsthalisch ironisch, ironisch schon fast à la Artmann. Was soll diese Ironie decken?

Ingeborg Bachmanns "Malina" wird im Titel als Roman bezeichnet. Es handelt sich jedoch eher um eine umfangreichere Erzählung von der Art, wie die Autorin sie früher veröffentlicht hat. Nichts bestimmt nun diese Erzählung weniger als Ironie. Alles, was erzählt wird, scheint vielmehr immer allzu nah zu sein, allzu wenig distanziert. Dennoch bemüht sich die Erzählerin, wenigstens das Deckblatt ironisch zu färben. Sie will Abstand und, vom Vorsatz her gesehen, könnte man sagen, das Schreiben dieser Erzählung selbst bedeutet in sich den Versuch, Abstand zu nehmen.

Abstand von was? Was die Erzählerin berichtet, hat das, was man allenfalls Handlung nennen könnte, in ihrem Verhältnis zu zwei Männern. Der erste, als Liebhaber dargestellt, Ivan, ist ein 1935 geborener Ungar, mit dem sie sich trifft, mit dem sie eine Weile glücklich ist. Das erste Kapitel hat die Überschrift "Glücklich mit Ivan". Der zweite Mann ist Malina, vierzigjährig, ein wenig jünger als die Erzählerin selbst, mit ihm wohnt sie zusammen. Ist er als gleichberechtigte Person gemeint? Ist er der Doppelgänger, das andere Ich oder der Zwillingsbruder, von dem frühere Gedichte Ingeborg Bachmanns sprachen?

Im zweiten Kapitel rekapituliert die Erzählerin ihren Vaterkomplex. Malina dient dabei als eine Art Psychotherapeut. Im dritten Kapitel spitzt sich, so könnte man sagen, der Dialog Erzählerin - Malina immer mehr zu. Malina überlebt, die Erzählerin verschwindet, verstummt, genauer, das Ich der Erzählerin verstummt, verschwindet in der Wand. Der letzte Satz lautet: "Es war Mord."

Handelt dieser Roman von so etwas Allgemeinem und Bedeutungsvollem wie dem Verstummen des Subjekts, des Ich im weitesten Sinn? Was erzählt wird, ist jedenfalls nicht Deskription von Außenwelt, Außenraum, Nachzeichnung von sinnlich Erfahrenem und so weiter, was erzählt wird, ist Innenraum, Innenwelt. Die Ungargasse im dritten Bezirk von Wien ist ein Ort der Innerlichkeit. Personen, Ereignisse, Charakteristiken sind Bilder des inneren Geschehens, des inneren Gesprächs. Anflüge von Ironie kommen auf, je ferner das Geschilderte von der Innenwelt abrückt. Was bestimmt diese Geschichte der Innerlichkeit?

Die Erzählerin sagt einmal: "Die Abstraktion, wissen Sie, ist vielleicht nicht meine Stärke, ich sehe dann immer gleich solche Anhäufungen, für mich etwas besonders Entsetzliches, auch ganz unbegreiflich ist mir, wie Kinder es unter so vielen Kindern aushalten können." Und später: "Eine Menge muß etwas Abstraktes bleiben ... etwas Operables, ... nur die Mathematik läßt die Schönheit von Milliarden zu, ... eine Milliarde Menschen ist etwas unvorstellbar Verdorbenes, Erbärmliches, Ekliges ..."

Beide Aussagen sollen nicht überbewertet werden, aber sie sind Indizien. Indizien dafür, daß die Geschichte der Innerlichkeit, die hier erzählt wird, die Geschichte des Konflikts ist, in der diese Innenwelt mit der sozialen Welt steht. Die Subjektivität, die sich als identisch mit der emotionalen Erfüllung versteht, bleibt unintegrierbar in die soziale Realität. Was erzählt wird, ist die Geschichte einer Neurose.

Das wäre interessant genug, wenn es darum ginge, diese Geschichte deutlich herauszuarbeiten. Ingeborg Bachmann tut jedoch, wie schon früher in den Erzählungen oder im Hörspiel "Der gute Gott von Manhattan", das Gegenteil. Sie verbrämt die Krankheitsgeschichte, sie stilisiert sie um ins Literarische. Wenn der Konflikt der Innerlichkeit als tragisches Geschehen im Namen der Liebe positiv überhöht wird, so ist das, was im Begriff Liebe ausgedrückt wird, bereits Literatur. Das wird in den Schlußgesprächen der Erzählerin mit Malina deutlich. Der Konflikt wird sozusagen mit Rilke zugedeckt.

Etwa in der Mitte der Erzählung erfolgt die traumatisch erlebte Attacke der Vaterfigur und ihrer Gehilfen auf die Bibliothek der Erzählerin. Hier wird der Schutzwall, den sie benötigt, am härtesten erschüttert. Literatur deckt den Konflikt ab, und zugleich wird der Konflikt als Literatur erfahren. Ja mehr noch, die literarische Verbrämung der Krankheitsgeschichte, des neurotischen Konflikts wird umgedreht in eine Verteidigung von Literatur.

Hier aber, so möchte ich sagen, müßte ich widerwillig all denen recht geben, die in den letzten Jahren vom Tod der Literatur geredet haben. Satz um Satz, Seite um Seite bezeugt Ingeborg Bachmanns Roman immer nur das eine, daß diese literarische, in Imagination umgesetzte, mögliche, überhöhte, stellvertretende Erfahrungsweise sich selbst erstickt, in immer mehr leere Floskeln ausrinnt.

Interessant bleibt das, was als authentischer Krankheitsreport durchscheint. Interessant, weil der Fall lehrreich ist. Als Literatur handelt es sich um Restauration von allem, was einmal war. Wenn Schönbergs "Pierrot Lunaire" als Motto und Leitmotiv benutzt wird, so deutet das doch nur an, daß Ingeborg Bachmann mit ihrer Erzählerin weit hinter Schönberg zurück ins 19. Jahrhundert zurückweicht in jene Bekenntnisse der schönen Seele, die nichts mehr sagen.

Falsch erscheint mir an diesem Buch, daß der offensichtlich vorhandene und zu diagnostizierende Fall dennoch für das Schöne und die Schönheit der Seele in Anspruch genommen wird. Schönheit aber ist seit Sigmund Freud kein Attribut der Seele mehr.
Deutsche Zeitung, Christ und Welt, 9.4.1971

Ingeborg Bachmanns dunkle Geschichte

Von Paul Hübner

Anfang 1967 teilte unser römischer Korrespondent G. R. Hocke mit, daß die seit langem in Rom lebende österreichische Lyrikerin Ingeborg Bachmann eine epische Serie mit Österreich als historischem Hintergrund unter dem Titel "Todesarten" schreibe. Das jetzt vom Verlag als Roman bezeichnete Werk, das aus Montagen, Träumen, Interviews ohne Inhalt, einem Märchen und imaginären Zwiegesprächen mit zwei männlichen Wesen besteht, heißt "Malina", enthält aber auf einem Zettel der Ich-Erzählerin das Stichwort "Todesarten", unter denen nach jüngsten Erklärungen der 45jährigen Autorin zu ihrem nach vielen Jahren des Schweigens veröffentlichten Werk ein Zyklus entstehen könnte, zu dem "Malina" nur die Ouvertüre sei.

Noch während sie Gedichte geschrieben, also in Versen den "Großen Bären" angerufen habe, wußte sie, daß sie dieses Buch schreiben werde mit einem weiblichen Ich, das zugleich ihr männlicher Doppelgänger sei. In Malina hat die Lyrikerin Bachmann, die 1964 den Büchner-Preis für die dichterisch und philosophisch große Konzeption des Bildes unseres Jahrhunderts erhielt, den Namen gefunden, in dem ihr Ich autobiographisch in einem männlichen Prinzip existiert.

Aber das Autobiographische dieser Prosa darf nicht in einem äußerlichen Sinn verstanden werden. Denn es handelt sich weder um die Liebesgeschichten einer Schriftstellerin oder Wiener Funkautorin mit dem Museumsmann Malina und einem geschiedenen Ungarn namens Ivan mit zwei Kindern, noch um die Darstellung eines Frauenlebens vor der Kulisse ihres "Hauses Österreich". Daß sich mit "Malina" eine neue Hinwendung der Prosa zur Innerlichkeit ankündigt, ist unwahrscheinlich. Denn die private und künstlerische Situation Ingeborg Bachmanns, die einst über Heidegger promovierte und für Henze das Opernlibretto nach Kleists "Prinz von Homburg" schrieb, muß fern der gesellschaftlichen wie auch formalen Probleme der gegenwärtigen Literatur gesehen werden. Auch wenn dieser "Roman" in der Auflösung in Dialoge, psychoanalytische Traumfetzen, märchenhafte Passagen, von musikalischen Formen diktierte Poesie und Todesgedanken nach Kafka sich mit Experimenten gegenwärtiger Prosa berührt. Alles ist so intim, so weiblich introvertiert, daß ein nach Realitäten und Weltbezügen suchender Leser sich oft zwingen muß, die "Injektionen der Wirklichkeit" dieser sanften Irren, wie Ivan sein Fräulein Schlauberger nennt, als Erinnerungen aus der Ungar-Gasse willig aufzunehmen.

Erst wenn man sich mit dem kunstvoll komponierten Aufbau befreundet, mit dem Allegro der Liebe, bei dem das Buch über die Hölle noch fern ist, Ivan noch auf ein "Buch mit gutem Ausgang" hofft, und das verliebte Ich aus Klagenfurt (Geburtsort der Dichterin) von einer Freudenmauer als Gegenpol zur Klagemauer träumt, dann erst beginnt eine gewisse, freilich nicht durchhaltende Faszination durch dieses in moll und piano in den Tod hineingleitende Ich, für das der Tod als ein Mord durch das männliche Prinzip erscheint.

Von der "ungeheuerlichen Kränkung, die das Leben ist", hat die Bachmann immer wieder gesprochen. Ihr Roman ist die Variation dieser lebensfeindlichen Erkenntnis in einem Trio-Spiel mit zwei Männern, zu dem sich in Freudschen Traumerzählungen - neben Musil, Kafka und Wittgenstein ist Freud Bachmanns Lehrmeister - in einem seltsamen Ödipuskomplex der Vater als "Dritter Mann" gesellt, der in schrecklicher Gaskammer oder im Eis des Nordpols sich zur Personifizierung des Todes verdichtet.

Alle Sehnsucht nach einer nicht realisierbaren, aber auch nicht definierten Liebe, alles Gefühl, das sogleich wieder in Zigaretten, unsinnigen Telefonaten und tiefsinnigen Briefentwürfen ohne Botschaft oder Satzgruppenspiele, poetische Metaphern von universeller Prostitution und universellen Schwarzmärkten erstickt wird, versagt vor einer genau beschriebenen und doch völlig unkonkreten Wirklichkeit. Nicht ohne Grund tauchen Gestalten Hofmannsthals wie die Altenwyls aus dem "Schwierigen" als schemenhaft reale Figuren auf.

Alle Männer sind für Bachmanns Ich klinische Fälle. Da alle Frauen von Männern, von ihrer unabwendbaren Krankheit unglücklich gemacht werden, zieht sich durch das Buch ein Trauma, das grenzenlosen Haß gegen Männer zugleich mit der Sucht nach Vergewaltigung wahnhaft umschließt. Hier ist einer der Schlüssel zu der schwarzen Romantik, zu dem elegischen Hinsterben mit dem spurenlosen Verschwinden hinter dem Riß einer Wand.

Hier berührt sich auch die gesichtslose Irrealität mit den Todesräuschen unseres Jahrhunderts. In der kammermusikalischen Verflechtung der Lyrismen und Alltagserfahrungen einer intellektuellen Frau verbindet sich Banales mit nicht mehr vollziehbaren, Schauder auslösenden Schritten in die Aufspaltung einer Persönlichkeit. Ob das Werk genügend Leser finden würde, wenn es nicht mit dem Namen der poetischen Phantasie Ingeborg Bachmanns gesiegelt wäre? Es bedarf vieler Kommentare. Aber die Autorin hat bereits in mehreren Gesprächen die Interpretationen eingeleitet.
Rheinische Post, 17.4.1971

Radikale Selbstverwirklichung

Von Geno Hartlaub

In seinem Stück "Der gute Mensch von Sezuan" hat Bertolt Brecht der gütigen Shen Te, die das Geschenk der Götter mit habgierigen Verwandten und Nachbarn teilen will, als zweites Ich jenen hart und genau rechnenden Vetter Shui Ta gegenübergestellt, in den sich die junge Frau jedesmal verwandelt, wenn sie der

Tücke und Unverschämtheit ihrer Umwelt zu erliegen droht. An diesen Doppelmenschen mußte ich bei der Lektüre von Ingeborg Bachmanns erstem Roman "Malina" denken: auch hier hat die Autorin von der Ich-Erzählerin ein zweites Ich, mit rationalen und "männlichen" Eigenschaften, abgespalten. Aber während Brecht in seinem "Guten Mensch von Sezuan" ein Beispiel für die gesellschaftlichen Verhältnisse der Welt geben wollte, die man verändern muß, um jene schizoide Aufteilung ein- und derselben Person zu vermeiden, ist es Ingeborg Bachmann um psychologische und existenzielle Grundgegebenheiten zu tun, denen das Ich unentrinnbar verfallen ist. Daß die Autorin nicht an die Verbesserung der Gesellschaft durch Veränderung des Bewußtseins glaubt, wird gerade an jenen Stellen ihres Buches klar, wo nicht in etwas vordergründig greller Manier von unserer gesellschaftssüchtigen Zeit mit ihrer Forderung nach Gleichheit aller Individuen die Rede ist.

In den Jahren ihres Schweigens hat sich Ingeborg Bachmann noch mehr in die Isolierung mit ihrer Askese und dem unbedingten Anspruch zur radikalen Selbstverwirklichung zurückgezogen, - sie ist noch elitärer geworden, um es mit einem Modewort zu sagen. Unbeirrt vertritt sie ihre These eines absoluten Existenzialismus. Sie schildert das Scheitern eines Menschen, der nicht gewillt ist, sich an die wechselnden Gegebenheiten der Zeit anzupassen. Sie tut es mit jener Mischung von Zartheit und Schroffheit, die für sie auch als Lyrikerin kennzeichnend ist. Noch immer hat sie den kassandrahaften Blick auf die Welt, noch immer schildert sie die kaum erträgliche Einsamkeit, der sie auch in ihren Erzählungen mit dem Titel "Das dreißigste Jahr" Ausdruck gegeben hat. An ihrer Grundposition hat sich wenig verändert. Im Mittelpunkt steht das Ich mit seinen Gefährdungen, seinen ekstatischen Aufschwüngen, seinem Glück und seinem Leid. Auch der Partner der "irdischen" Liebe, der Russe Ivan, Malinas Rivale in dieser erdachten Dreiecksgeschichte, ist nur eine Abspaltung vom Ich der Erzählerin, die nicht ohne ihn leben kann, weil seine Nähe ihr die "Injektion Wirklichkeit" vermittelt, die sie vom "krisenfesten Elend" ihrer seelischen Krankheit befreit. Sie hofft, durch Ivan gesund zu werden. Ihre Liebesgeschichte ist die Chronik einer Heilung und Genesung. Aber das Glück ist zerbrechlich, weil es über alle Maße hinaus gesteigert ist, eine Tatsache, die den Liebhaber von vornherein mit Sorge erfüllt. Er wirft seiner Geliebten vor, daß sie "das Spiel" nicht mitmacht und sich nicht an die Regeln hält. In ihren Reaktionen der absoluten Hingabe ist sie zu leicht durchschaubar.

Ingeborg Bachmann hat gewiß recht mit ihrer Ansicht, daß gewisse existentielle Fragen tiefer reichen als soziologische Antworten. Sie hält ihre Fragen ohne Antwort für radikaler und revolutionärer als die umstürzlerischen Pläne der jungen Rebellen, die nicht mehr an die Tragik des durch Geburt ins Dasein geworfenen und durch den Tod ins Nichts zurückgestoßenen Individuums glauben. Wie kann man einer solchen Existenzerhellung durch die literarische Prosaform Ausdruck geben? Wenn es um absolute Aussagen geht, erweisen sich epische Mittel oft als spröde. Die Sprache, auf ihre Elemente der Evokation und Beschwörung reduziert, gerät an die Grenze der Sprachlosigkeit. Eine Prosa, die nichts mehr beschreibt, was sich objektiv als "Außenwelt" anbietet, wird notwendigerweise ärmer, karger, manchmal auch hilfloser als die Lyrik, die selbst in ihrer radikalsten Form nicht auf Metaphern und Bilder verzichtet.

Wenn Ingeborg Bachmann versucht, in eschatologischer Euphorie das Glück der Liebenden und paradiesische Zustände einer allgemeinen Befriedigung der Welt darzustellen, wird ihre Sprache oft plakativ, ausdrucksarm und einlinig. Ivan verlangt von der Erzählerin, sie solle nicht über den Tod nachsinnen, sondern über das glückliche Leben im Augenblick. Sie will für ihn keine Klage- sondern eine Freudenmauer bauen. Die Autorin versucht, dem ekstatischen Seelenzustand Ausdruck zu geben durch das Stilmittel unvollendeter Sätze bei den Telefongesprächen der Liebenden, durch ein "Stammeln", das an das fragmentarische Reden von Heiligen und apokalyptischen Sehern erinnert. Sie spart mit Worten, sie erlaubt sich weder Adjektive noch Vergleiche.

"... das soll nie aufhören, noch lange dauern, einen Film lang, der noch nie gelaufen ist, aber in dem ich jetzt Wunder über Wunder sehe, weil er den Titel hat "Mit Ivan durch Wien fahren", weil er den Titel hat "Glücklich, glücklich mit Ivan" und "glücklich in Wien, Wien glücklich" und "diese reißenden Bilderfolgen, die mich schwindlig machen, hören auch nicht auf ..."

Das ist weit schwächer im elementaren Ausdruck als die früheren Gedichte der Bachmann. Die Erregung, die durch die Wiederholung von Worten und Satzfragmenten ausgedrückt werden soll, teilt sich dem Leser nur unvollkommen mit. Etwas kuppelt sich aus wie bei einer überbeanspruchten Maschine. Was dann bleibt, ist Leerlauf, den auch die märchenhaften Töne der "eingeschlossenen" Parabel von der "Prinzessin von Kagran" nicht ganz verhindern können.

"Ein Tag wird kommen", heißt es in den kursiv gesetzten Einschüben, in denen die Darstellung der Wirklichkeit in Zukunftsvisionen übergeht, "an dem die Menschen schwarzgoldene Augen haben, sie werden die Schönheit sehen, sie werden von Schmutz befreit sein und von jeder Last, sie werden sich in die Lüfte erheben, sie werden unter die Wasser gehen, sie werden ihre Schwielen und Nöte vergessen. Ein Tag wird kommen, sie werden frei sein, es werden alle Menschen frei sein, auch von der Freiheit, die sie gemeint haben."

Die Botschaft hört ich wohl, allein mir fehlt der Glaube, könnte man, ein Faust-Zitat mißbrauchend, bei dieser allzu wenig erneuerten Sprache sagen. Dagegen wirkt die Einfachheit der Aussage immer dann überzeugend, wenn die Möglichkeit des Scheiterns beschworen wird und der Schatten der Schwermut das etwas hektische und krampfhafte Glück verdunkelt. An solchen Stellen verwandelt die Prosa sich unversehens in eine fast lyrische Aussageform:

Graue und braune Kleider machen dich alt
Verschenk deine Trauerkleider an das Rote Kreuz

Wer hat diese Grabeskleider erlaubt?
Natürlich bin ich böse, ich habe Lust, böse zu sein.

Gleich siehst du jünger aus, ich treib dir das Alte aus.

Das sagt der Liebhaber Ivan. Malina äußert sich härter, aber auch seine Sprache bekommt bisweilen einen lyrischen Rhythmus. Zwischen den Notizen der Ich-Erzählerin, die wegen Ivans Glücksforderung nicht weiter ausgearbeitet werden, findet sich auch ein Blatt mit dem Titel "Todesarten". Vielleicht wäre es gut, wenn die Autorin sich in Zukunft mehr von Malina, dem zweiten Ich, beraten ließe und die Arbeit an den ausweglosen Geschichten wieder aufnehmen würde. Das Leitmotiv Tod läßt sich nicht ausklammern für die Erzählerin Ingeborg Bachmann, das zeigt der starke und abrupte Schluß des Buches mit den Brieffragmenten an den Anwalt und dem Versuch ein Testament zu schreiben, der unmittelbar ergreift und erschüttert.
Deutsches Allgemeines Sonntagsblatt, 25.4.1971

Malina oder Der große Gott von Wien

Von Hans Mayer

Einem Zeitungsschreiber vertraute sie an: dies sei ein autobiographisches Buch. Also wird es stimmen. Vielleicht aber hat Ingeborg Bachmann wieder einmal gespielt oder gar gemogelt: wie in der Episode mit Herrn Mühlbauer im ersten Teil dieses Romans, wo der fachkundige Reporter einer "Wiener Nachtausgabe" nach allen Regeln gängiger Interviewtechnik mit der Ich-Erzählerin des Romans, die Schriftstellerin zu sein scheint, eine Befragung absolvieren möchte und kläglich dabei scheitert. Für ihn war das Interview ein Ritual mit festen Regeln, allein die Befragte, schwankend zwischen den Männern Ivan und Malina, liefert abermals eine ihrer somnambulen Schachpartien. Keine Antwort, wobei sie ganz aufrichtig sein möchte, kommt so, daß man journalistisch damit etwas anfangen könnte. Mürrisch packt Mühlbauer das Bandgerät wieder ein. Nicht zu brauchen. Verlorene Zeit.

Die Ich-Erzählerin dieses Romans war redlich bemüht in dieser Episode und ganz bei der Sache. Die Autorin Ingeborg Bachmann hingegen benutzt die so entstehende ironische Brechung zwischen Romanfigur und romanhafter Umwelt als Kompositionselement.

Von der Komposition dieses Buches sollte man daher vor allem ausgehen. Auf autobiografische Details darf man nicht hineinfallen. Auch sie gehören zur kompositorischen Ironie von Ingeborg Bachmann. Schon das allzu Identische in den Lebenstatsachen der Ich-Erzählerin und der Autorin sollte mißtrauisch machen. Freilich ist die Frau in Klagenfurt geboren: wie Ingeborg Bachmann. Sie trägt auch, wie gelegentlich angedeutet wird, denselben Vornamen. In Rom war sie und in Amerika, und von Wien kommt sie innerlich nicht los. Das alles weiß man als biographische Tatsache auch von Ingeborg Bachmann. In der Erzählung "Das dreißigste Jahr" fand sich bereits der Satz: "Er fuhr in die Stadt zurück, die er am meisten geliebt hatte und in der er Steuern hatte zahlen müssen, auch Lehrgeld, Studiengeld und sonst noch einiges: Er fuhr nach Wien - mit dem Wort 'heim' hielt er trotzdem an sich."

Nun spielt der erste Roman dieser Schriftstellerin abermals in Wien, und Herr Mühlbauer erhält in diesem Buch von den "Todesarten" dafür eine Begründung: "... ich bin sehr froh, hier zu leben, denn von dieser Stelle der Welt aus, an der nichts mehr stattfindet, erschreckt es einen viel tiefer, die Welt zu sehen, nicht selbstgerecht, nicht selbstzufrieden, weil hier keine verschonte Insel ist, sondern an jeder Stelle Untergang ist, es ist alles Untergang, mit dem Untergang der heutigen und morgigen Imperien vor Augen."

Noch das Äußere der Romanheldin entwarf Ingeborg Bachmann nach ihrem Ebenbild. Dennoch ist dies alles nur allzu offensichtlich und muß deshalb, wie alles Schließen vom Leben des Autors auf das Treiben seiner Figuren, in die Irre führen. Schon ein Satz auf der zweiten Seite des Romans bedeutet Warnung für den Leser. Das erzählende Ich stellt die Kunstfigur vor, auch sich selbst als "Ich", Ort der Handlung sei Wien, die Zeit: Heute. Dann aber fährt jenes epische Ich sogleich fort: "Nur die Zeitangabe mußte ich mir lange überlegen ..." Also war die Zeitangabe nicht durch Realitäten erzwungen, sondern mußte erfunden werden: für die Zwecke der erzählerischen Komposition.

In einem anderen, wohl ernsthafteren Interview hat Ingeborg Bachmann nach Erscheinen ihres Buches selbst - im musikalischen Sinne - von "Komposition" gesprochen. Der Leser muß das spüren, wüßte er selbst nicht, daß die Verfasserin dieses Buches früher Opernlibretti schrieb: zum Beispiel zu Hans Werner Henzes Oper "Der junge Lord". Die gleichsam mit hartnäckiger Obstination (ostinato) wiederkehrenden Gespräche des dritten Teils zwischen dem Ich und Malina werden von der Titelfigur ganz pragmatisch geführt, vom Ich hingegen als musikalischer Ablauf, der ständig neue Vortragsbezeichnungen erhält. Das Ich antwortet dem Malina mit crescendo, rubato, forte, legato, dann wieder agitato oder plötzlich leggermente. Dialoge notiert als Partitur. Konfrontation vielleicht eines singenden weiblichen Ichs und eines sprechenden Malina. Diese Technik findet sich schon bei Arnold Schönberg dessen "Pierrot lunaire" im Roman als Leitmotiv auftaucht: im kompositorischen Gegensatz zwischen Moses und Aron.

Trotzdem ist das alles - ironische Berechnung, musikalische Komposition, Wechselwirkung zwischen der realen Ingeborg Bachmann und der erzählenden Kunstfigur ihres Romans - nur Technik zur Verwirklichung dessen, was der Roman von allem *berichten* möchte. Auch dieser erste Roman behandelt das alte Grundthema: Unvereinbarkeit von heutiger Gesellschaft mit dem, was die deutsche Klassik unter "harmonischer Entfaltung einer Persönlichkeit" verstehen wollte. In Ingeborg Bachmanns bekanntem Hörspiel tötete der "Gute Gott von Manhattan" als Herr der Eichhörnchen die wahrhaft Liebenden, weil sie in der Unbedingtheit ihres Gefühls die herrschende Ordnung der Entfremdung gefährden mußten. Seelische Unordnung der Gefühle war nicht zu dulden. Schon bei Kleist war damit die Voraussetzung für tragische Verwirrung der Gefühle gegeben, und Ingeborg Bachmann häuft auch in dem Roman "Malina" die Anspielungen auf Kleist, wie sie gleichsam nicht versäumt, die österreichische adelige Festspielclique im Salzkammergut um jene Familie "Altenwyl" zu gruppieren, die man aus den "Schwierigen" von Hofmannsthal kennt.

Immer wieder Zitate, rasch aufblitzende Kompositionsmotive, vergleichbar den Botschaften jener Eichhörnchen von Manhattan. Das erzählende Ich möchte ganz in einem Gefühl aufgehen und sich verwirklichen. Objekt des Gefühls ist der Mann Ivan, von dem nicht deutlich wird, ob man ihn sich als Außenwelt oder als Traumwelt vorstellen soll. In Rezensionen hat man dieser "Heldin" und ihrer Autorin vorgeworfen, da strebe einer, mitten in der bürgerlichen Wohlstandswelt, bloß nach dem Einzelglück. Das Elend der Welt scheine ihn nicht zu bekümmern. Wer so liest, hat den Roman mißverstanden. Alle Verwirklichung des Ich scheitert gerade an den Verhältnissen, die solche erfüllten Augenblicke verhindern müssen. Schon dadurch, daß Ivan zwar Objekt des entgrenzten und damit unsozialen Gefühls bleibt, selbst aber dies Gefühl nicht erwidert und als Repräsentant der Entfremdung auftritt.

Nun ist dieser Roman nicht bloß die Geschichte einer gescheiterten Liebe, sondern eines gescheiterten Künstlertums. Die Heldin ist zweifach unsozial: als unbedingt Liebende und als Künstlerin, die noch einmal Schönheit als Kunst in die Welt bringen möchte. Auch darin scheitert sie. Das unbedingte Gefühl ist in einer Welt, die hier Wien heißt und früher Manhattan genannt wurde, die aber auch die Namen Mahagonny oder Güllen tragen könnte, ebensowenig zulässig und auch nur möglich wie das echte Kunstwerk. Dies lernt das weibliche Ich beim Titelhelden Malina, ihrem Doppelgänger. Der weibliche Teil dieses doppelten Ego repräsentiert den Anspruch auf ein sinnerfülltes Leben, worin Gefühl und Verstand zur Harmonie gelangen. Wahrheit und Schönheit miteinander im Einklang: wie bei den Klassikern. Malina als die männliche Vernunft demonstriert dem weiblichen Partner, warum das in Wien und im Heute, also in einer entfremdeten Welt, nicht möglich sein kann. So bewirkt er den Tod dieser Seele, die nicht an der eigenen Unordnung stirbt, sondern - gleich den Liebenden von Manhattan - an einer unordentlichen Welt.

Der Roman schließt mit den Worten: "Es war Mord." Wer aber sagt das? Gewiß nicht das weibliche Ich, das tödlich gebunden wurde. Auch Malina kann es nicht sagen, weil er sich damit als Mörder deklarierte. Hat die Autorin Ingeborg Bachmann ein Schlußwort gesprochen über beide: den Mann Malina und die Frau aus Klagenfurt?

Man hat nach Erscheinen dieses Romans, allzu emsig an der Autobiographie interessiert, vom Ausdruck einer "Schaffenskrise" gesprochen. Allein das Buch ist wohl eher Überwindung einer solchen Krise, wenn es die wirklich gegeben hat. Der verständige Malina war auf der Hut, er ließ sterben, komponierte aber dies Sterben zugleich. So entstand ein Kunstwerk, das kein schönes Werk werden konnte im unschönen Dasein, dessen literarischer Wert aber gerade im sehr kunstvoll dargestellten Widerspiel solcher Spannungen besteht. Ingeborg Bachmann hat keine ihrer Grundsubstanzen preisgegeben. Vorsichtig, aber planvoll zieht sie immer weitere Kreise. Zuerst war die Form des Gedichts gegeben; allein schon damals hatte sich auch Malina eingefunden: der schrieb die philosophischen Essays der Ingeborg Bachmann.

Dann kamen die ersten Versuche in erzählender Prosa. Der Bericht über die Jugend in Kärnten, die Männergeschichte "Das dreißigste Jahr" als Vorstufen

zum mann-weiblichen Dualismus des Romans "Malina". Musikalisch endet dieser Roman auf dem Vorhalt. Solange Malina da ist, wird Ingeborg Bachmann unbeirrt weiterschreiben können.
Die Weltwoche, 30.4.1971

Auf der Suche nach dem Vater

Von Günter Blöcker

In ihren Frankfurter Vorlesungen im Winter 1959/60 hat *Ingeborg Bachmann* nicht ohne programmatische Nachdrücklichkeit den Satz des französischen Kollegen René Char zitiert: "Auf den Zusammenbruch aller Beweise antwortet der Dichter mit einer Salve Zukunft." Wie kaum ein anderer deutschsprachiger Autor jener Jahre konnte sie sich dieses stolze Wort zu eigen machen. Sie selbst hatte mit einem einzigen schmalen Gedichtband - "Die gestundete Zeit"(1953) - eine solche Salve abgefeuert. Seitdem gibt es in der deutschen Literatur etwas, das, unangefochten durch veränderte Gefühlslagen, wechselnde Zeitströmungen oder herrisch sich in Szene setzende Doktrinen, eine Zukunft von immerhin beinahe zwei Jahrzehnten behauptet hat.

Dieses Etwas kann umschrieben, jedoch kaum definiert werden. Es hat die Wirklichkeit und die Ungreifbarkeit des Allerpersönlichsten, nämlich eines spezifischen Tones, der zugleich trifft und sich entzieht. Nicht zufällig spielt der Begriff der Anrufung eine entscheidende Rolle in Ingeborg Bachmanns Gedichten. Ihre Lyrik ist evokativ in doppeltem Sinne: Beschwörung der rettenden Gegenbilder inmitten des gefährdeten Lebens und Beschwörung eines imaginären Partners, die Bilder anzunehmen. Auf der einen Seite ein vibrierender lyrischer Intellekt, der sich, die Funktionen des Gefühls gleichsam mitübernehmend, in einer hochstilisierten Bildsprache auslebt; auf der anderen die fast treuherzige Aufforderung, sich dieser Metaphorik unmittelbar als eines praktikablen Mittels der Lebensbewältigung zu bedienen ("Steh ruhig auf Deck", "Seht zu, daß ihr wachbleibt", "Lösch die Lupinen") - in dieser sehr persönlichen Spannung zwischen dem Pathos der Bilder und der Vertraulichkeit des Zuspruchs lag das Unvergleichliche jener ersten Gedichte, aber, wie sich zeigen sollte, auch eine Art von fataler Endgültigkeit.

Ingeborg Bachmanns 1958 erschienener zweiter Gedichtband "Anrufung des Großen Bären" - einen dritten gibt es bis heute nicht - bot zwar glanzvolle Varianten des Erstlings, kaum aber eine Weiterentwicklung. Lag es an der Unwiederholbarkeit der Methode, lag es am möglicherweise unzureichenden Lebenszufluß - die Autorin wich mehr und mehr in benachbarte Gefilde aus: Hörspiele, Operntexte, kleine Prosa. Dennoch erwies sich die Faszination des Bachmann-Tones, über die Zeiten einer offenkundig gehemmten Produktivität hinweg, als erstaunlich dauerhaft und verhalf 1961 auch einem Erzählungsband ("Das dreißigste Jahr") zum nicht ganz verdienten Erfolg. Seitdem ist ein weiteres Jahrzehnt vergangen, das nicht viel mehr brachte als die wiederholte und dann regelmäßig widerrufene Ankündigung eines ersten Romans. Dieser Roman liegt nun, allem skeptischen Raunen zum Trotz, tatsächlich vor, vom Verlag mit einiger Feierlichkeit als "das Buch einer Beschwörung, eines Bekenntnisses, einer Leidenschaft" angezeigt.

Der Titel lautet "Malina". Womit - so wenigstens scheint es zunächst - ein Herr mittleren Alters gemeint ist, der als Beamter des Österreichischen Heeresmuseum in Wien eine etwas undurchsichtige Existenz zwischen Staatspapieren und alten Mörsern führt. Doch Malina ist mehr und gleichzeitig auch weniger. Er existiert - aber nicht als konkrete Person, sondern als ein Aspekt des den Roman erzählenden Ichs; und dieses wiederum ist weder Maske noch Kunstfigur, es ist eine in Klagenfurt geborene Dame mit blondem Haar und braunen Augen, die das Schriftstellerhandwerk betreibt, also ziemlich unverschlüsselt die Autorin in Person. Das bedeutet, daß wir den Helden nicht einfach als halluzinatorische Verdoppelung einer zwischen Autor und Gegenstand geschalteten beliebigen Erzählfigur zu verstehen haben, sondern als Abspaltung und Teil-Manifestation der Verfasserin selbst, die damit - beherzt genug - die lyrische Preisgabe zur erzählerischen Methode erhebt.

Malina ist gütig, großzügig, ausgeglichen, selbstlos und gleichzeitig von einer tödlichen Neutralität. Er ist die Inkarnation der Vater-Sehnsucht. Er hat die Strenge und Vollkommenheit des Wunsch-Vaters, den man gleichwohl nicht erträgt. Bezeichnenderweise kreist der aus Träumen montierte Mittelteil des Romans fast ausschließlich um das Vater-Tochter-Problem. Dieser Wunschprojektion, die zugleich Bedrohung ist, stellt die Autorin eine andere männliche Figur gegenüber: den Ungarn Ivan. Er ist, folgt man Ingeborg Bachmanns Intention, wohl konkreter aufzufassen als sein spirituell verdünnter Gegenspieler. Hält man sich schlicht an den ästhetischen Befund, so gibt es da allerdings kaum gravierende Unterschiede. Beide Figuren entziehen sich, nach Geisterart, der menschlichen Annäherung; beide reflektieren sie vornehmlich die Wunschvorstellungen der Erzählerin, einschließlich der gegenläufigen Ängste und Unsicherheiten. Ist Malina Beschützer, aber auch Inquisitor, so ist Ivan der unbekümmerte, freudefähige, aber auch robust auf seinem persönlichen Lebensrecht bestehende Gefährte.

Zwischen diesen beiden Polen weiblicher Sehnsüchte und des Verlangens nach weiblicher Selbstverwirklichung ließe sich ohne Frage ein Roman entwickeln - ein Roman allerdings, dessen klischeehafte Grundkonstellation einige Befürchtungen weckt. Überdenkt man, welche Fallgruben der Trivialität sich da auftun, so scheut man sich, die naheliegende Forderung nach erzählerischer Plastik und kräftiger Gegenständlichkeit zu erheben. Die oft ein wenig vorlaut ins Spiel gebrachte Behauptung, daß gewisse Dinge heute nur noch unterhalb eines vertretbaren literarischen Niveaus zu haben sind - hier träfe sie zu; und insofern hat Ingeborg Bachmann mit ihrem ganz nach innen verlagerten Erzählen eine gute Ausgangsposition. Oder könnte sie haben, wenn sie ihre Konzeption nicht allzu unkritisch als einen Freibrief für das Unbestimmte, Verwischte, das schwebende So-oder-auch-anders auffaßte. Ihr Buch sucht seine Tiefenwirkung nicht darin, daß es den Gegenstand stark und somit zugänglich für eine strahlende Vielfalt von Auslegungen

macht, sondern indem es ihn einem trüben, zugleich schwächlichen und anspruchsvollen Ungefähr aussetzt.
Damit berühren wir die Problematik aller Lyrikerprosa. Der Lyriker vertraut auf die Macht der Aussparungen. Sein Material sind nicht allein die Wörter, sondern nicht minder das, was "dazwischen-steht"; sein Reich ist das der tönenden Intervalle. Gerade Ingeborg Bachmann hat jedoch mit ihren besten Gedichten gezeigt, daß das klingende Schweigen erst da zu voller Entfaltung gelangt, wo der Autor die Haltepunkte und Stützpfeiler einer exakt wahrgenommenen und benannten Realität zu nutzen versteht. Diese Erfahrung hat sie mit wunderbarer Sicherheit auch auf verschiedene ihrer kürzeren Prosatexte ("Was ich in Rom sah und hörte", "Die blinden Passagiere") übertragen; und einige solcher Einsprengsel - wahre Kabinettstücke - finden sich auch in ihrem Roman. Ivans Kinder und das unerschöpfliche Reservoir ihrer Bubenstreiche; Wien, die Totenstadt, in der brütenden Sommerhitze; zwei in einer Bibliothek spielende Katzen, die "hart arbeiten, bis ein paar Bücher locker werden und krachend auf den Boden fallen"; eine Caféhausszene, ein bißchen sanft parodierter Gesellschaftsklatsch und der ebenso poetische wie tiefsinnige Exkurs über die Briefträger und ihre Rolle als Schicksalsbringer - überall, wo das lyrische Ich seine seismographische Qualität am Gegenstand bewährt, statt sich in der privaten Exhibition zu erschöpfen, ist die Autorin nach wie vor unantastbar. Unantastbar auch in den, dem erzählenden Text einverleibten verkappten Gedichtzeilen ("Die neuen Wintermorde sind angekommen ..."), in den gelegentlichen lyrischen Explosionen und daliesken Bildern.
Doch der Roman als literarische Großform kann davon allein nicht leben. Er kann es nicht beim Anruf und bei der produktiven Spannung zwischen Bild und Schweigen belassen, er besteht auf der Offenlegung der Bestände, er nötigt zum Aussprechen; und eben dies wird Ingeborg Bachmann über weite Strecken hin zum Verhängnis. Was im Gedicht als sinnträchtige Leerstelle seinen Platz hat, das wirkt in der erzählenden Prosa nicht selten als wortreich umhäkelter Hohlraum; und was als Ahnung und Andeutung den Zauber des Unsagbaren übt, das wird - gesagt - zur schieren Banalität. Hinzu kommt als besondere Fatalität der bereits erwähnte halluzinatorische Mittelteil mit seiner, das gesamte psychoanalytische Repertoire vom Krokodil bis zu den ausgefallenen Zähnen durchspielenden Traumsymbolik. Konkrete Irrationalität - das ist Sache der Malerei und des Gedichts. Romanprosa kann solche Prozesse nicht manifest machen, sondern bestenfalls beschreiben; und das ist, wie uns hier peinlich demonstriert wird, allemal ein ermüdendes Geschäft.
Am Ende des Buches steht die Selbst-Auflösung der Ich-Erzählerin. Was Malina, ihr anderes Ich, schon gute hundert Seiten vorher nahegelegt hatte, nämlich "alle Personen in einer Person zu vernichten", geschieht, und zwar nicht als simpler Selbstmord, sondern eben als eine Tat Malinas, des geheimen Einflüsterers. Die letzten Worte lauten: "Es war Mord." Ein Schluß, der der Verschwommenheit des Vorangegangenen nur zu gut entspricht. Die "Salve Zukunft", von der wir eingangs sprachen - wie weit liegt sie zurück. Nach Gottfried Benn steht es einem Lyriker wohl an, von Zeit zu Zeit die Neuorientierung am nichtlyrischen Versuch

zu wagen, und sei es auch nur, um etwas über die eigenen Grenzen zu erfahren. Das hat Ingeborg Bachmann, wie es ihr gutes Recht ist, getan. Aber war es notwendig, uns und das heißt: eine mit gutem Grund noch immer verehrungsbereite literarische Öffentlichkeit daran teilnehmen zu lassen?
Merkur, Jg. 25, Heft 4, April 1971, S. 395-398

Ingeborg Bachmann: Malina

Von Anonym

Ingeborg Bachmanns Lyrik hat Klassizität erlangt, ihre Erzählungen ("Das dreißigste Jahr") blieben bei der Kritik umstritten, haben aber ein relativ großes Lesepublikum erreicht. Alle gegen diese Erzählungen erhobenen Vorwürfe - Subjektivität, lyrischer Ton - könnten gegen ihr neues Prosawerk, "Malina", ebensogut, ja in noch stärkerem Maß erhoben werden; ein Roman, der so radikal vom Subjekt aus geschrieben ist, der mit solcher Intensität die Gedanken- und Empfindungswelt des erzählenden Ich ausbreitet, ist heute singulär und nicht "zeitgemäß". Aber vorwurfsvolle Kritik im angedeuteten Sinn wäre ebenso konformistisch wie, angesichts der Intensität und Unbeirrbarkeit dieses Ich-Romans, sinnlos.

Das Ich, das von sich erzählt, im Alter von Ingeborg Bachmann, in Klagenfurt geboren wie sie, in Wien lebend wie sie, identisch mit ihr in manchen biographischen Details - der vierzigjährige Malina, Schriftsteller, Staatsbeamter, mit dem die Erzählerin zusammenlebt - Ivan, ein in Wien lebender Ungar, Vater von zwei Kindern, den sie liebt: nur diese drei Figuren spielen eine wesentliche Rolle. Dabei bleibt die Figur des Ivan ziemlich undeutlich; der Roman erhellt vor allem andern die Gefühlsrichtung der Erzählerin, ihre Gefühlslage, die Absolutheit dieses bis zur Selbstaufgabe gehenden Gefühls; er zeigt sie in einem längeren Kapitel als "Glücklich mit Ivan", ohne daß viel motiviert oder auch nur konkret mitgeteilt würde. Ingeborg Bachmann schreibt hier eine eigene Art von emphatischer Prosa mit religiösen Anklängen:

"Wenn Ivan auch gewiß für mich erschaffen worden ist, so kann ich doch nie allein auf ihn Anspruch erheben. Denn er ist gekommen, um die Konsonanten wieder fest und faßlich zu machen, um die Vokale wieder zu öffnen, damit sie voll tönen ... um die ersten zerstörten Zusammenhänge wiederherzustellen und die Probleme zu erlösen ... Aber weil Ivan mich zu heilen anfängt, kann es nicht mehr ganz so schlimm sein auf Erden."

Mitunter verwandelt sich diese Prosa in Lyrik: "Ich denke an Ivan./ Ich denke an die Liebe./ An die Injektionen von Wirklichkeit./ An ihr Vorbehalten, so wenige Stunden nur ... Ich denke, daß es zu spät ist./ Es ist unheilbar. Und es ist zu spät ..."

Unheilbar und zu spät - langsam abfallend führt der Roman vom Glücklichsein mit dem kaum greifbaren, freundlichen aber nicht liebevollen, eher gleichgültigen Ivan über ein düsteres Traumkapitel zu dem Schlußteil "Von den letzten Dingen". Man muß eher erraten, als daß man es direkt erführe, wie Ivan immer gleichgültiger wird, wie die beiden sich immer seltener sehen. Spürbar ist diese Brüchigkeit und Gefährdetheit der Liebesbeziehungen von Anfang an in eingestreuten Fetzen von Telefongesprächen der beiden: "Ich heute abend?/ Nein, wenn du kannst/ Aber du bist doch/ Das schon, aber dahin will ich nicht/ Ich halte das aber für, entschuldige/ Ich sage dir doch, es ist ganz ohne/ Du gehst besser hin, denn ich habe vergessen/ Du hast also. Du bist also/ Dann bis morgen, schlaf gut!" - Die zunehmende Verdüsterung spricht sich im dunkelsten Kapitel des Buches in rätselhaften Traumvisionen der Erzählerin aus, in denen sie von ihrem Vater auf immer neue Art gequält und getötet wird. Der "Vater" verwandelt sich einmal in den "Großen Bär" (was ein neues Licht auf das frühere Gedicht "Anrufung des Großen Bären" wirft), er macht sich des Inzests schuldig, bis sich der Vater als der "Mörder" schlechthin enthüllt - eine Gestalt, die Ingeborg Bachmann zufolge weitergehende Bedeutung hat (vgl. Interview mit der Autorin, "Die Zeit" vom 9.8.1971): es werde nicht realistisch von vielen Furchtbarkeiten erzählt, sondern eine große Person übe das aus, "was die Gesellschaft ausübt". Der Eindruck ist aber doch eher der von dichterischer Psychologie, nicht von Sozialkritik. Wie ein Psychologe versucht Malina, der ruhige, geordnete, unauffällige Mann, der nun stärker in den Vordergrund tritt, die Wahn-, Angst- und Höllenfahrtphantasien in Gesprächen zu deuten.

Der Schlußteil führt über immer längere, eigentümlich gezierte Gespräche mit Malina (die Sätze der Erzählerin tragen z.T. musikalische Vortragsbezeichnungen wie "con fuoco", "forte") zu einem letzten Treffen mit Ivan, bei dem alles unausgesprochen bleibt, und zu einem doppelten Tod. "Töte ihn", fordert Malina von der Erzählerin, was ja nur heißen kann: Trenne dich innerlich von ihm, lösch sein Bild in dir aus. Dies gelingt aber nur, indem die Erzählerin sich gleichsam selbst auflöst; sie verschwindet in der Wand: "Ich habe in Ivan gelebt und sterbe in Malina." Malina bleibt allein zurück.

In diesen dunklen, über manche Strecken rätselhaften Roman, einen wahren "Nachtwald" (das Wort, Titel eines Buches von Djuna Barnes, fällt einmal) zumal in den letzten Abschnitten, sind freilich auch mehr realistische Partien eingeflochten: Briefeschreiben, Notierung des Störenden von Besuchern, ein fiktives Interview, in dem Österreich als "Totenreich" (ähnlich wie bei Thomas Bernhard) erscheint, eine Reise zu Bekannten, als Ivan allein verreist (Anlaß des Bruchs), Werbespots, allgemeine Reflexionen (etwa: die Männer als Kranke). Seinen Höhepunkt hat der Roman in utopischen Passagen ("Ein Tag wird kommen, an dem die Menschen schwarzgoldne Augen haben, sie werden die Schönheit sehen, sie werden vom Schmutz befreit sein und von jeder Last ..."), seine Fragwürdigkeit liegt nicht in der Subjektivität und in wenigen sprachlichen Ausrutschern ("Etwas Immenses ist durch ihn in mich gekommen"), sondern in der Gesamtorganisation. Das betrifft sowohl die Disparatheit der einzelnen Elemente - die ja von der Klage über Alltagsstörungen bis zum utopischen Hymnus reichen -, deren Anordnung im Ganzen zufällig wirkt, wie auch die Figurenkonstellation. Daß Malina nichts ist als ein alter ego der Erzählerin, ein zweites Ich, in dem die Realität dominiert, hat Ingeborg Bachmann inzwischen selbst bestätigt. Malina und die Erzählerin

also zusammengehörig wie "Tag und Nacht", ja noch enger: dies widerspricht sowohl der Einführung Malinas als reale Figur, es entwirklicht aber auch Ivan noch mehr: könnte nicht auch er nur eine Spiegelung von Wünschen und Ängsten der Erzählerin sein? Für Interpretationen bietet der Roman ein weites Feld - mehr Licht dürfte auf ihn fallen, wenn Ingeborg Bachmann den Plan eines Romans "Todesarten", der an diesen anschließen soll, verwirklicht hat.
Die Welt der Bücher, Folge 4, Heft 6, Juni 1971, S. 315f.

Großes Gefühl auf großem Fuß

Von Christian Gebert

"Wenn es dieses Buch geben sollte, und eines Tages wird es das geben müssen, wird man sich vor Freude auf den Boden werfen, bloß weil man eine Seite daraus gelesen hat, man wird einen Luftsprung tun, es wird einem geholfen sein, man liest weiter und beißt sich in die Hand, um vor Freude nicht aufschreien zu müssen, es ist kaum auszuhalten, und wenn man auf dem Fensterbrett sitzt und weiterliest, wirft man den Leuten auf der Straße Konfetti hinunter, damit sie erstaunt stehenbleiben, als wären sie in einen Karneval geraten, und man wirft Äpfel und Nüsse, Datteln und Feigen hinunter, als wäre Nikolaustag, man beugt sich, ganz schwindelfrei, aus dem Fenster und schreit: Hört nur, hört! schaut nur, schaut! ich habe etwas Wunderbares gelesen, darf ich es euch vorlesen, kommt näher alle, es ist zu wunderbar!"

Das Buch, aus dem diese Beschreibung der euphorischen Wirkung eines Buches, das es noch nicht geben soll, entnommen wurde, ist bereits vorhanden: der Roman "Malina", nach dem Erzählband "Das dreißigste Jahr" (1961) die zweite Prosaarbeit der als Lyrikerin bekanntgewordenen Ingeborg Bachmann.

Das existente Buch soll offensichtlich zum Teil seine Bestimmung an dem in ihm enthaltenen anderen, fiktiven, noch zu schreibenden Buch "Esultate Jubilate" haben, möglicherweise - das ist nicht genau auszumachen - im dialektischen Sinne, nämlich im Mißlingen jenes Freude spendenden Buches. "Malina" sozusagen als dessen trauriges Pendant, hat aber immerhin seit seinem Erscheinen im Frühjahr sich einen Spitzenplatz auf der Bestsellerliste erobert. Von der Wirkung auf die Leser ist mir bisher nicht bekannt, daß sie sich - mit welchen Gefühlsregungen auch immer - auf den Boden warfen oder Luftsprünge taten, auch habe ich bisher niemanden beobachten können, der nach der Lektüre mit Äpfeln oder Nüssen geworfen hätte. Von mir aber möchte ich offen bekennen, daß, hätte ich das Buch nach notwendig gewordenen wiederholten Anläufen auf dem Fensterbrett sitzend weitergelesen, ich mit Sicherheit des öfteren vor Übermüdung aus dem Fenster gefallen wäre.

"Ich freue mich jetzt eben nicht, ich habe manchmal keine Freude. Ich weiß, ich sollte mich öfter freuen", lautet die zu verallgemeinernde wörtliche Begründung des Zufalls, daß "Malina" ein trauriges Buch geworden ist, das also ebenso zufällig das freudenreiche hätte werden können, denn "... trotzdem muß ich lachen, und ich lasse das Unglück anderswo geschehen, weil hier kein Unglück ist, wo Ivan sich mit mir zum Essen setzt."

Wer oder was ist nun "Malina"?

Erstens: "Malina" ist ein "Liebesroman", sagt der Verlag, der "uns in dieser Ausschließlichkeit wieder daran erinnert, daß die, die lieben, dem Schmerz und der Verzweiflung preisgegeben sind". Warum das so ist, welches die Ursachen dieses "Schmerzes" und der "Verzweiflung" sind, erfahren wir weder aus dem Roman noch vom Verlag, nur dies: "Die Intensität, mit der Liebe sich als Anrecht behauptet, muß tödlich enden." "Hört nur, hört! Schaut nur, schaut!"

"Malina" also ist ein Trivialroman, eine Dreiecksgeschichte zwischen einer Frau ("Ich") und zwei Männern ("Ivan" und "Malina", letzterer ein Hauptname). Sie lebt in Wien, zusammen mit Malina, in der Ungargasse 6, aber sie liebt Ivan in der Ungargasse 9. Die Intensität, von der der Waschzettel spricht, ist weniger eine der Liebe, als des subjektiven Unbehagens der gefühlvollen, weiblichen Heldin, die Handlung beschränkt sich auf intensives Telefonieren in lyrischen Sätzen, auf Zigarettenrauchen, Tee- und Whiskytrinken, Tabletten, schöne und häßliche Träume, unbeantwortete Post der Schriftstellerin (sie zeichnet mit "Eine Unbekannte"), das Kokettieren mit abgesagten Verpflichtungen gegenüber einer nicht vorhandenen Gesellschaft, die doch nur mies ist.

Das Losungswort heißt Ivan. Und immer wieder "Ivan", "aber weil Ivan mich zu heilen anfängt, kann es nicht mehr ganz so schlimm sein auf Erden", "... und dann wird heimgefahren in die Ungargasse, wo jede erdenkliche Gefahr, in die zwei Menschen kommen können, vorüber ist". Und daheim sagt Ivan im besten Stile des Illustriertenromans: "... was bildest du dir ein in deinem Kopf voller Salat und Bohnen und Erbsen, dumme Prinzessin auf der Erbse."

Aber weil dies ein trauriger Liebesroman ist, zwingt der von Eifersucht freie Malina die Lebensgenossin zum Verzicht auf Ivan und vernichtet damit auch sie. Der letzte Satz des Romans: "Es war Mord."

Zweitens: "Malina" ist kein Trivialroman, weil er, obwohl recht banal, im gewichtigeren Gewande einer existentialphilosophischen Ich-Beschreibung daherkommt. "Ich", das sind nicht die anderen, das ist so etwas wie das sich lichtende Sein schlechthin, ohne daß auf das Seiende zu reflektieren wäre. Ort und Zeit, Angst und Gefühl, Leben und Tod dieses Ich sind keine konkreten Verbindlichkeiten, sondern absolute Befindlichkeiten: "'Heute' ist für die anderen bloß die Bezeichnung eines beliebigen Tages, eben für heute, ihnen ist klar, daß sie wieder nur acht Stunden zu arbeiten haben oder sich freinehmen, ein paar Wege machen werden, etwas einkaufen und jemand anrufen müssen, eine Morgen- und eine Abendzeitung lesen, einen Kaffee trinken, etwas vergessen müssen, ein Tag also, an dem etwas zu geschehen hat oder besser doch nicht zuviel geschieht. Wenn ich hingegen - 'hört nur, hört!' - 'heute' sage, fängt mein Atem unregelmäßig zu gehen an ... Nur ich fürchte, es ist 'heute', das für mich zu erregend ist, zu maßlos, zu ergreifend, und in dieser pathologischen Erregung wird bis zum letzten Augenblick für mich 'heute' sein."

"Malina" ist also ein monomanes Gebet, eine Reihung autosuggestiver Beschwörungsformeln in drei Kapiteln: "Glücklich mit Ivan", "Der dritte Mann" und

"Von letzten Dingen": "Sind Ivan und ich eine dunkle Geschichte? Nein, er nicht, ich allein bin eine dunkle Geschichte. Es fällt mir nichts mehr ein zu den Menschen, die mich umgeben." "Für mich ist nie jemand gestorben und selten lebt jemand, außer auf meiner Gedankenbühne."

Der Roman Bachmanns schildert kein Ich, das emanzipatorisch den Anspruch seiner Selbstentfaltung - und sei es in der Liebe - gegen die Gesellschaft geltend macht und durch den Konflikt möglicherweise vereinsamt, sondern die Ich-Erzählerin, objektlos im actus purus ihres "siderischen" Gefühls, wählt willkürlich Melancholie und Depression zu ihren etwas schicken Existenzmodi.

Bachmanns "Ich" hockt, gleichsam in sich verschränkt, vor dem Spiegel und übt sich in den Grimassen der Angst. Was sie, um diese zu verscheuchen, in ihrer kultivierten Isolation daherredet, sind zwischen abstrakter Intelligenz und Banalität siedelnde Sätze, die einem so einfallen, wenn man in seinen eigenen vier Wänden umhertigert, ohne sich zu kümmern, was draußen geschieht. "Wien schweigt" - für die Autorin: "Draußen lähmen uns darum die anderen Menschen, weil sie sich Rechte nehmen, weil ihnen Rechte genommen oder vorenthalten werden und weil sie ständig rechtlos gegeneinander aufbegehren. Ivan würde sagen: Die alle vergiften einander das Leben. Malina würde sagen: Die alle, mit ihren gemieteten Ansichten, bei diesen hohen Mieten, die werden teuer bezahlen."

Drittens: "Malina" ist kein Roman, sondern die selbstbeobachtende Notierung einer fortschreitenden Neurose. Denn Malina und letztlich auch Ivan, Mannsbilder im wörtlichen Sinn (ohne reale Eigenschaften) sind bloße Vorstellungen, schizoide Ableger des Ich: "Ivan und ich: die konvergierende Welt. Malina und ich, weil wir eins sind: die divergierende Welt." "Ich habe in Ivan gelebt, und ich sterbe in Malina."

Aber nicht nur wird diese Ich-Spaltung verbal auf die banalsten vulgärpsychologischen Klischees gebracht: "... auch das Männliche und das Weibliche, der Verstand (Malina) und das Gefühl (Ich), die Produktivität und die Selbstzerstörung träten auf eine merkwürdige Weise hervor"; sondern die immerhin mögliche präzise Aufzeichnung einer tödlichen Neurose, die dieser "Roman" hätte sein können, wird auch verschenkt: einmal, weil er auf die Reflexion der psychischen Ursachen verzichtet, und zum anderen den vermuteten Konflikt literarisch verbrämt. Wenn in dem mittleren Teil "Der dritte Mann", der Vater oder dessen Imago (vom Professor bis zum Krokodil) in den Angstträumen des Ich dessen wichtigsten Schutzwall, die Bibliothek, zerstört, so hat das seinen negativen Stellenwert auch in bezug auf den Roman "Malina": die sozialpsychologische Krise wird durch Literatur abgedeckt oder zumindest neutralisiert.

Auf dem Höhepunkt dieser Angstträume wird gar der "Große Siegfried" (gemeint ist offenbar der Suhrkamp-Chef) angerufen: "Und ich bin ohne Stimme. Was will der Große Siegfried? Er ruft von oben immer deutlicher: Was für ein Buch wird das sein, was wird denn dein Buch sein? Plötzlich kann ich, auf der Spitze des Poles, von dem es keine Wiederkehr gibt, schreien: Ein Buch über die Hölle. Ein Buch über die Hölle!"

Viertens: "Malina" ist ein "Buch über die Hölle", in einer guten Position auf der Bestsellerliste. Denn "Malina" ist ein höllischer "Liebesroman", der vor der "Intensität der Liebe" warnt, weil sie sonst "tödlich endet". "Malina" ist ein Roman alter und neuer Innerlichkeit zugleich, in einem stilistischen Gewande des 19. Jahrhunderts. "Malina" sind die Bekenntnisse einer schönen Seele, die uns erzählt (Seite 62-69), sie sei die nach zweitausend Jahren wiedergekehrte Prinzessin von Kagran.

"Hört nur, hört! schaut nur, schaut! ich habe etwas Wunderbares gelesen, darf ich es euch vorlesen, kommt näher alle, es ist zu wunderbar!"
Frankfurter Rundschau, 31.7.1971

Das Schizoid der Welt
Von Geno Hartlaub

In einem Fernseh-Interview hat Ingeborg Bachmann vor kurzem ihre Lyrik als etwas bezeichnet, das unlösbar mit dem Drang der Jugend nach reiner und absoluter Aussage verbunden ist. Manche jüngeren Rezensenten, die Ingeborg Bachmanns ersten Roman "Malina", der nach zehnjährigem Schweigen erschienen ist, in Tageszeitungen besprechen, scheinen die Gedichte dieser Autorin kaum mehr zu kennen, sonst würden sie diese Prosa, die der Epik fast Unmögliches abverlangt, im Zusammenhang mit der radikalen und existentialistisch bedeutenden Lyrik der Bachmann sehen. Unsere Zeit legt keinen Wert mehr auf historische Dimensionen, alles wird immer rascher Geschichte, die fünfziger Jahre sind schon äonenweit entfernt, und man ist nicht mehr an Kontinuität im Werk und Leben eines Schriftstellers gewöhnt. Ingeborg Bachmann, überanstrengt durch ihre thematisch extremen und formal vollkommenen Gedichte (die freilich den Jüngeren schon zu feierlich und pathetisch im Sinne der Tradition erscheinen), galt als verstummt. Daß sie nun mit einem Roman herausgekommen ist - dem ersten einer ganzen Serie nach Auskunft der Autorin -, gilt im Literaturbetrieb mit seinen rasch versprühenden Feuerwerks-Sensationen schon als ein come back.

Thema und Schreibweise von "Malina" beweisen zunächst, daß Ingeborg Bachmann dem Gesetz treu geblieben ist, nach dem sie angetreten. Sie nimmt Stellung gegen die von der Soziologie beeinflußte Dokumentar-Literatur, gegen die literarische Mode, die Gesellschaft um jeden Preis verändern und das Bewußtsein erweitern zu wollen. Ihr emotionaler Widerstand gegen das Gesellschaftliche und die klassenkämpferische Pose der jungen Neomarxisten macht sich sogar gelegentlich störend bemerkbar, so in dem Interview mit dem naßforschen Herrn Mühlbauer, Redakteur einer Wiener Abendzeitung, der sich durch wohlgezielte Fragen in das einzudrängen versucht, was man heute die Intimsphäre nennt. Solche zeitkritischen Passagen, wie auch die gesellschaftskritische Auseinandersetzung mit dem modischen Gerede der Altenwyls im Salzkammergut, gehören nicht zu den stärksten Kapiteln dieses Romans mit seiner Introversion und seinen Tiefendimensionen.

"Das Buch handelt von nichts anderem als von Liebe", verkündet der Klappentext. Es handelt von der Auferstehung aus dem "krisenfesten Elend" von Schwermut und Schlaflosigkeit, von Krankheit und Todesbereitschaft, könnte man besser sagen. Ivan, der Liebhaber, der die Erzählerin durch "Injektionen von Wirklichkeit" aus ihrer Lebenskrise erlöst, trägt trotz realistischen Alltäglichkeiten die Züge eines Heilsbringers in einem pseudoreligiösen Sinne. Aus diesem Grund wird die Sprache, wenn von ihm die Rede ist, oft stammelnd und euphorisch im Sinne apokalyptischen Schrifttums. Es handelt sich hier allerdings um eine Erlösung ohne Zuhilfenahme jenseitig-christlicher Aspekte.

Ähnlich wie Malina (der zweite, mehr der Ratio zugetane Partner und Lebensgefährte der Erzählerin) ist auch Ivan eine Abspaltung, ein alter ego. Dieser Liebhaber beklagt sich über die absolute Hingabe seiner Geliebten, die sich an keine menschlichen Spielregeln hält. Ivan bedeutet für die Erzählerin die zweite Schöpfung der Welt. Um ihn kreisen alle Gedanken und Gefühle, er macht alle Dinge neu. "Es kommt mir seltsam vor, sagt die Erzählerin, daß die Medizin, die sich für eine Wissenschaft und eine rapid fortschreitende hält, nichts von diesem Vorkommnis weiß: daß hier, in diesem Umkreis, wo ich bin, der Schmerz im Abnehmen ist, zwischen der Ungargasse 6 und 9, daß die Unglücke weniger werden, der Krebs und der Tumor, das Asthma und der Infarkt, die Fieber, Infektionen und Zusammenbrüche, sogar die Kopfschmerzen und die Wetterfühligkeit sind abgeschwächt, und ich frage mich, ob es nicht meine Pflicht sei, die Wissenschaftler zu informieren von diesem einfachen Mittel, damit die Forschung einen großen Sprung vorwärts tun könnte, die meint, alle Übel mit immer raffinierteren Medikamenten und Behandlungen bekämpfen zu können. Hier ist auch die zitternde Nervosität, die Hochspannung, die über dieser Stadt ist, und vermutlich überall, fast beruhigt, und die Schizothymie, das Schizoid der Welt, ihr wahnsinniger, sich weitender Spalt, schließt sich unmerklich."

Die Objektivierung der subjektiven Erfahrung ist durchaus ernstgemeint. Der Spalt, der sich durch Ivan schließt, klafft am Schluß des Buches wieder auseinander, das Schizoid der Welt läßt sich auf die Dauer nicht heilen, weil oder obgleich Ivan zum Universalmittel gegen alle Übel dieser Welt, "gegen die Verderbnis und das Reguläre, gegen das Leben und gegen den Tod, gegen den zufälligen Verlauf, all diese Drohungen aus dem Radio, all die Schlagzeilen der Zeitungen" gemacht wird. "Wenn Ivan auch gewiß für mich erschaffen worden ist", heißt es in einem wahnhaften Anfall der Besitzergreifung, "so kann ich doch nie allein auf ihn Anspruch erheben. Denn er ist gekommen, um die Konsonanten wieder fest und faßlich zu machen, um die Vokale wieder zu öffnen, damit sie voll tönen". Ein Heiland, dieser Ivan; die Ich-Erzählerin verhält sich wie seine Jüngerin, wie die Prophetin eines neuen Zeitalters, die hinfort nur noch lesen und schreiben will, was Ivan verlangt; sie will eine Freudenmauer anstelle der Klagemauer bauen, um Ivan zu dienen.

Glück ist bekanntlich unendlich viel schwieriger überzeugend darzustellen als Leid. Aus diesem Grund bekommt die Sprache der Bachmann etwas auf der Stelle Tretendes, monoton Wiederholendes, wenn sie die neue Ivan-Lehre predigt. Die Epik kann ohne Beschreibungen der Außenwelt nicht auskommen. Sogar die monologische Prosa von Joyce oder Beckett verzichtet nicht auf atmosphärische Details aus Umwelt und Alltag. Diese Autoren kennen nicht Ingeborg Bachmanns Reinheits-Postulat, durch das die Sprache, die das Neue "setzt" statt es zu umschreiben, manchmal hilflos, arm und eintönig wirkt. Das gilt auch für die unterbrochenen und angefangenen Sätze der Telefon-Unterhaltungen zwischen den Liebenden, die der Lyrik der frühen Bachmann nicht standhalten können. Das gilt ebenso von der kontrapunktisch gegenläufigen Binnenerzählung "Die Prinzessin von Kagran", deren Todesverklärung nicht "neu" genug geschildert wird, so daß man an traditionellen Märchenton denken muß.

In mehrfacher Hinsicht interessant, auch für das zukünftige Werk der Autorin, ist die Stelle, in der Ivan, sonst völlig gleichgültig gegenüber Beruf und Berufung der Geliebten, einige Manuskriptblätter in deren Wohnung findet mit Fragmenten von Aufzeichnungen, die den Titel "Drei Mörder" oder "Todesarten" tragen. Die Erzählerin schreibt diese Texte nicht weiter, weil Ivan ihr verbietet, Trauriges zu lesen oder zu erfinden. Das intellektuelle und das gelehrte Ich fallen der neuen Glücks-Religion zum Opfer. Erstaunt ersinnt sich die Erzählerin ihrer einsamen, dem Geist geweihten Vergangenheit. Sie will statt der philosophischen Werke Kochbücher kaufen, um ihre leibliche Existenz zu feiern. "Wozu dient mir das jetzt, wenn ich es nicht brauchen kann für Ivan. Die 'Kritik der reinen Vernunft' gelesen, bei 60 Watt in der Beatrixgasse, Locke, Leibniz und Hume, in der Düsternis der Nationalbibliothek unter den kleinen Lämpchen, von den Vorsokratikern bis zu 'Das Sein und das Nichts' mich durch alle Begriffe aus allen Zeiten betört, Kafka, Rimbaud und Blake gelesen bei 25 Watt in einem Hotel in Paris, Freud, Adler und Jung gelesen bei 360 Watt in einer einsamen Berliner Straße, zu den leisen Umdrehungen der Chopin-Etüden, eine flammende Rede über die Enteignung des geistigen Eigentums studiert an einem Strand bei Genua, das Papier voller Salzflecken und von der Sonne verbogen, in drei Wochen 'La Comédie humaine' bei mittelhohem Fieber gelesen, geschwächt von den Antibiotika." Der Gelehrsamkeit wird abgeschworen, die Ich-Erzählerin hat ein echtes Bekehrungserlebnis, vergleichbar mit der Verwandlung von Saulus in Paulus, oder der Wende des heidnischen Augustin, als ihm ein Engel das heilige Buch mit der Aufforderung "tene, lege" hinhielt.

Aber im Laufe der "Handlung" tritt Ivan, der Vertreter der irdischen Liebe, gegenüber Malina, dem Repräsentanten des geistigen Ich, zurück. Ivan hat Kinder aus einer geschiedenen Ehe, er kann sich nicht mehr ausschließlich der Geliebten widmen. Irritationen kommen zwischen den beiden auf, die Harmonie trübt sich. Malina gewinnt seine alte Machtstellung zurück, er sorgt zwar für innere und äußere Ordnung, aber er kann die schweren psychischen Krisen, an denen das weibliche Ich langsam und sicher zugrundegeht, nicht heilen. Der Mittelteil des Romans wird beherrscht von Protokollen von Träumen, in denen eine negative Vaterfigur die Träumerin in immer neue Gefangenschaften zwingt. Diese Traumprotokolle scheinen einer psychoanalytischen Behandlung zu entstammen; sie sind nicht genügend verklammert mit der Komposition des Romans. Auch hier fällt eine gewisse Schwäche der Erfindung und der sprachlichen Gestaltung auf; die

Träume wiederholen in sich das gleiche Leitmotiv, die Vaterbindung, von der es keine Rettung durch geschwisterliche oder erotische Lebensgefährten gibt. Der dritte Teil des Romans ist dem sich wieder weitenden Spalt im Schizoid der Welt gewidmet. Die Erzählerin fällt in ihre alten Leiden zurück. Ivan verläßt die Szene, Malina als Mentor ist nicht stark genug, um ihn zu ersetzen. Bei dieser Gestalt muß man an Brechts Stück "Der gute Mensch von Sezuan" denken, in dem der gütigen Hetäre gleichfalls ein zweites rationaleres und "härteres" Ich in der Person des Vetters gegenübergestellt wird. Allerdings handelt es sich bei Brecht um gesellschaftliche Verhältnisse, die verändert oder jedenfalls beeinflußt werden sollen. "Malina" hat fast gar nichts mit der Gesellschaft, dafür sehr viel mit Tiefenpsychologie zu tun.

Der Schluß des Buches mit dem Selbstmord der Erzählerin oder dem Mord an ihr, bekommt wieder etwas von der Großartigkeit des Negativen. Die Glücksreligion hat nicht über den existenzialistischen Nihilismus, einer der Grundpositionen der fünfziger Jahre, gesiegt. Erschütternd sind die letzten Zwiegespräche mit Malina, hier kommt die musikalische Komposition des Buches deutlich zum Vorschein, man merkt auch die Nähe zu Lyrik und Hörspiel in der sprachlichen Form.

Echt Bachmann, kurz, rigoros, sind die verschiedenen Briefanfänge an den Rechtsanwalt mit den vergeblichen Versuchen, "in extremis" Ordnung in ein abgerissenes Leben zu bringen. "Meine Situation", schreibt die Erzählerin, "ist eine völlig unhaltbare geworden, sie war vielleicht überhaupt nie haltbar. Es soll zuletzt aber noch heißen: Es war nicht Herr Malina, es war auch nicht Ivan, ein Name, der Ihnen nichts sagt." Diese Verneinung läßt sich aus dem Werk Ingeborg Bachmanns auch nach der Lektüre dieses "positiven" Romans nicht wegdenken. Die Autorin sollte ihren Lesern die von Ivan abgelehnten Prosafragmente "Drei Mörder" und "Todesarten" nicht vorenthalten. Die Thematik der Todesnähe alles Irdischen ist ihr näher als der monotone Lobgesang des menschlichen Glücks.
Frankfurter Hefte, Jg. 26, Heft 7, Juli 1971, S. 561f.

Malina

Von (Werner) W(e)b(er)

Was ist Ingeborg Bachmanns Erzählen im Roman "Malina"? Ein einziges Erkunden von Verletzungen; ein Befragen aller Möglichkeiten zwischen Ich und Du. Es scheint, als würden Episoden gereiht; dann erweist sich jede Episode so sehr als zur Hauptsache gehörig, daß sie selber der Beiläufigkeit entgeht und hauptsächlich wird.

Die Episode auf der Brücke; Ingeborg Bachmann erzählt (ein Mädchen, sechsjährig, die Schultasche auf dem Rücken, ist unterwegs): "In einer Großaufnahme steht die kleine Glanbrücke da ... diese mittäglich übersonnte Brücke mit den zwei kleinen Buben, die auch ihre Schultaschen auf dem Rücken hatten, und der ältere, mindestens zwei Jahre älter als ich, rief: Du, du da, komm her, ich geb dir etwas! Die Worte sind nicht vergessen, auch nicht das Bubengesicht, der wichtige erste Anruf, nicht meine erste wilde Freude, das Stehenbleiben, Zögern, und auf dieser Brücke der erste Schritt auf einen anderen zu, und gleich darauf das Klatschen einer harten Hand ins Gesicht: Da, du, jetzt hast du es! Es war der erste Schlag in mein Gesicht und das erste Bewußtsein von der tiefen Befriedigung eines anderen, zu schlagen. Die erste Erkenntnis des Schmerzes." Damals sei "Ich", der junge Mensch, zum erstenmal "unter Menschen gefallen". Da habe es angefangen. Was? Der Anruf des Gegenüber; das Hingehen zum Gegenüber; Erkanntwerden und Erkennen; Täuschung und Enttäuschung; Vertrauen und Betrug; Ich auf der Suche nach dem Du, hoffnungsvoll, hoffnungslos.

Anschließend an die Episode auf der Brücke jene Episode an Bord des Schiffs "Rotterdam", viele Jahre später, auf dem Meer zwischen Amerika und Europa. Bei solchen Fahrten werden die Geburtstage der Passagiere gefeiert ("happy birthday", Torte und so weiter); manchmal fallen die Geburtstage mehrerer Passagiere auf ein und denselben Tag. Nicht so jetzt, bei dem "Ich", das hier unterwegs ist: "... niemand sonst, ich schnitt rasch die Torte an, verteilte sie ... und ich lief zurück in die Kabine und sperrte mich ein." Weiter: "Es war nicht auf der Glanbrücke ... es war auch nicht auf dem Atlantik in der Nacht. Ich fuhr nur durch diese Nacht, betrunken, der untersten Nacht entgegen." Wenige Zeilen später steht zum erstenmal der Name "Venedig" da; der Name wird oft wiederkehren, "Venedig". Man denkt "Tod in Venedig", unbegründet, aber nicht grundlos; denn der Text ist auf Nekyia gestimmt, auf Fahrt in die Unterwelt. Ingeborg Bachmann versetzt dann das "Ich" in eine Legende und schiebt diese Legende ein unter dem Titel "Die Geheimnisse der Prinzessin von Kagran". Und da steht: "... sie war in der Region des Flusses, wo er ins Totenreich führt ..." Man wird das nicht mehr vergessen ... und wird danach, ein paar hundert Seiten später, im Text eine knappe Bemerkung nicht leicht nehmen. Diese: Eine Münze rolle nicht das Problem des Geldverkehrs auf, sondern (sagt das "Ich"): "... ich habe plötzlich einen Schilling im Mund, leicht, kalt, rund, einen störenden Schilling zum Ausspucken." Einen Schilling im Mund, die Münze im Mund; wir erinnern uns an Charon, an den Fährmann, welcher die Schatten der Toten über die Styx zur Unterwelt bringt - den Lohn für den Fährmann, den Obolos, legte man den Toten in den Mund. Jetzt verliert auch diese Notiz alles Beiläufige: "Ich sitze allein zu Hause und ziehe ein Blatt in die Maschine, tippe gedankenlos: Der Tod wird kommen." Jener erste Schlag ins Gesicht; Täuschung und Enttäuschung im Treffen von Ich und Du; Vertrauen und Betrug - es ist ein Stören der Liebe; Liebe vom Zweifel angegriffen; Abschwinden der Liebe. Und das ist soviel wie Heranwachsen des Todes; "der Tod wird kommen". Das Suchen des Du ist soviel wie Angehen gegen den Tod; das Erlangen des Du wäre soviel wie überwundener Tod.

Wie erzählt Ingeborg Bachmann dies alles? Mit jedem Mittel. Sie singt betörend schön in Sprache; sie redet kurz und trocken; macht Sätze, bündig wie Rezepte; sie redet gefühlstark, bis zum Grad, wo einen die Stärke bestürzt, geniert. Sie redet kühl, mit einem Lachen, das nur aus dem Kopf kommt. Diese Prosa ist einem scharf kontrollierten Wechsel der Ton-Arten, der Gang-Arten ausgesetzt;

Reden aus variierender Distanz; naiv, gewitzt, fühlig, ironisch. So verfügt Ingeborg Bachmann über die Möglichkeiten des Instruments "Sprache"; sie gebietet darüber: weiß in jedem Augenblick ihres Schreibens, was sie tut, und vergißt zu keinem späteren Zeitpunkt, was sie einmal getan hat. Diese Prosa ist voller Assonanzen, voller Reprisen. Sind es Reprisen? Es sind Verwandlungen, Erprobungen von Wörtern, von Worten, geleistet im Grenzfeld zwischen dem Noch-Möglichen und dem Nicht-mehr-Möglichen von Wach- und Traumreden, von Entrückung und Entgeisterung: "Feuervögel". Azurritte. Tauchende Flammen. "Jadetropfen" - unmittelbar daran anschließend: "Sehr geehrter Herr Ganz". Ingeborg Bachmann denkt singend und singt denkend; Spruch in Melodie, Melodie in Spruch. In allem, was sie schreibt, ist offen oder verborgen die scharfe Intelligenz dabei; und alles sieht aus, als ob sich die Intelligenz selber nicht wahrhaben wolle. Von dem "Ich" des Buches "Malina" heißt es: "... ich habe keinen Orientierungssinn heute, dafür ein summa cum laude, obwohl ich immer aussehe, als wäre ich durchgefallen ..."

Ist Ingeborg Bachmann dieses "Ich", das sich im "Malina"-Buch erzählt? Der Anschein des Autobiographischen gehört zu den Listen dieses Buchs. Es geht nicht um Ingeborg Bachmann; es geht um "Ich", um den Menschen unterwegs. Das heißt: unterwegs zum Du. Das heißt: unterwegs zur wahren Anrede, zum Wort, das so träfe, daß es nicht beleidigen, sondern retten würde. Wir lesen: "Gewiß haben Sie noch nie über das Du, mit dem Sie so leichtfertig umgehen, nachgedacht, auch nicht, warum ich Ihnen ein paar Leichen auf Ihrem Weg eher nachsehen kann als die Anwendung der fortwährenden Tortur, die aus einem Dusagen, Dudenken besteht ..." Das so redende "Ich" erkundet für sich selber das Dusagen, das Dudenken. Es ist ein Erkunden des Weges zum Andern; ein Erkunden der Sprache, welche nicht nur in sich taugen, sondern den Weg zum Andern erfüllen könnte. Es ist das Erkunden eines unendlichen Raumes. Dazu sagt das "Ich": "... immer entgeht mir etwas, aber inwendig, wenn ich diesen unendlichen Raum exploriere, der in mir ist ..." Und es sagt: "... Nicht das Älterwerden verwundert mich, sondern die Unbekannte, die auf eine Unbekannte folgen wird ... Ich weiß nur, daß ich nicht mehr bin, wie ich früher war, mir um kein Haar bekannter, mir um nichts näher ..." Das Du finden, würde heißen: sich selber finden.

Das Explorieren jenes unendlichen Raums setzt die Vergegenwärtigung des Endlichen voraus: Zitieren des Erfahrenen, um das Noch-nicht-Erfahrene, das Ganze, das Vollkommene aus den so zusammengerufenen Vorläufigkeiten zu erlösen. Um die Redensarten zu überwinden und zum Reden zu kommen. Das Zitat in Ingeborg Bachmanns "Malina"-Buch ist ein Aufrufen von Mensch-Stationen; ein Wahrnehmen von Nachbarschaften so im Sinne: da ist einer gewesen und hat erfahren, erlitten, was du erfährst und erleidest. Ingeborg Bachmann zitiert bald auffällig, bald verborgen und auch wieder so verheimlicht, daß dann das Zitat unbemerkt im Text vorbeigehn könnte. Und in ihren Zitaten ist wieder das Spiel zwischen Lächeln, Schalk, Ruhe und lastendem Ernst. Da steht: "... ja, aber, man muß doch eine Contenance haben ..." Dazu sind uns die Stichwörter "Antoinette" gegeben und "Altenwyl" - und wir hören die Antoinette in Hofmannsthals

Lustspiel "Der Schwierige": "... Lenkts mich doch ab von mir! Sonst verlier ich ja meine ganz Contenance ..." Und da steht: "... bei uns ist es nicht nur der Übermut der Ämter, der uns um einen Rest von Scham bringt ..." - wir hören Hamlet in seinem Vorsichhinreden "To be or not to be" die Wendung brauchen: "the insolence of office", "Übermut der Ämter". Da steht: "Ein Tag wird kommen ..." - wir hören aus der Ilias das "essetai hémes ...", das "Einst wird kommen der Tag, da die heilige Ilias hinsinkt". Da steht: "... ich weine bitterlich ..." - wir hören den Bericht des Matthäus über die Leugnung des Petrus: "Ich kenne den Menschen nicht. Und alsbald krähte der Hahn. Da dachte Petrus an die Worte Jesu, da er zu ihm sagte: Ehe der Hahn krähen wird, wirst du mich dreimal verleugnen. Und ging hinaus und weinte bitterlich."

Dort der Schlag ins Gesicht; dort das verfehlte Anreden; dort das Preisgeben, das Verlieren des andern durch falsches Sprechen - Abschwinden der Liebe, Anwachsen des Verhängnisses. Und nun sehen wir, daß all dies ins Menschen-Verhängnis überhaupt gebunden ist; man kann sagen: in die Leugnungen des Petrus (verstanden als ein Zeichen des Verhängnisses überhaupt). bei Ingeborg Bachmann wird das nicht nur durch Sprache erzählt; es wird an der Sprache erzählt, an der Sprache gezeigt. Die "Malina"-Sprache ist von solchem Verhängnis geformt.

Wir haben nicht von Malina gesprochen; nicht von Ivan; nicht von den Kindern Béla und András; nicht von Wien. Nur vom "Ich". Dieses "Ich" steht zwischen dem Manne Malina und dem andern Manne Ivan. Und es sagt, sich selber deutend: "... ich brauche mein Doppelleben, mein Ivanleben und mein Malinafeld, ich kann nicht sein, wo Ivan nicht ist, aber ebensowenig kann ich heimkommen, wenn Malina nicht da ist." So ist auch das, was man (lächerlich) eine "Dreiecksgeschichte" genannt hat - so gehört auch dieser Anschein zu den Listen des "Malina"-Buchs. Es ist kein Dreiecksgeschichte-Buch. Es ist das Buch des "Ichs" - des "Ichs", das zwischen Aufruhr (zeichenhaft in der Fühlung mit Ivan, dem Geliebten) und Gleichmut (zeichenhaft in Malina, dem Gefährten) eben jenes Verhängnis erkundet, in welchem der Mensch das Ganze, das Vollkommene wohl zu erahnen, doch nicht zu erlangen vermag. Das Unterwegs des Menschen: gezeichnet vom Tod; Weg als Nekyia - Fahrt in die Gegend, Fahrt in der Gegend der Schatten.
Neue Zürcher Zeitung, 22.8.1971

Die kahle Sängerin

Von Michael Springer

Bachmann tat sich ursprünglich als Lyrikerin hervor: das hat ein Aufatmen zur Folge: "Dieser Gedichtband" (Anrufung des Großen Bären) "trägt ... dazu bei, die These der 'zertrümmerten' Literatur zu widerlegen." (Siegfried Unseld, Klappentext.) Bachmann ist tatsächlich groß im Kitten. Aus den Töpfen und Tigeln, die auf dem hohen Bord der lyrischen Tradition stehen, holt sie vom Grund die Reste und mixt ein lyrisches Bindemittel. Das Lyrische an diesem Kitt sind die fehlenden Bestandteile: Konsequent läßt sie im Gedicht die Stadt, die Maschinenwelt, den Arbeiter unter den Schreibtisch fallen und singt von der Kindheit auf dem Lande, von Burgen, Feen und Bauern. Erwähnt Bachmann einmal die Maschine, so nur dazu, einen etwas fragwürdigen Nexus zwischen ihr und einem Altern ohne Haarsorgen zu konstatieren: "Mein Haar wird nicht weiß, denn ich kroch aus dem Schoß von Maschinen ..."(Anrufung, 28). Selten kommt das lyrische Ich in die Stadt, Gott sei Dank: es käme zum Massenmord: "Aber ich, der Häuptling schritt durch die Stadt/ von zehnmal hunderttausend Seelen" (ca. 1 Million Ew.) "und mein Fuß/ trat auf die Seelenasseln unterm Lederhimmel", d.h. Stadtbewohner. Da sich dieses poetische Trampeltier aber "Engelsruhe ... und Jagdgründe, voll vom ohnmächtigen Geschrei/ meiner Freunde" wünscht, brauchen die Städter einstweilen keine Angst zu haben: Engelsruhig verharrt Bachmann auf dem Lande der Poesie und in den ewigen lyrischen Jagdgründen, wo sie nach Worten hascht, ist ihr das "ohnmächtige Geschrei ihrer Freunde", der Kulturagenten und Kunstkunden, hoffentlich laut genug.

Der Rückfall in den idyllischen Zustand einer magischen, trollhaften Naturverbundenheit, den eine konventionelle Auffassung für lyrisch nimmt, erfolgt bei Bachmann derart abrupt, daß ihr unfreiwillig Zeilen von hoher Komik gelingen. Die aus dem Deutschunterricht bekannte "belebte Beschreibung", die lernbare Fertigkeit, Naturvorgänge zu vermenschlichen, schlägt ihr Purzelbäume: "Der Schierling bechert gern." - "Der Skorpion tanzt an" - "Der Maulwurf schläft zu lang" - "Der Fisch errötet, überholt den Schwarm und stürzt ... ins Korallenbett" - "Zur Silbersandmusik tanzt scheu der Skorpion" - "Der Käfer riecht die Herrlichste von weit" - "So arglos tritt die Schnecke aus dem Haus!" - "Ein Stein weiß einen andern zu erweichen!" - "Die Welle nimmt die Welle an der Hand" usw. (aus: Anrufung). Bachmanns Tierleben hat die kitschige Komik einer "Silly Symphony" von Walt Disney.

Etwa um das Jahr 1960 beging sie vorerst einige Erzählungen. Ihre Vorstellung von Prosa ist ebenso konventionell wie die von Lyrik: Von gräulichen, lustlosen Leuten muß die Rede sein, die an Langeweile, Entschlußlosigkeit und sonstigen Lähmungserscheinungen leiden; sie verfügen über Geld und können sich an der passenden Stelle längere Aufenthalte im Ausland ins Gedächtnis rufen. Sie treten leise auf und werden schon bei kleinen Anlässen sehr traurig. Damit der Leser glauben darf, nicht umsonst zu lesen, wird etwa die Hoffnung auf einen lesbischen Akt oder gar einen Mord geweckt und unendlich vorsichtig wieder zerredet, werden immerfort altklug Lebenshilfen gewährt: "Man will nämlich nach Hause, wenn man sich sterben fühlt" - "Das wenigste ist da, um uns einzuleuchten" - "Und eines Tages stellt den Kindern niemand mehr ein Zeugnis aus, und sie können gehen. Sie werden aufgefordert ins Leben zu treten." Ja, ja, die Sprache ist das Haus des Seins, und aus den Fenstern von Bachmanns Wohnung hat man einen schönen Blick auf den Gemeinplatz. "Keine neue Welt ohne neue Sprache", sagt die Bachmann und läßt alle beide beim alten.

Bachmanns neuer Roman rangiert in den Bestsellerlisten gleich hinter "Love

Story" und ist deren schwarzes Spiegelbild. Das erste Kapitel heißt "Glücklich mit Ivan", schildert aber leider keine Liebeshändel aus der Besatzungszeit, sondern blutlose Gespräche und Telefonate mit einem sehr gepflegten Ungarn. Das zweite Kapitel heißt "Der dritte Mann" und enthüllt die "Geheimnisse der Prinzessin von Kagran", einer Märchenfigur von Bachmanns Gnaden, die über mehrere Seiten im Kursivdruck einen Rappen reitet. Sodann wird die Andeutung, die Erzählerin sei vom eigenen Vater brutal beschlafen worden, gemacht und bald wieder zart zurückgezogen. Das dritte Kapitel handelt "Von letzten Dingen" und schildert unter anderem, wie die Erzählerin im Blauen Salon des Wiener Nobelhotels Sacher speist; sie gerät dabei in platzangstähnliche Zustände; das ist derart verständlich, daß man fragen muß: warum geht sie ins Sacher? Zum Schluß begibt sie sich in eine Mauer ihrer Wohnung und verkündet von dort aus ihre letzten Worte: "Es war Mord."

Es steht außer Zweifel, daß die Art von Privathölle, in der die Hauptfigur von "Malina" lebt, für die meisten gutbürgerlichen Ehefrauen Wirklichkeit ist. Diesen Zustand jedoch so zu schildern, als sei er eine unabänderliche und sogar ästhetisch interessante Verdammnis - immerhin wird außer Crêpes surprise auch Pierrot Lunaire von Schönberg bemüht -, ist nicht nur ein ästhetisches Verbrechen. Hier wird geschildert, wie eine Frau zwischen den tadellosen Manieren und dem bewunderten Taktgefühl zweier Männer aufgerieben wird. Wer dabei mit keinem Wort die bürgerliche Lebensweise und die Manieren und Manien, mit denen sie die Frau einsperrt, in Frage stellt, der macht sich der Beihilfe schuldig. "Es war Mord", das stimmt; mitschuld ist die Bachmann. Wie soll sich eine alternde Frau, die taktvoll und manierlich vom Gatten weggesperrt und vom Liebhaber sitzengelassen wird, taktvoll und manierlich wehren können?

Wem ist geholfen, wenn gezeigt wird, daß es so nicht geht und wenn es auf eine Art gezeigt wird, die ein Sterben in fragwürdiger Schönheit als unvermeidliches Ergebnis einer Verstrickung darstellt - als Tragödie? Das "Erbarmen mit den Frauen" ist ein beliebtes Thema für Herrenabende. Furcht und Mitleid erzeugt die Tragödie zu dem Zweck, sie abzuführen. Zu zeigen, wie eine alternde Frau sich listig, taktlos und unmanierlich gegen zwei korrekte männliche Memmen zur Wehr setzt - das hätte einen Roman gegeben: einen befreienden, lehrreichen und in jedem Falle lustigen. Aber Bachmann lechzt nach traurigen Geschichten mit tödlichem Ausgang in den besten Kreisen. Bei ihr wird keine Krawatte gelockert, kein Witz gewagt, und über die Geheimnisse der Liebe breitet sich ein prüdes Schweigen. Der intimste Kontakt, den sie ihren Figuren vor den Augen des Lesers erlaubt, ist die telefonische Verbindung.

"Wer seines Betts Geheimnis preisgibt, verwirkt sich alle Liebe", dichtet Bachmann. Ganz im Gegenteil: Der Zusammenhang von falsch verstandenem Takt und seelischem Elend hat sich seit 1900 von Wien aus um die Welt herumgesprochen. Aber so wenig Bachmann lustig sein kann, so sehr verschweigt sie die Lust. Das läßt ihr nur den perversen Gusto im Bewußtsein von Verklemmten ihresgleichen herumzustochern. Wem ist damit geholfen? Dem Kulturbetrieb natürlich. Durch geeignete Verpackung wird auch aus einer Anti-Love-Story ein

Bestseller; die besseren Kreise goutieren das Bittere; durch Kontrastwirkung versüßt es das schale Leben. Erstaunt nimmt man zur Kenntnis, daß selbst aus dem "post-histoire" des auf ewig wiederholten Konsum reduzierten Weibchens, das sich daheim mit Parfüm und Lyrik für den Mann schön macht, der es aushält, noch eine Geschichte machen läßt. Freilich verkommt dabei die ganze Kunst zu der, auf einer Glatze Locken zu drehen: Der Kulturbetrieb setzt dem nackten Elend der privilegierten Frau die Perücke auf. Ist sie Künstlerin, so bedeutet das, aus einer kahlen Sängerin die "Undine vom Dienst" zu machen.
Konkret, Jg. 17, Nr. 21, 7.10.1971, S. 60

Legende einer Frau, die es nie gegeben hat
Von Andrea Schiffner

"Malina", Seite 61, "... und verstecken könnte ich mich in der Legende einer Frau, die es nie gegeben hat." - Legende, die erzählt von einem inneren Zustand, der als individuelle Erfahrung möglich ist und wäre, jederzeit, zu einer bestimmten Zeit, vielleicht auch nur ein einziges Mal oder nur in Randerscheinungen, vielleicht in der ganzen Unerträglichkeit seines Über-Ausmaßes - vielleicht gesetzt als bloße Fiktion?

Es war im letzten Sommer in Wien. Es war auf der Terrasse des Café Landtmann (in Wien spielt "Malina", in diesem Café spielt eine Szene des Buches). Ich sitze Ingeborg Bachmann gegenüber. Sie sagt, "Malina", der Roman, sei als Trilogie geplant. Die Schlußkapitel liegen lange fertig, fügt sie an.

Das Azurblau ihres bis zu den Knöcheln reichenden Kleides leuchtet in der Sonne. Spürbar im Licht die Harmonie ihres leicht gebräunten Teints, ihrer großen dunkelbraunen Augen zum Blondton ihres Haares, das halblang und glatt geschnitten ist. Etwas Mädchenhaftes liegt über der Person dieser Autorin, deren Lächeln nie ganz den Ernst verliert. Die Hand unter den leicht geneigten Kopf stützend - diese Geste der Nachdenklichkeit ist nach einem Lachen sofort wieder da.

Vor vier Jahren im Sommer habe sie mit der Niederschrift des Romans begonnen, Arbeitstitel: Todesarten. Das Ende habe sie zuerst gekannt, dann sei die Arbeit ein Zurückspulen gewesen zum Anfang hin, von dem ausgehend die Art der Entwicklung den Schluß dann plötzlich vorausgesetzt habe. Zu "Malina" sagt der Werbetext des Verlags: "Das Buch handelt von nichts anderem als von Liebe." Ingeborg Bachmanns Arbeitstitel sagt mehr.

Stellen wir also Fragen beim Lesen - und stellen wir diese Fragen Ingeborg Bachmann. Wie das Gespräch sich ergab? Es könnte eingesetzt haben mit der Feststellung: "Hier in Deutschland wirken Sie selbst wie eine Legende. Viele, die zu Ihren Lesungen aus ihrem Roman kommen, sprechen noch heute von ihrer letzten Lesereise vor zehn Jahren, von ihren Gedichten, die in unseren Schulbüchern stehen, und von der Erzählung 'Das dreißigste Jahr'." Ingeborg Bachmann, filterlose Gitanes rauchend, lächelt ihr scheues Lächeln. Wir sitzen in einem ländlichen Gasthof. Am späten Abend nach einer ihrer Lesungen aus "Malina" in über 30 Städten. Sie antwortet nicht auf den Satz von der Legende. Er ist ihr deshalb nicht unsympathisch. Ihr Gesicht drückt jene bejahende Art zu schweigen aus, die schon vertraut ist wie ihre Scheu, ihr dezentes Leisesein, das gleichzeitig ausgeprägte Intensität verrät, eine Schärfe der Wahrnehmung und Konzentration. Da ist ihre Art, Pausen zu setzen im Dialogspiel eines Gesprächs. unerwartet, und dann mit Sätzen zu reagieren, die immer den Ton des zu Ende Gedachten haben - soweit zu Ende denken geschehen kann. Da sind auch ein kurzes Aufflattern der Hände, ein plötzlicher Blick zur Seite, ein rasches Erröten. Das scheinbar Irreführende der Gesten gibt Zartheit zu erkennen.

Wir gehen durch den Nebelmorgen einer Kleinstadt. Einen zuhöchst sensibilisierten Grad von Wahrnehmen und Erinnern setzt diese Arbeit voraus, sagt sie. Vom Schreiben war die Rede. Und, sie schließe die Vorhänge der Abteilfenster beim Reisen. Nur die Landschaft, in der die Figuren ihres nächsten Buches agieren, sehe sie an, jeder Nuance auf der Spur. Womit sie gleich die Notwendigkeit des Sehens in Ausschnitten, in der Selektion, verdeutlicht, die allein zum Exemplarischen führt. Sie erklärt noch, daß Schreiben bedeute, ausschließlich diesem einen zu leben. Und dann schweigt sie.

Literarisch hat sie zehn Jahre lang geschwiegen, in Rom gelebt vor allem, aber keine größeren Arbeiten veröffentlicht. Erst 1971 erschien "Malina" als ihr erster Roman, der jetzt ins 40. Tausend geht (der zweite Band soll 1973 herauskommen). Ein erstaunlicher Erfolg für ein so schwieriges Buch. - Ein schwieriges Buch?

Ein Buch der Bedrängnis seelischen Leidens, ein Buch der Selbstanalyse, der Selbstqual. Es handelt von einem Ich, das liebt, und von seinem Untergang. Nichts weiter. Es schließt von Anfang an mehr ein als das Scheitern der Emotion am Anspruch der Liebe: den schlimmen Prozeß der persönlichen Selbstaufgabe, die Tötung des fühlenden Ich, das Weiterleben als einer auf die Verstandeskraft reduzierten Person, das Weiterleben einer nicht mehr empfindenden Existenz. Am Schluß bleibt nur das männliche Doppel der Ich-Erzählerin, der Gegenspieler - "Malina".

Eine tiefempfundene Komposition vom Leiden, die Passionsgeschichte eines Ich, dessen Spannungen sich ins Unerträgliche steigern an der unproblematischen Figur Ivans, der letzten großen Liebe einer verblühenden Frau. Die Liebe zu Ivan treibt Ich und Gegen-Ich (oder Über-Ich) an die Grenze der Bewußtheit, in den Zwang des Aufschreibens irrlichternder Monologe. Das Unsichtbare wird sichtbar, das "Sterben in Malina" unabdingbar. Die seelische Verwirrung führt "durch diese Nacht der untersten Nacht entgegen". Außenwelt ist nur Anlaß, Fährte zu Ursachen. Das zweite Kapitel "Der dritte Mann" gibt die entschlüsselnden Träume der Ich-Erzählerin preis, in denen sich der Leidensdruck eines Vaterkomplexes darstellt - und es beweist sich die Unausweichlichkeit von Verhaltensweisen. Ingeborg Bachmann sagt dazu: "Die Aufzeichnung der Träume ist ein Kunstgriff: Traumlogik als Mittel der Darstellung - meines Wissens das erste Mal so angewandt in einem Roman." Und später dann: "In gewisser Weise ist jeder Schriftsteller sein eigener Analytiker."

Zum letzten Teil des Romans, in dem der lang vorausgeahnte Tod des Ich in "Malina" sich vollzieht, sagt Ingeborg Bachmann: "Ich versuchte, das letzte Stück wie eine Partitur zu schreiben, in der nur noch die beiden Stimmen führen - gegeneinander." Das Musikalische der Sprache variiert betörend schön mit den Passagen des ganzen Buches. Die Sprache ist in ihrer Zeitlosigkeit so unmodern aktuell wie das Thema. Zugleich ist "allernächst Zeitnähe" anwesend in "Malina". Da gibt es die Einbrüche unaufdringlicher Ironie, da gibt es das die routinierte Alltäglichkeit Bloßstellende vieler Szenen; es gibt ein unterschwellig gesellschaftskritisches Element im Ganzen, das nicht unterschätzt werden sollte. Die Krankheit der Umwelt, die vielfache Verzweiflung des einzelnen - es gibt das Schöne nur mehr als Utopie. Und schon die Wahl der Stadt Wien zum Ort der Handlung gilt als symbolisch.

Die Zeit ist in "Malina" als ein beängstigend fliehendes Heute definiert. Heute ist immer. Auch die Zeit für ein Buch wie "Malina" ist jetzt und dennoch immer. Wie bei einer über jede Zeit hinweg gültigen Legende.
Deutsche Post, 5.6.1972

Ingeborg Bachmann: Malina

Von Hilde Spiel

Man kann zu Ingeborg Bachmanns erstem Roman keine klar umreißbare, eindeutige Haltung einnehmen, denn er ist vielschichtig, gespalten, schizoid - eine Mischung aus Psychodrama, Gesellschaftssatire, Lebensphilosophie und Anamnese. Seine drei Teile sind formal und thematisch völlig verschieden und darum, obwohl es an musikalischen Analogien nicht fehlt, einer Sonate lediglich strukturell verwandt. Gemeinsam ist ihnen nur die totale Subjektivität, die schrankenlose Egozentrik, mit der hier eine Ichfigur sich darstellt. Im ersten Teil, "Glücklich mit Ivan" genannt, geht es um ihre Liebe zu einem Mann, von dem einige Äußerlichkeiten mitgeteilt werden - er ist Ungar, von seiner Frau getrennt, Vater von zwei kleinen Kindern -, ohne daß er der Schemenhaftigkeit entrinnt. Das erinnert, wann immer über zärtliche Stunden in Wiener Wohnungen, über Telefongespräche und Schachpartien berichtet wird, an manche graziös-sentimentale Jungmädchenbücher der dreißiger Jahre, an die frühe Vicky Baum, an Joe Lederer oder Irmgard Keun.

Freilich ist unsere Hauptperson intellektuell anspruchsvoller. Sie hat Husserl, Heidegger, Wittgenstein gelesen, ist überdies eine erfolgreiche Autorin, muß sich, von ihrer Liebesabsorption wie von endemischer Weltflucht dazu genötigt, mit Hilfe einer untergeordneten Kraft, Fräulein Jelinek, zahlloser Interviewer, Gratulanten, Bittsteller und Ferngespräche zwischen London und Recklinghausen erwehren, und verkehrt auch noch in der ersten Wiener Gesellschaft - die Ingeborg Bachmann dem "Schwierigen" Hofmannsthals entlehnt -, in Salzkammergutvillen, exklusiven Stadtrestaurants, der Blauen Bar im Sacher. Vor allem aber: sie hat Malina. Malina, aus Tarnungsgründen mit einigen realen Lebensdaten versehen, ist in Wahrheit die maskuline Erscheinungsform der Heldin, die Verkörperung ihres Verstandes, während die Ichfigur sich als reine Gefühlsemanation versteht - umsichtig, wo sie hilflos ist, produktiv, wo sie selbstzerstörerisch ist und lebensverloren.

Dieser erste und längste Teil, der viele kluge Einsichten, brillante Persiflagen und poetisch-märchenhafte Elemente enthält, ist nicht immer frei von einem gewissen mondänen Snobismus. Um so schöner, ja wahrhaft dichterisch, tief und ergreifend ist der zweite Teil, betitelt "Der dritte Mann" und im wesentlichen eine Aneinanderreihung von Angstträumen, Nachtmahren, freudianischen Selbstanalysen. Hier wird eine ödipale Bindung der Heldin an ihren Vater enthüllt, in Schreckensvisionen, die sowohl an Krankengeschichten der Schizophrenen wie an die Schilderungen böser Drogenräusche gemahnen. Daß die Bachmann neben Paul Celan die bedeutendste Lyrik der Nachkriegszeit schrieb, findet in dieser Prosa seinen Niederschlag.

Der dritte Teil, "Von letzten Dingen", ist am sonderbarsten gemischt, philosophiert gescheit über Briefträger, Astronauten, Pariser Chlochards, schiebt autobiographische Rückblicke ein - auf das Universitätsstudium der Autorin, auf ihre Zeit beim Sender Rotweißrot - und mündet schließlich in Zwiegesprächen mit Malina, die man mit Fug als inneren Dialog bezeichnen kann. Inzwischen geht, wie hinter Schleiern, die Liebesaffäre mit Ivan zu Ende. Die Bewußtseinsspaltung der Erzählerin wird dadurch akut. Ihr emotionelles Ich zerbricht an dem Erlebnis, stirbt ab, verschwindet in einem Wandriß. Ihr vernünftiges alter ego hat diesen Tod nicht verhindert. Malina überlebt und tilgt die Spuren ihres Erdenwandels. "Es war Mord", heißen die letzten Worte dieses merkwürdigen, hochbegabten, aufreizenden, bezaubernden Buches. Auch der Mord aber begibt sich nicht einmal in der vorgeblichen Wirklichkeit - nur im solipsistischen Gedankenfeld der Heldin. Ihr Verstand hat ihr Gefühl umgebracht. Gottlob nur im Roman.
Literatur und Kritik, Jg. 7, Heft 66/67, Juli/Aug. 1972, S. 437f.

Bachmanns "Malina" und Frischs "Gantenbein"

Von Lore Toman

Man könnte annehmen, daß Ingeborg Bachmanns Roman "Malina" die literarische Revanche für Max Frischs "Mein Name sei Gantenbein" darstelle, die rührende, vornehme Rache einer Dichterin an einem hochbegabten Schriftsteller, von dem sie sich literarisch verbraucht, verlassen und darüber hinaus gekränkt fühlte. Die Revanche blüht von Geheimnissen, und wurde wahrscheinlich erst durch eine kurze Therapie ermöglicht.

Was für ihn ein Denkspiel, eine Art Menschenschach war, Liebe, "it's woman's whole existence". Das liegt an keinem der Beteiligten, sondern an der Sache selbst, aber es gilt auch für Sappho - und für sie war es eben Mord, dabei verwendet sie selbst in der schweren Aufgabe ihrer Verarbeitung des Erlebnisses seine Kunstmittel, seine Sprache, sein "Ich". Sie bleibt die Liebende, wo er alle seine Besetzungen wieder zurücknehmen und in sich selber oder sein Buch einschließen lassen kann, Motto: erledigt. Ihr war gar nichts erledigt, sie liebte und liebte auch dann noch, vielleicht zum ersten, letzten und einzigen Mal wirklich und rückhaltslos, durch alles Verletzende hindurch, mit immer neuen Rechtfertigungen und Entschuldigungen - auch für das unverzeihliche Verhalten des Liebesobjekts. Es ist gut, daß sie es tat, nach allen anderen Begegnungen, die "ganz anders waren als die anderen," und die doch "alle Hans hießen", und sie entweder als Philosophin schätzten, oder sie nicht ernst nahmen, oder zu ernst und sich vor ihr fürchteten, denen Undine unheimlich war. Frisch war vermutlich wirklich anders, ungewöhnlicher und ihr ähnlicher; er sah die Frau in ihr und gestattete ihr doch zugleich den männlichen Geist, allerdings nicht für immer, aber er war von der gleichen blutsverwandten intellektuellen Sinnlichkeit, dazu allemannisch-vertrauenerweckend. Sie, deren Leben unter anderem dazu diente, ihrem Vater einen Beweis ihrer besonderen Fähigkeiten ungeachtet ihres Geschlechts zu liefern, verließ sich auch noch auf das Väterlich-Gemütliche des Pfeifenrauchers. Er aber spaltete sich und zwar wahrscheinlich nicht nur in seiner Darstellung, sondern auch in der Realität schon bei der allerersten Konfrontation in ein "Ich" und "den Herrn", der später in den Blinden übergeht, in einen Verstandesmenschen, der alles genau zergliedert und jedes Erlebnis dadurch zerstört, und einen Liebenden, der das Instinktnahe tut, ohne sich darüber Rechenschaft abzulegen, und nur der Stimme seines Herzens folgt.

Diese Spaltung übernimmt sie nicht nur, sondern behält sie auch durch ihr ganzes Buch bei. Dort bleibt er, ihrem "Ich" gegenüber, das "Ich", Malina, der alles durchschaut, schon vorher weiß, aber toleriert, und der eindeutig zumindest allgemeine Züge des wenig redenden und nicht eingreifenden Therapeuten zeigt, der sie nicht im Stich läßt, auch als der "Herr", hier der leidenschaftlich, aber vergänglich liebende Ivan, den der Gefährte in rätselhafter (therapeutischer!) Gleichmut duldet, sie längst verlassen hat. Damit erträgt sie beim Wiederaufle-benlassen zwar das verstörende Aufgegebenwerden, verarbeitet es sozusagen, ohne es zu verstehn, kommt aber doch mit dem auf den Therapeuten übertragenen Teil des Partners allein nicht weiter, muß an seinem Schweigen zugrunde gehen ("Es war Mord").

Tatsächlich scheint die positive Wendung nicht so sehr in einer kurzen psychotherapeutischen Behandlung eingetreten zu sein, sondern vielmehr durch Bachmanns Aufbruch nach Berlin, vielleicht auch durch den weitgehenden Wechsel des Freundeskreises, die Verdrängung eines Teiles der Vergangenheit. Der sekundäre Bewältigungsversuch des Erlebnisses, das Schreiben, gelang dann; es war möglich, zumindest auf Zeit, emotionell und finanziell davon zu leben, in einem ähnlichen Arrangement mit der Gunst des Publikums, wie es Marilyn Monroe einst versucht hatte.

In beiden Büchern ersetzen beinahe solitäre Schachspiele und banale, aber von zumindest einem Partner bedeutungsvoll gemachte Telefongespräche persönlichere Beziehungen, die in die Situationen hineingeheimnist werden. Über jede Enttäuschung des unberechenbaren Geliebten kann man sich mit dem zweiten Therapie-Ich hinwegtrösten, das so geduldig gegenüber den absurdesten eigenen Bedürfnissen ist, wie es ein Ehemann nie sein könnte. Malina ist ihre Erfindung und Wunschfigur, die sie zur Ausbalancierung ihres Lebens gebraucht hätte, aber in dieser Form kaum finden konnte, eine Art Dauertherapeut fürs Leben, der einen seelisch jederzeit versorgt und je nach Bedarf Geschirr wäscht oder den geistigen Höhenflug teilt - das, was Männer früher in einer Frau eben heirateten oder erhofften - in diesem Fall aber bereit, einen als Frau oder als Mann gelten zu lassen und jederzeit die erforderliche Ergänzungshaltung einzunehmen. Jemand auch, mit dem man in der konventionellen Welt als Partner auftreten kann, der die Gattenrolle nach außen übernimmt, die Pflicht eines Gefährten, ohne Rechte daran zu knüpfen; der einen aber nicht in die Rolle der Frau zu zwängen versucht, oder einen umformen, erziehen will. Jemand, der liebt, ohne die Individualität anzutasten, etwas, das es im Leben nicht gibt, das dennoch jeder Künstler sucht, vielleicht sogar jeder Mensch, aber umsonst. Damit hatte sie sich längst im "Dreißigsten Jahr" (Ein Schritt nach Gomorrha) auseinandergesetzt, ebenso ohne Erfolg, aber sie hat über die Rolle der Frau in einer ganz neuen Weise nachzudenken begonnen.

Die beiden Bücher aus dem gleichen Verlag sind wunderbare Pendants: die mit männlichen geistigen Instrumenten analysierte Welt der verzweifelt Liebenden intellektuellen Frau in "Malina", und die mit Gelassenheit und Humor zergliederte eines gewissen männlichen Chauvinismus im "Gantenbein", eine durch Jahrtausende bewährte, von allen für selbstverständlich gehaltene, aber doch schon eine wenig fadenscheinig gewordene Welt. Diese beiden Welten haben uns bis heute genügt. Signora Bachmann, in vier Sprachen zu Hause, eröffnet die Diskussion, ob sie es auch weiterhin tun. Sie schreibt sich das Herz aus dem Leibe, um uns darauf aufmerksam zu machen, daß hier vielleicht etwas nicht stimmt, nie gestimmt hat, zumindest zweifelhaft ist. Um die Geister unserer eigenen, nicht mehr aktuellen Vergangenheit auszuräuchern, opfert sie selbst die armen Fragmente einer großen, aber an kulturbedingter Einseitigkeit gescheiterten Liebe, spinnt ein ganzes Buch aus ihnen zusammen wie Elisa ihre Hemden aus Nesseln, auch wenn damit kein Schwanenprinz zu erlösen ist, sondern vielleicht ein Zyniker sich ins Fäustchen lacht, so glimpflich davongekommen zu sein. Die Welt nahm kaum Notiz. Oder doch?

Sicher, sie wird gelesen. Ihre Darstellung ist von lutherhaftem Bekenntnisdrang, von subjektiver Wahrhaftigkeit; sie zielt nicht auf Unterhaltung ist eigentlich ein zu feinsten Spitzen verklöppelter Schrei.

Wie so vieles andere, hat sie aus ihrer unfaßlichen Begabung für die Sprache hier Sachverhalte geahnt, ja gewußt, bevor sie sie in der Wirklichkeit vorfand (und an ihnen scheiterte). Die Ehe und ihr Gegenteil sind beide unmöglich, hätte sie sagen können. Auch die Therapiesituation war ihr vertraut, und doch wissen wir, daß sie nie vorher in Analyse gewesen ist. Manchmal hat man überhaupt den Eindruck, daß sie all ihre seherischen Vorstellungen nur an der Wirklichkeit prüfte, gar nicht erst entdeckte, aber so auf Dinge aufmerksam wurde, die ein anderer nie gesehen oder auch nur vermutet hätte - außer sie machte sie sichtbar. Diese Dinge hat sie dann sozusagen in ihrem unirdisch großen Weltinventar abgehakt und fieberhaft meist zu Lyrik verflochten - Dinge, die andere auch beunruhigen, die sie aber nicht formulieren, ja auf die sie oft nicht einmal mit dem Finger zeigen könnten.

Vielleicht ist auch ein Versuch darin, den Frauen einen Weg zu zeigen, den sie selbst nicht durchgehalten hat; es geht auch ohne Staubwischen zuzeiten. So wie Handke den Männern mit einem Thema, oder wenn er mit seinem Kind über den Graben geht wie eine Mutter, etwas zeigt: so geht es auch. Nur hat der Autor des "Gantenbein" durchaus nicht mitspielen wollen, beim Staubwischen hörte für ihn der Spaß auf. Aber darüber zu philosophieren, ist wenigstens nicht irrelevant. Auch unsere Eßgewohnheiten aus Bauernzeiten sind längst überholt und bedrohen uns heute höchstens mit Infarkten - vielleicht ändern wir sie doch einmal langsam. Die überkommene Rolle der Frau war gegen die eines Mannes abgewogen, der körperlich schwer arbeitete, da hatte sie es mit dem Kochen und Kinderwarten und der Aushilfs-Feldarbeit entsprechend gut. Aber jetzt, wo sie Schulter an Schulter mit dem Mann berufstätig ist, wo bleibt da seine Hilfe Seite an Seite bei ihren angestammten Aufgaben? Warum lassen die Frauen sich in den Wettbewerb provozieren, die Männer aber nicht? Warum glauben die Frauen, es sich schuldig zu sein, alles auf sich abwälzen zu lassen, und lassen sich lieber von den unbewältigten, unvereinbaren Aufgaben und Verantwortungen überrollen und deformieren, statt bei den Männern Hilfe zu verlangen?

Wie ähnlich Frisch und Bachmann einander doch sind, die gleichen Themen ganz ähnlich behandelt; wie bewahrt man die Liebe? Sicher nicht durch Ehe, eher durch Davonlaufen, am ehesten durch Tod. Was kann man vom Partner überhaupt wissen? Gegen präformierte Lieben kann man nicht an. Den vielen wahlweisen Versionen ihres und seines Lebens entsprechen bei ihr die vielen Traumschicksale des Mittelteils. Ihre Gedanken sind so ineinander verwoben, daß man oft nicht weiß, wer wen inspiriert hat, etwas aufzugreifen - nur die Durchführungen sind oft auch verschieden. Fast immer entgeht der Mann seinem Schicksal, wird die Frau von ihrem überholt. Hermes ist ihr nur Totengott, ihm auch Kaufmann, Schelm, Dieb, Fruchtbarkeitssymbol, Zauberer, Phallus, Glücksbringer und Bote etwa. Dennoch könnten ganze Passagen in ihrer beider Bücher ausgewechselt werden. Es ist, als stolpere sie in seinen eleganten modischen Formen hinterher wie ein von Liebe geblendeter Tor, mitunter den Weg verfehlend in Sackgassen weidwund liegenbleibend, während er schon längst lachend über alle Berge ist, nirgends ganz ernst genommen werden wollte, während sie um Gottes Willen nie etwas anderes will, als ernstgenommen werden. Die scheinbar gutmütige Toleranz für die Schwächen des jeweils anderen verbirgt einen abgründigen Haß, den Geschlechterhaß von Jahrtausenden, aber beide ersticken ihn im Beiläufigen, Banalen, unauffälligen Alltag.

Sein Buch ist vielfältiger, facettenreicher, dauernd verschwindet er in einer Person, um in einer anderen wieder aufzutauchen; sie bleibt immer sie selbst. Er macht eine zwiespältige Person aus ihr, sie spaltet ihn in zwei Wunschfiguren, im Grunde haben wohl beide einander doch nicht ganz verstehen können.

Sie war eine geistige Potenz von Millionärsrang, mit der eigentlich kein Mann sich einzulassen wagte, keiner außer ihm; aber er war selbst zu sehr ein Star, um es durchzuhalten. Er brach ihr Herz, aber ging auch nicht ohne Narbe daraus hervor, vielleicht mußte er sie literarisch verfremden, um seine eigene Seele zu retten? Er aber hatte immer die Unterhaltung des Lesers dabei im Auge, er kann noch in Salamanca als Svoboda mit einer Münze ans Glas klopfen, um zu zahlen, während sie selbst als Prinzessin von Kagran nur "plötzlich einen Schilling im Mund" haben kann, "leicht, kalt, rund", den Obolos für den Fährmann, der sie ins Totenreich führt, immer ins Totenreich. Er kann zu seinem eigenen Begräbnis gehen, und es wird unterhaltsam werden, er wird in der verlassenen Wohnung aus Jux eine Pfeife austauschen, Wasser trinken, den Türschlüssel methodisch in den Briefkasten einwerfen, während sie, wenn sie ihren Beschluß gefaßt hat, nur noch aufpassen muß, daß sie "mit dem Gesicht nicht auf die Herdplatte falle, mich selber verstümmele, verbrenne, denn Malina müßte sonst die Polizei und die Rettung anrufen, er müßte die Fahrlässigkeit eingestehen, ihm sei da eine Frau halb verbrannt".

Bei ihm gibt es noch einen extra Leichnam, obwohl niemand aus der Geschichte gestorben ist, ihr Tod dagegen hinterläßt keine Spuren, außer vielleicht den Sprüngen in der Wand, die "die Wahrheit treibt", wie sie einmal in einem Gedicht geschrieben hat; auch sie geistert zuletzt in der Küche herum und sieht "im Dunkel nach dem Rechten, dem unbekannten Ausgang zugewandt", ihre eigene Lyrik entschlüsselt sie. Wie Auden am Teetisch bannt sie der Riß in der Wand: "a crack in the tea-cup opens a lane to the land of the dead." Ihre Schränke haben sich schon vorher auf geheimnisvolle Weise geleert, ihre Kaffeeschale ist verschwunden. Nur mehr zwei Kleider sind da, das in dem sie Ivan zum erstenmal gesehen hat, und das von Malina zuletzt geschenkte. Man weiß nicht sicher, in welchem sie kaum mehr atmen kann, weil ihr darin zu heiß ist, aber am Ende ist es ganz gleich, denn beide Personen sind ja eins, "man schmilzt darin ... es muß ein höllischer Faden gewebt sein in dieses Kleid. Es ist mein Nessusgewand ... das Kleid scheuert meine Haut auf, ich gehe beklommen zum Telefon ..." Seherische Begabung? Oder dachte sie nie an etwas anderes?

Dann geht sie durch die Wand, die allen Lärm schluckt, fort und direkt in die Auferstehung, ohne einen Leichnam zurückzulassen. Nur eine Schublade voll Briefe, die gleichen Briefe, die er gesucht hat in seinem Buch, sie trachtet sie noch vor ihrem Abgang in einem Geheimfach zu verstecken, aber es gibt nichts zu suchen und nichts zu verstecken, es war immer nur das Eingeständnis derselben Liebe (oder die eigenen Briefe), einer Liebe, die an der Wesensverschiedenheit männlicher und weiblicher Wesen selbst gleichen Formats scheitern muß, nicht etwa an Schlamperei und mangelndem Zeitgefühl allein. Wohl war sie nie ganz von dieser Welt, aber auch ihre Wolkenheimat Sprache gibt auf die Dauer kein Lager her, sie kann das Leben spiegeln, aber nicht ersetzen. Die Prinzessinnen von Chageran in ihrem gläsernen Schneewittchensarg werden heute nicht mehr

erlöst, sie treiben mit ihrem kalten störenden Schilling im Mund den Styx, die Donau oder die Limmat hinunter und lösen sich auf, nur ein Blutstropfen von ihnen erreicht den Ozean. Die ehrgeizigen kleinen hochbegabten Mädchen, die viel bewundert, aber nicht genug geliebt werden. Zuletzt muß die kleine Seejungfrau zurück ins Meer, geht Undine zugrunde, und sieht bestenfalls vom Wasser her ihr Böhmen, das Land der Seele, "zum Meer begnadet, das strittig ist".
Die Tat, 24.8.1974

SIMULTAN (1972)

Zwischen Welterfahrung und Damenpoesie

Von Martin Gregor-Dellin

Nach Gedichten, Hörspielen und dem Roman "Malina" ist Ingeborg Bachmann wieder zu Erzählungen zurückgekehrt, an ihren Band "Das dreißigste Jahr" erinnernd, der eine große Karriere als Prosa-Schriftstellerin zu verheißen schien. Doch welcher Abstand! Man wird vermutlich die Geschichten dieses neuen Buches - mit einer Ausnahme - schnell wieder vergessen, da man auch ihren Inhalt vergißt und in große Verlegenheit geriete, ihn nachzuerzählen, wenn man sich nicht auf die bei der Lektüre gemachten Notizen verließe.

Kurz: Geschichten von Frauen, die "den Schmerz des Erkennens" erleben, die entdecken, was ist und was hätte sein können. Hier also: Ein träges, im übrigen etwas unverständliches Geschöpf, das seine geistig-seelischen Erlebnisse vorwiegend beim Coiffeur bezieht und selbst dem leidenschaftlichsten Kritiker der upper class als Anachronismus erscheint; die Simultan-Dolmetscherin, die dem Band den Titel gibt und sonst nichts, da ihre Gespräche auf einer Urlaubsreise ihre hektische Tätigkeit bei einer UN-Organisation weniger reflektieren als addieren; eine ältere Dame, die von ihrem großzügigen Sohn und dessen Sippschaft langsam und allmählich vergessen wird, mit einer sehr lakonischen Schlußpointe, die der Bachmann spezifisches Erzähltalent erkennen läßt; und dann auch noch eine erfolgreiche Fotografin, vollgestopft mit Affären und Erinnerungen an Affären.

Es läßt sich auf so kurzem Raum schwer demonstrieren, wieso der Inhalt solcher Erzählungen unweigerlich ihr Niveau beeinflußt. Warum in der Literatur beispielsweise Schauspielergeschichten sich beinah immer durch einen ver-operten Dialog auszeichnen und Party-Beschreibungen selten über gehobenen Unsinn hinauskommen. Es hat mit der Scheinhaftigkeit und Isoliertheit des Gegenstandes zu tun, und eben in diesem Sinne sind die "Frauen-Schicksale" der Bachmannschen Erzählungen auf einer Schein-Existenz begründet, die eine Schein-Problematik erzeugt. So verhaken sich die Ansätze von Vorläufen (das Wort Handlung möchte man vermeiden) fortwährend in der Erörterung von Stimmungen und psychischen Befindlichkeiten, die für den Leser schwer nachzuvollziehen sind und daher etwas Hochgestochenes erhalten - das Kennzeichen gehobener Damenpoesie, stilistisch leicht verschwebend im ungenauen Oben, während ihr das solide realistische Fundament fehlt. Kein Zufall, daß so oft von Flugreisen die Rede ist. Ein Element scheinbarer "Weltläufigkeit" kommt hinzu, der Kontinent wird abgegrast, Gefühlsaufruhr zwischen Metropolen, mühselige Zeiten, Hotelhallen, Bars, die Zigarette zittert bei der Erinnerung an einen Abend in Paris, in Florenz wußte man nicht weiter.

Zuviel wird hier hereinzuholen und zu assoziieren versucht, die Ortlosigkeit verdirbt den konkreten Konflikt. Nicht nur die Simultan-Dolmetscherin ergeht sich zusätzlich in Sprachen. Vermutlich wollte Ingeborg Bachmann selbsterfahrene Verrätselung und Ruhelosigkeit unserer Existenz in fremde Schicksale umsetzen, aber sie entfernte sich dabei zu weit von sich selbst. Anstatt, wie das durchaus möglich wäre, Lebensläufe aus der Distanz zu beschreiben, hat sie versucht, sich in einem akrobatischen Akt in sie zu versetzen und sie nachzuvollziehen.

Nur ein einziges Mal ist es ihr gelungen in der Geschichte einer Kurzsichtigen, die der Welt im Nichtsehenwollen trotzt und sich die Gefahr einer tödlichen Erschütterung auf diese Weise vom Halse schafft. Durch einen radikalen Verzicht auf Weltläufigkeit bleibt die Erzählerin bei sich selbst - ein metaphorischer Beweis, warum die Flucht in die Weltläufigkeit scheitern mußte.
Die Bücher-Kommentare, Jg. 12, Nr. 6, 1972, S. 8

Getroffen am Rande des Schlafs

Von Wolfgang Rainer

In "Malina", Ingeborg Bachmanns erstem Roman, hatte sich das Wiener Milieu auf bestürzende Weise in einen zeitvergessenen, hellhörigen Binnenraum aufgelöst, der nur noch die schmerzenden Berührungspunkte von Seele und Welt anzeigte. Liebe wurde darin unter dem fadenscheinigen Vorwand einer "Dreiecksgeschichte" nicht als dramatischer Konflikt, sondern als krisenhafte Bewußtseinsspaltung erlebt: als radikale Hingabe an das eigene Gefühl, an eine namenlose Sensibilität, die nicht nur literarisch, sondern ebenso autobiographisch in dem lapidaren Schlußsatz gipfelte "Es war Mord".

Auch die Schlußgeschichte der unter dem Titel "Simultan" vereinigten neuen Erzählungen Ingeborg Bachmanns eilt insgeheim auf das schreckliche Wort zu. Doch wird in den "Drei Wegen zum See" die gerade noch rechtzeitig aus ihren verpfuschten Liebes- und Lebensumständen nach Saigon abberufene Journalistin Elisabeth zuletzt "nur am Schlafrand getroffen von einem Traum", in dem sehr viel Blut vorkommt. Die hängende Katastrophe der Nestflüchterin Elisabeth, die weder den Weg zurück ins Heimatland, in die väterliche Idylle am Kärtner See, noch zu einer dauerhaften menschlichen Bindung findet, verkrustet im beruflichen Erfolg, drapiert sich mit kontaktfroher Lebenstüchtigkeit und weltläufiger Oberflächlichkeit.

Und so ereignen sich auch die stummen Katastrophen der anderen Erzählungen hinter den rhethorischen Kulissen eines "Milieus", das in "Malina" auf geradezu brutale Weise beiseite geschoben worden war. Hat die an ihrem Österreichertum leidende und zugleich kritisch lustvoll teilhabende Autorin nunmehr erkannt, daß der direkte Weg hinab ins eigene Ich Selbstmord bedeutet? Oder stellt die Vergewisserung der lyrischen Aussage an der prosaischen österreichischen Realität, die oft mit erstaunlicher Präzision und Aktualität erfaßt wird, nur eine Erholungspause dar? Unübersehbar ist in jedem Falle, daß die "Malina"-Bedrohung sich an festen Bezugspunkten orientiert, mitunter sogar an recht trivialen Markierungen, welche - wie der Kaffee, "der eben leider kein Wiener Kaffee mehr war" - einer provinziellen Sphäre verhaftet bleiben.

Ingeborg Bachmanns fünf Erzählungen ließen sich, wollte man ein solches Roheitsdelikt begehen, schlichtweg nacherzählen oder doch mindestens als Fabel rekonstruieren. Deren melancholische Poesie erwächst freilich erst aus dem Zusammenklang scheinbar belangloser Feststellungen und salopper Dialogfetzen. "Simultan", die Titelgeschichte, ist an der Oberfläche eine Art Illustriertenbericht über das schwierige Leben einer diplomschweren Dolmetscherin, die von Land zu Land, Hotel zu Hotel, von Menü zu Menü, von Kongreß zu Kongreß gehetzt wird. Der ewige Wechsel, die Anpassungsschwierigkeiten an das Fremde teilen sich dem Leser in einer Flucht von Sinneseindrücken, schalen Reiseprospekterinnerungen, Bildungsbrocken sowie unübersetzbaren Zitaten und Redensarten mit; in einer großen babylonischen Verwirrung, die schließlich selbst das romantische Badeabenteuer mit einem Berufspartner wie eine flüchtige erotische Floskel vorbeiflattern läßt. Im unaufhörlichen Zwang zur Anpassung, zur Vermittlung, Übertragung kämpft die Dolmetscherin vergeblich um ihre eigene Identität. Übersetzenkönnen wird zum existentiellen Problem unserer Sprachnot, unserer Unfähigkeit zur Mitteilung.

Überraschend an diesen Geschichten ist der Tonartwechsel innerhalb der Grundstimmung. So hängt eine verzweifelt komische Ironie über "Probleme, Probleme", dieser hinreißend donauländischen Geschichte der verschlampten, schlafsüchtigen Beatrix. Aus der Misere ihrer hoffnungslosen Beziehung zu Erich, dem verheirateten Mann - die Männer dieser komplizierten und verletzlichen, hinter Abgebrühtheit und Emanzipiertheit verschanzten Frauen sind fast immer in derlei Schwierigkeiten verstrickt -, rettet sich das vom Leben erschöpfte Wesen in den reinen Tempelbezirk eines Frisiersalons. In dieser Scheinwelt der Schminken und Frisuren, des hysterisch-höflichen Getues fühlt sie sich verstanden, verpuppt sie sich zum Kunstwerk, blüht sie auf zur Dame. Unfähig, etwas anderes als sich in ihren Prachtfrisuren und ihrem Schlaflaster zu lieben, erlebt sie am Ende die wirkliche Ehetragödie, in der sie gedankenlos mitspielt, nur als kosmetische Katastrophe.

In der dritten Geschichte "Ihr glücklichen Augen" wendet sich psychologische Beobachtung in groteske Stilisierung. Für Miranda, das hochgradig kurzsichtige Mädchen, verklärt sich die feindliche Welt jenseits der schützenden Zwei-Meter-Grenze zum geheimnisvoll verschleierten Märchenland. Ihr zerstreutes Dasein ist eine einzige Ausrede, ihre Brille nicht finden, nicht aufsetzen, nicht korrigieren lassen zu können, um sich ihre "Augenruhe" zu erhalten, die Hölle des Lebens nicht wahrnehmen zu müssen. Das wird mit wunderbar zartem Humor erzählt, wie Miranda "mit ihren schönen anständig sehenden Augen" zwei Tränen in den Orangensaft weint und entsagt. Erst am Schluß zerreißt greller Zynismus den weichen Nebel, in den sich der selbst für die Liebe zu scheue Engel gehüllt hat: Miranda rennt, immer das Gute im Auge behaltend, in die offene Glastür.

Diese grausame Schlußpointe wandelt "Das Gebell" zur unterkühlten Bösartigkeit. Eine virtuose Lebenslüge, der rührende Selbstbetrug einer Mutter, die ihren berühmten Sohn, einen eiskalten Erfolgsmediziner, zum herzensguten, um sie besorgten "Buben" umfunktioniert, nimmt darin gespenstisch Gestalt an. Der

Egoismus des Sohnes wird erst am Haß auf Hunde entlarvt; die alles verzeihende Mutterliebe erweist sich als Angst.

Wer das bürgerliche Wien, jene tief eingewurzelte Fähigkeit zum Selbstbetrug, zur höflich-herzigen Unmenschlichkeit, auch gegen sich selbst, und ebenso zur feinfühligen, hinter Redensarten versteckten Hingabe nicht von Angesicht kennt, wird möglicherweise nicht alle Schwingungen dieser spezifisch österreichischen Geschichte aufnehmen können. Vielleicht ist die Erzählweise der Autorin selbst von der maskierten Redseligkeit der alten Frau Jordan, von der etwas atemlosen, sprunghaften, hektisch reflektierenden Anteilnahme all dieser unglücklich liebenden Frauen angesteckt.

Auf eine sehr vornehme Weise bleibt das historische österreichische Problem, wie man sich zwischen den liebgewordenen Fassaden großer Gefühle und hoher Kultur und der schäbigen Wirklichkeit zurechtfinden kann, ohne sentimental oder ordinär zu werden, im Werk der Bachmann virulent. Die von ihrer komplizierten Umwelt beunruhigten, durch eine seltsame Namensbekanntschaft miteinander verbundenen Menschen retten sich in einen halsbrecherischen Schwebezustand, der ihnen nicht gestattet, böse oder traurig zu sein, nur "todmüde". So sagen sie. In Wahrheit sind sie hellwach, schlaflos, hochempfindlich, immer am Zusammenbrechen, ohne je den erlösenden Aufprall auf der Erde erleben zu können.
Stuttgarter Zeitung, 28.9.1972

Ingeborg Bachmann

Von Walter Fritzsche

Das Schöne an diesem Buch ist für den Lektor, daß einige Freunde, kaum daß es raus ist, sich gleich heftig deswegen stritten, um ein Stück Literatur! Am komischsten die Argumente derer, die es noch nicht gelesen hatten - aber deren Zahl nimmt rapide ab. Und am erbittertsten der Vorwurf "elitär!" Angesichts der angeblich zu schicken Berufe, die die Protagonistinnen dieser Erzählungen haben (oder, noch ärgerlicher: nicht haben). Eine Fotografin und eine Simultandolmetscherin (beide sehr erfolgreich), eine alte Frau (von ihrem erfolgreichen Sohn weggeschoben), ein junges Ding (faul) und eine gewisse Miranda, mit hochgradiger Myopie unselig gesegnet - um diese fünf Personen geht es hier und, zugegeben, nicht um Frauen wie die wohnungssuchende Edeltraud E. und die Bewährungshelferin L.O. (deren Erfahrungen z.B. sind authentisch nachzulesen in August Kühns "Westend-Geschichte" und Leonie Ossowskis Bericht "Zur Bewährung ausgesetzt").

Zutiefst erschreckt von dem herben Urteil, die Heldinnen der Bachmann seien soziologisch nicht repräsentativ, wird uns Trost zuteil von der Identifikationsseligkeit derer, denen es "genauso ging" wie Miranda und den anderen ("Ich las in Lanzarote gerade die Bachmann, da kam Belmondo vorbei, und meine Brille fiel herunter und zerbrach").

Nun hoffen wir auf eine dritte Art, diese Erzählungen zu lesen, auf Leser, die in diesen "Liebes"-Geschichten die Fragmente einer Education érotique entdekken, welche in einer Welt der gestörten Kommunikation scheitern muß; die bewundernd erkennen, wie die Kritik an gesellschaftlichen Zuständen - und weiß Gott, es muß immer sein! - auch ohne die gängigen Reizworte und in jedem Milieu möglich ist, und wie auch die kompliziertesten Gefühle wiedergegeben werden können, wenn ein Autor - bis zur Allergie sensibel gegenüber vorfabrizierten Wendungen - sich Sprache und Stil schafft. Was eine Literatur vermag, die *Menschen* zeigt, mit einem Herzen und einem Traum und manchem Verzicht - und keine Rollen!
Stuttgarter Zeitung, 28.9.1972

Ingeborg Bachmanns Frauen

Von Ingeborg Drewitz

Einige Sätze zur Charakterisierung der Fotojournalistin Elisabeth Matrei in der Erzählung "Drei Wege zum See" legen den Erfahrungsprozeß bloß, der in Ingeborg Bachmanns neuen Erzählungen spürbar wird. "Sie wurde immer gelangweilter nach ihrem vierzigsten Jahr." "Ihre zunehmenden Erfolge bei den Männern hatten mit ihrer zunehmenden Gleichgültigkeit zu tun, also nur in den Zeiten davor hatte es das gegeben, was sie, im nachhinein, belustigt, Wüstenzeiten und Durststrecken nannte, da sie nach jedem Verlust noch geweint hatte und trotzig allein blieb, aber stolz weitermachte, weil sie nichts anderes tun konnte als weiterarbeiten." Sätze, die die Fähigkeit zur Distanz aussprechen: Distanz zur subjektiven Erfahrung, die im "Malina"-Roman oft erschreckend verloren schien, ist zurückgewonnen, neu gewonnen. Der Sog des Schmerzes ist nicht mehr zerstörerisch, sondern durch den Gegensog der Euphorie entschärft.

Fünf Erzählungen von Frauen, die allein oder, genauer, ehelos leben, die in Augenblicken aus sich herausgeschleudert schaudernd das Glück der Nähe und Fremdheit eines Gegenüber durchleben - das Bachmann-Thema ; aber behutsamer motiviert als in den frühen Erzählungen, zurückhaltender durchkomponiert als in "Malina". Die beiden der Erzählerin verwandtesten Frauen, die Simultandolmetscherin Elisabeth, die für ein paar Tage mit einem Kollegen (Österreicher wie sie), dem sie auf einem Kongreß begegnet ist, aus Rom und der enervierenden Arbeit nach Kalabrien und in die eigene Sprache flüchtet, und die Fotojournalistin Elisabeth, die bei einem Besuch ihres alten Vaters in Klagenfurt über ihrem Leben nachdenkt, haben wenig mit dem jungen Mädchen gemeinsam, das nichts mit sich anzufangen weiß und gleichgültig naiv ein Verhältnis mit einem verheirateten Mann pflegt, sich aber als Lebensinhalt den regelmäßigen Besuch eines teuren Frisier- und Kosmetik-Salons gönnt und jäh, aus banalem Anlaß, vor der Scheinlebigkeit zurückschreckt; auch nicht mit der Kurzsichtigen, die einem zu Ende gehenden Verhältnis in die Unschärfe des Sehens und Erlebens ausweicht; auch nicht mit der Mutter des berühmten Arztes, die durch die junge Schwiegertochter noch einmal aus ihrer Abgeschobenheit und Abgenutztheit herausfindet und in beinahe nebensächlichen Bemerkungen ihr eigenes und das Leben ihres Sohnes entwirft, während die Schwiegertochter schon von seinem brutalen Egoismus zerstört wird, ohne daß die alte Frau das wiederum wahrnimmt.

Ingeborg Bachmann schreibt jetzt nervöser als vor zehn, zwölf Jahren, weniger minuziös in der Ausbreitung von Umständen, hellhöriger für die Bewußtseinsstromstöße, rascher im Verwischen von Zeit- und Raumgrenzen. Die beiden Frauen Elisabeth, die, aus ihrer Sprache herausgedrängt, auf Flughäfen und in großen internationalen Hotels, auf Kriegsschauplätzen und in Kongreßsälen die Welt nicht gefunden und den Verzicht auf Geborgenheit nicht verwunden haben, reagieren, vom Karriere-Erlebnis ausgekühlt, im persönlichen Erlebnisbereich überempfindlich auf Zeichen und Gesten, auf Beiläufiges. Wenn die Simultandolmetscherin zum Ende der wenigen Tage an der Kalabrischen Küste den Mann fragt, woran er eben gedacht habe, und er sich an die Cernica erinnert, die ihm, einem leidenschaftlichen Taucher, mit der Harpune zu treffen nicht gelungen ist, so enthüllt die krampflose Bildhaftigkeit dieser Antwort die Tragik der erotischen Erfahrung. Anders als in der frühen Prosa der Bachmann aber löst der Verlust, löst das Ende der Beziehungen keinen Zusammenbruch mehr aus. Ein flüchtiges Bild: Elisabeth hat den Pullover aufgehoben, den der Mann beim Aufbruch vom Strand verloren hat. Sie schmiegt ihr Gesicht in die weiche Wolle. Sie ist glücklich. Das Erlebnis gerinnt zur Erinnerung. Nachher beim Aufbruch aus dem Hotel ruft sie dem Barjungen fast übermütig "Auguri!" (Wünsch dir was) zu.

Für die andere Elisabeth, die auf den Waldwanderungen in Kärnten alle Verluste ihres Lebens noch einmal durchlitten hat und den Aufenthalt bei dem Vater abbricht, als ihr eine Boulevardpressentragödie, in die eine ihrer einstigen Mitschülerinnen verstrickt ist, die Irrealität ihres eigenen Schmerzes verdeutlicht, gewinnt fast unvorbereitet ein Talisman Schutzfunktionen. Im wahnwitzigen Doppelwunsch nach Glück und Zerstörung und doch gelähmt vom Vorwissen der Trennung, hat sie zu ihrem jungen Liebhaber nach Paris zurückkehren wollen und unterwegs auf dem Wiener Flughafen einen Mann ihres Alters getroffen, den sie früher als den robusten Verwandten eines - vielleicht des faszinierendsten - Partners ihres Lebens kaum beachtet hat. Das Geständnis seiner Liebe, schüchtern auf einen Zettel geschrieben und ihr zugesteckt, rührt, ja erschüttert sie und nimmt der unvermeidlichen Trennung von dem Jungen in Paris die Bitterkeit.

Das Flüchtige als das Bleibende, die scheinbare Zufälligkeit als die Gesetzlichkeit, die unverbundenen und doch aufeinander wirkenden Fakten jedes Lebens - Erfahrungen, die Ingeborg Bachmanns psychologische Prosa beherrschen. Sie kann tiefe und stumpfe Farben nebeneinandersetzen, sie kann die Lebensschichten durchscheinend machen, noch immer die einzige Erotikerin unter den schreibenden Frauen unserer Sprache. Dennoch bleibt ihr ein Haut-Ekel vor dem Groben, Lauten, Sexuellen, eine Scheu vor der prallen Szene, vor der brutalen Realität anzumerken, die sie in den schwächeren Texten, "Die glücklichen Augen" und "Probleme", in eine preziöse Melancholie überkippen läßt; hier ist man an Damenliteratur erinnert und stellt eine Unsicherheit der sozialen Zuordnung fest, die für eine Erzählerin dieser Sensibilität eigentlich nicht erlaubt ist. Nicht umsonst gelingen ihr ja die intellektualisierten Frauen, während die sozial nicht bestimmbaren gesichtslos werden, ohne daß sie daraus erzählerisches Kapital schlägt. Dabei hat sie die Kraft zur Darstellung einfacher Menschen, sei's die alte Mutter des berühmten Arztes in "Gebell", sei's der Vater Mantrei mit seinen Alterssensationen, Vorurteilen und seiner Altersgüte in "Drei Wege zum See".

Das heißt nicht, Ingeborg Bachmann ein soziales oder politisches Engagement einreden zu wollen, das ihrer hochgezüchteten subjektiven Sensibilität widerstreben muß, sollte sie aber auf die Gefährdungen ihrer Begabung aufmerksam machen und vor den Vereinfachern in Schutz nehmen, die ihr die Flucht aus der gesellschaftlichen Wirklichkeit ihrer Gegenwart nachsagen werden. Denn die hellen Schlüsse, die sie in den beiden großen Erzählungen "Simultan" und "Drei Wege zum See" findet, auch die Erkenntnis der nachlassenden Schärfe des Leidens im späteren Leben bezeugen die Präzision der Wahrnehmung, die die subjektive Sensibilität durchstoßen hat; die sie unter der von Routine und Geschäftigkeit aufgewühlten Oberfläche des Lebens die Leidensfähigkeit und Leidenschaftlichkeit des Ichs benennen und verteidigen läßt und sie mutmaßlich immer bewußter vor der preziösen Melancholie bewahren wird, der ihre Begabung ausgesetzt ist.
Der Tagesspiegel, 1.10.1972

Ingeborg Bachmanns "Selbstgespräche"

Von Günter Blöcker

Nicht nur Politiker und Generale, auch Poeten brauchen Fortune. Andernfalls kann es geschehen, daß selbst außergewöhnliche literarische Leistungen unbemerkt und folgenlos dahinwelken. Hat aber ein Autor das, was Schiller das "gewogene Glück" nannte, dann ist er nahezu immun. Dann schöpft er aus unerschöpflichem Kredit. Dann ist ihm, um mit Schiller fortzufahren, "schon vor des Kampfes Beginn die Schläfe bekränzt".

Auf keinen Autor deutscher Sprache trifft dieser Tatbestand eines durch nichts zu erschütternden literarischen Charismas so unbedingt zu wie auf *Ingeborg Bachmann*. Was immer sie der Öffentlichkeit hinreicht, Gedicht, Hörspiel, Erzählung, kleine Prosa, und mit wie zögernder, schwankender Gebärde, mit wieviel hinhaltendem Raffinement sie es auch tut - der Lorbeer ist ihr sicher. Nur einmal meinten wir um sie zittern zu müssen: als sie im vergangenen Jahr ihren ersten Roman *Malina* veröffentlichte. Sein preziöser Seelen-Exhibitionismus, seine durch anspruchsvolle Künstlichkeit nur unzulänglich kaschierte Trivialität, diese unbekömmliche Mischung aus Freud, Wittgenstein und Agnes Günther schien uns unvereinbar mit dem, was wir - und wir vermuteten: auch andere - an dieser Autorin schätzen und bewundern. Doch unsere Sorge erwies sich als unbegründet. Das Gesetz des "allmächtigen Glücks" blieb Ingeborg Bachmann treu. *Malina* errang Bestseller-Ruhm; und nicht wenige Kritiker priesen die Flucht in den "schönen Text" und seinen hochstilisierten Feuilletonismus als eine letzte Möglichkeit des unmöglich gewordenen Erzählens.

Daß die Autorin selbst es nicht ganz so arg gemeint haben konnte, zeigen die Erzählungen, die sie jetzt, anderthalb Jahre später, unter dem Titel *Simultan* herausgebracht hat. Bewußt oder nicht, greift Ingeborg Bachmann darin auf eine Gestaltungsmaxime zurück, die ihr als Lyrikerin, aber auch in ihrer Kurzprosa (dem unvergleichlichen *Was ich in Rom sah und hörte* etwa) von Anbeginn die erstaunliche Sicherheit gegeben hatte. Diese untrügliche Richtschnur heißt: Absicherung des lyrischen Höhenflugs im Empirischen, Befestigung der Gedankenmusik im Gegenständlichen, strenge Orientierung einer expansiven Subjektivität am Konkreten. Wo Ingeborg Bachmann solchen Rückbezug vernachlässigt und sich mehr oder minder unkontrolliert verströmt, gerät sie, wie ihr Roman gezeigt hat, ins Konturenlose. Ihre außergewöhnliche Sensibilität braucht die Partnerschaft des Realen, ebenso wie dieses ihre Sensibilität braucht, um sich uns voll zu erschließen.

Halt am Realen - das ist nicht zuletzt auch Halt an einer überschaubaren Erzählperson. Das erzählende Ich in *Malina* suchte die Totalität, es uferte aus in eine weibliche Wunsch- und Schmerzenswelt, die personal nicht mehr recht zu fassen war. In den fünf Erzählungen des neuen Bandes bescheidet Ingeborg Bachmann sich mit psychologischen Teilaspekten, die risikolos zu personalisieren sind. Dennoch: faßt man die fünf Stücke als Einheit auf, als Sätze eines Variationenwerks gewissermaßen, dann ist die Introspektion kaum weniger vollständig als in *Malina*. Nur meidet sie den Griff nach dem Absoluten, hält sie sich im individuell Belegbaren, bleibt sie - Erzählung. Und noch etwas anderes vermeidet die Autorin diesmal zu ihrem Vorteil: den Verkleidungstrick, das ihrem eigenen spezifischen Tonfall Gewalt antuende Sprechen durch eine männliche Maske, das einigen Arbeiten aus dem früheren Erzählungsband *Das dreißigste Jahr* gefährlich wurde.

Fünf Erzählungen, das heißt diesmal: fünf weibliche Stimmen, jede von ihnen individuell nuanciert und doch beheimatet in einem gemeinsamen Seelenmaterial. Es sind Ansichten des größeren, des umfassenden Ichs der Erzählerin selbst, personale Abspaltungen, denen die Autorin die Gunst einer begrenzten Souveränität gewährt. Dabei ist keine der Geschichten eine ausgesprochene Ich-Erzählung. Aber die Technik des *point de vue*, der Ingeborg Bachmann sich hier bedient, unterwirft auch die beschreibenden Partien dem Bewußtsein der jeweiligen Hauptfigur. Das gilt selbst noch für die überwiegend in der dritten Person geschriebene Erzählung, *Das Gebell*, ein Glanzstück des Bandes. Da wird eine Illusion bloßgelegt, Schicht um Schicht. Doch die eigentlich Aktive in diesem Prozeß ist die alte Frau selber, die vor sich und anderen die fromme Lüge aufrechtzuerhalten sucht, sie sei die Mutter eines zärtlichen, fürsorglichen Sohnes, und dabei von den Aktionen ihres eigenen Unterbewußtseins drastisch widerlegt wird. Was hier als Beschreibung auftritt, ist lediglich Zeugenschaft, ausgerichtet auf das zentrale Ereignis einer Selbstenthüllung.

Jede Stimme in diesem Quintett von Erzählungen ist ein Selbstgespräch, auch wenn die Formen flexibel gehalten sind. Besonders deutlich wird das an dem umfangreichsten Stück des Bandes *Drei Wege zum See*. Eine, wie sie selber meint, für die Fremde Geschaffene, eine Exilierte durch Natur und Bestimmung, kehrt besuchsweise in ihre Vaterstadt zurück (es ist Klagenfurt!) und erläuft sich auf den Wanderwegen ihrer Heimat, bestürmt von Vergangenheit, ein neues Selbstgefühl. Oder hofft doch, es zu tun. Es mißlingt, sie reist wieder ab und wird - schon auf dem Flugplatz - von der Gewißheit gestreift, daß es auch für sie das hätte geben können, was sie ein Leben lang für unmöglich gehalten hat: die Sicherheit einer großen, fraglosen Liebe. In dieser bewegenden, in einem sehr schönen Sinne altmodischen Geschichte voller Wehmut und herber Gescheitheit hat sich die Erzählerin Ingeborg Bachmann ganz gefunden. *Drei Wege zum See* gehört zum Besten, was sie überhaupt geschrieben hat.

Der verhaltenen Feierlichkeit dieser Erzählung entspricht auf der anderen Seite eine sehr pointierte Selbstironie. In *Probleme, Probleme* lauschen wir den lustvollen Seufzern einer vom bösen Leben Überforderten, die aus solcher Qual bequemen Gewinn zieht. Da alles "grauenvoll" ist, unzumutbar, eine "furchtbare Belastung", hat sie es leicht, sich guten Gewissens in die flachste Innerlichkeit, das heißt: in die Schonbezirke eines vulgären Egoismus zurückzuziehen. Und auch die Heldin der Geschichte *Die glücklichen Augen* entzieht sich. Sie lebt unter der Obhut ihrer eifrig kultivierten Kurzsichtigkeit, die es ihr erspart, der Welt ins wenig freundliche Angesicht blicken zu müssen. Auf diese Art wird sie zur Virtuosin einer Hilflosigkeit, kraft der sie sich - leidend zwar, aber ungeheuer erfolgreich - ihre Umgebung dienstbar macht. Das sind beides Varianten einer wohlbekannten Bachmann-Thematik: der Konflikt zwischen verklärter Binnenwelt und desillusionierender Außenerfahrung und dessen kunstreiche Überspielung - aber vorgeführt mit einer neuen, flirrenden Leichtigkeit und einem imponierenden Abstand zum eigenen Selbst.

Nicht ganz so eindeutig ist die Titelstory *Simultan*. Auch hier der Zauber eines geschmeidigen, geistüberglänzten Parlandos; auch hier ein Frauenporträt oder Frauenselbstporträt, nämlich das einer in ihrem Beruf überaus erfolgreichen Simultandolmetscherin, die ihre Tüchtigkeit wie einen Schutzschild gegen die Irritationen des Unmittelbaren handhabt. Doch die Brillanz der psychologischen Miniatur wird beeinträchtigt durch metaphysische Überfrachtung. Daß die Heldin auf einer Italienreise durch die "groteske Anmaßung" einer riesenhaften Christus-Statue, die oberhalb eines armseligen Fischerdorfes errichtet wurde, aufgeschreckt und in einen Zustand produktiver Verstörung versetzt wird, wirkt allzu arrangiert und absichtsvoll, es ist dem Organismus der Erzählung nicht hinreichend einverleibt. Die Ausbeutung des von außen kommenden Begriffs "simultan" als einer Gleichzeitigkeit des Widersprüchlichen tritt hier an die Stelle wirklicher thematischer Konsequenz. Doch das ist das einzige Mal, daß die Autorin die erzählerische Wahrheit ihrer Neigung opfert, ins gar zu Bedeutungsträchtige und das heißt meist: ins Unbestimmte zu entweichen.

An *Malina* war gut, was *nicht* auf den Roman abzielte: also die jähen Momente der Wahrheitsfindung durch ein kühnes Bild oder eine überraschende Wendung, die auf den "großen" Zusammenhang nicht angewiesenen Exkurse, die ironischen Einlagen, das Impressionistische, das sich nicht mit der Impression begnügt, sondern sie umschafft in "Verstehenserlebnisse". Doch alles das war in einen trüben Bindestoff eingebettet, der als Hauptsache verstanden sein wollte. In den neuen Erzählungen sind das Einzelne und die sinnerschließenden Eigenschaften, die ihm aus der jeweiligen erzählerischen Konstellation zuwachsen, die Hauptsache. Hier kann sich die Autorin auf ihre Partialbegabungen verlassen, und sie tut es mit Feingefühl, Intelligenz und nahezu unfehlbarer sprachlicher Treffsicherheit.

Scharf von Erkenntnis und bitter von Sehnsucht müsse die Poesie sein, hat Ingeborg Bachmann einmal gesagt. Beides ist auch im Hintergrund ihrer Prosa, dieser Prosa, anwesend. Aber vor dem Hintergrund hat sich eine neue Qualität herausgebildet, eine gedämpfte, jede Überbetonung meidende Weltläufigkeit, die es versteht, sich auch im "Beiseitesprechen" ohne Einbuße zu artikulieren.
Merkur, Jg. 26, Heft 10, Okt. 1972, S. 1038-1040

Wirklichkeit und Kunstfiguren

Von Joachim Kaiser

Zur Schamlosigkeit des öffentlichen Literaturbetriebs gehört, daß jedermann von bestimmten Autoren *etwas verlangen kann*. Und zwar nicht nur Spannung vom Krimiproduzenten, oder entlegene Zitate von Arno Schmidt, sondern auch "Poesie" und ein ganz bestimmtes Ausdrucksniveau, zumindest etwas "besonderes", von Ingeborg Bachmann. Weil sie sich mit großen Gedichten eingeführt hat in unsere Nachkriegsliteratur, weil sie uns exzentrische Novellen schrieb und unter dem Titel "Das dreißigste Jahr" publizierte - übrigens wahrhaft "exzentrische": von mittlerer Ausgangssituation ausgehend, gelangten die damaligen Bachmann-Geschichten stets in wahrhaft extreme Bereiche -, darum sollen nun die unter dem Titel "Simultan" veröffentlichten Novellen der mittlerweile ja zehn Jahre älteren Autorin gefälligst diesem Bilde entsprechen. Und wenn sie es nicht tun, dann wehe ihnen und ihr.

Kann man die vorliegenden durch Vorabdrucke leider fast sämtlich schon bekanntgewordenen fünf mehr oder weniger "neuen" Erzählungen der Ingeborg Bachmann auf eine Formel bringen? Ja, überraschenderweise. Diese Texte sind nämlich, verglichen mit Früherem, durchweg enger; sie entbehren des Phantastischen und Rauschhaften. Sie haben ein Thema, eine Figur - und handeln das ab.

Die Heldin der Titel-Novelle, eine "Simultan"-Dolmetscherin, will ihr Leben, ihre private Existenz freihalten von Zerrüttungen und degoutanten Geschmacklosigkeiten. Sie läßt sich nicht gern "ein" auf etwas und muß sich später beklommen fragen: "Man kann doch nicht über dem Herumziehen in allen Sprachen und Gegenden das Weinen verlernt haben ..." Kein Wunder, daß die Affäre (im Luxushotel, früher nannte man so etwas "Wochenende") zwischen ihr und einem FAO-Manager seltsam blaß und sogar blaß-unglücklich bleibt.

"Probleme Probleme" heißt die zweite Erzählung. Eine oft witzige Skizze über ein zugleich tief schlaf- und friseursüchtiges mondänes Dummchen, dessen weibliche Abgrundlosigkeit geradezu abgründig erscheint. "Daß zwei Büstenhalter zu eng und die anderen zu locker waren, das konnte wohl nur ihr passieren, weil sie so oft ohne rechten Verstand gespart hatte, aber jetzt hatte sie wenigstens ihre hauchdünnen, dreieckigen, immer sitzenden Slips, die sie Jeanne verdankte, ebenso den Hinweis auf die Büstenhalter, obwohl sie nach dieser kurzen heftigen Freundschaft mit einer Französin, einer wirklichen Pariserin, zur Einsicht gekommen war, daß viel auch in Paris nicht zu lernen war und daß es sich also wohl kaum lohnte, überhaupt etwas zu lernen, wenn das der Ertrag war."

"Ihr glücklichen Augen" heißt die Geschichte über eine Dame namens Miranda, die Kurzsichtigkeit wie einen Schutzschild vor sich herträgt, nötigend und mühsam (vor allem für die anderen). Die bedeutendste Story des Buches ist gewiß "Das Gebell" - Skizze über eine alte Frau, die von ihrem mittlerweile sehr berühmt gewordenen Sohn souverän vernachlässigt, von dessen wechselnden Ehefrauen gelegentlich sogar etwas besser behandelt wird, und die sich nicht eingestehen mag, daß sie ihren vergötterten (scheußlichen) Sohn keineswegs liebt, sondern eher die Erinnerung an ein anderes Kind, dem sie einst Gouvernante war. "Drei Wege zum See" schließlich heißt die letzte Novelle. Sie gibt die Bilanz eines erfolgreichen Photographinnenlebens, einer Existenz, die weder in ihrer Arbeit noch in "menschlichen Beziehungen" sich wirklich zu befestigen vermochte.

Was legen diese Inhaltsangaben nahe? Doch wohl nicht, daß man mit einem raschen "Na und?" antwortet - als seien konkrete Beschreibungen von Lebewesen und Lebeweisen überflüssig. Natürlich ließe sich weiter fragen: Wäre eine so amüsante und geschlossene und harmlose Skizze wie "Probleme Probleme" auch der literarischen Rede wert, wenn sie nicht aus der Feder und dem Bewußtsein, vielleicht sogar Schuldbewußtsein, von Ingeborg Bachmann stammte? Doch während man diese Frage durchdenkt, spürt man, daß es eine unerlaubte (Suggestiv-) Frage ist. Zu wissen, daß Ingeborg Bachmann hier ein Spatzenhirn zu einem inneren Monolog brachte, daß es Ingeborg Bachmann war, die diesem Geschöpf seine Grenzen setzte, die so heftig und kenntnisreich abrechnete mit ihm und sich: davon kann man nicht einfach absehen. Becketts Vierzig-Sekunden-Stück "breath" hat auch nur Sinn im Kontext mit Becketts Gesamtwerk.

Dem "Malina"-Roman wurde vorgeworfen, er sei erstens zu mysteriös und zweitens männerfeindlich (was für Kategorien!). Für die "Simultan"-Novellen trifft eher das Gegenteil zu: Sie sind feminin-antifeminin und sie verschleiern nichts: ruhige alte Menschen sind hier die verläßlichen Gegenfiguren.

Natürlich sieht Ingeborg Bachmann auch hier die "Wirklichkeit" so, wie sie wohl schon immer Wirklichkeit erlebt hat: nämlich als eine Form der Belästigung (Haß auf österreichische Gemeinheit und Liebe zu habsburgischer Diskretion gehen gut zusammen). Auch hier ist Realität Beweggrund für das unabänderliche Heraufdämmern prächtigen und traurigen Unglücks. Doch mit alledem will die Autorin dieses Mal offenbar möglichst wenig zu tun haben: Hier notiert sie Tonfälle - intelligent, witzig, betroffen, sentimental, keineswegs bewußt brillant. Hier notiert sie seniles Verhalten und mondänes Mitmachen. Gelegentlich lächelt sie. Erkenntnisekel scheint ihr fern.

Darf das alles nicht sein? Sind menschliche Attitüden, von einer solchen Autorin scharf und empfindsam gesehen, unwichtig - nur weil Ingeborg Bachmann nicht gerade als realistische Massenbezwingerin imponieren kann und will? Zugegeben, der Ehrgeiz dieser Skizzen ist nicht riesengroß. Sie sind manchmal, viele Wort-Wiederholungen zeigen es an, ein wenig leichthin (aber nicht schlampig oder schlecht) geschrieben. Empfindung, mitunter etwas überfallartig sich darbietend, scheint dann und wann erfolglos beiseite geschoben.

Doch allen möglichen Einwänden zum Trotz fügen sich diese - interessanten, lesbaren, verständlichen - Geschichten in Ingeborg Bachmanns epischen Kosmos. Namen, die man bereits anderswo her kennt, kommen wieder vor, es wird angespielt auf andere Bachmann-Szenarien. Zurückhaltender Realismus und eine Kunst-Figuren-Welt mischen sich. Je kürzer, überschaubarer, eindeutiger Ingeborg Bachmann erzählt, desto überzeugender erledigt sie hier die Aufgaben, die sie sich gestellt hat und die sie sich von ihren Freunden oder Kritikern oder Bewunderern wahrlich nicht vorschreiben zu lassen braucht. Einzig die ausführlichste Novelle, nämlich die letzte ("Drei Wege zum See"), scheint mißlungen zu sein. Denn dieses Stück, von Ingeborg Bachmann wahrscheinlich sogar mit dem größten Engagement geschrieben, ist für eine betreffende und treffende "Erzählung" zu vage, zu unverbindlich und umständlich konstruiert, aber ein romanhaft reiches Gebilde ist auch nicht daraus geworden. Bei den anderen Geschichten hingegen imponieren Kunstverstand, klug verteilte und verborgene Leitmotive, ein später Sinn für die Gewichtigkeit des Wirklichen und unverhoffter Witz.
Süddeutsche Zeitung, 4./5.11.1972

Leere, trübe Frauengeschichten

Von Eckhard Henscheid

Von den fünf Geschichten (vermutlich Abfällsel des Romans "Malina"), die Ingeborg Bachmann hier zu einem Buch zusammengefaßt hat, ist die zweite "Probleme, Probleme" die stärkste und einleuchtendste. Das Mädchen Beatrix aus Wien, das partout überhaupt nichts auf der Welt will, als ihre Tage alternierend zu verschlafen und beim Coiffeur abzuleisten, um sich für einen Mann herzurichten, von dem sie auch wieder nichts will, diese Beatrix steht nicht allein für jene zahlreichen Konfusionen der Feminität, die man nicht erst seit Germaine Greer langsam kennt: Narzißmus, Perversionen, Scheinhaftigkeit usw. Ingeborg Bachmann fixiert da auch nicht nur, präziser vielleicht als selbst Wolfgang Bauer, das speziell wienerische Schlappheits-Klima der 70er Jahre, vielmehr transzendiert ihre Geschichte das Bekannte und fast allzu Typische überraschend dahin, daß betreffende Niedergänge - hier die Verliebtheit in Kosmetik - sub specie von weiß der Himmel was offenbar sein müssen, soll der Laden, die Menschheit, überhaupt noch einigermaßen vital weiterlaufen. Die Erzählerin ist mit ihrer Figur einverstanden.

Eine komische Perspektive also, und nicht die einzige in diesem Buch. Ingeborg Bachmann hat, so scheint es, eine epische Qualität gewonnen, die deutlich über ihren ersten Erzählungsband "Das dreißigste Jahr" hinaus und weiter führt. Die komplizierten "Sensibilitäten" (Bachmann), die schon immer der Inhalt ihrer Arbeiten waren, kehren in "Simultan" wieder, aber sie erscheinen nun handgreiflicher. Immer geht es zwar um sehr gemischte, mehrschichtige Gefühlszonen sozusagen am Rande der Beschreibbarkeit. Doch steht der Bachmann jetzt jener klassische Kunstgriff der relativierenden Distanz zu Gebot, der ihre Geschichten vom eher Lamentösen weg ins Totale rückt und der offenbar noch immer die Hausregel bedeutender Epik ist.

Keineswegs geht dabei die bewundernswürdige Kunst der an Lyrik geschulten Erzählerin Bachmann verloren. Sie hat aus den bevorzugten Techniken des rhapsodischen, "impressionistischen" Erzählens, des Zerfließenlassens von Vorgängen und Bewußtseinsprozessen ein fast unverwechselbares Parlando entwickelt, dessen Pathos Melancholie ist, wenn man so sagen darf: die Gleichgültigkeit von Glück und Elend, wie sie an allen erzählten Figuren, fünf Wiener Frauen, widerscheint.

Fünf armen, recht verstörten, aber keineswegs besonders schicksalsgeschlagenen, Frauen. Beatrix, die Kosmetik-Fetischistin; Miranda, die sich vor dem unheimlichen Alltag in den Schutz der Kurzsichtigkeit flüchtet; eine Simultan-Dolmetscherin, die dem mörderischen Betrieb einer UN-Organisation auf der Urlaubsfahrt mit einem Freund entlaufen möchte; eine alte Frau Jordan, die von ihrem berühmten Karriere-Sohn in subtil schäbiger Weise versetzt wird; die in Paris zur Star-Fotografin hochgediente Elisabeth Matrei, die, 50 Jahre alt, im Kärntnerischen Heimaturlaub macht und ihre quasi zufällig verpfuschten Ehen und Affären memoriert.

Bescheidene, spröde, wenig aufregende Themen, keine der Geschichten ist auch im novellistischen Sinn pointiert, Ingeborg Bachmann hat das Grundmotiv gleich mitgeliefert: "In all diesen Geschichten war etwas trübe und leer." Dem verdankt sich in vielen Fällen eine schöne lyrische Gebrechlichkeit nach großer österreichischer Erzählertradition, die vor allem an Hofmannsthal, Schnitzler und Musil denken läßt; das riskiert aber auch (vor allem in der recht breit geratenen letzten Geschichte) Mängel der dramatischen Komposition, die durch eine gewisse, und sei es noch so erlesene, Tratschigkeit nur schlecht kaschiert werden.

Und durch literarische Assoziationen, deren es fast zu viele zu entdecken gibt. So spielt die Erzählung vom kurzsichtigen Mädchen, "Ihr glücklichen Augen", an Goethe, an Gides Pastoralsinfonie und Max Frischs Gantenbein gleichzeitig an; und die Geschichte von der Simultan-Dolmetscherin hat Musils "Reise ins Paradies", bewußt oder unbewußt, schon allzu penetrant vor Augen.

Einer Erzählerin vom Rang Ingeborg Bachmanns müssen auch Fehler angekreidet werden, die man minderen Autoren nachsieht, sonst würde man überhaupt nicht mehr fertig. Schön ist, daß Bachmann das Risiko von Metaphern und schwieriger Bildkonstruktionen nicht scheut. Manches gelingt: "In Gedanken immer woanders, bei ihm und ihrer Empfindung für ihn"; anderes bewegt sich schon am Rand des Akzeptablen: "Sie waren ineinander verhärgt gewesen"; aber so geht's natürlich nicht mehr: "Sie tauchte die Füße in den Abgrund zwischen den beiden Betten." Ein anderer, gerade ihrer spezifisch lyrischen Prosa tödlicher Lehrlingsfehler: die Dinge direkt zu benennen, anstatt ihnen zum Ausdruck zu verhelfen: "Da Miranda die Wirklichkeit nicht toleriert, aber doch nicht ohne einige Anhaltspunkte weiterkommt, unternimmt die Wirklichkeit von Zeit zu Zeit kleine Rachefeldzüge gegen sie." Und streng gerügt sei diese Autorin von Anspruch dafür, daß sie, noch immer, hie und da modische Gelackt- und Geleckheiten in ihre Prosa manövriert, deren schlechter Duft der großen weiten Welt eigentlich eher dem Kameraden Simmel anstünde: "Danke, Canaille, sagte Elisabeth lächelnd" zu einem Mordsklischee von Illustrierten-Boß, und daß in einer immerhin österreichischen Erzählung "gecrawlt" und nicht gekrault wird, macht die Sache auch um keinen Deut poetischer.

Solche Ausrutscher sind ärgerlich, gemessen aber an den Vorzügen des Buchs verschwindend. Ingeborg Bachmanns "Simultan" ist alles andere als ein "Ereignis" oder was sonst an dummen Vokabeln die Literaturszene beherrschen mag. Es ist sogar, verglichen mit den Ansprüchen einschlägiger Interessenvertreter auffallend konservativ, unmodern, fast altmodisch; die Veralterung der deutschen Nachkriegs-Moderne zu untersuchen wäre vielleicht mal eine ganz vernünftige Sache. Aber es gibt ja - auch außerhalb der Bachmann-Gemeinde - sicher Leute, die es als wohltuend empfinden, einmal kein Ereignis und keinen Superlativ und keine Zukunftsprosa lesen zu müssen, sondern ein Ding, das man zu Zeiten "das gute Buch" nannte.
Frankfurter Rundschau, 1.11.1972

Trotta kehrt zurück

Von Jean Améry

Es war nur eine Zufallsbegegnung mit einem Buch: daß sie den Coup de foudre entfachte, die jähe Passion für eine schriftstellerische Leistung, ist wohl auch nur der Konvergenz zahlreicher voneinander unabhängigen Kausallinien zu verdanken, von denen ich hier vorzüglich eine mir vornehmen will, die sei durch das Wort *Österreich* gekennzeichnet.

Die fünf Novellen Ingeborg Bachmanns sind ein Stück österreichischer Literatur dieser Zeit, von einer Österreicherin geschrieben, bewegend und "nachvollziehbar", wie man dies jetzt nennt, vielleicht nur innerhalb eines Systems österreichischer Anhaltspunkte. Was sollte auch ein junger Nichtösterreicher anfangen mit einem Herrn von Trotta, der in der Novelle "Drei Wege zum See" aus der Nacht österreichischer Vergangenheit heraustaucht? Die berufsmäßig polyglotte Dolmetscherin Nadja, die Starfotografin Elisabeth, die narzißtischträge Beatrix, die kurzsichtige Miranda, die um die Liebe eines vergötterten Sohnes betrogene alte Frau Jordan - sie sind allesamt österreichische Frauen, denkbar nur in der Umwelt dieses "Staates, den keiner wollte", mögen sie auch die Welt zwischen Paris, Genf, London, New York assimiliert haben. Sie sind weltflüchtig auch inmitten einer Mondänität, die gelegentlich nach einem Parfüm, Marke

Sagan, duftet: dieses übertäubt nur den süßen Modergeruch der Hofmannsthalschen Terzinen über Vergänglichkeit, der Schnitzlerschen gefährlichen Liebeleien, der muffigen Garnisonen aus Joseph Roths "Radetzkymarsch". Elisabeth und Nadja flüchten überstürzt und suizidär nach vorn, hinaus in eine Welt, die sie nicht bestehen können. Miranda flieht in ihre Kurzsichtigkeit, der sie am Ende zum Opfer fallen muß, Beatrix auf ihr zerwühltes Faulbett im dürftigen Zimmer oder zum Luxuscoiffeur, bei dem *etwas mit ihr geschieht*. Was sie, die so sehr voneinander Verschiedenen, verbindet, ist immer wieder ein bürgerliches Österreich, das nur noch der Schatten des Höhlengleichnisses Platons ist. Ich mache mir nichts vor: Es ist in Wahrheit ein Totenreich, durch das die Autorin uns führt. Die zeitgeschichtlichen Referenzen - Vietnam, die FAO, Algerien, die moderne Psychologie - bleiben der Essenz dieser Erzählungen eigentümlich fremd.

Duzbrüderschaft mit dem Gestern

Dem Zauber dieser in die unsrige fremd hereinragenden Welt von gestern kann dennoch zumindest der sich nicht entziehen, der selbst mit diesem Gestern noch auf du und du steht, sei die Duzbrüderschaft auch ironisch gebrochen oder sogar durch Haßliebe entstellt. Wer je mit Leutnant Gustl in der Hauptallee saß, wer mit der jungen Therese durch ein noch ganz provinzielles, von Festspielrausch noch nicht träumendes Salzburg "gewandelt" ist (denn jawohl: "wandeln" heißt es bei Schnitzler), wer mit Törleß die Schulbank drückte und uferlose Gespräche mit Musils Walter und Clarissa führte - wer also das literaturgewordene bürgerliche Österreich in sich trägt, der ist der hypnotischen Wirkung, die von diesen Novellen ausgeht, anheimgegeben: "Wer die Schönheit angeschaut mit Augen ..."

Irre ich mich nicht, dann wurde der österreichische Reflex naiv und zugleich sentimentalisch hervorgerufen. Die Leichtigkeit und Nebenhingesprochenheit - oder soll ich sagen: die Schlamperei? - des Stils ist sowohl österreichisches Parlando wie wohldurchdachte, kompositorische Technik. Von den fünf Frauen wird so erzählt, daß die je von der Verfasserin in Besitz genommene Sprachebene haargenau der Bildungs-, Intelligenz- und Gefühlshöhe der beredeten Unheldin entspricht, und zwar so, daß nicht nur die direkte Aussage im Vokabular der Personen vorgetragen wird, was ja nur eine Selbstverständlichkeit wäre, sondern daß bis in die feinsten Nuancen das gesamte Sprachspiel einer jeden Erzählung für sich steht, unverwechselbar, unvergleichbar mit den anderen. Die Titelnovelle "Simultan", in der Nadja, die Übersetzerin, die mit dem zufälligen Reise- und Bettpartner nach Kalabrien vor ihrer aufreibenden und sinnlosen Existenz davonläuft, hat den jagenden, atemlosen Rhythmus, in dem in ihren Kabinen die Simultan-Dolmetscherinnen blitzschnell die für sie inhaltsleeren Sätze übertragen müssen. In "Probleme Probleme" ist der klinische Fall der in einer narzißtischen Neurose versinkenden Beatrix direkt sprachlich gegenwärtig als monomanische Monotonie. Um die Frau Jordan der kurzen Erzählung "Das Gebell" liegen die Sprachtrümmer altersverfallener Wiener Vorstadtgassen. Und Elisabeth, die Trägerin der längsten und schönsten Novelle, die doch draußen in der Welt mit Julian Huxley und Marc Chagall diniert hat, haust in der Sprachwelt Klagenfurts, wo man nicht alt sein muß, wie der Herr Matrei, um sich irritiert zu zeigen über die bundesdeutschen Feriengäste, die von neun Uhr morgens an grölten, ihre Autos immerzu wuschen und dann nach 'Fenedig' rasten.

Nur ist freilich die Feststellung der deutlich gegeneinander abgegrenzten Sprachspiele ergänzungsbedürftig. In einer sehr tiefen Sprachschicht nämlich gehören sie durch die Unverkennbarkeit eines noch die fremdsprachigen Einsprengsel imprägnierenden österreichischen Tonfalls zusammen. Und damit komme ich zu einem Punkt, wo meine ganze subjektive Bewegtheit über diese Geschichten, die österreichische Gleichgestimmtheit, mit der Verfasserin denn doch vielleicht überschritten werden und ich in einen objektiveren Bereich vordringe. Sehe ich nämlich recht, dann wird hier der Versuch unternommen, eine österreichische Literatursprache zu schaffen oder wiederentstehen zu lassen.

Dieses methodische Zurückschreiten in eine ältere österreichische Sprachwelt, das allerdings von der Verfasserin nicht durchgehend gehalten werden kann, hat, glaube ich, zweierlei Gründe. Der erste ist unzweifelhaft eine Verbindung mit der österreichischen Vergangenheit, die besonders eng ist, wenn man als freiwilliger oder unfreiwilliger Exilierter im Ausland lebt, da sie in solchem Fall zu einer Form der Ichfindung und Selbstkonstitution wird. Der zweite ist jedem heute deutsch schreibenden Schriftsteller vom eigenen Werkplatz her bekannt: Man kämpft einen verzweifelten Kampf gegen das Neudeutsch der verschiedensten Schattierungen und Bildungsräume. Man will um keinen Preis "verunsichern" sagen oder "verkraften" oder gar "kleinkariert". Man hat panische Angst davor, "grünes Licht" zu geben, oder für "Erhöhung" den teuflischen Ausdruck "Anhebung" zu gebrauchen.

"Reaktive" Sprache

Doch halt - gerate ich hier nicht unversehens in ein kulturreaktionäres Fahrwasser, in das ich überdies noch die Schriftstellerin Ingeborg Bachmann ganz unerlaubterweise hineinreiße? Et puis? Besser als von einer "reaktionären" Sprache ist vielleicht von einer "reaktiven" zu reden: die Reaktion, die allergische, gegen das Zeitungsneudeutsch ist letzten Endes ein guter Dienst, den der Österreicher dem großen Nachbarn und der gemeinsamen Sprache erweist. Das auf den ersten Blick Archaisierende könnte sich, da es älteres Sprachgut auf einen höheren Punkt der Entwicklungsspirale hebt, auf die Dauer sehr wohl als verfeinerter und verfeinernder Modernismus herausstellen.

Ein knappes Wort schließlich zu gewissen Vorwürfen, die gegen dieses Buch erhoben wurden. Sie hatten nichts mit Österreich zu tun. Was vorgebracht wurde gegen "Simultan" war: Große Weigerung vor der Gegenwart, Preziosität, backfischhafte Überempfindlichkeit, Selbstmitleid, Geziertheit, wie sie einer Frau dieser Jahre und in diesen Jahren nicht wohl anstehe, lauter letztlich inhaltbezogene Einwände, die außer acht lassen, daß es auch für die kontemporären "Literaturproduzenten" immer noch auf das Wie ankommt, nicht auf das Was. Selbstmitleid? Nun ja, alles hängt davon ab, wer sich darin gefällt und wie er es in Sprache verwandelt; der Narrator der "Recherche", habe ich mir sagen lassen, war nicht frei davon. Verweigerung des Weltverstandes und der "gesellschaftlichen

Wirklichkeit" ist auch auf das Schuldenkonto des James Joyce zu buchen. Preziosität kann selbst innerhalb eines Werks einer und derselben dichterischen Persönlichkeit da zu großartigem Gelingen, dort zu kläglichem Versagen führen, man denke nur an Rilke. In Ingeborg Bachmanns letztem Buch machen die außerordentlich wohlschaffenden Partien uns die gelegentlichen und ganz unerheblichen Überzierlichkeiten vergessen. Die österreichische Magie inspiriert noch einmal, wie schon so oft zuvor - bei Raimund, bei Hofmannsthal, bei Roth und sogar beim frühen Artmann -, geheimnisreich und anmutsvoll die deutsche Dichtung.
Die Weltwoche, 8.11.1972

Sie nehmen die Welt nicht an

Von Geno Hartlaub

Das Stärkste an diesen fünf Geschichten ist ihr Grundmotiv, das sich in verschiedenen Variationen, aber in gleicher Intensität wiederholt: Streik dieser Welt gegenüber, in die man wider Willen ausgestellt und verbannt worden ist. Keine der fünf Frauengestalten, die in den Erzählungen die Rolle der Heldin spielen, will die graue, gemeine und abgenutzte Wirklichkeit annehmen. Sie ziehen sich aus der Welt des Alltags zurück, sie wollen ihre Rollen nicht spielen. Als Vorwand dienen ihnen äußere oder innere, wirkliche oder eingebildete Gebrechen: Extreme Kurzsichtigkeit, Verstörung durch unheimliches Hundegebell, krankhafte Schlafsucht oder wahl- und namenlose Sexualität.

Das geschilderte Grundmotiv könnte großartig und eindringlich sein, gerade durch seine Wiederholung. Doch die Protagonistinnen sind einander zu ähnlich. Der immer gleiche Schreib- und Denkstil wirkt monoton und ermüdend. Diesen Frauen fehlt der Hintergrund von Umwelt und Milieu. Der Leser kann sich die Szenerie nicht vorstellen, vor der sie agieren oder streiken. Sie stehen vor dem Nichts. Alles um sie herum bleibt ungewiß und schemenhaft: Herkunft, Alter, Privatleben, Beruf. Diese Art der Abstraktion konkreter Wirklichkeit ist von der Autorin gewiß beabsichtigt. Aber die literarische Kunstgattung der Prosa kann nun einmal nicht ganz ohne Versatzstücke aus der Wirklichkeit auskommen, darin unterscheidet sich Epik von Lyrik, in der man mit jedem Gedichtanfang die Welt gleichsam neu setzen kann, wie es gerade die junge Ingeborg Bachmann immer wieder bewiesen hat.

Von diesen gleichförmig ablaufenden Geschichten bleibt nicht allzuviel im Gedächtnis des Lesers zurück. Die inneren Monologe sind mehr musikalisch-lyrisch als dramaturgisch komponiert. Die Frauen sprechen in einem ständigen Rezitativton, Parlando. Keine stimmt eine Arie an; auch dies ist ein literarischer Kunstgriff, der jedoch nicht oder nur selten die beabsichtigte Wirkung erzielt. Die Prosa der Bachmann bekommt in diesen Geschichten etwas eigentümlich Starres und Unbeholfenes. Ihre Kargheit ist kein überzeugendes Stilmittel. Die Sprache droht manchmal in Klischee und Konvention abzugleiten. Das gilt auch für den

Inhalt, wenn es darum geht, gewissen weiblichen Sehnsüchten Ausdruck zu geben.

In jeder Geschichte treten männliche Partner und Gegenspieler auf. Sie haben verschiedene Namen, Alter und Berufe, bleiben sich dennoch ähnlich. Genau wie die Heldinnen sind sie nicht ganz angepaßt an ihre Umwelt, haben sich nur schwer in ihre bürgerliche Rolle eingefügt. Immerhin gelingt es ihnen, schmerzhafte Zusammenstöße mit der Gesellschaft, in der sie leben, zu vermeiden und auch die Geliebte davor zu schützen. Diese Männer wirken manchmal wie Drohnen im Bannkreis einer Bienenkönigin oder wie Spinnenmännchen, die nach dem Zeugungsakt von der Gattin verspeist und so der eigenen Substanz wieder einverleibt werden.

Man möchte jede der fünf Geschichten isoliert lesen. Wegen der Verwandtschaft in Ton und Thematik bekommt ihnen die "zyklische Zuordnung" nicht. Die beste Erzählung ist die letzte, vielleicht weil hier etwas außerhalb der Innenwelt der Heldin geschildert oder jedenfalls angedeutet wird: Die erfolgreiche Fotoreporterin Elisabeth kehrt aus der großen Welt an ihren Ursprungsort zurück, nach Klagenfurt in Kärnten. Ihr Vater lebt dort noch im gleichen Haus, in stoischer Ruhe und Zurückgezogenheit. Elisabeth unternimmt Wanderungen, allein oder mit dem Vater, der die Rolle des Beschützers übernimmt. Aber die "drei Wege zum See" führen eher in die Irre als zu festen Zielen. Elisabeth will sich daheim erholen, um noch einmal von vorn beginnen zu können. Sie setzt sich mit der Landschaft auseinander, die sie von ihrer Kindheit her kennt, sie zieht Bilanz ihrer Vergangenheit. Ruhelos wechselte sie zwischen Kontinenten, beruflichen Aufträgen und Männern hin und her.

Einer war dabei, der hätte es sein können, aber der Versuch, mit ihm zu leben, ist gescheitert, nicht zuletzt deshalb, weil er Elisabeths Berufswelt mit ihrem brutalen Fotorealismus feindlich gegenüberstand. Der Österreicher Trotta macht Ernst mit dem Streik gegenüber der Wirklichkeit seiner Tage: Er tut nichts, er hält nichts von der Moderne. Aber von ihm geht die Faszination souveräner Überlegenheit und Lebensart aus. Er wirkt überzeugend durch sein Dasein; er braucht die Leistung nicht, die alle anderen in Atem hält. Jahre nach der Trennung erfährt die Heldin durch einen Zufall, daß er sich das Leben genommen hat. Er tat es stellvertretend auch für sie, die jetzt, in verzweifeltem Tätigkeitsdrang, den Weg der Aktion wählt, indem sie als Journalistin nach Vietnam geht.

Deutsches Allgemeines Sonntagsblatt, 19.11.1972

Österreichische Erinnerungen und Verwirrungen

Von Christoph Kuhn

H. C. Artmann, der Poet und Sprachkünstler, Peter Handke, der sich mit jedem neuen Werk erneuert, die um die Zeitschrift "manuskripte" gruppierten jungen Grazer Schriftsteller, Thomas Bernhard, der unerbittliche Sprachchirurg, Dichter des Unausweichlichen - sie haben dem literarischen Österreich von heute zu Ansehen verholfen, haben Veränderungen herbeigeführt, durchgeführt, haben sich im deutschen Sprachgebiet hervorgetan durch besondre Spielfreudigkeit, Lockerheit, Bizarrerie, durch ausgeprägte Sprachsensibilität, Schärfe des Denkens und Sagens, Experimentierfreudigkeit, die die große Tradition nicht verleugnet.

In der Tradition

Deutlicher, wenn auch nicht unbedingt tiefer als die oben Genannten, steht die Klagenfurterin *Ingeborg Bachmann* mit ihren neuen Erzählungen - "Simultan" - in dieser österreichischen Erzähltradition. Ein dichtes Beziehungsnetz legt sich um ihre Themen und Formen, um Erinnerungen, Verwirrungen, Nostalgien: Hofmannsthalsche Kultur und Schnitzlersche Erotik, Musils Geistigkeit und essayistische Offenheit, Roths Pessimismus und Verzweiflung. Einen "Reigen" bilden die fünf weiblichen Hauptfiguren ihrer Erzählungen, und sie "wursteln" sich durchs Leben. Elisabeth Matrei in "Drei Wege zum See" verfällt zeitweise einem Trotta, der einer Nebenlinie des berühmten Rothschen "Helden von Solferino" entstammt, und ihr Vater, Herr Matrei, ähnelt, wie Elisabeth selber feststellt, jenem anderen Trotta, dem Bezirkshauptmann aus dem "Radetzkymarsch", der der untergehenden k. und k. Monarchie nachtrauert.

Was Ingeborg Bachmann von Elisabeth und ihrem Bruder sagt, gilt stellvertretend für fast alle Personen ihrer Erzählungen: "Aber was sie zu Fremden machte überall, war ihre Empfindlichkeit, weil sie von der Peripherie kamen und daher ihr Geist, ihr Fühlen und Handeln hoffnungslos diesem Geisterreich von einer riesigen Ausdehnung gehörten, und es gab nur die richtigen Pässe für sie nicht mehr, weil dieses Land keine Pässe ausstellte."

Gemeint mit "Geisterreich" und "Peripherie" ist das alte, glanzvolle Österreich, seine Sprach-, seine Lebenskultur. Übrig geblieben für die Personen der Ingeborg Bachmann sind Konventionen, leere Formen, Täuschungen, Lügen, vor allem eine beängstigend entwickelte "Begabung zum Verdrängen"; übrig geblieben ist eine seltsame Lebensuntüchtigkeit; auch Lebensersatz in sinnentleerten gesellschaftlichen oder amourösen oder familiären Bindungen; übrig geblieben sind Schauplätze; ein eleganter Coiffeursalon in Wien, ein düsteres Interieur an der Blutgasse, wo einstmals hingerichtet wurde (und weiterhin in sublimierter Form hingerichtet wird), Klagenfurter Wanderwege, die nicht mehr zum See führen.

Fluchtbewegungen

Zart berührt Ingeborg Bachmann ihre Figuren, Frauen in erster Linie (die Männer bleiben wiederum, wie in ihrem ganzen bisherigen Werk, schemenhaft) setzt sie in Bewegung, in Absetz- und Fluchtbewegung: sie beschreiben Zickzackwege, fassen Ziele ins Auge und verlieren sie wieder, geraten in Verwirrung über ihren Erinnerungen, vermögen dem, was ist, nicht zu genügen, weil sie von dem, was war, nicht loskommen, und leiden unter dieser ständigen Spannung.

Oder sie schirmen sich ab: halten Charme, Kapriziosität, Exklusivität wie Masken vors Gesicht und verbergen Angst und Schrecken dahinter.

Oder sie schaffen sich Freiräume, Schonräume, belügen sich und die andern, indem sie sich hinter einer Bizarrerie, einem Defekt auch verbergen, um nicht ertragen zu müssen, was sie nicht zu ertragen vermögen. Beatrix in "Probleme Probleme" kultiviert Faulheit, Schlaf und findet darin eine Rechtfertigung für die Isolation, in der sie lebt: "... aber seit sie erwachsen geworden war und sich heftig geweigert hatte, zu studieren oder in eine Ausbildung zu gehen, kam sie nie mehr auf die Idee, sich mit einem Mann einzulassen, und ihre Abneigung gegen diese grauenhafte Normalität, der sich alle unterwarfen, fiel zusammen mit der Entdeckung einer Perversion, ihres fetischistischen Schlafs."

Miranda - mit dem sprechenden Namen - in der Erzählung "Ihr glücklichen Augen" empfindet die ihr vom Augenarzt diagnostizierte "Stab- und Zerrsichtigkeit" als ein "Geschenk des Himmels". Denn es "erstaunt sie, wie die anderen Menschen das jeden Tag aushalten, was sie sehen und mit ansehen müssen." Sie hält es nicht aus und verlegt deshalb bewußt-unbewußt dauernd ihre Brille. So braucht sie, die Übersensible, sich nicht der Umwelt auszusetzen, die sie nur unscharf, als einen Raum, in dem sich die Dinge weich berühren, wahrnimmt, so wird sie hilfsbedürftig, darf Rücksicht in Anspruch nehmen, kann sich in ihre Invalidität verkriechen.

Böse Schlüsse

Ingeborg Bachmann freilich erspart ihr nicht den Schock, den Zusammenprall (wörtlich) mit der Wirklichkeit am Schluß der Geschichte: "... und sie sieht noch die Flügeltür und sieht nur nicht, daß die Flügel nicht mit ihr herumwollen, sondern ein Flügel der Tür gegen sie schwingt, und sie denkt zuletzt, während es sie hineinschleudert unter einem Hagel aus Glasscherben, und während ihr noch wärmer wird vom Aufschlagen und dem Blut, das ihr aus dem Mund und aus der Nase schießt: Immer das Gute im Auge behalten." Ein zynisches, böses Ende, in dem sich die Hoffnung, die Lebens- und Verhaltensregel nunmehr *irr* und *irrational* über die Wirklichkeitserfahrung erhebt und sich ganz von ihr löst.

Durch überzeugende, meisterhaft vorbereitete und formulierte Schlüsse, in denen sich Reales über Illusionäres wälzt oder Mißverständnisse fürchterlich erhellt, Täuschungsmanöver entlarvt werden, zeichnen sich alle fünf im Band versammelten Erzählungen aus. Ingeborg Bachmann zieht dezidiert, wie sie es früher nie getan hat, Fazit, holt ihre Figuren heraus aus jenem Bereich des Geheimnisvollen,

Vagen, Privaten - Bereichen, in denen sie sie in ihren älteren Erzählungen und im Roman "Malina" oft belassen hat.

Ihre hochsensible, artifizielle, *zärtliche* Sprache hat sich die Autorin im allgemeinen bewahrt, aber diese Sprache ist auch spröder, zwiespältiger, ironischer geworden. Die gefühligen, mitunter kitschigen und larmoyanten Töne sind verschwunden. Statt dessen halten sich nun Schönheiten, Melos und *Begrifflichkeit* die Waage. Nahtlos gehen innerer Monolog, indirekte Rede, Dialog (selten), Schilderung ineinander über. Und ganz unauffällig mischen sich auch Erklärung, Kommentierung (das Begriffliche in halben Sätzen und eingestreuten Bemerkungen) in das Erzählgewebe.

Anachronistisches als Stimmungslage

Die einzelnen Figuren sind locker miteinander verbunden. Hauptfiguren der einzelnen Geschichten gehören zum Personal anderer Erzählungen, vereinigen sich zu einer kleinen gesellschaftlichen Gruppe, die nirgends mehr hingehört, in einem "Geisterreich von einer riesigen Ausdehnung" lebt, Vergangenheit mit sich trägt, von Wien nach Klagenfurt, nach Italien, nach Paris und New York.

Anachronistisches als Stimmungslage: davon sind auch die "Tüchtigen" erfaßt, Elisabeth Matrei, die erfolgreiche Photografin und Journalistin und die von ihrem Beruf besessene Dolmetscherin in der Titelgeschichte "Simultan": sie, die Anonymste von allen, in fremden Sprachen lebend und mit ihnen jonglierend, sie, die die Uno als ein neues Babylon erlebt, findet im Ferienbegleiter einen Wiener und gerät so wieder in den Einflußbereich jener Sprach- und Kulturstimmung, von der sie sich so weit entfernt hat.

"Simultan" - das ist vielleicht die virtuoseste Geschichte des Bandes. In atemlosem, flinkem, pseudo-lustigem Wörterbuchjargon, der sich computerhaft in schnellen Schaltungen, in vielsprachigen, unverbindlichen Wendungen manifestiert, wird Stück für Stück eine Bewußtwerdung, ein Erschrecken, ein Verlorensein signalisiert.
Tages-Anzeiger, 27.11.1972

Melancholische Innenwelt

Von Ulla Handke

"Boze moj! hatte sie kalte Füße, aber das mußte endlich Paestum sein, es gibt da dieses alte Hotel, ich versteh nicht, wie mir der Name, er wird mir gleich einfallen, ich habe ihn auf der Zunge, nur fiel er ihr nicht ein, sie kurbelte das Fenster herunter ..." So führt Ingeborg Bachmann Nadja, die Heldin der Titelgeschichte ihres neuesten Buches "Simultan" ein. Das fahrige Parlando des Anfangs ist typisch für den Stil aller fünf Erzählungen in diesem Band. Im gleichen Plauderton wird das Leben von fünf Frauen, allesamt Österreicherinnen wie die Autorin selbst, vermittelt.

Die scheinbar dahergeredeten inneren Protokolle sind in dieser Arbeit Ingeborg Bachmanns mehr als ein literarischer Trick; sie spiegeln nämlich das Bewußtsein der weiblichen Hauptfiguren wider, in dem die scheinbar immer vorherrschende Gegenwart und Fetzen einer nicht aufgearbeiteten Vergangenheit ungeordnet, fremd, eben simultan, nebeneinanderliegen. Auf diese Weise entstehen Porträts von ungemein sensiblen, kapriziösen Damen: von Nadja, der vielbeschäftigten und mondänen Übersetzerin, von der globetrottenden erfolgreichen Fotografin Elisabeth, vom müßigen jungen Mädchen Beatrix, die ihre Vormittage am liebsten verschläft und ihre Nachmittage mit Genuß beim Friseur verbringt ... Bei diesen drei besonders wird die Verwandtschaft zu anderen Epochen deutlich, scheinen sie doch nur andere Kostüme zu tragen als die Frauengestalten von Schnitzler und Hofmannsthal und eher aus dem Sprechzimmer des Wiener Seelenarztes Doktor Freud zu kommen als aus der Redaktion einer modernen französischen Zeitung oder den Konferenzsälen der UN.

Die Parallelität liegt dabei gewiß nicht nur im dichten Wiener Dekor, sie ergibt sich vor allem aus der Naheinstellung der Bachmann auf die Innenwelt ihrer weiblichen Heldinnen. Im Leben von Nadja, von Elisabeth und von Beatrix spielt nichts anderes eine Rolle als die eigene Psyche. Die neue Empfindsamkeit, die sich hier eröffnet und die sich ein wenig fremd ausnimmt in der gegenwärtigen literarischen Produktion, ist insofern durchaus die alte.

Was die Geschichten miteinander verbindet (etwas abseits steht die Erzählung "Gebell"), ist die distanzierte Haltung dieser Frauen zur Welt. Genauer gesagt: Sie geraten vor der Normalität in eine Art Panik, reagieren mit Entsetzen wie andere Leute, weniger sensible, mit Gewöhnung. Das Muster ihrer letztlich ebenso hochmütigen wie hilflosen Stellung im Abseits ist im Grundriß überall ähnlich: Miranda schützt sich durch ihre gut gehütete Kurzsichtigkeit vor der Welt, Beatrix flüchtet sich in die Regression, indem sie sich einfach weigert erwachsen zu werden und Verantwortung zu übernehmen, Elisabeth fotografiert, ohne es zu wissen, unter kulinarischen Aspekten das Unglück der anderen, und Nadja, die Dolmetscherin, lebt "ohne einen einzigen Gedanken im Kopf zu haben, eingetaucht in die Sätze anderer" so lange, bis selbst "die Bibel nur ein Wörterbuch" für sie ist. Fünf plaudernd vorgetragene Rebellionen scheitern schließlich jeweils in einem Zusammenbruch an der Stelle zumeist, an der sich Innenwelt und Außenwelt am härtesten stoßen: in der Liebesbeziehung.

Ein Blick in die literarische Werkstatt der Ingeborg Bachmann zeigt, daß dieses Thema in ihren Werken nicht neu ist. Variiert kehrt hier wieder, was sie schon in Gedichten und in dem Hörspiel "Der gute Gott von Manhattan" formuliert hat: die Unmöglichkeit absoluter Liebe. Nur arbeitet die lyrische und die dramatische Technik mit abgekürzten Verfahren. Wo in den Gedichten ein kurzes Reizwort Assoziationen zum Schwingen bringt, stehen in der Prosa, die Ingeborg Bachmann ja erst seit einigen Jahren pflegt, Sätze wie "Er nahm behutsam, dann immer fester ihre beiden dünnen überschlanken Hände in seine schweren Hände" und machen mißtrauisch. Wo im "Guten Gott von Manhattan" eine heroisch liebende Jennifer vor den Augen des Lesers entsteht, geraten die Gestalten in diesem

Erzählband häufig etwas zu apart ("Sie war keine selbstsichere Erscheinung mehr in einer Halle, in einer Bar, entworfen von 'Vogue' oder 'Glamour', zur richtigen Stunde im richtigen Kleid ..."). Zu dekorativ hat man sich hier eingerichtet in den Randbezirken der Verzweiflung, als daß die Figuren in allen Partien wahrhaftig wirken könnten.

Das Überraschende an diesem Band freilich bleibt, daß Ingeborg Bachmann offensichtlich diese Haltung gleichzeitig pflegen und ironisieren kann. Die Leiden des Mädchens Beatrix zum Beispiel werden auf ebenso unaufdringliche wie künstlerische Weise leicht karikiert und heiter angekratzt. Man hat seine Freude daran.
Hannoversche Allgemeine Zeitung, 2.12.1972

Ohne Perspektive

Von Petra Wagner

sich in ihrem Schmerz
in sich selbst zurückziehen.

Die 46jährige österreichische Autorin, bekannt geworden vor allem durch die Gedichtbände "Die gestundete Zeit" (1953) und "Anrufung des Großen Bären" (1956), durch das Hörspiel "Der gute Gott von Manhattan" (1958), durch den Prosaband "Das dreißigste Jahr" (1961) und den Roman "Malina" (1971), erzählt ihre Geschichten eindringlich und ohne große Worte. Sie erzählt so, als würde sie mit Freunden von Freunden sprechen. Sie erzählt mit starker emotionaler Anteilnahme, aber sie erzählt doch wieder nicht ohne ironische Brechungen. Sie versucht Identifikationen der Leser mit ihren Figuren weitgehend zu vermeiden.

Ingeborg Bachmann, die seit Jahren zu den prominentesten deutschsprachigen Autoren gehört, von der ein Band Gedichte auch in der DDR erschien, fühlt und leidet mit ihren Figuren und überschreitet bei aller kritischen Distanz nicht deren Standpunkt, Anschauungsweise und Gesichtskreis. Ingeborg Bachmann weiß keine Alternative zu formulieren. Sie hat in letzter Instanz nur irrationale Hoffnung anzubieten. Das liest sich so:
"... denn wenn sie in fast dreißig Jahren keinen Mann getroffen hatte, einfach keinen, der von einer ausschließlichen Bedeutung für sie war, der unausweichlich für sie geworden war, jemand, der stark war und ihr das Mysterium brachte, auf das sie gewartet hatte, keinen, der wirklich ein Mann war und nicht ein Sonderling, Verlorener, ein Schwächling oder einer dieser Hilfsbedürftigen, von denen die Welt voll war, dann gab es den Mann eben nicht, und solange es diesen neuen Mann nicht gab, konnte er nicht stark und mysteriös sein und wirklich Größe haben, etwas, dem jeder sich wieder unterwerfen konnte."

Woher die Verwirrung und Verstörung, die Unstimmigkeit aller Beziehungen kommt, durchschaut Ingeborg Bachmann nicht. Sie beläßt es bei deren bedrückender Schilderung. Ihre Figuren, das sind die Sonderlinge, Verlorenen, Schwächlinge und Hilfsbedürftigen. Sie haben Angst vor der Welt, ziehen sich in Schlaf, Blindheit und Lüge zurück, gehen kaputt an Rücksichtslosigkeit und Egoismus, Brutalität und Gedankenlosigkeit der anderen Menschen, die, wie es die österreichische Autorin darstellt, die Welt beherrschen.

Ingeborg Bachmann macht dafür eine "Zerstörung des Geistes" haftbar. Für sie ist das ein Ergebnis eines unbestimmten Waltens unbestimmbarer Mächte, nicht aber die Folge der Ausbeutungsverhältnisse in der spätkapitalistischen Welt. Ingeborg Bachmann fehlt der Ein- und Überblick gegenüber den unbeschäftigten Frauen und Mütter erfolgreicher Männer und nichtstuende und von elterlicher Rente lebende Mädchen. Gewiß gibt es diese Frauen, gewiß haben diese Frauen Probleme, gewiß gehören diese Probleme auch literarisch dargestellt zu werden, aber die Darstellung kann ihren Sinn einzig und allein darin finden, daß die Probleme und die Welt dieser Frauen als veränderbar sinnfällig gemacht werden.

Aber daneben gibt es Frauen, deren Probleme um so vieles wichtiger und interessanter sind, Frauen, die zur Mehrheit der Bevölkerung gehören, Frauen, die fähig und bereit sind, diese Gesellschaftsordnung zu verändern, eben Arbeiterfrauen. Diese Frauen haben nicht Angst zu denken, weil das ihren Kopf unbrauchbar machen könnte, sie haben nicht Angst zu sehen, weil sie den Boden unter den Füßen verlieren könnten, wie jene Figuren, von denen Ingeborg Bachmann erzählt.

Die österreichische Autorin hat einmal gefordert, daß die "Poesie scharf von Erkenntnis und bitter von Sehnsucht wird, um an den Schlaf der Welt zu rühren". In ihrem neuen Band "Simultan" ist die Erkenntnis stumpf geworden, die Grundlagen der imperialistischen Welt werden nicht angetastet. Was bleibt, ist Sehnsucht, Wehmut und Entsagung. Damit aber hat Ingeborg Bachmann den Literaturpreis des Kulturkreises des Bundesverbandes der westdeutschen Industrie, mit dem sie 1957 ausgezeichnet wurde, noch immer verdient. In den fünf Erzählungen steht nichts, was den Herrschenden eine schlaflose Nacht bereiten könnte, nichts was die antiimperialistische Bewegung für Demokratie und Fortschritt voranbringen könnte.
Die Wahrheit, 22.2.1973

Sensibel plätschert sanftes Schicksal

Von Max Callsen

Nach ihrem Roman "Malina" ist Ingeborg Bachmann wieder zu der literarischen Form zurückgekehrt, durch welche sie berühmt geworden ist. "Simultan" stellt fünf Erzählungen vor, deren erste dem Band den Titel gab. Fünfmal Frauenschicksal aus der Feder einer in Freud und Leid Erfahrenen. Da ist gesellschaftlicher Stand oder soziale Problematik höchstens als Makulatur vorhanden für individuelles Verstricktsein in allgemein Menschliches wie Liebe oder Beruf und die besinnliche bis resignative Reflexion derselben.

Eine Dolmetscherin, für eine Urlaubsfahrt mit Freund der Übersetzer-Hektik einer UN-Behörde entronnen, nutzt die Gelegenheit, um über sich selbst nachzudenken. Einem extrem faulen Teenager wird sogar die Kommunikation mit dem Liebsten zur lästigen Anstrengung, und nur der Friseurbesuch bringt außer dem Schlaf so etwas wie Freude in das träge Dasein. Eine andere, weitaus empfindsamere Seele flüchtet sich vor der Realität und den Irrungen des Gefühls in eine passende wie schützende Kurzsichtigkeit. Eine Frau, die sich ihrem Mann entfremdet, weil sie durch ein Treffen mit der von ihm vernachlässigten Mutter einen kritischen Abstand zu dem Erfolgreichen und Bewunderten gewinnt. Eine Emanzipierte in den besten Mannesjahren, die für kurze Zeit in die Heimat und zum Vater zurückkehrt, um auf alten Wegen gelebtes Leben zu rekapitulieren.

Fünfmal die Welt der Frau, so wie die Bachmann sie sieht. Die Autorin paßt sich, so einfühlsam es geht, dem jeweiligen Bewußtseinsstand ihrer Heldinnen an und bleibt doch immer auf der Generallinie ihrer gepflegten Oberflächen-Psychologie. Traf sie mit "Das dreißigste Jahr" damals einen Nerv der Zeit, so verpuffen jetzt die sensiblen Anstrengungen fast wirkungslos im gesellschaftlich luftleeren Raum. Und das böse Wort "Edelkitsch" steht bedrohlich im Hintergrund - bleibt aber unausgesprochen angesichts eines Renommées, das das nächste Buch vielleicht erst kaputt machen kann.
Berliner Morgenpost, 23.2.1973

Ingeborg Bachmann mit neuem Repertoire
Von Marcel Reich-Ranicki

Wenn eine große Sängerin, die man einst als Gräfin im "Figaro" bewundert hat, jetzt die Gräfin Mariza zu mimen versucht, wenn jene, die noch unlängst als Königin der Nacht gefeiert wurde, heute nur als Csardasfürstin oder als Dollarprinzessin reüssieren möchte, dann sind die Kritiker nicht zu beneiden; sie haben es schwer, ihre Verlegenheit zu verbergen.

Aber darf man nicht von Mozart zu Kalman überwechseln und zu Leo Fall? Das schon, wenn es sein muß, nur zeigt es sich meist, daß die Wanderin zwischen den Welten - denn zwei ganz verschiedene Welten sind es eben doch - auf dem Boden der anderen Fakultät keine gute Figur macht und auch dort mit dem branchenüblichen Angebot nicht recht konkurrieren kann.

Was soll nun eigentlich der Kritiker tun? Erinnert er an die früheren Leistungen der Künstlerin, die er immer noch schätzt, dann mutet das taktlos an. Verschweigt er sie, dann ist es bestimmt ungerecht. Sagt er die bittere Wahrheit, dann kann man ihm vorwerfen, er sei grausam. Beschönigt er, was ist, dann erweist er sich als ein Lügner und Feigling, dem man sofort die Lizenz zur Ausübung seines Gewerbes entziehen sollte.

Kurzum: ein saures Amt, und heut zumal - wie unser Kollege Sixtus Beckmesser zu sagen pflegte. So bin ich drauf und dran, mich selber zu bemitleiden. Denn das Buch, von dem hier die Rede sein soll, hat mich angesteckt: Ingeborg Bachmann: "Simultan".

Penetrantes Selbstmitleid und elegische Selbstgefälligkeit, sanfte Larmoyanz und backfischhafte Überspanntheit - das waren die wichtigsten Kennzeichen der Personen (der männlichen ebenso wie der weiblichen, der alten wie der jungen) im Mittelpunkt schon des ersten Erzählungsbandes der Ingeborg Bachmann ("Das dreißigste Jahr", 1961).

Was er erkennen ließ, bestätigte ein Jahrzehnt später ihr Roman "Malina": Sie gehört zu jenen bedeutenden Dichtern - und daß sie eine bedeutende Dichterin der Epoche nach 1945 ist, davon bin ich nach wie vor überzeugt -, die auf Vers und Strophe, auf Metrum und Rhythmus angewiesen sind. Wo sie auf diesen Schutz verzichten wollen oder müssen, gerät ihre Kunst in ein meist fatales Zwielicht. Jedenfalls wirkt sich die entlarvende Atmosphäre der Prosa auf ihre Versuche immer ungünstig aus.

Mit anderen Worten: Die Erzählerin Ingeborg Bachmann ist und bleibt - das sollte vor allem als Charakterisierung und weniger als Wertung verstanden werden - eine gefallene Lyrikerin. Und gefallene Lyriker erweisen sich meist als gefällige Prosaisten.

Die Geschichten des Bandes "Simultan" zeigen das noch deutlicher als "Malina". Denn dieser Roman ist ein trübes Gewässer, das manche deshalb - und nur deshalb - auch für tief hielten. Die gewichtige und prätentiöse Symbolik, der pseudophilosophische Anspruch, das Dunkle und Mysteriöse, das Wirre und Chaotische, all das also, was viele "Malina"-Leser etwas ratlos gemacht hat, spielt hier nur eine unerhebliche Rolle: Von einigen Akzenten abgesehen, sind diese fünf Erzählungen recht einfach und ganz durchsichtig, statt geheimnisvoller Chiffren bieten sie Klartext.

Da Ingeborg Bachmann - und das sollten wir ihr hoch anrechnen - von Tarnung oder gar Irreführung nichts wissen will, wird gleich offenkundig, daß sie sich nun auf einem ganz anderen Parkett bewegt.

Schon die Namen dieser Damen sind apart: Nadja, Beatrix, Miranda. Aber wir haben es auch mit ganz besonderen Wesen zu tun. Es sind subtile Geschöpfe ("zärtlich ist alles an Miranda, von ihrer Stimme bis zu ihren tastenden Füßen"), die Schönheit jeder anderen Qualität vorziehen und denen das Häßliche auf dieser Erde rasch Tränen in die Augen treibt. Sie weinen alle sehr häufig, sie leiden an Angstzuständen und Ohnmachtanfällen, lassen überall brennende Zigaretten liegen, prallen mit dem Kopf gegen Glastüren und verlieren den Boden unter den Füßen.

So irren sie umher, scheu und weltfremd, sensibel und hilfsbedürftig. Und "was sie zu Fremden machte überall, war ihre Empfindlichkeit ,weil sie von der Peripherie kamen und daher ihr Geist, ihr Fühlen und Handeln hoffnungslos diesem Geisterreich von einer riesigen Ausdehnung gehörten".

Begnadet und zugleich geschlagen mit solcher Empfindlichkeit und angeblich auch mit außergewöhnlichen Fähigkeiten - von einer der Damen heißt es, daß "sie Mitteilungen aus anderen Welten empfängt" -, verschließen sich diese "Grenzgänger" vor dem garstigen Leben. Die kurzsichtige Miranda hat es riskiert, einen ganzen Tag lang mit ihrer Brille durch Wien zu gehen, aber "sie hält es nicht für richtig, diesen Gang zu wiederholen. Es ginge über ihre Kraft ..." Die nebelhafte, "die verhangene Welt" ist die einzige, die sie akzeptieren kann. Beatrix wiederum sitzt stundenlang beim Friseur, weil "dort" für sie der einzige Platz auf der Welt war, wo sie sich wohlfühlte".

Ob sie ihre Tage am Mittelmeer verbringen oder am Wörthersee - meist lassen sie sich auf einem "Steilhang" nieder oder liegen vor einem "Abgrund", was, versteht sich, auch symbolisch gemeint ist.

Mit der permanenten Angst vor dem "Abgrund" - die Vokabel findet sich in den Geschichten sehr häufig - mag es zusammenhängen, daß diese Damen ihre Schutzbedürftigkeit ostentativ zur Schau tragen und sich immer wieder klein und niedlich machen. Ungeachtet ihres Alters benehmen sie sich wie rührende Nesthäkchen und ewige Backfische. Während die eine nicht aufhört zu hoffen, "daß die Menschen auf sie aufpassen werden", die andere trotzig verkündet: "Ich bin doch noch ein Kind und ich werde nie erwachsen werden!", steigt eine dritte, die keineswegs mehr so junge Dolmetscherin Nadja, nachdem sie "die Füße in den Abgrund (!) zwischen den beiden Betten tauchte", zu ihrem Partner, dem sie sagt: "Nur ein wenig, du mußt mich nur ein wenig halten, bitte, ich kann sonst nicht einschlafen."

Das Sexualleben bereitete übrigens diesen Damen eher Schwierigkeiten: Für die eine ist es zu "strapaziös", die andere "ließ es mit sich geschehen, sie blieb fühllos liegen", die dritte geht mit Männern ins Bett, "wie man sich in einen Operationssaal begibt, um sich den Blinddarm herausnehmen zu lassen".

Aber einsam sind die frigiden, hysterischen und exaltierten Wesen eben nicht. Mögen sie auch vor lauter Egozentrik und Selbstmitleid die Umwelt kaum wahrnehmen, so finden sie doch - jedenfalls sollen wir das glauben - stets Freunde und Partner, Liebhaber und Beschützer, ja, sie werden unentwegt bedrängt und hofiert, verehrt und geliebt. Trotzdem bleiben sie, versteht sich, sehr traurig und sehr unglücklich.

Dabei meint es das Leben gar nicht schlecht mit ihnen. Nadja unterhält sich mit dem Mann, mit dem sie einige Tage an der süditalienischen Küste verbringt: "Die Städte wirbelten auf in der Nacht, Bangkok, London, Rio, Cannes, dann wieder Genf unvermeidlich, Paris auch unvermeidlich." Die überaus erfolgreiche Fotografin aus der Erzählung "Drei Wege zum See" darf ebenfalls den Duft der weiten Welt genießen und auch noch die Nähe berühmter Männer: "Picasso und Chagall, Strawinsky und Julien Huxley, Hemingway wie Churchill wurden für sie aus Namen zu Personen, die man nicht nur fotografierte, sondern mit denen man essen ging ..."

Diese Fotografin hat auch ein ganz großes Erlebnis. Sie fliegt nach Paris, er nach Moskau, sie kennen sich kaum, aber er beobachtet sie seit Jahren. Jetzt kreuzen sich einige Augenblicke ihre Wege, nämlich auf dem Wiener Flughafen: "Sie wandte sich ihm zu, sie standen voreinander und sahen einander an. Er nahm behutsam, dann immer fester ihre beiden dünnen überschlanken Hände in seine schweren Hände. Sie sahen einander nur in die Augen, und in ihrer beider Augen schwamm ein ganz helles Blau, und wenn sie nicht mehr lächelten, wurde es dunkler ... Und sie meinte plötzlich, ohnmächtig zu werden, und gleichzeitig fühlte sie, daß er, der soviel kräftiger war, blaß zu werden anfing, und daß auch ihm schlecht wurde in dieser Hochspannung, in dieser Hingabe. In diesem Moment wurde der Flug nach Paris aufgerufen, und sie löste sanft, beinahe erlöst von einer unerträglichen Qual, ihre Hände aus den seinen." Doch im letzten Augenblick steckt er ihr ein kleines Blatt zu, das sie erst in Paris aus der Tasche zieht: "Sie öffnet es und las betäubt und ohne zu begreifen: Ich liebe sie. Ich habe Sie immer geliebt."

Reicht das? Jedenfalls mag Derartiges die Leser, die Ingeborg Bachmann schätzen, auch betäuben. Aber vielleicht ist es auch nicht so schwer zu begreifen, womit wir es hier zu tun haben. Die zwischen New York, Paris und Saigon hin- und herfliegende Fotografin äußert sich mit unverkennbarer, barmherziger Verachtung über die Zeitungen in ihrer Klagenfurter Heimat: Sie war - heißt es - "auf einmal neugierig, was hier geschrieben wurde für die Leute".

Wäre es denkbar, daß die neue Prosa Ingeborg Bachmanns von vornherein bestimmt war für jene, die ihre Heldin mit der wenig sympathischen Bezeichnung "die Leute" abstempelt? Sollten etwa diese Geschichten, in denen das Schicke und das Aparte dominiert, das Mondäne und das Melodramatische triumphiert und eine kaum zu überbietende Sentimentalität noch mit dem Snob Appeal verbunden wird, sollten sie vielleicht nicht anderes sein wollen als Lesestoff für jene Damen, die beim Friseur oder im Wartezimmer des Zahnarztes in Illustrierten blättern? Bewußt und zynisch angestrebte Trivialliteratur also?

Dazu wäre zweierlei zu sagen. Die Bücher der guten Autoren dieses Genres sind ungleich besser gearbeitet, haben mehr mit dem Leben in unserer Zeit zu tun als diese preziös-anachronistische Prosa, und sie kommen auch ohne den süßlichen Zuckerguß aus, mit dem mindestens drei von den fünf Geschichten überzogen sind. Andererseits aber - und das sollte man nicht vergessen - fehlen auch in der besten Trivialliteratur jene Akzente, psychologische Details vor allem, die gelegentlich an das frühere Werk Ingeborg Bachmanns erinnern und die sich hier noch am ehesten in der Titelgeschichte finden.
Berliner Allgemeine Wochenzeitung der Juden in Deutschland, 16.3.1973

Das Unsagbare sagen

Von Andrea Schiffner

Der Autorin ist zunächst die Wahl angenehmer Namen für die Hauptfiguren ihrer fünf neuen Erzählungen zu bescheinigen. Erzählungen, von denen zu sagen ist, daß sie allesamt um eine einzige Person geordnet sind, die sie einkreisen und variieren als Thema. Diese "Personenperson" heißt zuerst Nadja und ist von Beruf Simultandolmetscherin, dann wird sie Beatrix, eine realitätsscheue junge Wienerin, später ganz ätherisch Miranda in der (mir liebsten) Geschichte von den "Glücklichen Augen", mit denen die stark kurzsichtige Miranda sich verschwommene Distanz schafft zur Häßlichkeit ihrer Umwelt. Franziska wird sie gerufen von der alten Frau Jordan, der Hauptperson in "Das Gebell", der Geschichte einer Mutter, die ihr berühmt gewordener Sohn sang- und klanglos vergessen hat, aus Bequemlichkeit. Schließlich treffen wir sie als 50jährige Elisabeth Matreli in der letzten Erzählung des Bandes "Drei Wege zum See", über die noch zu reden sein wird.

Ingeborg Bachmann, auf der Bauchbinde des Buches als "Die neue Bachmann" angepriesen, erzählt in der Tat auf neu erreichte Weise: scheinbar mühelos, scheinbar unbefangen und unverdächtig einfach. So etwas gelang schon immer nur den besten und so dezent klagen seit je nur österreichische Stimmen: Mahler, Schönberg, Webern in der Musik, Musil, Heym, Hofmannsthal in der Dichtung - um wenigstens einige zu nennen. In dieser Tradition steht "Simultan".

Selbst flüchtigen Kennern österreichischer Literatur wird auffallen: "Drei Wege zum See", die letzte der Erzählungen, Umfang und Gewicht nach eher eine Novelle, ein Kurzroman, setzt ein, wo Joseph Roths Tod 1938 einen Strich zog. Endet nicht die "Kapuzinergruft", Roths großer Roman vom Untergang des "Hauses Österreich", mit dem letzten aus dem Geschlecht der Trottas, und heißt die weibliche Hauptgestalt darin nicht Elisabeth?

In Ingeborg Bachmanns Erzählung denkt Elisabeth Matreli, 50jährige Pressefotografin und Erfolgsjournalistin, auf den "Wegen zum See" anläßlich eines Besuches zu Hause in Klagenfurt über ihr Leben nach. (Auch die Schriftstellerin Ingeborg Bachmann dürfte diese Wege schon gegangen sein. Sie ist gebürtige Klagenfurterin, laut Literaturkalender Jahrgang 1926.) Das Thema der Erzählung sind Vergänglichkeit, Verzicht, Selbstschuld - die Brücken zur östereichischen Erzähltradition der ersten Jahrhunderthälfte schlagen sich von selbst. Nicht zufällig liebte Elisabeth Matreli einen gewissen Trotta, nicht zufällig heißt sie Elisabeth.

In ihrer römischen Wohnung befragt, sagt die Autorin, daß die Reihenfolge der "Simultan"-Erzählungen nicht chronologisch oder themenbezogen ist, sondern sich von selbst ergab. Fest stand von Anfang an lediglich, daß die längste Erzählung, eben die der Elisabeth Matreli, an den Schluß des Bandes zu stellen sei - und das wiederum nicht nur ihrer Länge wegen. Die älteste der Geschichten sei übrigens "Das Gebell", ergänzt Ingeborg Bachmann.

Darauf angesprochen, ob sie sich der Zäsur bewußt sei, die Bachmann-Kenner beim Lesen von "Simultan" bemerken, sagt sie, daß diese Einfachheit des Ausdrucks neu sei. Dies "alles so simpel sagen, wie es sich tagtäglich anhört", um damit gleichzeitig die ganze ungeheure Schwierigkeit der Dinge sichtbar zu machen. "Simultan" ist die Prosa einer Intellektuellen, deren präziser Stil seit Jahren gerühmt wird, eine Prosa beständig doppelter Sprachebenen, die mit absichtsvoller Beiläufigkeit klarstellt, daß nicht der Rummel, sondern immer wieder und ausschließlich das Anliegen zählt. Auch in Sachen Sozialkritik! Sozialkritisch gesehene Lebensläufe, meisterhaft gebündelte Problemskizzen aus dem Leben von fünf Frauen derselben Nationalität, derselben Zerbrechlichkeit. Frauen, die eben Frauen sind: sehnsüchtig oder abgestumpft, intelligent oder dumm-naiv, tüchtig oder untüchtig, romantisch bis zur Sentimentalität, feminin bis zur übersteigerten Lei-

densfähigkeit und "bitter von Erfahrung". Ingeborg Bachmann äußert sich engagiert, leise, aber mit Nachdruck. Mit transparent-hintergründiger Sprache beschreibt sie die Not zu existieren - als Frau in dieser Gesellschaft, im Berufsleben. Sie erspart ihren Lesern keineswegs die Schärfe verzweifelter Ironie.
Aufrichtigkeit zeichnet diese Schriftstellerin von jeher aus. "Die Wahrheit ist dem Menschen zumutbar", lautete im Jahr 1959 der Titel der Dankrede für die Verleihung des Hörspielpreises der Kriegsblinden. Es spricht für Ingeborg Bachmann, daß sie mehr als zehn Jahre später zu der Forderung nach Wahrheit steht. Und nicht ohne Grund schrieb die französische Zeitung "Allemagne d'aujourdhui" 1971 in ihrer Besprechung des Romans "Malina" über Ingeborg Bachmann: "... Sie ist von vollkommen aufrichtigem Geist. Ihre Unfähigkeit zu lügen ist derart, daß der den Dialog suchende Leser sich darauf gefaßt machen muß, den Hindernissen der Schweigsamkeit unterworfen zu werden."
Deutsche Post, 20.10.1973

DIE HÖRSPIELE (1976)

Reale und irreale Welt
Von Jürgen P. Wallmann

Als die Dichterin Ingeborg Bachmann im Herbst 1973 in Rom gestorben war, konnte man aus den Nachrufen neben dem Entsetzen über den schrecklichen Unfalltod auch eine gewisse Verlegenheit herausspüren. Ingeborg Bachmann, so hatte es den Anschein, paßt nicht mehr so recht ins Bild der zeitgenössischen Literatur, ihr Roman "Malina" (1971) und ihre Erzählungen "Simultan" (1972) hatten einen Großteil der Kritik befremdet; es mehrten sich die Stimmen der Skepsis gegenüber einer Autorin, die einst auf dem Gipfel des literarischen Ruhms gestanden hatte.

Vielleicht ist jetzt, drei Jahre später, die Zeit günstiger für einen Versuch, das Werk Ingeborg Bachmanns neu zu lesen und dabei den Blick mehr auf das Frühwerk als auf die umstrittene späte Prosa zu richten. Ein Urteil über das Gesamtwerk ist ohnehin frühestens im nächsten Jahr möglich. Für 1977 nämlich kündigt der Verlag eine vierbändige Bachmann-Gesamtausgabe an, die auch eine ganze Anzahl von Arbeiten aus dem Nachlaß enthalten wird: u. a. unveröffentlichte Gedichte, frühe Prosa, die vollständig gedruckten "Frankfurter Vorlesungen" sowie den unvollendet gebliebenen Roman aus dem geplanten zyklischen Erzählwerk "Todesarten".

Einen bislang unbekannten Text Ingeborg Bachmanns enthält bereits der kürzlich erschienene Sammelband "Die Hörspiele". Denn neben den beiden bekannten Stücken "Die Zikaden" und "Der gute Gott von Manhattan" bringt das Buch auch erstmals den Text eines Hörspiels mit dem Titel "Ein Geschäft mit Träumen"; es war bisher in keiner Bibliographie verzeichnet. Dabei war dieses Hörspiel bereits gesendet worden. Von 1951 bis 1953 war Ingeborg Bachmann Redakteurin der Wiener Sendergruppe Rot-Weiß-Rot; in dieser Zeit übersetzte sie u. a. das Hörspiel "Dark Tower" von Louis Mac Neice, und 1952 brachte der Sender auch Ingeborg Bachmanns erstes Hörspiel "Ein Geschäft mit Träumen". 23 Jahre später, im Dezember 1975, ist es vom Deutschlandfunk neu inszeniert worden.

Die Rahmenhandlung spielt in einem Büro, in dem der kleine Angestellte Laurenz arbeitet, diensteifrig und ständig gedemütigt. Laurenz gerät an einen Verkäufer von Träumen, und er macht von der Möglichkeit Gebrauch, in der Phantasie zu erleben, was ihm in der Realität verwehrt ist. Beim erstenmal vergreift er sich noch, er wählt einen Angsttraum, in dem er seinen Chef als unmenschlichen Tyrannen erlebt. Im zweiten Traum dann ist Laurenz selbst unumschränkter Diktator und Herr über Leben und Tod, während er im dritten und letzten Traum die absolute Liebe mit der von ihm angebeteten Anna erfährt. Am Ende aber kann Laurenz die Träume, die Zeit kosten, nicht bezahlen, und er kehrt in seinen Büroalltag zurück.

Schon in diesem ersten Hörspiel Ingeborg Bachmanns findet man die so typische Verbindung von Realem und Irrealem, die Übergänge zwischen Traum und Wachen. Freilich würde der Text heute kaum Aufmerksamkeit finden, hätte er nicht die nochmals berühmt gewordene Dichterin zur Autorin. Denn zum einen fehlt dem Stück poetische Kraft, die eher lyrischen Partien (im Liebestraum) sind nicht frei von Süßlichkeit. Zum anderen mutet die Darstellung der Arbeitswelt allzu klischeehaft an. Dieser Vorwurf allerdings trifft die meisten Hörspiele aus den fünfziger Jahren, etwa auch Ilse Aichingers 1953 vom Süddeutschen Rundfunk uraufgeführtes Stück "Knöpfe", das in einer Fabrik spielt. Die Realität der Arbeitswelt ist von den deutschsprachigen Schriftstellern im Westen erst spät entdeckt worden.

"Die Zikaden" dann, 1955 vom NWDR Hamburg erstmals gesendet, ist ein mehr epischer Text. Auf einer kleinen Insel im Süden haben Menschen verschiedener Herkunft Asyl gesucht, unter ihnen Robinson, der aus der Welt fliehen will. Bei ihm versteckt sich ein entflohener Sträfling, und im Gespräch klären beide ihre unterschiedliche Positionen: der eine will aus der Welt fliehen, der andere sucht in die Welt zu entkommen. Zwischen die Gespräche der beiden sind Szenen eingeblendet, in denen die Lebensschicksale der anderen Inselbewohner skizziert werden. Die epische Gelassenheit in diesem Spiel, "das genießerische Verweilen in Sprache, Bild und Reflexion, ist", so sagte Heinz Schwitzke, "angemessener poetischer Ausdruck der Einsamkeit, der Inselsituation".

Berühmt wurde Ingeborg Bachmann mit ihrem dritten, 1958 gemeinsam vom Bayerischen und vom Norddeutschen Rundfunk produzierten Hörspiel "Der gute Gott von Manhattan", das bis heute das Musterbeispiel eines lyrischen Hörspiels geblieben ist. Nach seinem Erscheinen schrieb Werner Weber, dies sei "eine Dichtung, die uns das Herz trifft und die Urteilskraft entzückt". In diesem Stück geht es um die Liebe, die zur Weltflucht und zur Selbstaufgabe führt, verhandelt wird der Widerstreit von absoluter Liebe und der Ordnung, die durch die Liebe in Frage gestellt wird. Jan und Jennifer, die beiden Protagonisten, gehen in ihrer Liebe bis zum Äußersten, erfahren die Liebe als einen Grenzfall der Existenz.

1959, als Ingeborg Bachmann für "Der gute Gott von Manhattan" mit dem Hörspielpreis der Kriegsblinden ausgezeichnet wurde, sprach sie davon, daß wir im Widerspiel des Unmöglichen mit dem Möglichen unsere Möglichkeiten erweitern, und sie fuhr fort: "Daß wir es erzeugen, dieses Spannungsverhältnis, darauf meine ich, kommt es an; daß wir uns orientieren an einem Ziel, das freilich, wenn wir uns nähern, sich noch einmal entfernt. Wie der Schriftsteller die anderen zur Wahrheit zu ermutigen versucht durch Darstellung, so ermutigen ihn die anderen, wenn sie ihm, durch Lob und Tadel, zu verstehen geben, daß sie die Wahrheit von ihm fordern und in den Stand kommen wollen, wo ihnen die Augen aufgehen. Die Wahrheit nämlich ist dem Menschen zumutbar.
Darmstädter Echo, 4.8. 1976

WERKAUSGABE (1978 und 1982)

Ingeborg Bachmann

Von Irmgard Klingner

In diesen Tagen erscheint die Gesamtausgabe der Werke von Ingeborg Bachmann in 4 Bänden. Sie wird herausgegeben von Christine Koschel, Inge von Weidenbaum und Clemens Münster und enthält Gedichte, Hörspiele, Libretti, Übersetzungen, Erzählungen, Essays, den Roman Malina und unvollendete Werke zum Thema "Todesarten", Reden, vermischte Schriften und Jugendwerke, sowie einen Anhang und eine Phonographie von Ellen-Marga Schmidt.
    Damit erhält der Leser zum erstenmal die Möglichkeit, sich ein vollständiges Bild des Schaffens dieser vor 4 Jahren verstorbenen Autorin zu machen. Zwar war der Hauptteil ihres dichterischen Werks in Einzelbänden auch vorher greifbar, doch können nun auch frühe theoretische Arbeiten und der Nachlaß bei der Betrachtung ihrer Schriften einbezogen werden. Auf diese Weise tritt das Anliegen einer Repräsentantin der geistigen Situation nach 1945 jetzt deutlicher in Erscheinung.

Lyrik

Bekannt wurde Ingeborg Bachmann gleich durch ihre erste literarische Veröffentlichung: ihre ersten Gedichte. Als sie 1953 unter dem Titel *Die gestundete Zeit* erschienen, erhielt sie dafür den Preis der Gruppe 47, die literarische Welt horchte auf. Kurz danach wurde sie einem größeren Publikum auffällig vorgestellt: ihr Foto erschien als Titelbild des Nachrichtenmagazins "Der Spiegel", begleitet von einem Bericht über ihr Leben in Rom und ihre Gedichte.
    Worum geht es in diesen Gedichten? Sie kreisen vor allem um die Standortbestimmung des modernen Menschen in der Wirklichkeit, wobei das in ihnen ausgedrückte Lebensgefühl der Dichterin stark von der Heideggerschen Denkwelt geprägt ist. So beginnt das Titelgedicht:

> Es kommen härtere Tage.
> Die auf Widerruf gestundete Zeit
> wird sichtbar am Horizont ...

Die hier angesprochene Bewußtheit des Todes und ihre Bedeutung für die Lebenden entsprechen voll Heideggers Philosophie, wonach das "Sein" des Menschen und sein Verhalten in und zur Welt vom Wissen um die Vergänglichkeit bestimmt ist. Ganz im Sinne Heideggers wird in diesen Gedichten, wie auch in den späteren, 1956 unter dem Titel *Anrufung des Großen Bären* veröffentlicht, die Lebenswirklichkeit als eine "verheerte Welt" gekennzeichnet, deren Merkmale "Kälte", "Nacht", "Nebel" und "Tod", Mensch und Natur, Mensch und Mitmensch voneinander trennen. Spezielle Attribute für die Nachkriegszeit wie "Nachgeburt der Schrecken", "Totental" treten hinzu.

Doch obwohl viel vom Aufbruch aus der Trostlosigkeit die Rede ist, kommt "der Fluchtweg nach Süden ... uns nicht, wie den Vögeln, zustatten" und die Ausflucht in den "Traum" wird aufgegeben. Das lyrische Ich weiß sich an die Wirklichkeit mit ihrer Schuld der Vergangenheit gebunden, die es auszuhalten gilt. Allerdings wird ein Rückzug ins Land der Kindheit, ins Märchenland, in die "Vorzeit" gestattet, weil hier noch Identität zwischen Mensch und Natur vorhanden ist und die Erinnerung daran dem Dichter das Rüstzeug ("das weite Herz und die Harmonika") in die Hand gibt, seine Aufgabe in der Welt zu erfüllen. Diese wird nicht im handelnden Eingreifen in die Geschehnisse gesehen, sondern im "Wachen" gegenüber den bedrohlichen Mächten und in der Wiederherstellung des "reinen Seins" in der "schönen Sprache".

Damit kann Dichtung in dieser Welt Trost spenden und trotz allem zum Leben ermutigen ("Nichts Schöneres unter der Sonne als unter der Sonne zu sein ..."), sowie die Wahrheit, die mächtiger ist als der Tod, sichtbar machen.

In ihrer Poetik-Vorlesung an der Universität Frankfurt/M. 1959/60 hat sie ihr Selbstverständnis so formuliert: Sie "will mit der Sprache und durch die Sprache hindurch etwas erreichen ..: Realität" und "Veränderung". Die "verändernde Wirkung" neuer Werke liegt in der Erziehung "zu neuer Wahrnehmung, neuem Gefühl, neuem Bewußtsein". Diese "neue Wahrnehmung", das "neue Gefühl", die die Voraussetzungen für "neues Bewußtsein" bilden, werden dem Leser durch die Mehrschichtigkeit und Mehrdimensionalität von Inhalt und Form ihrer Lyrik immer wieder ermöglicht. So beginnt das Gedicht *Anrufung des Großen Bären*:

Großer Bär, komm herab, zottige Nacht,
Wolkenpelztier mit den alten Augen,
Sternenaugen,
durch das Dickicht brechen schimmernd
deine Pfoten mit den Krallen,
Sternenkrallen, ...

Diese Verschmelzung zweier Bereiche in der Metaphorik bewirkt eine neue Sicht mit Assoziationen, die anders kaum möglich wären. Hinzu kommen Wiederholungen, Alliterationen, Rhythmus und Klanggestalt ihrer Verse. Es ist ihr gelungen, "ein Stück Klang" zu gestalten, das ihre "Handschrift trägt".

Hörspiele

Zur gleichen Zeit wie die Gedichte entstanden die beiden Hörspiele *Die Zikaden* (1955) und *Der gute Gott von Manhattan* (1958). Sie enthalten keine Fabel, die sich leicht nacherzählen ließe, sondern "Handlung und Wirkung" entstehen "allein durch die Wörter und Sätze. Es sind Gedichte, gesprochen von vielen Stimmen" (H. Bender).

In den "Zikaden" suchen Menschen Zuflucht auf einer Insel in der Hoffnung auf Vergessen, aber es gibt kein Entrinnen, weder in Träume noch in den immerwährenden Gesang der Zikaden, verzauberte und verdammte Menschen, denn "ihre Stimmen und ihre Schicksalslosigkeit sind unmenschlich geworden" (H. Schwitzke).

Das zentrale Thema des "Guten Gott von Manhattan" ist die Liebe und ihre Unmöglichkeit "in der Ordnung" dieser Welt. Die Liebe von Jan und Jennifer erreicht eine solche Intensität (sie ist "wahnsinnig", die Liebenden wollen "den Geschmack der Welt verlieren", sie versuchen "in einer neuen Sprache" zu reden), daß sie "alles zersetzen und die Welt in Frage stellen" kann. Deshalb greift der "Gute Gott" ein und vernichtet sie durch einen Gewaltakt. So setzen sich die Interessen der Gesellschaft, die Glück nur als "Heilmittelunternehmen gegen die Einsamkeit" zuläßt, "gegenüber dem Verlangen von Einzelnen durch, die stellvertretend für alle ein neues Bewußtsein von Liebe und Freiheit gewonnen haben und praktizieren möchten".

Prosa

Auch das Prosawerk, das Ingeborg Bachmann hinterlassen hat, ist schmal. Es besteht aus 2 Bänden mit Erzählungen *Das dreißigste Jahr* (7 Erzählungen, 1961) und *Simultan* (5 neue Erzählungen, 1972), dem Roman *Malina* (1971) und Essays. Das Grundmotiv heißt auch hier "sehen, einsehen, durchschauen" der Welt, die die Menschen unserer Zeit bestimmt. Sie berichtet daher "keine Fälle, sondern denkt über Fälle nach" und zeigt Gestalten, die "bereit und fähig sind, wichtige Konflikte der Zeit in sich auszutragen" (Chr. Wolf).

In der Titelgeschichte von *Das dreißigste Jahr* geht es z. B. um einen jungen Mann, der aufgrund seines Alters in eine Lebenskrise gerät. Bisher hat er nie befürchtet, daß er jemals "eingestehen müsse, worauf es ihm wirklich ankomme", nun sieht er sich plötzlich damit konfrontiert. Er erstrebt das Äußerste im Denken und in der Liebe und ein radikal aus der Gewohnheit gerissenes Leben. Er lehnt sich auf gegen die "alte schimpfliche Ordnung", aber er schickt sich am Ende darein. Er weiß zwar, "daß auch er in der Falle ist", aber er faßt dann doch "Vertrauen zu sich" und "wünscht sich das Leben", es hat für ihn eine neue Tiefe gewonnen. In "Alles" aus demselben Band wird das Lebensgefühl eines Mannes durch sein Kind aufgesprengt. Er erhofft sich von ihm eine radikale Welterneuerung, muß aber mit ansehen, wie sein Sohn sich in der überlieferten Welt einrichtet, die "alte Welt" mitmacht.

Auch in anderen Erzählungen werden durch äußere Anlässe unvermutete Veränderungen der Gestalten in Gang gesetzt. Sie alle erteilen ihrem gewohnten Leben mit seinen überlieferten Spielregeln eine Absage und zwingen den Leser dazu, seine eigene bisherige Lebensweise mit Gewohnheiten und Gedankengebäuden in Frage zu stellen.

In dem Roman *Malina* geht es ebenfalls um einen Konflikt im obigen Sinne, um die Lebenskrise einer Frau. Sie wird ausgelöst durch die Liebe der Ich-Figur zu Ivan. Ihr bedeutet diese Liebe alles, das Absolute schlechthin, sie erhofft sich von ihr Rettung von Angst und Vernichtung. Doch Ivans Liebe bleibt eine gewöhnliche Affäre, er kann die Heldin deshalb nicht von ihren existentiellen Nöten erlösen. Diese verschaffen sich in Ivans Abwesenheit explosiv Ausdruck in einer Serie von Alpträumen, in denen die Ich-Gestalt "jeder erdenklichen Art von Folter, von Verderben, von Bedrängtwerden" ausgesetzt ist. Sie stirbt "viele Todesarten ..., die zu ihrer Zerstörung führen" (I. Bachmann).

Diese Alpträume und die von Ivan allmählich vollzogene Abwendung führen zu verstärkten Auseinandersetzungen der Heldin mit ihrem Alter ego (= das andere Ich) Malina. Beide Gestalten, Malina und Ich sind identisch. Sie verkörpern die beiden Pole des Menschen, "das Männliche und das Weibliche, den Verstand und das Gefühl". Am Ende steht die tatsächliche Vernichtung vom Ich, sie verschwindet in der Wand und Malina hält sie von ihrem Tun nicht ab, er überlebt. Der letzte Satz des Romans lautet: "Es war Mord." Die Krise wird so überstanden, doch ein wesentlicher Teil des Menschen mit Emotionen, Gefühlen und Innerlichkeit bleibt auf der Strecke. Für diese, heute leider meist nur bei Frauen vorkommenden Komponenten des Humanen ist auf unserer Welt kein Platz mehr - Überleben ist mit ihnen unmöglich.
Buchhändler heute, Jg. 32, Heft 1, Jan. 1978, S. 64-66

Vor der Präsentation der ersten vierbändigen Werkausgabe

Von Hans Haider

Ingeborg Bachmann hat einmal postuliert: "Die Wahrheit ist dem Menschen zumutbar." Ein anderes Mal sagte sie: "Meinungen hat ein jeder, die eines Schriftstellers sind belanglos, und was nicht in den Büchern steht, existiert nicht."

Zwischen diesen beiden Sätzen, gesprochen bei der Entgegennahme des Kriegsblinden- und des Wildgans-Preises, müssen die editorisch, biographisch, bibliographisch, interpretatorisch und komparatistisch mit Ingeborg Bachmanns Werk befaßten Literaturwissenschaftler ihren Weg suchen. Wie breit dieser viereinhalb Jahre nach dem Unfalltod der österreichischen Poetessa ist, werden sie ab 4. April ausmessen können. Der Verlag wird an diesem Tag im Wiener Palais Palffy eine vierbändige Werkausgabe vorstellen. Sie enthält Gedichte, Hörspiele, Libretti, Übersetzungen, Erzählungen, Essays, Reden, alle "Frankfurter Vorlesungen" sowie Teile aus dem geplanten Romanzyklus "Todesarten". Von den größeren Bachmann-Schriften fehlt nur die Wiener Dissertation über Heidegger.

Die drei Herausgeber der rund 2500 Drucksiten sind zwei deutsche Römerinnen, die Ingeborg Bachmann in der letzten Zeit ihres 47jährigen Lebens nahegestanden sind: Christine Koschel und Inge von Weidenbaum, sowie der Münchner Professor Clemens Münster. Ihnen wurden von den Erben, den Geschwistern Isolde Moser und Heinz Walter Bachmann, der literarische Nachlaß zugänglich gehalten. So konnten sie in der Werkausgabe neben allem Vielgelesenen auch viel bisher Unbekanntes aufnehmen. Darunter Jugendgedichte, die Erzählungen "Der Tod wird kommen", "Besichtigung einer alten Stadt" und "Das Honditschkreuz" sowie unpublizierte Abschnitte aus den "Todesarten".

Vor "Malina" entstand "Der Fall Franza"

Die genaue Sichtung der Manuskripte brachte übrigens zutage, daß Ingeborg Bachmann zuerst den zweiten Teil dieser geplanten Trilogie, vor "Malina" also bereits den Roman "Der Fall Franza" konzipiert hatte. Dazu Heinz Walter Bachmann, der Bruder Ingeborg Bachmanns: "Die zeitliche Abfolge der Veröffentlichung des *Todesarten*-Zyklus war durch die Verlagssituation bedingt - ist dann aber letzten Endes doch in der richtigen Reihenfolge erfolgt, da *Malina* zwar nach dem *Fall Franza* entstanden ist, aber doch den Anfang des Zyklus bildet." Weil *Malina* damit endet, daß die Erzählerfigur vernichtet wird, hätte "Der Fall Franza" umgearbeitet werden müssen, um an *Malina* anschließen zu können.

Die aus dem Nachlaß in die Werkausgabe aufgenommenen Texte werden voraussichtlich das breite Publikum zufriedenstellen. Trotz vieler Bachmann-Ausgaben bisher sind wichtige Arbeiten erstmals greifbar: So das Gedicht "Böhmen liegt am Meer" (bislang in Zeitschriften versteckt) oder der ungefähre Wortlaut der Dankesrede nach der Entgegennahme des Wildgans-Preises der österreichischen Industrie (1972). Er mußte aus Notizzetteln rekonstruiert werden, da kein Tonbandprotokoll auffindbar ist.

Enttäuscht wird indes sein, wer sich laute Sensationen privatester Art erwartet. "Es wird keine Enthüllungen aus österreichisch-ungarischen Schlafzimmern geben", ist in "Malina" nachzulesen. Der Ausgabe, die ja keine Gesamtausgabe, geschweige denn eine historisch-kritische sein will, wurden keine Briefe beigegeben. Und doch finden sich darin eindringliche Selbstzeugnisse: Preisreden, Radioessays, ein "Tagebuch" überschriebener Beitrag für die Probenummer einer internationalen Literaturzeitschrift, Erinnerungen an die Gruppe 47 oder zwei Seiten "Biographisches" - jene Eigendarstellung, mit dem Seufzer "Gedichte zu schreiben, scheint mir das Schwerste zu sein".

Schriften geborgen, Bibliothek geordnet

Mehr wollte die Familie Bachmann vorläufig nicht publik wissen, auch wenn der Wunsch nach mehr nicht von vornherein Indiskretionssehnsüchten entspringen muß: es könnten auch entstandene Klischees abgebaut und Mythenbildungen vermieden werden. Darum wurde, ohne Aufsehen und Eile, wohl aber unter Verzicht auf einen gewiß sehr hohen Verkaufserlös, von der Familie eine weitere Durchforstung des Nachlasses ins Auge gefaßt. Die erste defensive Hast nach dem Unglück ist einer prinzipiellen, wenn auch nicht vorbehaltlosen Bereitschaft zur Zusammenarbeit mit Literaturwissenschaftlern gewichen.

Isolde Moser, damals Wortführerin der Familie, weil ihr Bruder als Geologe vor der westafrikanischen Küste Öl prospektierte, hat sich zum großen Ziel gesetzt, den Nachlaß nach Hause, nach Österreich zu holen. In jenen Oktobertagen des Jahres 1973, in denen ihre Schwester in einem Spital mit dem Tod rang, erlitt sie einen zweiten familiären Schicksalsschlag. Damals meldeten sich bereits Interessenten für die Bachmann-Papiere. Sehr agil gebärdete sich ein Frankfurter Verleger, für den Ingeborg Bachmann einen Prosatext mit dem Titel "Gier" in Arbeit hatte.

Schließlich konnten die Manuskripte aus Rom geborgen werden. Wozu sich die Dokumentationsstelle für neuere österreichische Literatur, das Unterrichtsministerium und sogar der Bundeskanzler vermittelnd eingeschaltet haben. Für die Zusammenstellung der Werkausgabe zunächst in drei Exemplaren photokopiert, liegt der Nachlaß derzeit in einem Klagenfurter Banksafe. In absehbarer Zeit wird er an die Österreichische Nationalbibliothek nach Wien kommen. Die Republik Österreich kostete das nicht mehr als die Bergungs-, Indizierungs- und Kopierkosten für die rund 8000 Blatt. 2000 davon sind Vorarbeiten zu bereits publizierten Texten.

Mit der Katalogisierung der ebenfalls nach Österreich zurückgebrachten Bibliothek begann die für die Zukunft entscheidende vertrauensvolle Zusammenarbeit zwischen den Bachmann-Geschwistern und Wiener Germanisten. Robert Pichl, Assistent Werner Welzigs brachte in drei Urlaubswochen die rund 2000 damals in Heinz Bachmanns Ferienhaus in Genschach (Kärnten) eingelagerten Bücher in ihre alte Ordnung. Nun ist die Bibliothek, zum Teil in den originalen Regalen, die als die "umbrischen Kästen" bekannt sind, im Bachmann-Haus an der Klagenfurter Henselstraße aufgestellt.

Erben übergeben Nachlass der Nationalbibliothek

Wird der Nachlaß der Nationalbibliothek übergeben, wird Robert Pichl als wissenschaftlicher Vertrauensmann der Erben eingesetzt. Er muß die Einschaubegehrenden prüfen, die Benützung koordinieren und über sämtliche Arbeitsvorhaben eine Kartei führen. Dadurch soll Seriosität, so Pichl, in der Benützung gewährleistet werden. Wer sich als Bachmann-Biograph ankündigt, braucht die Einwilligung der Familienmitglieder persönlich.

Die Briefe behalten sich die Erben noch zur Sichtung bis zum Jahr 1980. Danach sollen viele ebenfalls nach Wien überstellt werden. Obwohl Ingeborg Bachmann keine testamentarischen Verfügungen hinterlassen hat, weiß Isolde Moser ihre Zurückhaltung in puncto Privatbriefe durch die Einstellung ihrer Schwester bestätigt: diese hat, als die Deutsche Akademie für Sprache und Dichtung Briefe Peter Szondis erbat, aus prinzipiellen Gründen nein gesagt.

Die Wissenschaft hat inzwischen die neugierige Literaturessayistik beiseitegelassen und bereits für die Werkausgabe systematische Hilfsarbeit geleistet. So wurden Tages- und Wochenzeitungen nach Beiträgen und Rezensionen Ingeborg Bachmanns durchsucht. In Bern stellten Frauke und Otto Bareiss-Ohloff eine Personalbibliographie zusammen. Wichtigste Entdeckung: Die Dichterin hat unter Pseudonym einige Jahre hindurch politische Beiträge für eine deutsche Zeitung geschrieben.

Im Germanistischen Institut im Wiener Hanuschhof wird eine kleine Arbeitsstelle vorbereitet, die auch für Dissertanten von Nutzen sein soll. Fragestellungen der Literaturwissenschaftler sind unter anderen Technik, Arbeitsweise, Gattungsvorlieben Ingeborg Bachmanns sowie der biographische Charakter und die gesellschaftliche Relevanz ihrer Arbeiten.
Die Presse, 2.4.1978

Es kamen dann härtere Tage

Von Karl Krolow

Ingeborg Bachmann, 1926 zu Klagenfurt geboren, starb in Rom ihren qualvollen Tod im Jahre 1973. Fünf Jahre nach diesem frühen Ende ist jetzt die Gesamtausgabe ihres Werks in vier Bänden, von Christine Koschel, Inge von Weidenbaum und Clemens Münster herausgegeben, erschienen. Eine Phonographie zur Edition steuerte Ellen Marga Schmidt bei. Ein halbes Jahrzehnt sind für das perpetuum mobile Literatur schon eine lange Zeit. Einiges hat sich inzwischen verändert. Vieles wird anders gesagt und gesehen als im Sterbejahr der österreichischen Dichterin, die 1953 mit dem Gedichtband "Die gestundete Zeit" schnell berühmt wurde. Dem lyrischen Ruhm schloß sich der erzählerische an. Die Autorin war ungemein vielseitig und begabt. Lyrik und Analytik, Existenz und Atmosphäre schlossen einander nicht aus in dem, was Ingeborg Bachmann schrieb. Essay, Rede, Hörspiel, Libretto, Erzählung, Roman, Prosafragmente und natürlich Gedichte, Übersetzungen runden sich zu einem Bild von literarischer Vollkommenheit, die es so bei uns nur in den fünfziger und in den frühen sechziger Jahren geben konnte. Sie entstand unter den Augen der literarischen Beobachter und Chronisten von damals. Man war einhellig von der außerordentlichen Begabung der Dichterin überzeugt. Die Auszeichnungen ließen nicht auf sich warten. Ihre eigentliche "Entdeckung" geschah auf einer Tagung der "Gruppe 47" in Niendorf/Holstein. Sie wurde gleichzeitig mit Paul Celan, der so gut wie unbekannt aus Paris herbeigereist war, zum literarischen Ereignis dieser kritischen Gruppentagung.

Ausmaß und Grenze des Werks kann man nun besichtigen. Die vierbändige Ausgabe bringt in der Reihenfolge Gedichte, Hörspiele, Libretti, Übersetzungen, Erzählungen, Roman und Prosafragmente, Essays, Reden und vermischte Schriften das Œuvre insgesamt. Es ist, als sähe man dem großen Aufgebot und Angebot jener Jahre zu. Die Autorin wird von Anfang an gleichsam auch stellvertretend für eine glückliche Zeitphase unserer Literaturgeschichte, denn daß hier Geschichte gewordene Literatur nachlesbar, prüfbar geworden ist, ist keine Frage. Es ist evident und aufregend, spannend und zugleich ein melancholischer Prozeß. Die Geschlossenheit des Ganzen ist groß, noch in der Differenzierung. Diese Begabung verfügte über die Nuancen, über die literarischen Artikulierungsmöglichkeiten auf eine sichere Weise, noch in der existenziellen Unsicherheit und der Bitterkeit und Schärfe solchen existenziellen Sichäußerns, die heute verblüffend geworden ist. Alles, was Ingeborg Bachmann versuchte, was sie schrieb und was ihr gelang, war der - für damalige Verhältnisse - radikale und jedenfalls folgerichtige Versuch, Existenz zu "entwerfen" und in Gedicht und Prosa, in Aufsatz und Vortrag, im Dialog und im Monolog zu zeigen, zu zeigen an "großen" Themen: an Liebe, Einsamkeit, Tod und Todesarten, an Grenz- und in Alltagssituationen der Menschen, die sie sprechen und denken ließ. Es war bitter konsequentes Denken und Fühlen, das aufeinander traf. Die Intelligenz verstellt hier einmal nicht der

Sensivität den Weg. Beide waren aufeinander angewiesen. Man konnte ihr Verhältnis zueinander im Gedicht beobachten.

Als Ingeborg Bachmann 1973 starb, war die literarische Umwelt seit Jahren verändert. Das Jahr 1968 hatte Folgen gehabt, selbstverständlich, und die artifiziell disponierte literarische Existenz hatte sich politisiert. Sie war Eingriffen ausgesetzt und sie setzte sich aus, auf andere Art und Weise, als dies in Gedichten, in der Prosa der Bachmann geschah. Sie hatte ihren jähen Ruhm und behielt ihn. Daß auch solche Position kritischer Betrachtung ausgesetzt wurde, in zunehmendem Maß, widerlegt nicht die Bedeutung dieser Position und spricht für literarisches Zeitvergehen, das immer rapider geworden schien. In ihrer Prosa blieb Ingeborg Bachmann nicht so unangefochten wie in ihren Gedichten. Die Prosa deckte möglicherweise eher Schwäche oder doch jene jeder Begabung gesetzten Grenzen auf. Sie war unerbittlicher als das Gedicht dem unablässigen Vorgang von Neuem und dem Verschleiß des Neuen, Präsenten ausgesetzt.

Die vorliegende Ausgabe bietet viel Unbekanntes oder kaum Bekanntes, das im einzelnen nicht aufzuzählen ist. Das nun Edierte verändert nicht das Bild der Dichterin, verfestigt es eher, etwa auf dem Gebiete des Analytischen, des Intelligiblen. Die Fragmente wirken auf merkwürdige Weise "ausgeführt". Alles steht in jenem unübersehbaren existenziellen Zusammenhang, in dem man das Werk sehen muß, da es sich so von Anfang an profilierte. Die Zusammengehörigkeit des einzelnen zum Ganzen macht ja jene Vollkommenheit aus, die heute erstaunen macht. Mehr noch als damals ist einiges durchscheinend, erkennbar geworden: Das Melodiöse, der Charme, die Zärtlichkeit in der Sprache, auch wenn sie intensiv, hart vorgehen will. Das existenziell Utopische - einst ihr poetologisches Thema in den Frankfurter Vorlesungen und überall, wo sie sich "zur Sache" vernehmen ließ - hat feierlich - mystische Merkmale, nicht nur wenn man sehr bekannt gewordene Stellen wiederliest: "Wenn wir die Suchlampen auslöschen und jede Beleuchtung abschalten, gibt die Literatur, im Dunkel und in Ruhe gelassen, wieder ihr eigenes Licht, und ihre wahren Erzeugnisse haben die Emanation, aktuell und erregend. Es sind Erzeugnisse, schimmernd und mit toten Stellen, Stücke realisierter Hoffnung auf die ganze Sprache ... Was wir das Vollendete in der Kunst nennen, bringt nur von neuem das Unvollendete in Gang."

Die Schwingungshöhe solchen Sprechens ist enorm. Wir sind von diesem Tonfall - so scheint es - im Augenblick weit entfernt. Glamour-Charakter und Zweifel standen hier nebeneinander. Solche Dialektik war ebenso schneidend wie elegant, ebenso elegisch wie schön im Bildvergleich. Forderung und Zweifel sind geblieben, sie hören sich auch jetzt noch überzeugend an: Und nur nicht dies: *das Bild/ im Staubgespinst, leeres Geröll/ von Silben, Sterbenswörter./ Kein Sterbenswort,/ Ihr Worte!*

Das Deklamative ist von Notwendigkeit getragen. Es ist unverstellt. Es zeigt sich als Aufforderung und direkt und bleibt doch schön gesagt, wenn auch nicht schön verpackt, vielleicht wirklich so, wie ein bedeutender Kritiker und kritischer Chronist damals feststellte: daß es jenen "Stich ins Ewige und somit ins Unverbindliche" bei ihr gäbe. Es ist wohl nicht so sehr Unverbindlichkeit als jene uns heute angestrengt anmutende poetische äußerste Verbindlichkeit, die angestrebt war und unerreichbar zugleich bleiben sollte. "Wir aber wollen über Grenzen sprechen, und gehn auch Grenzen noch durch jedes Wort." Das Melodische hielt sich auch in den ernstesten Augenblicken der Bachmannschen Dichtung.

Mehr als früher vielleicht läßt sich nun erkennen, was in solcher Dichtung in der Tradition steht, was geistige und sensible Verbindungen aufrecht erhält und fortführt als lange, kontinuierlich empfundene literarische Herkunft der dichterischen Individualität (eine vielleicht typische österreichische Situation). Daß die persönliche Entschiedenheit, das schneidend Schöne und Bittere, der Erkenntnisdrang, das Bewußtsein bis zum Beben der Gedicht-Struktur führt, ist gleichwohl zu sehen. Das Verhältnis von Rhythmus im einzelnen Gedichttext hat diese "fahrige" Wirkungsweise, diese Unruhe, diese Ungeduld, die man in Zeilen eines Gedichtes aus dem Band "Anrufung des Großen Bären" ausgesprochen findet: "Wort, sei bei uns/ von zärtlicher Geduld/ und Ungeduld." Es erscheint heute, infolge der Höhe der Stimmlage, sogleich etwas gestikulierend. Aber es ist Herausforderung gemeint, jene Entschiedenheit, von der ich sprach und die die Präsenz, die Aktualität des Gedichts, auch der Prosa bei Ingeborg Bachmann bekundete und die damals auch so verstanden wurde, bei aller Dialektik, die auch Widersprüche zuläßt, Widerspruch zwischen Dekor und Ernst, zwischen Sprechanlauf und Sprechvollzug, zwischen emotionaler Erweichung und intellektueller Strenge, Einsichtsfähigkeit und intelligiblen Anspruch. Gerade dies hält in Spannung und entläßt alles, was Ingeborg Bachmann schrieb, in derartiger, bis zum Angestrengten gehenden Spannung.

Freilich, um es mit den Worten der Autorin zu sagen:. "Es kommen härtere Tage." Sie sind inzwischen auch für die Literatur angebrochen. Vielerlei "Melodie" zerbrach inzwischen, suchte Auswege und Zuflüchten im Lakonischen oder im Plakativen, im Banalen, im literarischen Small Talk und in einer "neuen Sensitivität", die reichlich in Mode gekommen ist und von Mißverständnissen lebt wie frühere Begriffsbildungen, mit denen mehr hantiert wird als notwendig.

Die ernste Geschlossenheit ist unverrückbar. Die Essayistin wird erst in dieser - mit vorzüglichem Apparat ausgestatteten - Ausgabe im Überblick eindringlich sichtbar. Dies sind Bereiche, wo jetzt am unmittelbarsten Kontakt zu finden ist. Die Radio-Essays über Musil, Wittgenstein, Proust sind zu nennen, auch kleinere Arbeiten, etwa über Thomas Bernhard. So gesehen liegt auf dem vierten Band ein besonderes Gewicht. Man bekommt zu lesen, was dazu gehört und uns bisher Vermutetes bestätigt und bekräftigt: Die sensitive Analytik, die intelligible Leistung im Rahmen des Gesamtwerks. Hier differenziert und verstärkt sich das Profil. Es ist in manchem schärfer und unabweisbarer als in der erzählenden Prosa und im Gedicht, in dem, was nach wie vor im Zentrum des Schaffens geblieben ist. Wahrheitssuche und Annäherung an die (utopische) Wahrheit auch in diesem Bereich.

In der "Literatur als Utopie" heißt es gegen Schluß: "Es gilt, weiterzuschreiben. Wir werden uns zwar weiterplagen müssen mit diesem Wort Literatur und mit der Literatur, dem, was sie ist und was wir meinen, daß sie sei, und der Ver-

druß wird noch oft groß sein über die Unverläßlichkeit unserer kritischen Instrumente ... Aber seien wir froh, daß sie uns zuletzt entgeht, um unsertwillen, damit sie lebendig bleibt und unser Leben sich mit dem ihren verbindet in Stunden, wo wir mit ihr den Atem tauschen." Eine schöne Plage, könnte man heute sagen, stellvertretend für die schönen Schwierigkeiten, die Zerreißproben, die im Werk der Ingeborg Bachmann bis heute uns in Verbindung bleiben lassen mit vielem, das sie schrieb.
Stuttgarter Zeitung, 13.5.1978

Der Künstler als Märtyrer

Von Peter Hamm

Wer Ingeborg Bachmann kannte und heute an sie denkt, wird sich wahrscheinlich nicht zuerst an Zeilen von ihr erinnern, an Gedichtetes, sondern an ihre Haltung, ihr Auftreten, ihren *Glanz*.

"Ihr Glanz: wir sitzen vor einem römischen Makler, der die Wohnung einer Baronesse vermietet und zu verstehen gibt, die Baronessa könnte als Mieter einen amerikanischen Diplomaten vielleicht vorziehen, *Dottore*, sagt sie entgeistert wie eine Königstochter, die nicht erkannt worden ist, und zögert, *senta*, sagt sie, *siamo scrittori* (hören Sie, wir sind Schriftsteller), und wir bekommen die Wohnung; Terrasse mit Blick über Rom." So hat Max Frisch, der drei Jahre lang mit Ingeborg Bachmann zusammenlebte, eine gemeinsame Wohnungssuche in seinem Buch "Montauk" festgehalten.

Tatsächlich war es das Besondere ihres Auftretens - ebenso freilich das Besondere ihres Sich-Entziehens -, waren es ihre Allüre und Attitüde, was ihre literarisch interessierten Zeitgenossen (und nicht nur sie) beschäftigte. Ingeborg Bachmann bot einer Welt, die sich bereits mit dem entzauberten Autor, mit jenem von Valéry als *Mann mit der blauen Schürze* apostrophierten *Macher* abfinden wollte, noch einmal das Bild vom Dichter als dem *ganz anderen, dem Gezeichneten*, dem *Zauberer*, und bis zuletzt blieb unklar, wieviel davon sie selbst absichtlich zu diesem Bild beitrug und wieviel sich absichtslos zu diesem fügte.

Sicher ist freilich, daß sie nicht wollte, "daß der Stolz und die Allüre aus der Welt verschwinden", wie sie in einem Entwurf zu einem Aufsatz über Witold Gombrowicz notierte, und daß sie jene ihrer Kollegen favorisierte, die nicht nur Künstler, sondern auch *Künstler-Darsteller* waren und sind. Wie etwa die Callas, über die sich der Entwurf einer geradezu schulmädchenhaft schwärmerischen "Hommage" im Nachlaß fand (mit dem Schlüsselsatz: "Sie war das letzte Märchen"), oder wie ihr jüngerer Landsmann Thomas Bernhard.

Im Entwurf eines "Versuchs" über Bernhard, den sie offenbar allen Ernstes weit über Beckett und direkt neben Kafka stellte, finden sich so ungefähr alle Stichworte, die zum Verständnis ihrer eigenen Arbeit nötig sind; da ist die Rede vom *Monolog*, vom *Abstand zur zeitgenössischen Literatur*, den einer *vergrößert durch die Einsamkeit*, von der Eigenheit, die aus dem *Zwang* kommt, vom *Pathos* und *Leiden* und von den *Konstellationen aus tiefem Unglück, die das Glück des Bedeutenden ausmachen.* Und im Aufsatz-Entwurf über die 1963 freiwillig aus dem Leben geschiedene englische Dichterin Sylvia Plath, mit der sie sich ganz identifiziert und mit der sie wohl auch mehr Ähnlichkeit hat als mit irgendeiner anderen zeitgenössischen Autorin sonst, spricht Ingeborg Bachmann von der "geistigen Figur einer denkenden, zerfallenden, geschlagenen und zerstörten Kreatur als dem einzig Interessanten und Hinreißenden an einem Menschen".

Ingeborg Bachmann, soviel steht fest, war noch einmal der *Künstler als exemplarischer Leidender* (so hat Susan Sontag einen Essay über den von der Bachmann geliebten Cesare Pavese überschrieben), und ihr Kult des Leidens - des Leidens als dem höchsten Zeichen der Ernsthaftigkeit und Auserwähltheit - war es, der die einen geradezu magisch zu ihr hinzog, andere aber abschreckte oder aggressiv machte (nicht nur Kollegen und Kritiker begegneten ihr gelegentlich mit auffallender Aggressivität, sondern oft auch literarisch völlig Uninteressierte, sogar Passanten auf offener Straße).

Stilprobleme, Formales, das *Wie* kamen für Ingeborg Bachmann, obwohl sie alle ernsthaften modernen Poetik-Theorien genau kannte, immer erst in zweiter Linie; im erwähnten Entwurf zu einem Sylvia-Plath-Aufsatz stehen die für sie bezeichnenden Sätze: "Es passiert sehr wenig Neues in der Literatur, ich glaube nicht, daß Sylvia Plath etwas Neues ist, sie hat weder die englische Sprache zertrümmert noch zum Auferstehen gebracht, noch etwas geleistet, was ihre Kritiker zu besonders hochtrabenden Einfällen veranlassen könnte. Aber wie die Schriftsteller, die in der Hölle waren, wird sie unter den ersten sein, weil sie unter den letzten war."

Von so christlich geprägten Vorstellungen war sie beherrscht, die Nachkommin jener Kärntner protestantischer Minderheit, die fast bis Ende des 18. Jahrhunderts ihre Gottesdienste nur im geheimen abhalten konnte und anscheinend bis heute das Wissen um die einstige Verfolgung bewahrt hat. Entsprechend setzte Ingeborg Bachmann dem *Repräsentanten* stets (sich als) den *Märtyrer* entgegen, jenen, der rücksichtslos sein eigenes Ich dem Leiden öffnet. Und die reinsten Quellen für dieses Leiden waren natürlich immer noch die Sexualität und dann eben deren schwierige Sublimation im dichterischen Prozeß.

Es war gerade dieser quasi zeitlose Aspekt, der dem Werk der Bachmann von Anfang an Aufmerksamkeit garantierte, zumal dieses Werk - und damit ist primär die Lyrik gemeint - geschickt die Balance hielt zwischen Tradition und Moderne, das heißt, kühne Metaphorik mit tradierten Formen - etwa der gereimten Liedstrophe - verband und weibliche Sensibilität, ja Animosität mit intellektueller Rhetorik. "Weichgestimmte Trauer" einerseits und "lyrisch verbrämte Philosophie" andererseits entdeckte zum Beispiel der *Spiegel* an Ingeborg Bachmanns Lyrik, als er der jungen Debütantin bereits im August 1954 eine Titelgeschichte mit entsprechendem Titelphoto widmete, eine Ehre, die sonst wohl nie mehr einem jungen Lyriker widerfuhr, die aber ihr selbst eher als selbstverständlich erschien.

Denn so geradezu krankhaft verschüchtert, ungeschickt und bescheiden sie sich im Alltag geben konnte (die Anekdoten darüber sind zahllos), so selbstbewußt unbescheiden konnte sie als Dichterin auftreten. In ihrer Rede zur Verleihung des Anton-Wildgans-Preises sagte sie etwa: "... zu den Aktualitäten habe ich nur zu sagen, daß man sie hinwegschreiben muß, man muß die Aktualitäten seiner Zeit korrumpieren, man darf sich nicht von den Phrasen, mit denen diese Aktualitäten einem aufgedrängt werden, korrumpieren lassen ... Es bedarf also nicht so sehr der Talente, denn es gibt viele, sondern der Schriftsteller, denen es möglich ist, den Charakter auf der Höhe ihres Talents zu halten, und das ist das Allerschwierigste."

Sie selbst, kein Zweifel, sah sich nicht lediglich als *Talent*. Doch wenn sie sich stets als Dichterin sah und gab, immer war ihr Dichten doch auch, wie es in derselben Rede heißt, "eine Verdammnis, eine Strafe", die kein Ruhm aufwiegen konnte. Und kein Selbstbewußtsein.

"Todesarten" sollte ihr groß geplanter, nie auch nur annähernd zu Ende geführter Romanzyklus betitelt sein, an dem sie die letzten Jahre ihres Lebens arbeitete und von dem nur der "Malina" überschriebene Teil 1971 einzeln erschienen ist (sowie jetzt, in der Gesamtausgabe, einige Entwürfe und Fragmente). *Todesarten*, das könnte auch über allem anderen stehen, was sie geschrieben hat, denn ihr verwandelte sich buchstäblich alles, womit sie in Berührung kam, zum Schlimmsten. Je schöner, desto schlimmer: Dieses Prinzip bestimmte ihr Leben, über dem als geheimes Motto die von ihr geliebten Platen-Zeilen hätte stehen können: "Wer die Schönheit angeschaut mit Augen,/ ist dem Tode schon anheimgegeben."

Eines der ersten Gedichte aus dem schwarzlackierten Band "Die gestundete Zeit", mit dem sie 1953 hervortrat, begann: "Wie Orpheus spiel' ich/ auf den Saiten des Lebens den Tod/ und in die Schönheit der Erde/ und deiner Augen, die den Himmel verwalten,/ weiß ich nur Dunkles zu sagen."

Was sich hier noch wie eine etwas zu kostbare Bildungsassoziation anhörte, die dialektische Verschränkung von Schönheit und Tod, von Liebe und Tod, blieb *das* durchgehende Motiv bei Ingeborg Bachmann, auch als sie ganz andere, eigene Worte dafür fand. Daß es an ihrem eigenen Absolutheitsanspruch lag, daß sich ihr alles in Trauer und Tod verwandelte, geht aus einem der schönsten Gedichte aus ihrem zweiten und letzten, dem 1956 erschienenen Gedichtband "Anrufung des Großen Bären" hervor, aus dem Gedicht "Erklär mir Liebe", dessen Schluß lautet: "Erklär mir, Liebe, was ich nicht erklären kann:/ sollt ich die kurze schauerliche Zeit/ nur mit Gedanken Umgang haben und allein/ nichts Liebes kennen und nichts Liebes tun?/ Muß einer denken? Wird er nicht vermißt?/ Du sagst: es zählt ein andrer Geist auf ihn .../ Erklär mir nichts. Ich seh' den Salamander/ durch jedes Feuer gehen./ Kein Schauer jagt ihn, und es schmerzt ihn nichts."

Ingeborg Bachmann wollte stets salamanderartig durch die Feuer dieser Welt gehen, und sie schmerzten natürlich immer - bis zu jenem furchtbaren Tag vor fünf Jahren, als sie durch das wirkliche Feuer ging, in ihrer römischen Wohnung, und daran starb.

Immer hatte diese Frau zwar gewußt, daß Dichten, so absolut wie sie es auffaßte, identisch mit Verzicht auf Liebe sein muß, doch zugleich konnte sie sich mit diesem Verzicht nie abfinden. Obwohl sie im Gedicht souverän von sich absehen und sagen konnte: "Ich will nichts mehr für mich. Ich will zugrunde gehn .../ Zugrund gerichtet, wach' ich ruhig auf" (so zu lesen in ihrem 1964 geschriebenen Gedicht "Böhmen liegt am Meer"), kreist doch gleichzeitig fast ihr gesamtes Werk um die Frage, *warum* man am Geschlecht zugrunde gehen muß, warum Liebe Tod bedeutet.

Und die Geschichte, von der es in einem frühen Gedicht noch heißt: "Unsere Gottheit,/ die Geschichte, hat uns ein Grab bestellt,/ aus dem es keine Auferstehung gibt", diese Geschichte rangierte bei der Bachmann doch relativ weit hinten, so aufmerksam sie auch Politik verfolgte und sich auch immer wieder politisch engagierte (1958 trat sie zum Beispiel dem Komitee gegen Atomrüstung bei, und 1965 unterschrieb sie die denkwürdige Intellektuellen-Erklärung gegen den Vietnam-Krieg - und damit auch gegen ihren Freund Henry Kissinger).

Obwohl Ingeborg Bachmann alles andere als feministische Emanzipationsliteratur im Sinn hatte, spielen doch die Männer in ihrem Werk eine zumeist monströse Rolle, sie sind unheilbar klinische Fälle, Schläger oder Mörder.

Das beginnt mit dem Kind in der Erzählung "Alles", das schon ein kleiner Mörder ist, und mit der Erinnerung an den Schulbuben, in "Malina", der dem kleinen Mädchen zuruft: "Du, du da, komm her, ich geb dir etwas", und der dann der in wilder Freude auf ihn Zulaufenden die Hand ins Gesicht klatscht: "Da, du, jetzt hast du es!". Und das setzt sich fort in den Angstträumen vom Vater, der schon die Frage danach, warum er schlägt, als Anlaß für neue Schläge nimmt, dem die Ich-Erzählerin in "Malina", der offenbar nur die Identifikation mit dem Aggressor bleibt, den furchtbaren Satz zuruft: "Ich hasse dich mehr als mein Leben!", und den sie schließlich als ihren Mörder identifiziert.

"Das dreißigste Jahr", den ersten Erzählungsband, den Ingeborg Bachmann nach ihren beiden Gedichtbänden publizierte, beschließt "Undine geht", eine Art Generalabrechnung mit der Welt der Männer, die hier mit dem Namen *Hans* personifiziert wird (und wenn Ingeborg Bachmann, deren Leben jahrelang auf den Komponisten Hans Werner Henze hin ausgerichtet war, mit dem sie zeitweilig auch zusammen in Neapel wohnte, hier den Namen Hans wählte, so müßten doch Männer mit anderen Vornamen und tolerierten Begierden sich weit mehr getroffen fühlen als Henze); doch geht diese Haß-Ansprache an die männlichen Ungeheuer zum Schluß unvermittelt in eine geradezu ekstatische Liebeserklärung über: "Ach, so gut spielen konnte niemand, ihr Ungeheuer! Alle Spiele habt ihr erfunden, Zahlenspiele und Wortspiele, Traumspiele und Liebesspiele ... Ich bin unter Wasser. Bin unter Wasser ..."

Die Autorin, die sich hier nur noch im Bild der geschlechtslosen Märchenfigur ins Spiel bringen kann, hat immer wieder den *Sprung hinüber* versucht, weg vom "Bilde der Jägerin, der großen Mutter und der großen Hure, der Samariterin, des Lockvogels aus der Tiefe", und hin zu einem Reich, das "nicht das Reich der Männer und nicht das der Weiber" ist, doch nicht - wie etwa noch Ricarda Huch -, um fortan das *Ideal des Menschlichen im Gegensatz zu einseitiger Männlichkeit und Weiblichkeit* aufzurichten, sondern nur, um sich total auszulöschen.

Sich auslöschen, solange das noch in Dichtung gelingt, bedeutet freilich gleichzeitig immer auch schon Wiederauferstehung, Neugeburt. Die Unordnung, das Chaos einer vom Kältetod befallenen Welt verwandeln sich zu einer neuen Ordnung in der Sprache, in der allein *reines Sein* bewahrt wird: "Wo ist Gesetz, wo Ordnung? Wo erscheinen/ uns ganz begreiflich Blatt und Baum und Stein?/ Zugegen sind sie in der schönen Sprache,/ im reinen Sein ..."

Das macht das Geheimnis der besten Gedichte (nicht nur) von Ingeborg Bachmann aus, daß in ihnen Natur und Leben sogar reicher und reiner als in Wirklichkeit erscheinen, weil die staunende Begeisterung, mit der ihnen begegnet wird, durch den äußersten Schmerz hindurchgegangen ist. Wer etwa das unvergleichlich gelungene Gedicht "An die Sonne" liest, wird feststellen müssen, daß diese geschlagene Dichterin überzeugender im *Rühmen* ist als jener, der dieses Rühmen so lautstark propagierte, Rilke.

Es ist etwas wie eine religiöse, eine mystische Erfahrung, die gerade solche Gedichte vermitteln, nämlich daß nur am Nullpunkt das Absolute erfahren werden kann, ganz im Sinne jener taghellen modernen Mystikerin Simone Weil, die geschrieben hat: "Gott kann in der Schöpfung nicht anders anwesend sein als in der Form der Abwesenheit."

Über Simone Weil findet sich im Band 4 der vorliegenden Bachmann-Ausgabe ein 28seitiger Text, der die große Verehrung verrät, die Ingeborg Bachmann dieser ihrer französischen Schwester im Unglück und "potentiellen Heiligen" entgegenbrachte.

Wenn man für die Kenntnis dieses Funk-Manuskripts aus dem Jahre 1955 auch dankbar sein muß, schon weil Simone Weil hierzulande unbegreiflicherweise immer noch eine fast Unbekannte ist, so erhebt sich doch die Frage, ob die drei Herausgeber des Gesamtwerks klug daran taten, nahezu alles, dessen sie an Geschriebenem von der Bachmann habhaft werden konnten, in dieser Ausgabe unterzubringen.

Schon die übrigen Radio-Essays, über Musik, Wittgenstein oder Proust, lesen sich - heute natürlich noch mehr als zur Zeit ihrer Entstehung - wie bloße biedere Brötchenarbeiten. Selbst die seinerzeit so vielbeachteten Frankfurter Poetik-Vorlesungen wirken streckenweise wie pure Verlegenheiten. Auch die meisten der sprachlich oft schlampigen Entwürfe zu unausgeführten Arbeiten, feuilletonistischer Tagesware wie Rezensionen und Umfrageantworten, belasten diese Ausgabe empfindlich und sind allenfalls als Zeugnisse dessen, was Ingeborg Bachmann beschäftigt hat, relevant; dafür hätte aber auch die Erwähnung in einem Anhang vollauf genügt.

Was die zum erstenmal veröffentlichten Jugendwerke angeht, so versteht man nur zu gut, daß die Dichterin sie nicht vorzeigen wollte, es ist da kaum etwas zu entdecken.

Nicht uninteressant sind die Fragmente aus dem Romanzyklus "Todesarten" und die Entwürfe zu "Malina": "Requiem für Fanny Goldmann" ist eine schneidend scharfe Abrechnung mit dem Literaturbetrieb, verkörpert in einem skrupellos sich hochboxenden Wiener Literaten - ein Text, den man eher dem Martin Walser der "Halbzeit" zugetraut hätte. Und "Der Fall Franza", in dessen Mittelpunkt wieder ein Mann steht, diesmal ein Psychiater, der eine Frau regelrecht ausweidet und seelisch abtötet, mündet zuletzt in die Begegnung mit der archaischen arabischen Welt, die jenes "mystische Zusammengehen von Einatmen, Ausatmen, Gehen und Ruhen ... das Hallelujah des Überlebens im Nichts" verheißt, nach dem Ingeborg Bachmann stets auf der Suche war.

Übersehen läßt sich allerdings auch vor diesen Texten unmöglich, daß sie an Bedeutung weit hinter den besten Gedichten zurückbleiben, ja, daß die Prosa insgesamt doch wohl so etwas wie eine Kapitulation Ingeborg Bachmanns darstellte, die seit Mitte der fünfziger Jahre keine Lyrik mehr zu schreiben in der Lage war - oder, wie sie selbst einmal vorzog es auszudrücken, keine mehr schreiben wollte, weil Lyrik ihr inzwischen *zu leicht* falle.

Daß ihr Prosaschreiben schwerer fiel, merkt man leider der Prosa an, die oft überanstrengt, überformuliert wirkt. Störend an der Prosa ist auch jenes oft schwülstige Fin-de-siècle-Klima, das vor allem daher rührt, daß die Prosa fast ausschließlich in Wien handelt, jener von Ingeborg Bachmann gehaßten Stadt, die sie als "geschaffen für die universelle Prostitution" betrachtete und von der sie doch nie loskam ("Endstadt" heißt sie nicht zufällig einmal); während die Lyrik, so sie am geglücktesten ist, aus Ingeborg Bachmanns *erstgeborenem Land*, aus Italien, kommt und von mediterraner Klarheit durchdrungen ist. In Italien, "da ist der Stein nicht tot" für die Dichterin, da scheint eine Gemeinschaft zwischen Menschen noch möglich, sogar zwischen Menschen und Mythen, und hier scheint sogar Liebe für Augenblicke nicht nur eine Strafe zu sein.

"Das Klassische ist das Einfachste, und alte und neue Texte vertreten es gleich gut", hat Ingeborg Bachmann in "Was ich in Rom sah und hörte" notiert, und in diesem Sinne ist ihre eigene Poesie aus ihrer italienischen Periode große klassische Lyrik, ganz ohne klassizistische Kulissen und ohne *Sonnenuntergänge zu verbilligten Preisen* (über die sie sich in einem frühen Gedicht einmal lustig macht). Freilich, auch in Italien war diese Dichterin auf Dauer nur Exilantin. *Exil* ist eines ihrer schönsten Gedichte überschrieben: "Ein Toter bin ich der wandelt/ gemeldet nirgends mehr/ unbekannt im Reich des Präfekten/ überzählig in den goldenen Städten/ und im grünenden Land/ abgetan lange schon/ und mit nichts bedacht/ Nur mit Wind mit Zeit und mit Klang/ der ich unter Menschen nicht leben kann ..."

Die zehn oder fünfzehn großen Gedichte, die Ingeborg Bachmann hinterlassen hat, werden, so scheint es, von dieser vierbändigen dickleibigen Gesamtausgabe eher erdrückt als ins rechte Licht gerückt, aber - schwacher Trost - so geht es schließlich den zehn oder fünfzehn großen Gedichten eines Platen oder Rückert in deren jeweiligem Gesamtausgaben-Grab genauso.

Der Spiegel, 5.6.1978

Urgestein aus dem Dichter-Bergwerk

Von Geno Hartlaub

Auf Schatzsuche in einem Bergwerk begibt sich der Leser der kürzlich erschienenen Gesamtausgabe der Werke von Ingeborg Bachmann. Wer mit der Lektüre in dem Glauben begann, in den vier sorgfältig von Christine Koschel, Inge von Weidenbaum und Clemens Münster edierten Bänden hauptsächlich schon Bekanntes und Veröffentlichtes, Lyrik, Erzählungen, den Roman *Malina*, Essays, Libretti und Übersetzungen zu finden, der stößt auf unbekannte Texte, keineswegs *Parerga*, also Nebenwerke, die mit in eine Gesamtausgabe gehören, sondern wahre Trouvaillen, Juwelen, Urgestein aus dem "Bergwerk", in dem die Dichterin ihre Schätze verborgen, vergraben und oft nie wiederentdeckt hat. Fast alles ist in seiner Art vollkommen, klassisch, eigenwüchsig, einmalig und doch blieb vieles Fragment, Bruchstück, herausgehauen aus den Stollenwänden aus Erz, freigelegte Silber- und Goldadern. Der Vergleich mit dem Bergwerk drängt sich auch wegen der Tiefendimension auf.

Ingeborg Bachmann begnügt sich nie mit Impressionen, mit der Beschreibung der Oberfläche von Menschen und Gegenständen. Sie geht in die Tiefe. Ihre Aussagen sind absolut, sie meißelt, sie malt nicht. Sie spiegelt nicht die Realität, die uns umgibt, noch weniger betreibt sie Gesellschaftskritik. Sie macht den Versuch, neue Werte zu setzen, sie ist - bei Frauen heute noch äußerst selten - eine Erfinderin. Das zeigt sich auch in ihrer Sprache. Sie schreibt meistens im Präsens, sie vermeidet, wenn irgend möglich, den Konjunktiv und die indirekte Rede. Als ihr stilistisches Hauptprinzip könnte man "den kategorischen Imperativ" bezeichnen. Das gilt nicht nur für die Lyrik, diese subjektivste literarische Kunstgattung, bei der noch mehr als bei der Prosa Farbe bekannt werden muß. Es fällt auch bei den im Gesamtwerk besonders stark hervortretenden erzählerischen Arbeiten auf, zu denen nicht nur die verschiedenen Romanentwürfe des geplanten Zyklus *Todesarten*, sondern auch bisher nur an unbekanntem Ort in Tageszeitungen oder im Rundfunk veröffentlichten Kurzgeschichten und die Essays gehören, die sich einheitlich in das Gesamtwerk einfügen, weil sie mehr poetisch als wissenschaftlich wirken. Letzteres gilt sogar für die Interpretationen der Person und der Philosophie Ludwig Wittgensteins, von dessen neupositivistischem und logischem "Erlebnis" das Bachmannsche Werk mitgeprägt wurde.

Ingeborg Bachmann, die 1973 in Rom früh Verstorbene, von der Rilke gesagt hätte, daß sie trotz oder wegen der Schrecklichkeit der Umstände ihren eigenen Feuer-Tod gefunden hat, war keineswegs zu Lebzeiten eine verkannte Dichterin, der erst nach ihrem Tod und nach dem Erscheinen des Nachlasses Gerechtigkeit widerfährt. Sie wurde früh als junge, radikale und eigenständige Lyrikerin entdeckt. Sie gehörte der "Gruppe 47" an und hatte viele Freunde unter den Kollegen und Lesern. Sie verbrachte Jahre mit Hilfe der "Ford Foundation" in Berlin. Sie lebte in Rom, berühmt und hochgeachtet, keineswegs isoliert, sondern wiederum umgeben von Literaten und Freunden, die als Stipendiaten einige Monate in der Villa Massimo verbrachten. Der Hörfunk, in den fünfziger und sechziger Jahren

Mäzen der schönen Künste, hat zahlreiche Sendungen, auch Essayistisches in den Abendstudien, von Ingeborg Bachmann gesendet. Sie war eine prominente Hörspielautorin. Diese neue akustische Kunstgattung lag ihr - wie vielen Lyrikern - besonders am Herzen. *Der gute Gott von Manhattan* gehört noch heute zu ihren intensivsten Texten, die all ihre Leitmotive - absolute Liebe und Hingabe, Isolation, Todessehnsucht - enthalten. Als einer der ersten Autoren erhielt Ingeborg Bachmann den neu geschaffenen Frankfurter Lehrstuhl für Poetologie; die Vorlesungen sind in Band Vier der Gesamtausgabe enthalten, ebenso wie ihre Dankesreden für verschiedene literarische Preise.

Wie kommt es, daß die Gesamtausgabe, die laut Anmerkungen der Herausgeber auf verschiedene Entwürfe, besonders aus der letzten Lebenszeit verzichtet hat, so viel Unbekanntes an unzugänglicher Stelle Erschienenes oder gar Unveröffentlichtes enthält? Hatte diese ungeheuer produktive, intensive, stets in der jeweiligen Gegenwart aufgehende Dichterin nicht den heute so entwickelten Sinn für die Vermarktung ihrer eigenen Produkte? Fehlte ihr, die stets Neues plante und verwirklichte, die Übersicht über das bereits Geschriebene und irgendwo einmal Gedruckte? Die größte Überraschung der Gesamtausgabe besteht weniger in der Erstveröffentlichung des Roman-Fragmentes *Franza* und *Requiem für Fanny Goldmann*, sondern in der Wiederentdeckung von Gedichten und Erzählungen aus Ingeborg Bachmanns Jugend. Einige Texte, zum Beispiel *Der Schweißer, Das Honditschenkreuz, Der Kommandant*, aber auch das 1965 entstandene Fragment *Der Tod wird kommen*, werden von nun an zum unvergänglichen Schatz deutscher Prosa gehören.

Trotz der Beziehungen zur Zeitgeschichte wirken diese Erzählungen eher unhistorisch, "naturgeschichtlich". Sie beweisen, daß Ingeborg Bachmann, deren Lebensstil eher nomadenhaft war, stark an ihre Heimat in Kärnten gebunden war. So gehören auch die Beschreibungen, besser Beschwörungen, des Gailtals und der Karawanken im Dreiländereck Österreich-Jugoslawien-Italien und auf der windischen Höhe, die bis heute ihre eigene Sprache bewahrt hat, zu den Neuentdeckungen der Gesamtausgabe. Ingeborg Bachmanns Werk ist heute, im Abstand von nur fünf Jahren seit ihrem Tod in Rom, in klassische Bereiche entrückt. Gleichzeitig jedoch wirkt es unmittelbar, fast schockierend gegenwärtig. Bei den Erzählungen und bei vielen Gedichten wird die Existenzphilosophie der fünfziger Jahre mit ihren menschlichen und apokalyptischen Grenzsituationen als geistiger Hintergrund spürbar.

Die jüngeren Literaten der Apo-Generation haben der Bachmann ihren angeblichen Mangel an gesellschaftlichem Engagement vorgeworfen und narzistische, allzu subjektive Züge in ihrem Werk gefunden. Ingeborg Bachmann hat mit großer Gelassenheit, ja mit steinernem Gleichmut auf diese Bedenken der vordergründig engagierten Literaten reagiert oder nicht reagiert. Äußerlich wirkte sie oft nervös, unsicher, schüchtern, ja zerfahren. Dieses Erscheinungsbild, das sich auch bei den Frankfurter Vorlesungen zeigte (nicht jedoch bei den erhaltenen Lesungen auf Langspielplatten!), täuschte über ihre innere Sicherheit, über ihren "männlichen" Willen und über die Ungebrochenheit ihres Energiezentrums (trotz schwe-

rer gesundheitlicher Belastungen) hinweg. Heute wirken manche äußere Züge eher zufällig und beiläufig. Wer wissen will, was die Bachmann war und ist, der lese ihre Werke in der Gesamtausgabe.
Deutsches Allgemeines Sonntagsblatt, 11.6.1978

Ein Ordensritter, ein Engel gar
Von Hellmut Jaesrich

Wäre die Dichterin Ingeborg Bachmann nicht am 17. Oktober 1973 in ihrer römischen Wohnung eines schrecklichen Feuertodes gestorben, so besäßen wir heute sicherlich noch keine Ausgabe ihrer Werke. Von außen wirken die Rücken dieser vier Bände in ihren glatten schneeweißen Schutzumschlägen wie eine Grabplatte, ehrfurchtgebietend. Ganz anders ist der Eindruck, schlägt man sie auf: Papier und Einband sind von etwas leichterer Faktur, als man erwartet. Das Feierlich-Statuare tritt zurück und macht einer holden Verwirrung Platz, die besser zu dem Bilde der berühmten Kärntnerin paßt.

Keiner der vier Bände ist frei von einem Bestandteil an kleineren, unbedeutenden Stücken, sei es aus Jugendtagen, sei es aus dem offenbar erst flüchtig gesichteten Nachlaß. So steht Fertiges neben Unfertigem, Großes neben Kleinem. Und ist man auch dankbar, den Zugang zu so vielen noch unbekannten Texten der Dichterin und Erzählerin eröffnet zu sehen, dankbar auch für die überreichlich ausgeschütteten bibliographischen Verweise, sehnt man sich um so heftiger nach dem Vertrauten in seiner vertrauten Gestalt zurück. Ich möchte wetten, daß es manchen Leser an sein Regal zurückgetrieben hat, dort noch einmal "Das Dreißigste Jahr" oder den schmalen Band mit der "Anrufung des Großen Bären" in die Hand zu nehmen.

Ingeborg Bachmann gehört zu den Gestirnen am Dichterhimmel, die als Person fast ebenso stark wie durch ihr Werk fortleuchten, auch bei allen, die sie nicht gekannt haben. Hinter jeder Zeile, die sie geschrieben hat, steht ein Mensch, nicht viel stärker oder schwächer als der Leser selbst, ja ohne harte Schale weit mehr noch als dieser den ärgerlichen Wechselfällen des Alltags ausgesetzt, auf der anderen Seite aber mit einer so ungeheuerlich strengen Forderung an sich selbst, daß er in eine höhere Kategorie der Reinheit und Unverfälschtheit zu rücken scheint, einem Ordensritter oder gar einem Engel vergleichbar.

Neben ihr mußte fast jeder unzulänglich erscheinen, oft auf tragikomische Weise, wobei es in dieser auf Unzulänglichkeit zugeschnittenen Welt häufig geschah, daß die undankbare Rolle des Versagers ihr und nicht dem anderen zufiel. Wie sie für den Umgang mit Telefonen und Kursbüchern nicht geschaffen war, so auch nicht für den Umgang mit allen, die sie umgaben. Wie bei einem umgekehrten König Midas schien alles zu Talmi zu werden, was diese unbestechlich Lautere berührte. Läuterung war ein großes Motiv ihrer Dichtung. Die Schriftstellerin Ursula Ziebarth hat einmal nachgezählt, welche Rolle das Feuer darin spielt und ebenso der Salamander, der es besteht.

So sind die vier Bände der Gesamtausgabe, in denen man sich bereitwillig verirrt, ein marmornes Grabdenkmal für einen Engel und ein großes Zeilenlabyrinth in einem. Es ist vielleicht nicht notwendig zu erfahren, wieviel Ingeborg Bachmann als Wiener Philosophiestudentin gewußt und gekonnt und für Rundfunkbeiträge verwendet hat, was sie alles und wie gut sie es übersetzt und bearbeitet hat. Um so lieber läßt man sich in den vielen abgedruckten Fragmenten von ihrer Beobachtungsschärfe und satirischen Begabung überraschen. Beides sticht auch beim Wiederlesen des Romans "Malina" hervor; die Beschreibung des Altenwylschen Haushalts am Wolfgangsee braucht den Vergleich mit Proust nicht zu scheuen.

Man hat gelegentlich bedauert, daß die Bachmann soviel Aufmerksamkeit auf die larmoyant-dekadente Szene Alt-Österreichs verschwendet hat. Doch sie hat nach Musil, Schnitzler und Hofmannsthal ganz neue Dimensionen ausgelotet - wahre Abgründe, wenn man an die Novelle "Unter Mördern und Irren" denkt. Das ist ein sehr männerfeindliches Stück Prosa, und doch kein bißchen überzeichnet: die grimmigste Kritik am Mitläufer, wobei das Grimmigste aus dem Munde eines Mitläufers kommt, der an seinem Elend fast erstickt.

Eine Kostbarkeit sind auch - und damit genug der herausgepflückten Lesefrüchte - die rhapsodischen Telefongespräche in "Malina", jeweils sieben oder acht halblange Zeilen zwischen ihm und ihr, in denen das Ungesagte, das Uneingestandene sich schier überschlägt, Prosagedichte von allerzartestem Humor.
Die Welt, 16.6.1978

Mit gefrorener Liebesglut
Von Gustav Roeder

Ingeborg Bachmann: der Name ist zum Synonym geworden für Verse, die uns mit gefrorener Liebesglut anstarren, die überrumpeln und sich zugleich der rationalen Betrachtung entziehen, die mit ihren Rätseln die Phantasie verweißwohin führen. Ihre "Anrufung des Großen Bären" (Großer Bär, komm herab, zottige Nacht), ihre Sammlung "Die gestundete Zeit" (Die auf Widerruf gestundete Zeit/ wird sichtbar am Horizont) waren Anfang der fünfziger Jahre Marksteine der deutschen Lyrik, schmale Bändchen, die Zeugnis ablegten von der Skepsis, vom Pessimismus einer heranwachsenden Dichtergeneration, die noch die Schrecken des Krieges erlebt hat, die von Auschwitz erschüttert wurde, und die aus trüber Erfahrung allen Gefühlen mißtraute, ihre Sehnsüchte in die Gefrierfächer legte und staunend zusah, wie die kalte Technik das Leben diktierte.

Ingeborg Bachmanns Dichtung ist voll von Widersprüchen. Sie hat immer neue hinzugefügt. Sie hat ihren jetzt mit so poetischem Klang versehenen Namen selbst wieder des Zaubers entkleidet, hat die Bachmanns aus der Kärntner Landschaft heraus geschildert, als Bewohner der "blassen genesenden Häuser" von Klagenfurt, eine Familie, die auch Wurzeln jenseits der Sprachgrenze hat, im slowenischen Teil Kärntens, in Hermagor und Galicien.

Was zu ihren Lebzeiten veröffentlicht wurde, war nicht allzu viel. Eine geschlossene Ausgabe ihrer Werke wurde deshalb schon im Sommer 1973 erwogen; sie winkte ab, verständlich, wer mag auch schon mit 47 Jahren, einen Schreibtisch voller Pläne vor sich, an Gesammelte oder gar Sämtliche Werke denken! Der Plan wurde dann aber doch aktuell, als Ingeborg Bachmann am 17. Oktober 1973 nach dreiwöchigem qualvollen Leiden an den Folgen eines Brandunfalls starb.

Die Edition stellte die Herausgeber - Christine Koschel, Inge von Weidenbaum und Clemens Münster - vor viele Probleme. Der literarische Nachlaß, der sich in ihrer römischen Wohnung und in ihrem Elternhaus in Klagenfurt fand, mußte mühsam geordnet werden. Einiges wurde dabei ausgeschieden, teils weil es zu fragmentarisch, teils weil es, wie etwa ihre Dissertation über "Die kritische Aufnahme der Existentialphilosophie Martin Heideggers", nicht literarisch war. Außerdem war ein großer Teil ihrer Arbeiten für den Rundfunk bestimmt. Die Manuskripte oder, weil sie sich der Schreibmaschine bediente, Typoskripte, waren unvollständig, korrigiert, Sendedatum und Sender nicht mehr festzustellen. Dafür wurden viele Interview-Äußerungen ausfindig gemacht und in einer ausführlichen Phonographie, die Ellen Marga Schmidt zusammenstellte, aufgeführt, ein neuartiges editorisches Verfahren, das gerade bei Ingeborg Bachmann, die relativ häufig im Rundfunk zu Wort gekommen ist, naheliegt.

Das Merkwürdigste an diesen vier Bänden ist die weitgehende Übereinstimmung von Chronologie und Gattung. Ingeborg Bachmanns lyrisches Werk ist 1967 abgeschlossen gewesen, auch dem Hörspiel hat sie sich nicht mehr zugewandt, sie ist Erzählerin geworden und hat sich in ihren letzten Jahren mit dem Roman befaßt; "Todesarten" sollte der von ihr geplante Zyklus heißen, als "Ouvertüre" ist "Malina" erschienen, in die "Werke" konnten nun der seit langem erwartete "Fall Franza" - allerdings unvollendet - und Entwürfe zu "Requiem für Fanny Goldmann" aufgenommen werden; diese Erstveröffentlichungen lassen Ausmaß und Tendenz des geplanten Zyklus' in imponierender Weise erkennen, eines Romanwerks, das in vieler Hinsicht anknüpft an Robert Musils "Der Mann ohne Eigenschaften", dem Ingeborg Bachmann einen scharfsichtigen, hier ebenfalls zum erstenmal veröffentlichten Rundfunk-Essay gewidmet hat.

Diese Gruppe der Rundfunk-Essays - außer über Musil auch über Wittgenstein (dessen Werk ihr besonderes Interesse während des Philosophiestudiums galt), über Marcel Proust und Simone Weil - zählt zusammen mit den berühmten Frankfurter Vorlesungen von 1959/60 über "Probleme zeitgenössischer Dichtung" zu den besten analytischen Arbeiten der Literaturkritik in den letzten Jahrzehnten. Indem Ingeborg Bachmann in der Vorlesung "Über Gedichte" (der Titel wurde rekonstruiert und ist nicht authentisch) Lyrik von Eich, Enzensberger, Breton und Celan erläuterte, erklärte sie indirekt auch ihre eigenen Werke, die mitunter in die von ihr so genannten "Metaphernlabore" und zur "Wortkernspaltung" führen, ihre Gedichte, aus denen uns manchmal der Verwesungsgeruch entgegenschlägt, den wir auch bei ihren Salzburger Landsleuten Trakl und Bernhard wahrnehmen, und die tief in die Abgründe des Zweifels führen: "Ich bin satt vor der Zeit/ und hungre nach ihr./ Was soll nur werden?/ Auf den Bergen werden nachts die Feuer

brennen./ Soll ich mich aufmachen, mich allem wieder nähern?/ Ich kann in keinem Weg mehr einen Weg sehen."
Nürnberger Zeitung, 24.6.1978

"Die Wahrheit ist dem Menschen zumutbar"

Von Hermann Burger

In der Rede mit dem Titel "Die Wahrheit ist dem Menschen zumutbar" hat Ingeborg Bachmann, 1973 im Alter von 47 Jahren in Rom an den Folgen eines Brandunfalls gestorben, die Funktion des Schriftstellers definiert. Es könne nicht seine Aufgabe sein, den Schmerz zu leugnen, er müsse ihn im Gegenteil wahrhaben und noch einmal, damit wir "sehen" können, wahrmachen. "Und das sollte die Kunst zuwege bringen: daß uns, in diesem Sinne, die Augen aufgehen." Im Roman "Malina" findet Ivan ein paar Manuskriptblätter in der Wiener Wohnung der Ich-Erzählerin in der Ungargasse 6. Er liest "belustigt" die Überschriften "Todesarten" und "Die ägyptische Finsternis" und beklagt sich generell über Bücher, welche das Elend auf den Markt trügen. "Was ist denn das für eine Obsession, mit dieser Finsternis ..." Seinem Wunsch nach einem fröhlichen Buch, das sein müßte wie "Esultate, jubilate", seiner Frage, warum es nur eine Klagemauer gebe und noch niemand eine "Freudenmauer" gebaut habe, begegnet die Autorin mit einer "Inkunabel", die im Stehen auf ein altes Pergament geschrieben werden soll, mit der Legende "Die Geheimnisse der Prinzessin von Kagran".

Dunkles zu sagen

Der Name "Chagre" oder "Chageran" erinnert an das französische "chagrin". In sagenhafter Vorzeit gerät die Prinzessin in die Gefangenschaft der Husaren und wird nachts von einem fremden Sänger befreit, von dessen Sprache sie kein Wort versteht. Sie reitet stromaufwärts bis "an die Grenze der Menschenwelt", in die Region des Flusses, "wo er ins Totenreich führt", zu den Zauberinseln, wo man "die Gesichte bekam und das höchste Entzücken im Furioso des Untergangs erlebte". Also kein "Jauchzet, frohlocket", keine Mozart-Arie, vielmehr eine dunkle Legende, ein Stationenweg der Verzweiflung. Daß es sich bei dem rätselhaften Dialog der Prinzessin mit dem fremden Sänger im schwarzen Mantel um ein Zwiegespräch mit der mystifizierten Gestalt des jüdischen Dichters Paul Celan handelt, darauf deuten die zum Teil wörtlich übernommenen Gedichtzeilen aus "Mohn und Gedächtnis". Sie verheißt ihm: "es wird mehr als zwanzig Jahrhunderte später sein, sprechen wirst du wie die Menschen: Geliebte ..." In Celans Gedicht "Umsonst ..." steht der Vers: "einst ... als du sprachst wie die Menschen: Geliebte ..." Am Ende der Legende fällt die Prinzessin blutend von ihrem Rappen und lallt im Fieber: "Ich weiß ja, ich weiß!" Die Aufforderung "es ist Zeit, daß man weiß!" stammt aus dem Celan-Gedicht "Corona". Dieser "Wiegendruck" birgt in nuce die dichterische und existentielle Problematik Ingeborg Bachmanns, wie sie das frühe Gedicht "Dunkles zu sagen" (auch dieser Titel ein abgewandeltes Zitat aus "Corona") anschlägt: "Wie Orpheus spiel ich/ auf den Saiten des Lebens den Tod/ und in die Schönheit der Erde/ (...) weiß ich nur Dunkles zu sagen."

Die eingeflochtene Hommage an den Dichter der "Todesfuge" kann nur so verstanden werden, daß Ingeborg Bachmann sich zu jener Erfahrung bekennt, die in der sogenannten Bremer Rede Celans festgehalten ist: "Sie, die Sprache ... mußte nun hindurchgehen durch ihre eigenen Antwortlosigkeiten, hindurchgehen durch furchtbares Verstummen, hindurchgehen durch die tausend Finsternisse todbringender Rede." Und das ist die Erfahrung der Generation, die nach und trotz Auschwitz Gedichte schrieb. In einem Interview mit Gerda Bödefeld hat Ingeborg Bachmann den "bestimmten Moment" genannt, der ihre Kindheit zertrümmerte: "Der Einmarsch von Hitlers Truppen in Klagenfurt. Es war etwas so Entsetzliches, daß mit diesem Tag meine Erinnerung anfängt ..." Die Schülerin war zwölfjährig. Erinnerung durch einen "zu frühen Schmerz" - von da her sollte verständlich sein, weshalb die Erzählerin in "Malina" nur "über einem Abgrund hängend" an den Anfang "Esultate" denken kann.

Todesarten

Als 1971 der Roman "Malina" erschien, wußte man von der Autorin, daß diese 350 Seiten erst die "Ouverture" waren zu einem epischen Zyklus mit dem Titel "Todesarten". Was aus dem Plan hätte werden können, läßt sich nun nach der Publikation der fragmentarischen Kapitel aus dem Nachlaß erahnen, und man wird auch "Malina" wieder neu lesen müssen, um zu begreifen, wie wichtig die Erfindung dieser Figur für Ingeborg Bachmann war. "Malina", sagte die Autorin im Gespräch mit Toni Kienlechner, "wird uns erzählen können, was ihm der andere Teil seiner Person, das Ich, hinterlassen hat." Eine der großen Leistungen des "Malina"-Romans besteht darin, daß Ingeborg Bachmann mit dem Doppelgängermotiv ("Malina und ich, weil wir eins sind: die divergierende Welt") die männliche Erzählperspektive, die in den Texten des Bandes "Das dreißigste Jahr" dominiert, integrieren konnte, ohne ihr weibliches "Ich" zu verleugnen. Zudem stand Ingeborg Bachmann vor einem Problem, vor dem heute alle Autoren von Krankheitsgeschichten und Todesprozessen stehen: wenn das "Ich" vor die Hunde geht, muß der Schriftsteller eine "hinterbliebene" Instanz aufbauen, die das Krepieren des Helden aus "eigener Sicht" wiedergeben kann.

Der Zyklus hätte ursprünglich eröffnet werden sollen durch den unvollendet gebliebenen Roman "Der Fall Franza", aus dem Ingeborg Bachmann 1966 auf einer Vortragsreise verschiedentlich vorlas, unter anderem auch im Zürcher Hechtplatz-Theater. In der von Ellen Marga Schmidt besorgten "Phonographie" im vierten Band lassen sich die Einführungen nachlesen, die zum Teil identisch sind mit dem Entwurf zu einer "Vorrede". In Hamburg eröffnete die Autorin ihre Darbietung mit den Worten: "... dieses Buch 'Todesarten'" (der Titel war damals noch für das Buch "Franza" reserviert) "will erzählen von den Verbrechen, die heute begangen werden, vom Virus Verbrechen, der nach zwanzig Jahren nicht weniger wirksam ist als zu der Zeit, in der Mord an der Tagesordnung war, befohlen und erlaubt." Von da her wird der Schlußsatz in "Malina" verständlich. "Es war Mord." Das Gemetzel, so Ingeborg Bachmann in der "Vorrede", finde im Rahmen der Sitten innerhalb der Gesellschaft statt, es verlange nur ein immer größeres Raffinement.

Der Fall Franza

Franziska Jordan, die Frau eines berühmten Wiener Psychiaters, in "Malina" nur kurz erwähnt, verschwindet aus einer Klinik. Ihr jüngerer Bruder, der Geologe Martin Ranner, sucht sie und findet die Schwester schließlich in völlig verstörtem Zustand zu Hause in Galicien. Auf ihr Drängen nimmt er die Frau, die in scheintodähnliche Ohnmachten fällt, auf eine Reise nach Nordafrika mit, geschildert im dritten Kapitel: "Die ägyptische Finsternis". Der Psychiater, das "Fossil" mit dem Autoritätsnasal in der Stimme, hat seine Frau nicht geliebt, sondern als "Fall" geheiratet, als Studienobjekt. Seine Notizen - Beschreibung als schriftlich angewandter Sadismus - eilen ihrem Zusammenbruch voraus, die Theorie treibt Franziska ins Verderben. Einmal der fürchterliche Traum, sie sei in eine Gaskammer eingeschlossen und Jordan lasse das Gas einströmen. Er wurde in das zweite Kapitel von "Malina" übernommen, und der "dritte Mann", der furchtbare Vater in den Angstträumen und Schreckensvisionen, ist eine Kontamination aus solchen Jordan-Figuren. Zu ihrem Bruder sagt Franza, sie habe den Ausdruck "Faschismus" noch nie auf privates Verhalten bezogen. In der arabischen Wüste aber, von der es in iterativer Beschwörung heißt, sie sei von "zerbrochenen Gottesvorstellungen umsäumt", wird ihr klar, daß sie mit einem Mörder verheiratet war - "tausend Volt Schrecken, die Wiederholung, vor dem Ermordetwerden" -, und sie sucht einen Mörder auf, den ehemaligen SS-Hauptsturmführer Körner (ihre erste Assoziation ist "Karner", Beinhaus, Fleischkammer), und bittet ihn vergeblich darum, daß er sie "ausmerze".

Franza fühlt sich als weiblicher Häftling in der "großen Gummizelle aus Himmel, Licht und Sand", alle Schande kommt in ihr zusammen, jede Stelle ihres Körpers ist beleidigt, und so wird denn auch der Zwischenfall mit dem Exhibitionisten bei der Pyramide in Gizeh zur Todesursache: in "Stellvertretung" des Fossils demütigt sie der Unbekannte. Ihr Denken reißt ab, "und dann schlug sie, schlug mit ganzer Kraft, ihren Kopf gegen die Wand in Wien und die Steinquader in Gizeh und sagte laut, und da war ihre andere Stimme: Nein. Nein." Der Arzt spricht vom "freien Intervall" zwischen Sturz und Bewußtlosigkeit, man hätte operieren können, "aber man hätte eben wissen müssen von dem Sturz", dem viel früheren Sturz in Franzas Ehe, als ihr dämmerte, daß sie den "Folterwerkzeugen der Intelligenz" ausgesetzt war.

Sprachlosigkeit

Die Doppelgängerperspektive von "Malina" ist im Geschwisterverhältnis von Franziska und Martin Ranner angedeutet, auch mit der erotischen Komponente der Inzestmöglichkeit, doch es ist noch nicht so, daß die Frau wie die Erzählerin in "Malina" sagen könnte, sie sei "Malinas Geschöpf". Bei einem Ohnmachtsanfall in Galicien heißt es: "er verstand nichts von den geschlossenen Augen seiner Schwester", und am Nil, als er sie "zärtlich" in Schlamm einpackt, merkt der Naturwissenschaftler nicht, daß sie sich im eingetrockneten Zement nicht mehr bewegen kann. "Das Blei beschwerte ihre Badekappe. Sie war lebendig begraben." Martin gewahrt im Hotelzimmer auch nicht, "daß sie vor lauter Sterben zu sterben anfing". Immerhin wird die Nähe bezeugt durch eingestreute Zitate aus Musils Gedicht "Isis und Osiris", auf das Ingeborg Bachmann in ihrem Radio-Essay "Der Mann ohne Eigenschaften" zu sprechen kommt. In Agathe hat Ulrich seinen "siamesischen Zwilling" gefunden; Franziskas "alter ego" ist hier noch nicht so stark ausgeprägt, daß es wie Malina in den Dialogen "Von letzten Dingen" die drohende Sprachlosigkeit überbrücken könnte.

Daß in Malina auch die verbale Potenz personifiziert ist, dafür gibt es im Roman viele Hinweise. Mit ihm beugt sich das Ich über die Wörterbücher, das Kuvert mit seinem Geheimzeichen steckt "unübersehbar im Großen Duden". Franza hingegen rührt mit ihrer Sprache an Dinge, die der Sprache nicht mehr - oder noch nicht - zugänglich sind. "Sie konnte nicht sprechen, jetzt war es die Sperrung im Mund ..." Von Scheintoten wird berichtet, daß sie den Kiefer nicht mehr bewegen können, aber bei klarem Verstand verfolgen, was mit ihnen geschieht. Franza ist angesichts des in einem Hausboot ordinierenden Arztes außerstande, "ihren bestimmten Grund in einen mitteilbaren Satz zu bringen", sie ist ja, was die äußerlichen Symptome betrifft, nicht krank, es ist ihr "nur nicht mehr zu helfen". Anders gesagt: Die Logik der Sprache wird dem Tatbestand nicht gerecht. Franza hätte hingehen und sagen können: Mein Mann ermordet mich. Die Freunde hätten geantwortet: "Bitte wie und von wem und warum, bitte Angaben, Beweise." In den Fragmenten zum dritten Kapitel heißt es im Zusammenhang mit dem "Begreifen in der Agonie": "Die Welt ist Geste, Gang, Licht, Dunkel, Warten, redelos ..." Ingeborg Bachmann hat in ihrem Werk oft die Grenzsituation beschrieben, wo Leben nur noch als "Kränkung" erfahren werden kann, nie aber so radikal die innere Verwüstung eines Menschen, der gezwungen ist, sich an einem Monstrum - Faschismus als privates Verhalten - "zu Tode zu rätseln". Diese "Wahrheit" ist keinem Menschen zumutbar.

Aussetzen der Lyrik

Als ich Ingeborg Bachmann kurz vor ihrem Tod in Rom um ein paar Gedichtabschriften bat - auf ihren Wunsch im "Austausch" gegen einen Bachmann-Band aus der Reihe der "Bücher der Neunzehn", von dem sie, weil sie alle verschenkt hatte, kein Exemplar mehr besaß -, sagte sie wörtlich. "Mit der Lyrik hat es eines Tages einfach aufgehört, und ich sah keinen Grund, der Gattung oder der Legende zuliebe weiterhin Gedichte zu schreiben." Die sechs letzten, im ersten Band veröffentlichten Stücke aus den Jahren 1964 bis 1967 sind mehrheitlich Sprachgedichte, "Wahrlich" vor allem, Anna Achmatova gewidmet, und das thematisch an "Ihr Worte" anknüpfende Gedicht "Keine Delikatessen". Der Titel klingt an den Begriff der "kulinarischen Poesie" an: Den ausstaffierten Metaphern, der Verköstigung von Aug' und Ohr mit "Worthappen erster Güte" stehen die nackten

Worte "für die unterste Klasse" gegenüber, typographisch abgetreppt: Hunger, Schande, Tränen, Finsternis. Die Zeile "mit dem Schreibkrampf in der Hand" deutet auf die Entstehungszeit der "Todesarten", und es dürfte nach den skizzierten Zusammenhängen begreiflich sein, daß die radikale Vernichtungsproblematik des "Franza"-Stoffes den in der Geschichte der Prinzessin von Kagran beschwörenden raunenden Ton nicht mehr zuläßt.

Während die Virtuosen des wortreichen Verstummens aus ihrer lyrischen Krise immer wieder Kapital zu schöpfen vermögen und getreulich Gedichtband um Gedichtband das Celansche "Schon nicht mehr"/ "Immer noch" variieren, erklärt Ingeborg Bachmann, nie Epigonin ihrer selbst: "Die andern wissen sich/ weißgott/ mit den Worten zu helfen./ Ich bin nicht mein Assistent." Oder, noch deutlicher, in "Wahrlich": "Wem es ein Wort nie verschlagen hat./ (...) dem ist nicht zu helfen."

Daß es einem das Wort verschlägt, dies ist eine andere Sprachlosigkeit als das Verstummen oder Schweigen. Es ist nach der eigentlichen Bedeutung von "Verschlag" das Eingesperrtsein, der adäquate Ausdruck für die Scheintotensituation in Franzas Passion. Es hat der tödlich Getroffenen den Lebensatem und damit die Sprache verschlagen. Der "Tractatus logico-philosophicus" von Ludwig Wittgenstein endet mit dem Satz: "Wovon man nicht sprechen kann, darüber muß man schweigen." Ingeborg Bachmann nimmt ihn auf im Radio-Essay "Sagbares und Unsagbares - die Philosophie Ludwig Wittgensteins". Für den Schriftsteller heute scheint das Credo zu gelten: Was nicht verschwiegen werden *darf*, darüber muß man sprechen. Doch das "Kunstwerk argumentiert nicht", heißt es im Wittgenstein-Essay. Der "poeta doctus" - die scheinbare Genus-Inkongruenz im lateinischen Ausdruck ist buchstäblich auf Ingeborg Bachmann zugeschnitten -, er weiß: Dichtung macht sagbar, wovon man nicht sprechen zu können und sprechen zu dürfen glaubt.

Zur Edition

Die Herausgeber, Christine Koschel, Inge von Weidenbaum und Clemens Münster, haben mit der vierbändigen Ausgabe der Werke Ingeborg Bachmanns Großes geleistet. Es ist eine handliche Edition entstanden, die wissenschaftlichen Ansprüchen genügt, ohne jenen Leser, der nicht mit einer Arbeit über die Klagenfurter Dichterin promoviert hat, durch einen aufgeschwollenen Apparat und eine sibyllinische Orgie von Siglen zu verstören. Die "Jugendwerke" wurden aus der chronologischen Reihenfolge herausgelöst und am Schluß des ersten Bandes untergebracht.

In einem Fall zumindest sind die Bedenken, "die Leser zuerst mit diesen frühen Versuchen bekannt zu machen", ganz und gar unbegründet: bei der Jugenderzählung "Das Honditschkreuz", einer historischen Novelle vor dem Hintergrund der Erhebung junger Kärntner gegen die Napoleonische Besatzung. Diese über hundert Seiten starke, in der "Heimat an der Grenze: zwischen Ost und West" angesiedelte Prosa ist ein Zeugnis früher Erzählbegabung, das seinesgleichen sucht: es stellt, was die Entwicklung der Dichterin betrifft, die größte Überraschung dieser Edition dar, zumal wenn man die aus der gleichen Zeit stammenden lyrischen Versuche danebenhält.

Daß auf den Wiederabdruck von Ingeborg Bachmanns Dissertation "Die kritische Aufnahme der Existentialphilosophie Martin Heideggers" im Rahmen einer Ausgabe des literarischen Werkes verzichtet wurde, läßt sich zwar rechtfertigen, ist aber im speziellen Fall dieser Autorin - wenn man die Bedeutung des Philosophiestudiums für das poetische Schaffen ermißt - zu bedauern. Dessen ungeachtet sind die vier Bände für jeden Bachmann-Leser ein unentbehrliches Instrument. Dieses Œuvre zählt zu den großen dichterischen Leistungen unseres Jahrhunderts, es ist von jener "Schönheit" - so Ingeborg Bachmann über Simone Weil -, "die allem innewohnt, was rein gedacht und gelebt worden ist".
Neue Zürcher Zeitung, 2.7.1978

An allem ist etwas zu wenig

Von Jochen Hieber

Als die "einmalige Erscheinung einer Ferne, so nahe sie sein mag" hat Walter Benjamin jene "Aura" bezeichnet, die vom Kunstwerk im gleichsam unschuldigen Zustand seiner Einzigartigkeit ausgeht. Einzigartige, weil vom "Makel" technischer Reproduktion noch ganz unberührte Gedichte las die eben Sechsundzwanzigjährige bei der Tagung der Gruppe 47 im Mai 1952 - "vor Aufregung am Ersticken". Durchaus vorstellbar also, daß der zur Legende gewordene Eintritt Ingeborg Bachmanns in die Literatur einer Situation sich verdankte, die - in postauratischer Zeit - eben jenes auratische Moment an Dichtung als bei aller Ungleichzeitigkeit noch Mögliches festzuhalten verstand.

Wie auch immer: ein Vierteljahrhundert danach gibt es wohl kaum einen anderen Autor der deutschsprachigen Nachkriegsliteratur, der so von Aura um- und von der Malaise des Starmythos verstellt ist wie "die" Bachmann. Schon recht früh galt in ihrem Fall die Faszination der Einzigartigkeit weniger dem Werk als der Person. Und wenn "Künstler oft durch die Art ihrer Nebenbeschäftigungen die Phantasie der anderen weitaus mehr und nachdrücklicher beschäftigen" als durch ihre Arbeiten, so rückt dieser - ihr - Satz den Schreibenden selbst in die Nähe des Stars.

Die "Nebenbeschäftigung" aber, mit der sie die (Männer-)Phantasien beschäftigte, war ihre oszillierende Privatheit - keiner, der sie kannte und nicht zuerst darüber redete. Sie muß in Zwischenreichen gelebt haben, in Allianzen von Attitüde und Glanz, von Stilisierung und Stil, von radikalem Selbstbezug und entgrenzter Bereitschaft, sich einzubringen in ein Zusammensein. Ingeborg Bachmann, die man unbefangen noch eine Dichterin nennen konnte, war - so man über sie schrieb - die "grande dame" und - so man über sie sprach - die "femme fatale" der Literatur. Dies hatte Folgen. Folgen für das - zurückhaltend formuliert - Unbewußte des Kritikerlobs. Folgen allerdings auch für die Beharrlichkeit, mit der man glaubte, die Rangfrage stellen zu müssen, für das Hantieren mit Begriffen wie "Niveau" und - später dann - "Dämmerung".

Es ist an der Zeit, ihre Texte wieder zu lesen. Dazu bedürfte es der Bemühung, weitgehend längst fixierte Interpretationsmuster und Bewertungsraster zur Disposition zu stellen. Gelegenheit dazu bietet - Ingeborg Bachmann: "Gesamtausgabe".

Viel Fleißarbeit haben die Herausgeber geleistet. Ergebnis ist eine Ausgabe, die - anerkennend - eine der stellvertretend letzten Hand genannt werden darf. Auch der Verlag hat das seine getan. Ausstattung und Lektorierung der Bände lassen kaum zu wünschen übrig. So weit, so würdig.

Einige Bedenken gibt es freilich wegen der aufgenommenen, recht umfangreichen Teile des literarischen Nachlasses. Sicher: unter dem Gesichtspunkt der Lesbarkeit war auf Selektion nicht zu verzichten, ebensowenig unter dem Aspekt literarischen Wertes. Über einzelne Entscheidungen zu richten, bleibt müßig. Sinnvoll kann dies erst geschehen nach der Archivierung des gesamten Œuvres durch die Wiener Nationalbibliothek.

Etwas unverständlich wird das editorische Verfahren jedoch dann, wenn ein bislang unveröffentlichtes Gedicht der Sechzehnjährigen Aufnahme findet, indes nur zum Teil und mit der Begründung, das übrige sei "weniger signifikant"; sonderlich signifikant ist das Gedruckte aber auch nicht. Statt der halbherzig-zensorischen Maßnahme, einen Gedichtauszug zu publizieren, hätte man dann doch lieber einen eindeutigen Entscheid gesehen: ganz oder gar nicht.

Unnötig befrachtet erscheint die Edition vor allem durch das Libretto nach Kleist zu Henzes Oper "Der Prinz von Homburg" - der die Arbeit kommentierende und für die "Entstehung eines Librettos" recht aufschlußreiche Text hätte gereicht - und durch die Übersetzung von Thomas Wolfes "Mannerhouse".

Ärgerlich dagegen der Ausschluß der politischen Kommentare aus Rom, die Ingeborg Bachmann in den fünfziger Jahren für die "Westdeutsche Allgemeine Zeitung" schrieb. Gleiches gilt für die Dissertation über "Die kritische Aufnahme der Existenzphilosophie Martin Heideggers". Diese Arbeit, auf die ständig verwiesen wird und die anscheinend kaum jemand kennt, hätte den "Rahmen einer Ausgabe des literarischen Werkes" wohl nicht gesprengt, wäre für dessen philosophische Prägung vielleicht von einigem, endlich aber überprüfbarem Erkenntniswert gewesen.

Der Verlag plant einen Band mit Äußerungen Ingeborg Bachmanns zu ihrem Werk: Gespräche, Interviews, Selbstinterpretationen. Die Absicht ist lobenswert. Weshalb aber dann eine "Phonographie" genannte Chronologie der Rundfunkaufnahmen und Fernsehaufzeichnungen am Ende dieser Werkausgabe? Nichts gegen Ellen Marga Schmidts akribisch recherchierte Medienchronik, viel gegen den Ort ihrer Präsentation: Mit Ausnahme einiger fragmentarisch wiedergegebener Äußerungen zur Entstehung des Gedichts "Böhmen liegt am Meer" und zum "Todesarten-Zyklus", die Vermittlungen mit den Texten selbst erlauben, bleiben diese 85 Seiten ein reichlich funktionsloser Anhang.

Trotz der Einschränkungen: diese Werkedition ist eine Herausforderung, Ingeborg Bachmann als aktuelle Schriftstellerin kennenzulernen. Kein Gesamtausgaben-Grab, in dem das Bleibende erdrückt wird von der Maße des Vergänglichen. Man sollte diese Autorin noch nicht entlassen in den Olymp der Klassizität.

"Die gestundete Zeit" (1953) und die "Anrufung des Großen Bären" (1956): nach wie vor bieten die Poeme dieser beiden Bände in ihrer bedrückenden Vieldeutigkeit ein scheinbar haltbares Kriterium für sehr eindeutige, indes aufs Genre begrenzte Größe. Wir hätten uns damit abzufinden, hat Gottfried Benn - "Probleme der Lyrik" betreffend - einmal geäußert, "daß Worte eine latente Existenz besitzen, die auf entsprechend Eingestellte als Zauber wirkt". Daß wir noch entsprechend eingestellt sind auf den Ton der Bachmannschen Verse, bezweifle ich. Ich glaube, wir tun bloß so, als wären wir es: weil einmal der Zauber gewirkt hat - all die Ausfahrten, Botschaften und großen Landschaften, die römischen Emphasen und die Ferne von Asiens Atem. Nicht Hermetik ist fremd geworden, Celans Metier, sondern die ungenaue Preisgabe der Bilder als Symbol. Dieser Gefahr war die Bachmann immer ausgesetzt; noch die letzte Erzählung - "Drei Wege zum See" -, die die Sammlung "Simultan" (1972) beschloß, verliert ihre Spannung deshalb.

Ein Verdienst der Werkausgabe liegt darin, daß die zeitlich sehr weit auseinanderliegenden Prosatexte räumlich zusammenrücken. Sichtbar wird so, bei aller thematischen und stilistischen Disparität, eine grundsätzlich gleiche Intention, eine, wie es die erste Frankfurter Poetik-Vorlesung von den Schriftstellern verlangte, "durchgehende Manifestation einer Problemkonstante". Balzac und Musil wollte sie vereinen. Es bestand die Absicht, sich eine "Comédie Humaine" in österreichischem Gewand zu erschreiben. An Balzac erinnert die häufige Wiederkehr derselben Figuren und wechselnder Funktion, ebenso die zentrale Rolle einer "fixen Idee": "Ich sammle nur ... Geschichten mit letalem Ausgang." Sterblichkeit als unaufhaltsames, auch gesellschaftliches Geschehen: dafür stand Österreich. Ein ehrgeiziges Unterfangen, das nahezu völlig scheiterte, vergleicht man es mit den Vorbildern und betrachtet man es vor dem Anspruch, den sie an sich selbst stellte. Übriggeblieben sind Scherben, von denen eine, der Roman "Malina", wenigstens äußerlich Geschlossenheit erlangte.

Die ästhetische Distanz, der Abstand der späten Prosa vom Leben der Ingeborg Bachmann war gering, damit aber auch jener von ihrem Tod. Vergessen werden sollte nicht, daß sie Widerstand leistete gegen die eigene Bedrohtheit. Dem Sich-zur-Wehr-Setzen, dem Einhalten nach der atemlosen Diktion in "Malina" verdanken sich, wie ich meine, neben ihrer schönsten ("Das Gebell") auch jene beiden, am häufigsten verkannten Erzählungen: "Probleme Probleme" und "Ihr glücklichen Augen". Sie wurden wohl verkannt, weil beide eine Qualität enthalten, die bei dieser Autorin keiner erwartete: (Selbst-)Ironie, Beatrix' und Mirandas Marotten und Exaltiertheiten sind nichts anderes als die dringend benötigten Lebensmittel zweier Menschen, die sich in einer Welt allgemeiner Nützlichkeit und Funktionalität nicht zurechtfinden können.

Die Freiheit aufzubrechen, auch wenn sie nicht wissen wohin, ist ein Grundmotiv Bachmannscher Figuren. Die Auseinandersetzung mit der nicht akzeptierten, aber erfahrenen Unmöglichkeit unbedingten erotischen Begehrens (der Liebe also) eine Grundschicht ihres Werks. Die mystische Beziehung zur Sprache war ihr "humanes Utopia" gegenüber einer Wirklichkeit, von der sie den Schweißer

Reiter in einer 1959 geschriebenen Erzählung sagen läßt: "An allem ist etwas zu wenig."
Die Zeit, 7.7.1978

Das Hallelujah des Überlebens im Nichts

Von Günter Blöcker

Erfolg als irrationales Phänomen - keiner der deutschsprachigen Nachkriegsautoren hat einen auch nur annähernd so erstaunlichen Beitrag zu diesem Thema geliefert wie die Österreicherin Ingeborg Bachmann. Ein einziger schmaler Gedichtband, "Die gestundete Zeit", 1953 erschienen, und schon war ihr Name allen bekannt, auch solchen, für die Lyrik sonst nicht eben zum täglichen Brot gehört. Eine Titelstory im "Spiegel", knapp ein Jahr nach Erscheinen dieses Bandes, besiegelte ein literarisches Charisma, das auch in der Folgezeit - bei immer spärlicher werdender Produktion - nicht zu erschüttern war.

Was immer Ingeborg Bachmann der Öffentlichkeit hinreichte, einen zweiten Gedichtband ("Anrufung des Großen Bären", 1956) - einen dritten sollte es nie geben -, Hörspiele, Erzählungen, Radio-Essays, Reden, kleine Prosa, Übersetzungen, Operntexte, und mit wie zögernder, schwankender Gebärde, mit wieviel hinhaltendem Raffinement sie es auch tat - der Lorbeer war ihr sicher. Selbst als sie 1971 nach langwieriger publizistischer Vorbereitung - einer wahren Epopöe immer wiederholter und regelmäßig widerrufener Ankündigungen - einen in der Machart ebenso preziösen wie in der Substanz trivialen Roman veröffentlichte, blieb ihr das Gesetz des (laut Schiller) "allmächtigen Glücks" treu: "Malina" errang Bestseller-Ruhm; und nicht wenige Kritiker priesen die Flucht in den "schönen Text" und seine anspruchsvolle Künstlichkeit als eine letzte Möglichkeit des angeblich unmöglich gewordenen Erzählens.

Fünf Jahre nach dem elenden, im jammervollsten Sinne des Wortes ungereimten Ende des vermeintlichen Glückskindes liegt nun das Gesamtwerk in einer nahezu zweieinhalbtausend Seiten umfassenden Ausgabe vor; und man hat abermals Veranlassung, dem Geheimnis dieser außerordentlichen Wirkung nachzugehen.

Es ist das Geheimnis eines undefinierbaren persönlichen Tons, dem es gelang, inmitten einer trümmerhaften Welt Gewißheiten zu suggerieren. Angesichts unserer Erfahrungen ist das Ungebrochene nicht mehr statthaft, aber der dem Zeitalter von einigen um so redseligeren Rigoristen nahegelegte Rückzug in die totale poetische Verweigerung ist es ebensowenig. Ingeborg Bachmann sieht das Grab, das uns - wie es in einem Gedicht aus der "Gestundeten Zeit" heißt - die Geschichte bestellt hat und "aus dem es keine Auferstehung gibt". Dennoch wagt sie (und so lautet auch der Titel des Gedichts) eine "Botschaft". Diese besagt, daß es zwar keine Auferstehung gibt, wohl aber einen "Glanz", der unauslöschbar ist und der auch auf das fällt, was ihm zu widersprechen scheint: "Und Glanz kehrt sich nicht an Verwesung."

Etwas von solchem Glanz des Trotzdem ist in allem, was Ingeborg Bachmann gedichtet hat. Das endzeitliche Grundgefühl wird vielfältig überlagert und durchkreuzt vom Bewußtsein der rettenden Gegenbilder, zu deren Verkündung ihre Lyrik antritt. Ingeborg Bachmanns Dichten bewegt sich "von Schmerzstation zu Schmerzstation", doch am Ende des Weges steht nicht Resignation, sondern triumphierender Widerspruch, steht, um es mit einer emphatischen Formulierung aus dem Nachlaß zu sagen, "das Hallelujah des Überlebens im Nichts". Trost ist ein schwächliches Wort, aber der kraftvolle Zuspruch, der von den gehämmerten Zeilen vieler dieser Gedichte ausgeht, die unüberhörbare Aufforderung, "in der Dunkelhaft der Welt" nicht aufzugeben, ist gewiß einer der Gründe ihres Erfolgs.

Ein anderer liegt darin, daß die Bachmannschen Verse bei aller vibrierenden Intellektualität und ungeachtet ihres evokatorischen Grundzugs der Abstraktion mißtrauen. Das Gedankliche wird mit herrischem Griff in die Schaubarkeit herübergeholt; das Spirituelle teilt sich in Bildern von heftiger, sinnlicher Überzeugungskraft mit (zeitlos seien nur die Bilder, heißt es in einer der Frankfurter Vorlesungen aus dem Winter 1959/60); die Intellektmusik sucht die Befestigung im Gegenständlichen. Wo die Dichterin solchen Rückbezug vernachlässigt und sich - ohne Verankerung im Empirischen - mehr oder minder unkontrolliert verströmt, gerät sie leicht ins Konturenlose. Ihre außergewöhnliche Sensibilität braucht die Partnerschaft des Konkreten und weiß sie zu nutzen.

Von daher hat Ingeborg Bachmann auch den Zugang zur Prosa gefunden - zur Prosa, nicht unbedingt zum Erzählen. Wie an Paul Valéry und Gottfried Benn, so zeigt sich auch an ihr, daß man große imaginative Prosa schreiben kann, ohne deshalb Erzähler zu sein. Die lyrische Andacht vor dem Ding, das Einswerden mit ihm, das Aufspüren seiner geheimen Spannungen und deren Freisetzung im Wort, dieser "Gunst aus Laut und Hauch", alles das prägt auch die zwischen den beiden Lyrikbänden entstandenen Prosastücke "Was ich in Rom sah und hörte" und "Die blinden Passagiere" (beide 1955) oder später (1964) das grandiose, von phantasmagorischen Zügen durchwitterte Berlin-Porträt in ihrer Büchner-Preis-Rede. Das sind keine Beschreibungen, sondern Taten eines Sprachgeistes, der den jeweiligen Gegenstand von seinem Zentrum her zur Erscheinung bringt, ihn zur Selbstoffenlegung veranlaßt.

Es war Ingeborg Bachmanns Fatalität, daß man - profan gesprochen - von Lyrik und absoluter Prosa allein nicht leben kann. So beginnen ihre angestrengten Bemühungen um die ausgedehnteren Erzählformen. Die vierbändige Werkausgabe bietet auf diesem Felde neben "Malina", dem schon erwähnten Roman, der den Auftakt zu einem Zyklus mit dem Titel "Todesarten" bilden sollte, und neben den beiden Erzählungsbänden "Das dreißigste Jahr" (1961) und "Simultan" (1972), eine Fülle des bisher nur verstreut oder gar nicht Veröffentlichten. Es fragt sich, ob die Herausgeber damit gut beraten waren. Nicht nur der übermäßig weitläufige Anmerkungsteil einschließlich einer nahezu hundert Seiten beanspruchenden Dokumentation über Leseabende, Interviews, Rundfunk-, Schallplatten- und Fernsehaufzeichnungen, sondern auch die einigermaßen unkritische Präsentation dessen, was die Verfasserin selbst offenbar als nicht repräsentativ erachtet hatte, sowie der Griff in das kaum übersehbare Zettelwerk der Entwürfe und Fragmente geben dieser Ausgabe etwas Aufgeblähtes, das der Statur der Autorin nicht entspricht.

Selbstverständlich stößt man auch in den frühen Arbeiten dann und wann auf einen echten Bachmann-Satz. So wenn es - in charakteristischer Vermengung der Sinnensphären - in einem Text aus dem Jahre 1949 heißt: "Da stürzte die Einfalt aus ihren Augen und wechselte mit einem Abgrund des Wissens, der mit einemmal ihn und sie und das Gefüge ihrer Beziehungen verschlang." Oder es artikuliert sich bewegend die Sehnsucht der Dreiundzwanzigjährigen nach nie gehörten Tönen, nach Worten, die noch nie gesprochen wurden, nach "feinnervigsten Formeln" von unendlicher Präzision - ein Verlangen, dem sie selbst bald auf das wunderbarste genügen sollte. Auch die eminente Psychologin und hellsichtige Menschendurchschauerin wird in einigen dieser unbekannten Prosaarbeiten - vor allem in dem "Porträt von Anna Maria" (um 1956) - erkennbar, ebenso wie die später in "Malina" bis zum Exzeß praktizierte Vorliebe für die Auflösung der menschlichen Person.

Im ganzen leisten diese Funde jedoch nur eines: sie bestätigen das problematische Verhältnis der Autorin nicht zur Prosa, wohl aber zum Erzählen - sofern man unter Erzählen nicht die pointierte Wiedergabe von Einzelnem versteht, sondern weiträumige, sinngebende Geschehensverknüpfungen.

Nur selten ist es Ingeborg Bachmann gelungen, die Fabel selbst zum Ausdrucksträger zu machen. Die Erzählung "Alles" (in "Das dreißigste Jahr") oder "Das Gebell" (in "Simultan") sind solche positiven Ausnahmen. Sonst sieht es eher so aus, als mißtraue sie der Offenbarungsmacht der Fabel und suche im Zweifelsfall allzu bereitwillig Zuflucht beim lyrischen Surrogat. Insbesondere die Schlußpassagen mancher ihrer Erzählungen sind dafür bezeichnend. Statt in die thematische Konsequenz zu gehen, weicht sie nicht selten in vages Psalmodieren aus, in ein bequemes Blasentreiben der Worte. Was sie sich, unter der Oberhoheit des lyrischen Gewissens, im Gedicht nur ausnahmsweise gestattet - unter den vermeintlich weniger strengen Bedingungen der erzählenden Prosa erscheint es ihr offenbar zulässig.

Erzählerin ist Ingeborg Bachmann vorwiegend in der Größenordnung des Episodischen. Das gilt nicht zuletzt auch für "Malina", den Romanversuch, an dem alles gut ist, was *nicht* auf den Roman zielt: die anekdotischen Einlagen; das Impressionistische, das sich nicht mit der Impression begnügt, sondern sie in "Verstehenserlebnisse" umschafft; die nicht auf den "großen" Zusammenhang angewiesenen erzählerischen Miniaturen, Wien, die Totenstadt, in der brütenden Sommerhitze; zwei in einer Bibliothek spielende Katzen, die "hart arbeiten, bis ein paar Bücher locker werden und krachend auf den Boden fallen" (der viel zu wenig bemerkte Bachmannsche Humor!); ein poetischer Exkurs über die Briefträger und ihre Rolle als Schicksalsbringer - überall, wo das lyrische Ich seine seismographische Qualität am Gegenstand bewährt, ist Ingeborg Bachmann auch als Erzählerin zu bewundern.

Wie sehr die Wirkung der Romanschriftstellerin Ingeborg Bachmann von ihrer Fähigkeit bestimmt ist, Einzelvorgänge sprachlich zu illuminieren und nicht etwa von der epischen Architektur und deren Spannungsverhältnissen, machen die in dieser Ausgabe erstmals abgedruckten Romanfragmente "Der Fall Franza" und "Requiem für Fanny Goldmann" (beide Mitte der sechziger Jahre) deutlich. Hier, wo der leidige erzählerische Bindestoff fehlt und vom Leser auch nicht erwartet wird, schließen sich die Bruchstücke, den Zeilen und Strophen eines großen Gedichts vergleichbar, wie von selbst über Leerstellen und Generalpausen hinweg zu einem geahnten Ganzen zusammen.

Namentlich im "Fall Franza" gibt es nicht nur überaus eindrucksvolle Einzelheiten, hier wird, allem Fragmentarischen zum Trotz, auch das Thema - ein unblutiges und dennoch tödliches Menschenexperiment, ein Seelenmord - voll zur Geltung gebracht. Es zeigt sich, daß Ingeborg Bachmann paradoxerweise am ehesten als Fragmentarikerin in die Nähe der großen Erzählform gelangt. Ungeachtet seiner rudimentären Beschaffenheit wirkt "Der Fall Franza" letztlich "kompletter" als "Malina" mit all seinem überzogenen kompositorischen Raffinement. Durch das expressive Nebeneinander der erzählerischen Materialien - ausgeführter und unausgeführter - präsentiert sich der Romanentwurf bis in die äußere Gestalt als das Dokument eines sich zersetzenden Lebens.

Auch als Kritikerin und Essayistin ist Ingeborg Bachmann nicht auf Absicherung ihrer Resultate durch ein penibles Ordnungs- und Argumentationsgefüge angewiesen. Einige der aussagekräftigsten Stücke dieser Art sind, ohne Schaden an der Substanz zu nehmen, Skizzen geblieben - so die Beiträge über Brecht, Gombrowicz, Sylvia Plath und Georg Groddeck, die sehr persönliche Huldigung an Maria Callas als eine von ihrer Außerordentlichkeit Heimgesuchte und das, man darf sagen: schwesterliche Bekenntnis zu dem Landsmann Thomas Bernhard.

Wie unlängst Gabriele Wohmann bezeugt auch Ingeborg Bachmann eine besondere Affinität zu diesem Dichter der, wie sie es nennt, "einfachen Furchtbarkeiten". Aber welch ein Unterschied in der Art der Aneignung und der Äußerung des kollegialen Einverständnisses. Bei Gabriele Wohmann die begierig ergriffene Gelegenheit, unter einem fremden Stichwort von sich selbst zu sprechen; bei Ingeborg Bachmann die Bekundung eines Verstehens aus den Schichten einer nicht nur behaupteten Gemeinsamkeit: "Kein Buchstabenexperiment, nicht kalligraphische Mutproben, sondern eine Radikalität, die im Denken liegt und bis zum Äußersten geht ... Konstellationen aus tiefem Unglück, die das Glück des Bedeutenden ausmachen ... Es sind Bücher über die letzten Dinge, über die Misere des Menschen, nicht über das Miserable, sondern die Verstörung, in der sich jeder befindet."

Und noch etwas hebt Ingeborg Bachmann an Thomas Bernhard hervor, etwas, das sie - bei ganz andersartigen Voraussetzungen - auch an Brecht bewundert ("Er hatte die großen Worte auch an der richtigen Stelle") und das in der Tat nicht länger ein Schimpfwort sein sollte: Pathos. Pathos im recht verstandenen Sinne, wie die Dichterin des "Fall ab, Herz, vom Baum der Zeit" und des "Schweigt mit mir, wie alle Glocken schweigen" den Begriff im Hinblick auf Bernhard definiert und wie sie ihn mit noch größerem Recht für das eigene Werk in Anspruch neh-

men könnte: "Sie (die Bücher Bernhards) sind voll Pathos, wenn man noch weiß, was dieses Wort wirklich bedeutet, sie sind voll von Leiden, und die Erträglichkeit und Unerträglichkeit hängen damit aufs engste zusammen."
Erträglich darf man hinzufügen, weil sie durch Leiden in ihrer Wahrhaftigkeit legitimiert sind; und unerträglich, weil es ein nie ganz zu verwindender Schmerz ist, zu wissen, daß der Mensch ohne Leid nicht zu seinen äußersten Möglichkeiten gelangt. Die Zeile, die bleibt, das Wort, das nie schal wird, die große Strophe haben ihren Ursprung dort, wo Leidensfähigkeit und Leiderfahrung auf den Formwillen und das Formvermögen einer trotz aller Sensitivität im Kern unbeirrbaren Natur treffen. Seit Gottfried Benn hat es im deutschen Sprachraum kein lyrisches Talent gegeben, an dem sich diese Grundbedingung dichterischer Existenz überzeugender bewahrheitet hat als an Ingeborg Bachmann.
Frankfurter Allgemeine Zeitung, 15.7.1978

Weiterschreiben und Wiederlesen

Von Klaus Völker

Ingeborg Bachmann hatte immer eine verhältnismäßig große und treue Lesergemeinde, die in ihrem Idol eine "Dichterin" verehrte in Zeiten, wo die Poesie sich eher nüchtern gab und das Erzählen den meisten Autoren als äußerst fragwürdig erschien. Von den Kollegen und Kritikern wurde diese "Dichterin" zwar geachtet, aber auch sehr belächelt, sie galt als weltfremd, schwierig und äußerst zickig. Auf den ersten Blick schien sie identisch mit ihrem "Image" zu sein: Bei Lesungen fielen ihr die Manuskriptblätter zu Boden, sie wirkte hilflos und zerstreut, und sie vergaß gerne Verabredungen. Aber die "Dichterin" beherzigte unbewußt nur die Warnung Joseph Roths, in Deutschland möglichst nicht intelligent und vernünftig zu wirken, da man hier die unausrottbare Neigung habe, "den Begriff des Dichters mit der Vorstellung von dessen holdem Wahn automatisch zu verbinden".
Ingeborg Bachmann schrieb sehr zärtliche, von Trauer erfüllte und von tief empfundenem Schmerz durchtränkte Gedichte und Erzählungen, aber sie war alles andere als versponnen oder gar unzeitgemäß. Sie war sowohl eine Kennerin zeitgenössischer Philosophie, die sich vorzugsweise mit Heidegger und Wittgenstein auseinandersetzte, als auch eine Schriftstellerin, die kluge Zeitungsartikel über außenpolitische Fragen schreiben konnte. Es zeugt von einiger Ignoranz ihrer Arbeit gegenüber, wenn man an ihr, wie es Peter Hamm kürzlich im "Spiegel" versucht hat, nur die Attitüden des Leidens und des Märtyrertums wahrnimmt. Sie konnte ihr eigenes Ich empfindsam und rücksichtslos dem Leiden öffnen, wies aber zugleich unsentimental auf die gesellschaftlichen Bedingungen und Ursachen menschlichen Leidens hin. Ihre Erzählungen waren keine Kapitulationserklärungen einer Lyrikerin, sondern sollten als Konkretisierung der sie beschäftigenden "Problemkonstanten" gelesen werden: Ingeborg Bachmann erzählte "Geschichten mit letalem Ausgang", Geschichten von Menschen, die sich in einer Welt allgemeiner Nützlichkeit und Funktionalität nicht zu behaupten vermögen. "Todes-

arten" nannte sie den geplanten Zyklus von Romanen, die alle, außer "Malina", Fragment blieben.

Gedichte und Prosa

Gedichte wollen mehr als Prosa, sie setzen Zeichen und bemühen sich, an das "Dunkle" zu rühren, es zu benennen und aufzuhellen. Da ihr Lyrik "zu leicht" fiel, zögerte Ingeborg Bachmann seit Mitte der fünfziger Jahre, Gedichte zu schreiben. Solche Haltung war kein grundsätzlicher Verzicht auf Lyrik, sondern Skepsis gegenüber der Unverbindlichkeit vielleicht zu schöner Worte. Lyrik erfordert größere ästhetische Distanz, wenn sie, über die bloße Idee hinaus, Ungeklärtes, noch nicht Erfahrenes sichtbar machen will. Das Erzählen verlangt weniger Widerstand gegen die eigene Bedrohtheit, es ermöglicht mehr Bewältigung von Wirklichkeit im Bewußtmachen durch Worte.

Besonders in dem Gedicht "Ihr Worte", entstanden 1961, ist es Ingeborg Bachmann gelungen, die menschliche und sprachliche Situation eines Schriftstellers in unserer Zeit zu bezeichnen. Das Gedicht dokumentiert sowohl unsere Sprachfreudigkeit als auch unsere sprachlose Ohnmacht.

"Ihr Worte", ist der von den Nazis verfemten jüdischen Dichterin Nelly Sachs gewidmet, die nach 1945 immer ablehnte, in ihr Heimatland zurückzukehren. In einem Gedicht von Nelly Sachs heißt es: "Verstoßen aus zwei Königreichen, nur noch Seufzer zwischen Nacht und Nacht." Nacht war für die jüdische Dichterin das Deutschland der Nazis, und die Welt der sie verfolgenden Chimären bewirkte, daß für sie die Nacht kein Ende nahm. Zwischen beiden Bereichen von Nacht suchte Nelly Sachs eine Möglichkeit zu leben. Sie bewegte sich auf einem schmalen Grat hoffnungsloser Dunkelheit, um die Wahrheit dieser Erde zu finden und um ihren inneren Frieden zu erlangen. Aus der Nacht fand sie keinen Ausweg: "O keine Ankunft ohne Tod." Die Chimären der Vergangenheit lasteten auf ihr, die Gegenwart bot ihr keine Versöhnung. Dichtung blieb ihr ein Trost, doch sie vermochte mit Hilfe der Sprache keine Kraft für utopisches Denken und glückliche Gegenwelten mehr zu errichten. Für Nelly Sachs kennzeichnend blieben die Verse in dem Gedicht "Marsch" von Gunnar Ekelöf, der sie ins Deutsche übersetzt hatte: "Ich habe das Vermögen zur Gleichgültigkeit verloren, das heißt - vielleicht - das Vermögen zum Glück."

Beschwörung der Worte

Auch Ingeborg Bachmann besaß dieses Vermögen zur Gleichgültigkeit nicht. Ihr Bestreben als Dichterin war es, das "Vermögen zum Glück" allen widrigen Verhältnissen zum Trotz wiederzugewinnen. Sie forderte den Mut der Schreibenden, "sich für utopische Existenzen zu erklären" und deshalb praktizierte sie geistigen Widerstand durch Sprachempfindlichkeit. An Karl Kraus, Robert Musil, Paul Valéry und Paul Eluard anknüpfend, erklärte Ingeborg Bachmann in ihren Frankfurter Vorlesungen: "Denn das bleibt doch: sich anstrengen müssen mit der schlechten Sprache, die wir vorfinden, auf diese eine Sprache hin, die noch nie regiert hat, die aber unsere Ahnung regiert und die wir nachahmen ... Wir besitzen sie als Fragment in der Dichtung, konkretisiert in einer Zeile oder einer Szene, und begreifen uns aufatmend darin als zur Sprache gekommen. Es gilt weiterzuschreiben."

Der ersehnten Versöhnung, die Nelly Sachs nur noch in einem transzendentalen Sinn für realisierbar hielt, wollte Ingeborg Bachmann durch Widerspruch näherkommen. Sie versuchte "Rettung" durch sprachliche Erkenntnis. Das Gedicht "Ihr Worte" gibt zu verstehen, daß in der Dichterin viele Worte sind, die zur Welt drängen. Gegenüber dem geäußerten Wort muß die Verantwortung übernommen werden. Wenn ein Gedicht nicht aufhellt, leistet es zu wenig, es ist nicht mehr als Wort und Sätze. Und damit ist nichts gesagt.

Die Erkenntnis, daß der größte Teil der entstehenden Worte unbrauchbar ist, zwingt zu höchster Bewußtheit gegenüber der Sprache, bringt die Dichterin immer an die Grenzen der Sprache. Verbrauchte Formen, abgenützte Klischees müssen ausgeschieden werden. Voreilig Geschriebenes und Redefluß erhöhen die Gefahr verhängnisvollen Irrtums. Argumente wollen geprüft sein, müssen genau abgewogen werden: "daß nicht endgültig wird - nicht diese Wortbegier und Spruch auf Widerspruch!" Emotionen müssen in genaue Worte gebracht werden. Keine Gleichgültigkeit gegenüber den entsetzlichen Verbrechen, doch genug von Tod und Verzweiflung. Lieber etwas für das Leben tun und nichts für den Tod. Es muß gelingen, ohne die Chimären der Vergangenheit zu leben, auf die Zukunft hin zu denken: "Zum Tod fall dir nichts ein." Behutsamkeit gegenüber den Worten Zurückhaltung, Schulung der Erkenntnisfähigkeit sollen durch die neue Beschwörung der Worte gelehrt werden.

"Eine Salve Zukunft"

"Kein Sterbenswort, ihr Worte!" Diese Losung will nicht besagen, daß ein Lobgesang des Lebens angestimmt werden soll. Die Gesellschaft, todsüchtig und den Menschen zum "lebenden Leichnam" degradierend, verdrängt den Tod, macht nur schöne Worte um ihn. Ingeborg Bachmann verlangt, keine "Sterbensworte" zu gebrauchen, was nicht ausschließt, daß ein Autor unausweichlich und mit aller Härte von der Todesverfallenheit der Menschen zu sprechen und die "einfachen Furchtbarkeiten" zu benennen hat. Über die Bücher von Thomas Bernhard notierte sie zustimmend: "Es sind Bücher über die letzten Dinge, über die Misere des Menschen, nicht über das Miserable, sondern die Verstörung, in der sich jeder befindet. Sie sind voll von Pathos, wenn man noch weiß, was dieses Wort wirklich bedeutet, sie sind voll von Leiden, und die Erträglichkeit und Unerträglichkeit hängen damit aufs engste zusammen."

Glück ist in einer dem Glück feindlich gestimmten Umwelt nur denkbar oder erfahrbar, wenn man sich über die "Konstellationen" tiefsten Unglücks klargeworden ist. Die Dichterin will die Möglichkeit zum Glück andeuten. In entschiedener Stellungnahme zur Gegenwart umschließt sie mit einem Gedicht wie "Ihr Worte" Zukunft. Es wird kein Optimismus proklamiert, sondern die produktive Unruhe, die Sehnsucht nach einer Sprache von größter Schönheit, Genauigkeit, Tiefe und Wahrheit. Als viele Schriftsteller den Tod der Literatur verkündeten und nurmehr politische Aktionen und Manifestationen gelten lassen wollten, bekannte sich Ingeborg Bachmann zum Weiterschreiben und berief sich auf den französischen Dichter René Char: "Auf den Zusammenbruch aller Beweise antwortet der Dichter mit einer Salve Zukunft."

Die gesammelten "Werke", die jetzt in vier Bänden vorliegen, sind keine aufwendige Verpackung für die wenigen lyrischen Perlen, die viele Kritiker Ingeborg Bachmann nur zugestehen wollen. Die knapp hundert Gedichte, unter denen es beispielhafte und weniger gelungene gibt, stellen einen kleinen, sehr respektablen Teil ihres Werks dar, in dem die Erzählungen einen durchaus der Lyrik gleichwertigen Rang einnehmen.

Fragwürdige Auswahl

Die Entscheidung der Herausgeber war richtig, neben die belletristische Produktion auch die essayistische treten zu lassen. Kritisch anzumerken ist allerdings, daß bei den Schriften falsch, das heißt mit einem Vorurteil gegen theoretische Bemühungen ausgewählt wurde: Außer den Reden und Vorlesungen sowie den fragmentarischen, für das schriftstellerische Qualitätsempfinden und das Menschenverständnis von Ingeborg Bachmann sehr aufschlußreichen Notizen über Autoren wie Brecht, Gombrowicz, Thomas Bernhard oder Sylvia Plath hätte man statt einiger mit flinker Hand abgefaßter Rundfunkarbeiten und der Thomas-Wolfe-Übersetzung von "Das Herrschaftshaus" lieber die Dissertation über "Die kritische Aufnahme der Existentialphilosophie Martin Heideggers" abdrucken sollen. Auch die politischen Kommentare, die Ingeborg Bachmann in den fünfziger Jahren aus Rom für die "Westdeutsche Allgemeine Zeitung" verfaßte, hätten Aufnahme finden müssen.

Die Ausgabe, die sämtliche zu Lebzeiten von Ingeborg Bachmann in Buchform veröffentlichten Texte, die meisten der in Zeitschriften oder im Rundfunk publizierten Arbeiten und eine Auswahl aus nachgelassenen Manuskripten vereinigt, ist nach Gattungen gegliedert. Innerhalb der Gattungen ist eine chronologische Anordnung intendiert, die aber von weiteren Editionsgesichtspunkten durchbrochen wird: sogenannte "Jugendwerke" stehen zum Beispiel jeweils am Ende eines Bandes, und die beiden Gedichtsammlungen sind als geschlossene Abteilungen unter dem Jahr ihrer Publikation in die chronologische Abfolge eingegliedert.

Es bleibt das Geheimnis der Herausgeber, weshalb sie frühe veröffentlichte Gedichte wegen "geringer Eigenart" verworfen haben, aber literarisch ebenfalls unerhebliche Jugendgedichte für publikationswürdig befanden. Obwohl mit Anmerkungen nicht gespart, auf Varianten verwiesen wird und sämtliche Erstdrucke verzeichnet sind, herrscht in dieser Ausgabe viel editorisches Chaos und Willkür. Warum es einfach machen, wenn es auch kompliziert geht? Sinnvoller wäre es sicher gewesen, die beiden Sammlungen "Die gestundete Zeit" und "Anrufung des Großen Bären" an den Anfang zu stellen und dann sämtliche weiteren Gedichte chronologisch anzuschließen.

Als völlig deplaziert im Rahmen einer Werkausgabe erweist sich die an sich verdienstvolle "Phonographie", eine Fleißarbeit von Ellen Marga Schmidt, die ihre gut hundert Seiten beansprucht und in einem Anhang noch einmal neun bereits an anderer Stelle der Ausgabe gedruckte Texte enthält, von denen allenfalls zwei notierungswürdige Änderungen aufweisen.

Trotz aller Einschränkungen ermöglicht diese Ausgabe das Wichtigste: Ingeborg Bachmann als Schriftstellerin kennenzulernen, die uns heute noch etwas zu sagen hat, eine Schriftstellerin, die an die Macht der Poesie glaubte: "Es bedarf also nicht so sehr der Talente, denn es gibt viele, sondern der Schriftsteller, denen es möglich ist, den Charakter auf der Höhe ihres Talents zu halten, und das ist das Allerschwierigste."
Basler Zeitung, 22.7.1978

"Aushalten in dem Bimbam von Worten"

Von Hermann Burger

"Ihr Menschen! Ihr Ungeheuer!" Mit diesem Klageruf setzt *Ingeborg Bachmanns* schönste Erzählung ein. "Undine geht", die man voreilig als Generalabrechnung mit der Männerwelt bezeichnet hat. Ist es nicht vielmehr der alte Mythos vom "Elementargeist", der, unter die Menschen geraten, "zugrunde gehn" muß, zugrunde und zu Grunde?

"Zugrund - das heißt zum Meer ...", sagt das späte Gedicht "Böhmen liegt am Meer". Die Parallele zum Prosastück aus dem Band "Das dreißigste Jahr" wird durch *Friedrich de la Motte-Fouques* Märchen nahegelegt. Da sagt der Ritter Huldbrand, der an Undines Kuß sterben wird, auf der Donaufahrt nach Wien: "Bleib bei ihnen" (den Nixen und Sirenen) "in aller Hexen Namen mit all deinen Geschenken und laß uns Menschen zufrieden, Gauklerin du!"

Der "Böhme" im Gedicht ist ein Vagant, der nichts besitzt, den nichts hält; "böhmische Dörfer" nennt man unverständliche Dinge. Die Bachmannsche Undine sagt an die Adresse der Männer, die alle Hans heißen, sie sei nicht dazu da, ihre Sorgen zu teilen: "Wie könnte ich sie je anerkennen, ohne mein Gesetz zu verraten?" Dieses Gesetz heißt: der Einsamkeit gehorchen, "in die mir keiner folgt". Dennoch begeht sie immer wieder denselben Fehler, Geständnisse abzulegen, einen Hans zu lieben (Ivan im Roman "Malina"), denn das Wasser, das sie sprachlos werden läßt, die "nasse Grenze", verläuft "zwischen mir und mir".

Mit ihrer Undine hat Ingeborg Bachmann das große Symbol ihrer weiblichen wie ihrer poetischen Existenz und Existenznot geschaffen: sie ist die Sirene mit dem betörenden Gesang ebenso wie das ruhelose Wellenwesen, das nicht weiß, "wie man Platz nimmt in einem anderen Leben". Einerseits wird die Liebe erfahren als "stärkste Macht der Welt", wie es in "Malina" heißt, andrerseits aber auch gezeigt, daß sie als "reine Größe" nicht realisierbar ist, "weil ich zu keinem Gebrauch bestimmt bin ..." Undine ist die Verkörperung dessen, was die Dozentin in einer ihrer "Frankfurter Vorlesungen" als "utopische Existenz" bezeichnet hat, paradoxerweise gerade wegen ihrer Zukunftslosigkeit.

Leben als Kränkung

Das Motiv zieht sich durch das ganze Werk Ingeborg Bachmanns. Es beherrscht die Erzählbände, wird im Roman "Malina" und schließlich in den nun veröffentlichten Fragmenten zum epischen Zyklus "Todesarten" zugespitzt. Nach der Erkenntniskrise des Zwanzigjährigen in der Titelstory von "Das dreißigste Jahr", als er seine Denkkapazität überschreitet und glaubt, irrsinnig geworden zu sein, schließt der Student seine Augen, "ohnmächtig bei vollem Bewußtsein". Ohnmächtig bei vollem Bewußtsein stürzt Miranda, die Heldin von "Ihr glücklichen Augen", auf das Salzburger Trottoir, nachdem sie ihrer Rivalin Anastasia zur Verlobung mit Josef gratuliert hat. Als eine "Ohnmächtige, die langsam das Bewußtsein erlangte", wird die schlafkranke Beatrix in der Erzählung "Probleme, Probleme" geschildert. Ihr Lieblingswort heißt "grauenvoll". Nur ihren Freunden zuliebe tut Beatrix so, als nähme sie das Leben ernst. In Wirklichkeit hat sie nur einen Wunsch: "Nichts als schlafen!" Schon eine Viertelstunde Wachsein kann dazu führen, daß sie sich völlig verausgabt, weil "tief inwendig etwas lautlos zu einem Rückzug rief, immer zu einem Widerruf".

Diese permanente Opposition gegen die freundlichen Grausamkeiten zwischen den Menschen, diese Kränkung durch die Leichtigkeit, mit der die Dickhäutigen die schreckliche Welt ertragen, ist bereits in "Das dreißigste Jahr" auf die Bilanz gebracht worden: "Hinzuerworben hat er nur die Erfahrung, daß die Menschen sich an einem vergingen, daß man selbst sich auch an ihnen verging und daß es Augenblicke gibt, in denen man grau wird vor Kränkung - daß jeder gekränkt wird bis in den Tod von den andern. Und daß sich alle vor dem Tod fürchten, in den allein sie sich retten können vor der ungeheuerlichen Kränkung, die das Leben ist."

Österreichischer Reflex

Die Formel von der ungeheuerlichen Kränkung könnte von *Thomas Bernhard* stammen, sie ist "österreichisch" in dem Sinn, als in der österreichischen Literatur von *Grillparzer* bis *Handke* ein Zug der Lebensverweigerung, der *Musilschen* Beurlaubung beobachtet werden kann. Jean Améry hat in seinem Aufsatz "Trotta kehrt zurück" ("Weltwoche", 8.11.72) von einer spezifisch österreichischen "Duzbrüderschaft mit dem Gestern" gesprochen, von einem sentimentalisch hervorgerufenen "österreichischen Reflex" und von einer "reaktiven Sprache".

Aufschlußreich ist in diesem Zusammenhang das ironisierte "Interview", das die Ich-Erzählerin in "Malina" dem Journalisten Mühlbauer gibt, der bezeichnenderweise vom "Wiener Tagblatt" zur "Wiener Nachtausgabe" übergewechselt hat. Sie sagt dort: "... ich bin sehr froh, hier zu leben, denn von dieser Stelle der Welt aus, an der nichts mehr stattfindet, erschreckt es einen viel tiefer, die Welt zu sehen, nicht selbstgerecht, nicht selbstzufrieden, weil hier keine verschonte Insel ist, sondern an jeder Stelle Untergang ist, es ist alles Untergang, mit dem Untergang der heutigen und morgigen Imperien vor Augen."

Vielleicht versteht man von da her, weshalb es der Autorin in der Exposition des Romans so schwer fällt, "heute" zu sagen. Der Raum birgt, übt eine magische

Anziehung aus: die "Zeit" mit ihrer Forderung nach Aktualität droht, Poesie in "Gerede" aufzulösen. 1972, ein Jahr vor ihrem Tod, spricht Ingeborg Bachmann davon, in der Rede zur Verleihung des Anton-Wildgans-Preises: "Ein Schriftsteller hat die Phrasen zu vernichten, und wenn es Werke auch aus unserer Zeit geben sollte, die standhalten, dann werden es einige ohne Phrasen sein." Man müsse die Aktualitäten seiner Zeit korrumpieren, indem man sie "hinwegschreibe". Man wird solche Äußerungen heute in Anspruch nehmen zur Legitimation der "Neuen Innerlichkeit" - was immer man darunter verstehen mag - und damit jene Scheinalternative wieder aus der Mottenkiste hervorholen, die immer eine Scheinalternative war: Veränderung oder Vers-Änderung. Für Ingeborg Bachmann war dies nie eine ernst zu nehmende Frage: "... ich kann redend nur mit der Ohnmacht der Rede auf etwas hindeuten, das mir wichtiger erscheint als das idiotische Gerede von der Rolle des Schriftstellers gestern, heute, morgen." Eine Rolle spielt nur, wer nie erfahren hat, daß Schreiben keine Tätigkeit, sondern eine Existenzform ist.

Aus einem der Dialoge über "letzte Dinge" zwischen dem Ich und Malina stammt das Wortspiel "Todesarten - Todesraten". Und die Frage der Erzählerin: "Was wollte ich nur sagen?" wird nun mit dem Erscheinen der "Todesarten"-Fragmente aus dem Nachlaß beantwortet. Zwei Torsi deuten auf die endgültige Gestalt des Roman-Zyklus: "Der Fall Franza" und "Requiem für Fanny Goldmann". Dazu kommen ein paar Skizzen zur Figur Malinas. Aus den "Entwürfen zur Figur Malina" geht hervor, daß der Bruder der bekannten Schauspielerin Maria Malina ein etwa vierzigjähriger, im Wiener Heeresmuseum angestellter Schriftsteller ist, der zwar schreibt, aber nicht mehr publiziert. Er sagt: "Ich sammle nur die Geschichten, die nicht bekannt werden, und nur Geschichten mit letalem Ausgang."

Den Ausdruck "letal" verwendet man im Zusammenhang mit tödlichen Giften. Malina sagt, man müßte allen ahnungslosen Frauen, die sich ein Leben mit einem Künstler zumuten, dazu raten, "sich vorher versichern zu lassen, gegen ein ungewöhnliches Unwetter, das sich Indiskretion oder Hochverrat am andern nennen kann". Zum Opfer des Hochverrates wird die Schauspielerin Fanny Goldmann, die dem mittelmäßigen Schriftsteller Toni Marek zu einem lukrativen Verlagsvertrag verhilft und sich dann in seinem Roman "ausgeraubt" sieht, geschlachtet und verwurstet wie ein Schwein.

Ihre Wehrlosigkeit kommt zum Ausdruck in einer sprachlichen Havarie: "Sie dachte aber auch, du Schwein, er war ein Schwein, das war das einzige Wort, das sie für ihn fand. Er war zehn Jahre jünger als sie gewesen ... ihr Schlächter, den sie Schwein nannte, obwohl sie das Tier war, das er geschlachtet hatte, ein Lamm, Lamm Gottes, nein, nicht Gottes, einfach, sie war sein Tier gewesen ..."

In der frühen Erzählung "Unter Mördern und Irren" hat Ingeborg Bachmann eine Wiener Stammtischrunde gezeichnet, die in Kriegserinnerungen schwelgt. Das Alptraum-Kapitel in "Malina" deckt eine tiefere Schicht auf. Der Vater erscheint hier als KZ-Scherge, der seine Tochter in den Saal mit den schwarzen Schläuchen einschließt, "die größte Gaskammer der Welt". Sie wehrt sich wie

Franza am Fuß der Pyramide in Gizeh mit einer Nein-Salve in allen Sprachen: "No! ... Non! Njet!" In einer Szene aus dem Umkreis des Undine-Stoffes verwandelt sich der Vater in einen Hai, der seine Tochter zerfleischen, das heißt "mit ihr schlafen" will vor den Augen der Mutter, und sie weiß, wie wichtig es wäre, unter Wasser zu schreien. Sie schreit: "Ich hasse dich mehr als mein Leben!"

Nun, da die Romanfragmente vorliegen, wird noch transparenter, was Ingeborg Bachmann damit gemeint hat. Sie spricht in der "Vorrede" und in den Einleitungen zu ihren Lesungen immer wieder vom "Virus Verbrechen, der nach zwanzig Jahren nicht weniger wirksam ist als zu der Zeit, in der Mord an der Tagesordnung war, befohlen und erlaubt", vom "Gemetzel ... innerhalb des Erlaubten", und sie denkt dabei weniger an gesellschaftliche Systeme als an die raffiniert ausgeklügelten Schändungen des Menschen durch den Menschen, die Pervertierung des "Grenzfalls" Liebe in den Grenzfall Tod. Undine geht, ihr Protest bleibt.

Poesie wie Brot

Das essayistische Werk Ingeborg Bachmanns füllt einen ganzen Band, es reicht von der Auseinandersetzung mit *Ludwig Wittgensteins* "Tractatus logico-philosophicus" über die dialogische Analyse von Musils "Mann ohne Eigenschaften" bis zu den "Frankfurter Vorlesungen" über Probleme zeitgenössischer Dichtung, und da, in den Kapiteln "Fragen und Scheinfragen" und "Literatur als Utopie", ist definiert, was Ingeborg Bachmann unter "Poesie" versteht, ausgehend von dem Wunschsatz *Simone Weils*, das Volk brauche Poesie wie Brot: "Dieses Brot müßte zwischen den Zähnen knirschen und den Hunger wiedererwecken, ehe es ihn stillt. Und diese Poesie wird scharf von Erkenntnis und bitter von Sehnsucht sein müssen, um an den Schlaf der Menschen rühren zu können. Wir schlafen ja, sind Schläfer, aus Furcht, uns und unsere Welt wahrnehmen zu müssen."

Das Neue in der Literatur, sagt Ingeborg Bachmann, werde immer und nur zu erkennen sein "an einer neuen gesamten Definition, an Gesetzgebung, an dem geheimen oder ausgesprochenen Vortrag eines unausweichlichen Denkens". Gewiß: dies sagt die Dozentin, ein "poeta doctus". Aber intendiert ist keine intellektualistische Literatur. "Denken" heißt hier: utopischer Weltentwurf im "Hier-und-Jetzt-Exil", denken heißt, daß in einem poetischen Œuvre "nichts Zufälliges mehr Zulaß hat". Denken heißt, die Herausforderung in dem *Anna Achmatova* gewidmeten Gedicht "Wahrlich" anzunehmen: "Einen einzigen Satz haltbar zu machen,/ auszuhalten in dem Bimbam von Worten./ Es schreibt diesen Satz keiner,/ der nicht unterschreibt."

Ingeborg Bachmann hat unterschrieben: "Mein Teil, es soll verloren gehen." Ihr Werk, neu zugänglich gemacht in der von *Christine Koschel, Inge von Weidenbaum* und *Clemens Münster* sehr sorgfältig betreuten Edition, ist unausweichlich für jeden, der sich der Irritation aussetzt, welche nur jene Literatur zu vermitteln vermag, die nicht in der voreiligen Versöhnung mit einem Programm aufgeht. Solche Werke sind immer, wie Ingeborg Bachmann über Thomas Bernhard sagt, "Bücher über die letzten Dinge".
Die Weltwoche, 16.8.1978

Gefühlsaristokratie mit Überraschungen

Von Wilhelm Genazino

Unter den Rezensenten von Ingeborg Bachmann gibt es einige wenige, die der 1973 bei einem Brandunfall ums Leben gekommenen Dichterin persönlich begegnet sind. Die meisten anderen kennen nur ihre Bücher. Wer sie aber einmal "erlebt" hat, kommt kaum um das Eingeständnis einer persönlichen Beeindruckung herum. Es hat in den fünfziger Jahren viele (männliche) Bewunderer dieser Autorin gegeben; damals sind auch einige Huldigungskritiken geschrieben worden, die zum Teil heute noch die Bachmann-Rezeption bestimmen.

Auch wer, wie ich, Ingeborg Bachmann nicht persönlich gekannt hat, erinnert sich an den erlesenen Ruf der Dichterin in den fünfziger Jahren. Noch auf den Fotos, die damals von ihr veröffentlicht wurden, war ihre persönliche Würde erkennbar, eine fast erotische Unerbittlichkeit, die sich dazu eignete, von Männern idealisiert zu werden. Die rücksichtslose, herrische Emotionalität, die sie ausstrahlte, flößte allerdings auch Angst ein. Angst vor der fühlbaren Gewißheit, daß diese Frau gegen einen Partner, von dem sie sich subjektiv nicht mehr angenommen oder verstanden wußte, grausam vorgehen würde, grausamer als die Grausamen, die sie in ihrem Werk beschrieben hat. Max Frisch, der das Zusammenleben mit Ingeborg Bachmann ausprobiert hat, schrieb (in "Montauk") über sie: "In ihrer Nähe gibt es nur sie, in ihrer Nähe beginnt der Wahn". Max Frisch hat zwar versucht, auf ein paar Seiten einige Aspekte ihres Verhaltens zu beschreiben, aber dennoch wird daraus nicht hinreichend klar, was wir unter "Wahn" in diesem Fall zu verstehen haben. Aus den Mitteilungen von Frisch geht nur hervor, daß dieser Frau außer einer großen Hingabe eine mindestens ebenso große Rücksichtslosigkeit eigen war.

In den fünfziger Jahren war es noch leicht, einen solchen gefühlsmäßigen Irrationalismus als weiblich oder gar tief menschlich zu bewundern. Die Disziplin, die heute in (aufgeklärten) Partner-Beziehungen versucht wird, weiß sich von solchen Übergriffen beschädigt und weist deshalb überzogene Gefühlsansprüche oder -erwartungen zurück.

Vielleicht hängt es mit diesem Anschauungswandel zusammen, daß Ingeborg Bachmanns Werk heute nicht mehr die Ausstrahlung der fünfziger Jahre hat. In der heutigen Auseinandersetzung der Geschlechter spielt ihr Werk keine Rolle. Ingeborg Bachmann ist nicht mehr das bestaunte gefühlsstarke Idol, das sie doch gewesen war, zumindest für große Teile der intellektuellen Jugend. Wer sich ihr heute nähern will, muß sich ihres Werkes erinnern. Lebendig ist es nicht.

Der Verlag, der Ingeborg Bachmann schon zu ihren Lebzeiten betreut hatte, legt nun in einer imponierenden vierbändigen Ausgabe das literarische Werk einschließlich des Nachlasses der Dichterin vor. Die Arbeit der Herausgeber Christine Koschel, Inge von Weidenbaum und Clemens Münster verdient unsere Anerkennung; die Gesamtausgabe ist auch in Einzelheiten gut überlegt und sinnvoll proportioniert.

Literarisch gesehen beruhte der Ruhm der Ingeborg Bachmann in den fünfziger Jahren auf einigen Gedichten, in den sechziger Jahren auf einigen Erzählungen. 1953 erschien der erste Gedichtband "Die gestundete Zeit", 1956 der zweite Gedichtband "Die Anrufung des Großen Bären". Beide Sammlungen waren für damalige Verhältnisse überraschende Ausdrucksleistungen; sie sind es auch heute noch. Die Wirkung der Gedichte war auch deswegen durchschlagend, weil mit Ingeborg Bachmann eine Person auftrat, die, trotz des eben erst zu Ende gegangenen Krieges, die rücksichtslose Psychologie eines Ichs neu ins Recht setzte. Sie scherte sich nicht um Legitimationen oder gar um zeitgenössisch naheliegende Themen.

1961 erschien der Erzählungsband "Das dreißigste Jahr", der sich literarisch und stimmungsmäßig nahtlos an den Ruhm der Lyrikerin Ingeborg Bachmann anschloß. Die intelligente Trauer, die der Autorin die Feder führte, war inzwischen zu einer Spezialität der Bachmann geworden. Alle Erzählungen dieses Bandes wurden, wie man in den vorzüglich kommentierten Bänden nachlesen kann, in der Mitte bis Ende der fünfziger Jahre geschrieben. Und wieder, wie schon mit ihren Gedichten, erlebte Ingeborg Bachmann, daß aus ihrem ersten Erzählungsband so etwas wie ein geistiges Hauptbuch ihrer Zeit wurde. Der Band "Das dreißigste Jahr" erschien in kurzer Zeit in mehreren Auflagen. Seine Titelerzählung ist eine Schlüsselgeschichte der fünfziger Jahre. Ein Mann, dreißig Jahre alt geworden, kommt in seine Heimatstadt zurück. Sein Sinn steht nach Abrechnung, mit sich selbst und mit den anderen. Sein dreißigstes Lebensjahr wird für ihn zu einem bedeutsamen Einschnitt. Weil er streng mit sich ist, kann er es auch mit den anderen sein. Mit den anderen, die sich so reibungslos angepaßt haben an alles, was ihnen das Leben und die Gelegenheit vor die Füße gespült hat. Ein persönliches Ich stellt sich damit gegen jeden Schein und gegen alle fassadären Geläufigkeiten.

Soweit, sogut. Aber wie verfuhr sie erzählerisch mit dem Gegentyp, mit dem Anpasser Moll? Wer heute den Text liest, bemerkt bald, daß die Figur des Opportunisten Moll durchaus klischeehaft und ungenau dargestellt ist. Die Autorin sagt schlicht, er befände sich "auf der Butterseite", ein "Wunderknabe", der sich "aalglatt" einfügt. Die Frage ist heute, ob es in den frühen fünfziger Jahren überhaupt eine "Butterseite" gegeben hat und ob irgendjemand sich so "aalglatt" einrichten konnte, wie uns das Ingeborg Bachmann in den fünfziger Jahren erzählt hat.

Die fünfziger Jahre als abgeschlossene Phase kommen nämlich eben erst richtig in unseren Blickwinkel. Und mit der kulturellen Wieder-Aufbereitung dieser Jahre wird auch die Sicht frei auf diese vermeintlich glatten Aufsteiger. Ingeborg Bachmanns Beschreibung dieses Typs ist voll unüberprüfter Affekte und entsprechend fixer Urteile, die durchaus einem zeitgenössischen Bedürfnis entsprochen haben mag, nämlich der moralischen Abwehr der Leute, die sich äußerlich zu rasch eingerichtet hatten. Dagegen ist zu sagen: die innere und äußere Problemlage von Menschen, die 1952 dreißig Jahre alt waren und irgendwie zurecht kommen mußten, ist uns vorerst noch ziemlich unbekannt. Die Tatsache, daß diese Leute Nyltest-Hemden trugen und recht bald ihren VW fuhren, besagt noch nicht viel. Kein Autor sollte solche Zeichen überbewerten.

An diesem Punkt wird ein erzählerisches Grundproblem der Ingeborg Bachmann deutlich sichtbar. Sie war immer dann sehr überzeugend, wenn sie - und das ist wörtlich zu nehmen -, nicht aus sich heraus ging. Solange ihr eigenes Ich die Basis ihrer Wahrnehmung blieb, ging die Rechnung auf; es entstand allemal der harte, feste Ich-Ton der Bachmann. Sobald sie versuchte, erfundene Personen mit deren eigenen Bedingungen darzustellen, ähnelten sie entweder bald ihrer Verfasserin oder sie waren kaum mehr als Schemen. 1971, in ihrem ersten, ein wenig konfusen Roman "Malina", war ihre Schwäche, klar getrennte Figuren und Handlungsweisen zu schaffen, auf einem Höhepunkt angelangt. Der Roman "Malina" beschreibt nur scheinbar das Leben mehrerer Personen. Tatsächlich entfaltet sich darin nur ein Ich, das der Gefühlsaristokratin Ingeborg Bachmann, die ihre emotionale Grundausstattung mühsam und doch durchsichtig auf mehrere Figuren verteilte.

Gerüchtweise war lange vor der Veröffentlichung der gesammelten Werke bekannt, daß "Malina" nur der erste Band einer Trilogie war. Deswegen konzentrierte sich das Hauptinteresse an ihrem Nachlaß vor allem auf die weiteren Romane. Tatsächlich finden wir im dritten Band der Werkausgabe - nicht zwei Romane, sondern nur zwei Fragmente. Vom zweiten Band, der den Titel "Der Fall Franza" tragen sollte, bringt die Ausgabe nur die ersten drei Kapitel; vom dritten Roman, "Requiem für Fanny Goldmann" betitelt, gibt es gar nur Entwürfe, die zusammen kaum mehr als vierzig Seiten einnehmen. Aus dieser Sachlage allein wird schon klar, daß wir über die Romanautorin Ingeborg Bachmann nicht viel Neues erfahren. Die veröffentlichten Fragmente sind nicht mehr als Arbeitstexte, das heißt Vorstudien, wie sie jeder Autor erarbeiten muß. Es verbietet sich von selbst, solche Rohstoff-Texte etwa bewerten zu wollen. Die Herausgeber hätten, so teilen sie mit, durchaus noch mehr fragmentarisches Material veröffentlichen können. Aber die vollständige Wiedergabe erschien ihnen "nicht gerechtfertigt". Diese "immer wieder neu ansetzenden Entwürfe" - so heißt es in den Anmerkungen - "bilden einen umfänglichen, indes äußerst fragmentarischen Textbestand".

Die eigentliche Überraschung dieser Ausgabe bringt der vierte und letzte Band. In ihm sind Essays, Rundfunk-Arbeiten, die Frankfurter Poetik-Vorlesungen, drei Reden und eine ganze Reihe unbekannter theoretischer Aufsätze gesammelt. Dankbar nimmt man die erstmals kompletten fünf Frankfurter Vorlesungen auf, die so wichtig sind, daß sie es verdient hätten, in einer gesonderten Publikation zugänglich zu sein. Aber auch in den kürzeren Arbeiten tritt uns eine vergleichsweise unbekannte Ingeborg Bachmann entgegen; eine Autorin nämlich, die mit einfachen Mitteln fremde Personen und Situationen präzise erfassen konnte. Wie improvisiert die ersten Zusammenkünfte der Gruppe 47 tatsächlich waren, habe ich noch nirgendwo so detailgenau gelesen wie in Ingeborg Bachmanns Erinnerungen. Oder, ein anderes Beispiel, im Frühjahr 1963 lernte sie in Berlin als Gast der Ford Foundation den polnischen Autor Witold Gombrowicz kennen. Ihr Porträt des schwierigen Gombrowicz, obwohl - wie die meisten dieser Arbeiten - nur im Entwurfstadium erhalten, ist bewegend einfach, klar und teilnehmend.
Frankfurter Rundschau, 26.8.1978

Auf der Rasierklinge gelebt

Von Ulla Plog-Handke

Fünf Jahre sind vergangen, seit Ingeborg Bachmann in einer römischen Klinik starb. Ihr Sterben war langsam und qualvoll, drei Wochen lang hofften die Ärzte, sie retten zu können. Doch die Verbrennungen waren zu schwer. Nachforschungen ergaben, daß sie mit einer glimmenden Zigarette in der Hand eingeschlafen sein mußte. Ihr Nachthemd und das Bett hatten Feuer gefangen. Dieses erschütternde Ende ließ Legenden gedeihen, manche ihrer Formulierungen erschienen jetzt wie Menetekel, von Selbstmord wurde gesprochen.

Wer sich mit der gerade erschienenen Gesamtausgabe der Werke Ingeborg Bachmanns beschäftigt, den wird die Mythenbildung nicht erstaunen. Kaum eine Literatin hat so viel über das Leiden am Leben und den Tod als Möglichkeit der Existenz geschrieben wie sie. In beinahe jeder ihrer wichtigen Arbeiten ist dies die zentrale Thematik. Das führt jetzt deutlich und im Zusammenhang die neue Edition vor. Natürlich zeigt sie noch mehr, gibt, auf 2400 Seiten, auch auf einige andere Fragen Antwort, die in diesem jäh abgerissenen Werk offengeblieben sind.

Die vier dichten Bände, die auch einen großen Teil des Nachlasses enthalten, bieten eine Reihe von Funden für Leser, die ganz speziell, womöglich wissenschaftlich an der Arbeit der österreichischen Lyrikerin interessiert sind. Für die, die bloß einige ihrer frühen Gedichte gern lesen oder "Den guten Gott von Manhattan" lieben, ist die Inthronisierung der Bachmann als Klassikerin, die mit einer solchen gewichtigen Ausgabe nun mal verbunden ist, eine Nummer zu groß geraten.

Angefangen hatte alles wie bei einem literarischen Sonntagskind. Die Tochter des Klagenfurter Lehrers Mathias Bachmann, geboren am 25. Juni 1926, war offensichtlich ein begabtes Mädchen. Sie wuchs in Kärnten auf, "in einem Tal, das zwei Namen hat, einen deutschen und einen slowenischen" - eine mythenreiche Vorstellungswelt, von der die Bachmann ein Leben lang zehrte. In einem Alter, in dem andere Märchen lesen, begann sie zu schreiben. Nach der Schule studierte sie in Wien Philosophie, 1950 promovierte sie mit einer Arbeit über Martin Heidegger.

Die Gruppe 47 war es, die die talentierte Schriftstellerin und Redakteurin beim österreichischen Rundfunk Rot-Weiß-Rot auf ihrer Tagung 1952 entdeckte. Zwei schmale Gedichtbände, "Die gestundete Zeit" (1953) und "Anrufung des Großen Bären" (1956) reichten aus, ihren Ruf als Lyrikerin von Rang zu begründen. Es sind Verse, in denen Intellektualität und sinnliche Schönheit der Bilder eine so unverbrauchte Bindung eingehen, als hätte es zuvor keine Sprach- und Geisteskrise gegeben.

Manches spricht dafür, daß sie doch noch eingeholt wurde von dieser Problematik. Während sie in den fünfziger Jahren mit sicherer Hand Gedichte zurückhielt, deren Assonanzen zu kostbar waren, in denen Rilke deutlich mitraunte, zeigte sie in späteren Arbeiten Mißtrauen gegenüber der sanften Sprache der Verse. "Soll ich", so fragte sie in einem der zwischen 1964 und 1967 entstandenen und nur zum geringen Teil veröffentlichten Gedichte, "eine Metapher ausstaffieren mit einer Mandelblüte?" Mit ganz wenigen Ausnahmen jedenfalls schwieg die Lyrikerin Ingeborg Bachmann seit dem Ende der fünfziger Jahre. "Mit der Lyrik hat es eines Tages einfach aufgehört", sagte sie später einem Kritiker. Unbegreiflich erschien, daß sie sich in ihrem ureigenen Genre nicht mehr ausdrücken konnte oder mochte. Und fraglich blieb auch, ob Ingeborg Bachmann je wieder die Qualität ihrer frühen Verse erreichte. In den Romanen und Erzählungen jedenfalls, die sie später schrieb, gefiel die Epik immer dort am besten, wo sie lyrisch war.

In den sechziger Jahren dehnten sich die Pausen zwischen den Veröffentlichungen. Ingeborg Bachmann schrieb Hörspiele, Essays für die Nachtstudios der Funkhäuser und Libretti. Die Musik zu diesen Opern ("Der junge Lord", "Der Prinz von Homburg") stammt von Hans Werner Henze, mit dem Ingeborg Bachmann lange Zeit in Rom und Neapel zusammengelebt hat. Pläne der beiden zur Familiengründung scheiterten. Noch einmal hat die Schriftstellerin nachher versucht, mit einem Mann ihr Leben zu teilen. Drei Jahre lang wohnte sie in Rom mit dem Schweizer Autor Max Frisch zusammen. Sie trennten sich mit Streit und Zorn. Seither blieb die Bachmann allein.

Auf der Rasierklinge habe ich gelebt, schrieb sie in einem unveröffentlichten Essay über Maria Callas. Sie sagte es voller Bewunderung und meinte damit sicherlich auch sich selbst. Wie wenig sie sich mit einem Kompromiß arrangieren konnte, kann man nur ahnen, schreibend jedenfalls suchte sie stets die Grenzsituation. Nur am Nullpunkt, so meinte sie, werde man die Wahrheit der Dinge erkennen. So erfährt Jenny im Hörspiel vom "Guten Gott von Manhattan", daß die absolute Liebe unmöglich, die Unbedingtheit des Gefühls eine Lüge ist.

Die Bilanz ist immer negativ. Melancholisch hat Ingeborg Bachmann das in einem frühen Gedicht formuliert: "Wie Orpheus spiel ich/ auf den Saiten des Lebens den Tod/ und in die Schönheit der Erde/ und deiner Augen, die den Himmel verwalten/ weiß ich nur Dunkles zu sagen." All ihre Helden leiden. Sie sind fremd gegenüber dem Leben wie die Figuren des Erzählbandes "Simultan", auf sich selbst verwiesen wie die Personen im Buch "Das dreißigste Jahr", oder viel schlimmer, dem Mord durch die Welt, in der sie leben, ausgeliefert, wie im Roman "Malina". "Todesarten" sollte der Zyklus heißen, zu dem Ingeborg Bachmann nur die "Ouvertüre", eben "Malina", veröffentlicht hat.

An dieser Stelle bringt die Gesamtausgabe zwei neue interessante Fundstücke - die Fragmente "Requiem für Fanny Goldmann" und "Der Fall Franza". Beide handeln von Seelenmorden, die, wie die Autorin einmal sagte, "im Rahmen der Sitten innerhalb der Gesellschaft" stattfinden. Besonders der "Fall Franza" bietet ein eindrückliches Stück Prosa. Es ist die Geschichte der jungen Frau Franziska, die Bachmann-Lesern schon aus der Erzählung "Das Gebell" vertraut ist. Franziskas Mann, ein bekannter Wiener Psychiater, hat in ihr den medizinischen Fall geheiratet, nicht die Person. Er sammelt Zeugnisse ihrer seelischen Krankheit, kommentiert sie, eilt ihrem Ende voraus. Sie stirbt an seiner Unmenschlichkeit - ein Mord, für den es keine juristischen Kategorien gibt.

Nirgendwo sonst hat die Bachmann ihr Werk so klar umrissen wie mit der Formel vom "Halleluja des Überlebens im Nichts", die sie in diesem unvollendeten Roman benutzt. Sie umfaßt alles: das Bekenntnis zum Elend der Menschen, zur Sinnlosigkeit ebenso wie dessen Dokumentierung in der schönen Geste, in der glanzvollen Sprache. Empfänglich für dieses Leiden mache nur das eigene Unglück, der mißlungene Kampf.

Wer die Dunkelheit vermitteln will, muß in dieser Sicht der Dinge selber ein Mensch voller Schmerzen sein. In bisher unveröffentlichten Essays über schreibende Kollegen hat die Bachmann dieses Selbstverständnis deutlich gemacht. So heißt es über Sylvia Plath, die Autorin der "Glasglocke": "Aber wie die Schriftsteller, die in der Hölle waren, wird sie unter den ersten sein, weil sie unter den letzten war". Noch deutlicher wird dieses Auserwähltsein durch das Leiden in einem Aufsatz über Thomas Bernhard. Seine Werke, so schreibt Ingeborg Bachmann, seien "Konstellationen aus tiefem Unglück, die das Glück des Bedeutenden ausmachen."
Hannoversche Allgemeine Zeitung, 3.9.1978

Lebens- und Todesarten

Von Thomas Bremer

In einem bisher unbekannten, unveröffentlichten Essay-Entwurf Ingeborg Bachmanns über Maria Callas, einem geradezu jungmädchenhaft schwärmerischen Text, heißt es, die Callas sei immer groß gewesen, "groß in jedem Ausdruck", noch im Scheitern sei sie nie klein gewesen, sie sei immer die Kunst gewesen, "ach, die Kunst", sie sei "das letzte Märchen" gewesen, "unvertraut in einer Welt der Mediokrität und der Perfektion", und dies - und vielleicht bezeichnenderweise findet sich nach soviel lobendem Hymnus die Begründung in einem Nebensatz versteckt - weil sie nicht Rollen gesungen habe, *sondern auf der Rasierklinge gelebt.*

Es ist ein merkwürdiger Text. Von Ingeborg Bachmann ist man gewohnt, daß ihre Texte von großer Subjektivität sind, daß sie zu einem guten Teil davon leben, scheinbar (oder doch vielleicht anscheinend?) das Persönlichste ihrer Autorin zu enthüllen. Und doch: soviel Begeisterung, und noch dazu völlig unkritisch, ein solches Maß an Emotionalität und persönlichem Erleben finden sich selten, selbst bei ihr. "Auf der Rasierklinge gelebt", "unvertraut in einer Welt der Mediokrität und der Perfektion", und dabei "groß im Haß, in der Liebe, in der Zartheit, in der Brutalität": das könnte auch für Ingeborg Bachmann gelten, oder vielmehr: so hätte gerne sie selbst sich gesehen; was gedacht ist als Porträt, bietet in Wirklichkeit ein geheimes, aber unverkennbares Selbstbildnis, ein Wunschbild.

Man kann also Entdeckungen machen in dieser ersten Werkausgabe, die auf 2400 Seiten nahezu alles von Ingeborg Bachmann Geschriebene enthält - und die Entdeckung der Literaturkritikerin und Essayistin Bachmann ist dabei nicht die geringste.

Merkwürdig, daß sich ihre Subjektivität gerade in solchen immer noch relativ "objektiven", weil sachgebundenen Texten ausdrückt: nicht nur in der Callas-Hommage, auch beispielsweise in einem, ebenfalls unveröffentlichten, Essay-Entwurf über Thomas Bernhard, an dem sie bezeichnenderweise seinen "Abstand zur zeitgenössischen Literatur" und sein Pathos bewundert; in einem Aufsatz zu Gombrowicz, den sie in Berlin kennenlernte und der ihr sympathisch war, "denn ich möchte nicht, daß der Stolz und die Allüre aus der Welt verschwinden"; und - doppelt merkwürdig für ihr vielleicht doch eher romantisches Künstlerverständnis, Selbstverständnis - über Brecht, aus dessen Gedichten sie eine Anthologie zusammenstellen wollte (eine Affinität, die anscheinend sogar beidseitig war: Erich Fried hat einmal erzählt, daß Brecht noch unmittelbar vor seinem Tod die "Anrufung des Großen Bären" gelesen und mit Randbemerkungen versehen habe).

Dieser persönliche Tonfall, eine höchst subjektive Art des Dichtens "in dürftiger Zeit", hat auch ihrer Lyrik zum Erfolg verholfen. "Wie Orpheus spiel ich/ auf den Saiten des Lebens den Tod" beginnt eines der bekanntesten Gedichte aus Ingeborg Bachmanns erstem, 1953 erschienenem Lyrikband "Die gestundete Zeit": Sie konnte wieder Ich sagen und brauchte sich weder in die Hermetik noch in die Wortkaskaden statischer Gedichte zu flüchten. Der künstlerische Wert dieser Lyrik wurzelt in der Dialektik starker emotionaler Erfahrung und skrupulöser, vorsichtig eingesetzter Versprachlichung. Kein Zufall, daß sie in ihren (hier erstmals vollständig gedruckten) "Frankfurter Vorlesungen" gleich zu Beginn Hofmannsthals Chandos-Brief zitiert; und nicht umsonst hatte sie ja auch über die Sprach- und Erkenntnisphilosophie Ludwig Wittgensteins Wegweisendes geschrieben: dieses rationale und das sinnliche Element, die konkreten, erlebten Erfahrungen, die in Ingeborg Bachmanns Lyrik verarbeitet werden, ergänzen sich; die gedankliche Aussage macht sich fest am empirisch Wahrnehmbaren.

Solange dies der Fall ist, solange sie nicht (wie in manchen Gedichten der zweiten Sammlung "Die Anrufung des Großen Bären") der Versuchung erliegt, Bilder nur als Symbol und nicht mehr als Mittel zur Erfahrungsumsetzung zu benutzen (und dann prompt konturenlos wird), hat diese Art zu dichten ihre Kraft und ihren Reiz behalten. Trotzdem: zu den schönsten Entdeckungen der Gesamtausgabe gehören ihre späten Gedichte, die wenigen, die sie zwischen 1957 und 1967 noch geschrieben hat (18 insgesamt) und die, wenn überhaupt, nur abgelegen erschienen sind. "Enigma", "Mirjam", "Prag Jänner 64" und "Böhmen liegt am Meer" zählen mit den "klassischen" Beispielen "Dunkles zu sagen", "Die gestundete Zeit" und "Erklär mir, Liebe" für mein Empfinden zu dem Schönsten, was Ingeborg Bachmann geschrieben hat.

Daß die Prosa demgegenüber nie so sehr ihr Metier war, ist bekannt, schon 1961, beim Erscheinen ihres Erzählungsbandes "Das dreißigste Jahr", ließ sich das erkennen, obwohl diese Sammlung stimmungsmäßig an die Lyrikerin Bachmann anknüpft. Die Kontrastierung des selbstzweiflerischen Protagonisten der Titelgeschichte mit dem opportunistischen Moll, dem "Moll auf der Butterseite", liest sich auch heute noch gut: daß aber gerade im Erzählerischen Schwächen vorhanden sind, daß Moll nur unpräzise charakterisiert wird, ist nicht zu verkennen. Die von Ingeborg Bachmann selbst sehr geschätzte Erzählung "Ein Wildermuth" stirbt daran. Nur wo sie das Poetische in die Prosa hinüberretten kann wie in der häufig gedruckten Skizze "Was ich in Rom sah und hörte" oder im geradezu phantasmagorischen Berlin-Porträt "Ein Ort für Zufälle", sich nicht auf das rein Narrative, die Fabel, verlassen muß, erreicht sie das Sprachniveau ihrer Lyrik. Die wiederentdeckten Erzählungen in der Gesamtausgabe erweisen sich als belanglos; es handelt sich zumeist um wenig aussagekräftige Kafka-Imitationen, und die diesbezügliche Stelle der 4. Frankfurter Vorlesung über die "Kafka-Mode", die "haufenweise Helden mit den Namen X. und N." bescherte (bei Bachmann heißt der Held S.), darf man wohl getrost als Selbstdistanzierung hiervon lesen.

Ähnlich enttäuscht, was die größten Erwartungen an die Nachlaßpublikationen geweckt hatte: die Romanfragmente neben "Malina" (1971). Lange, schon vor dem Erscheinen von "Malina", war gerüchteweise Ingeborg Bachmanns Absicht bekannt, eine große Romantrilogie zu schreiben unter dem geplanten Obertitel "Todesarten". Wie wenig davon verwirklicht wurde, überrascht allerdings: etwa 40 Druckseiten Entwürfe zu einem zweiten Band, "Requiem für Fanny Goldmann", und drei nicht immer ausgefeilte Kapitel eines Romans, von den Herausgebern betitelt "Der Fall Franza". Beide sind wenig aussagekräftig, vermögen nicht zu überzeugen - soweit es überhaupt sinnvoll ist, solche Arbeitstexte (und das sind sie, auch wenn Ingeborg Bachmann mehrfach Lesungen aus ihnen vornahm, geblieben) kritisch zu bewerten. "Ich sammle nur die Geschichten, die nicht bekannt werden, und nur Geschichten mit letalem Ausgang": so steht es im Goldmann-Fragment als etwas wie ein Motto für die beabsichtigte Trilogie (wobei darauf hingewiesen werden soll, daß die Bachmann, außer in Briefen, nur einmal diesen Plan öffentlich bekanntmachte: im Klappentext der italienischen Übersetzung von "Malina", und dort nennt sie die Trilogie sehr viel präziser "Cause di morte", also "Todesursachen").

Aus den Anmerkungen der Gesamtausgabe allerdings erfährt man das nicht, wie überhaupt der Kommentar und die Koordinierung der Informationen innerhalb der Bände häufig zu wünschen übrig lassen. Das Petrarca-Motto der "Lieder auf der Flucht" wird nachgewiesen, aber nicht, wie es sinnvoll gewesen wäre, übersetzt; zum Gedicht "Enigma" wird zu Recht angemerkt, daß die erste Zeile "Nichts mehr wird kommen" ein Zitat aus Alban Bergs Altenberg-Liedern darstellt - zu dem bisher unveröffentlichten Prosastück "Der Tod wird kommen" andererseits gibt es keine Anmerkung: auch hier ist der Titel ein Zitat und bezieht sich auf eines der bekanntesten Gedichte Cesare Paveses. Nicht, daß diese Information als solche unverzichtbar wäre (obwohl sich dadurch immerhin Hinweise ergeben, mit welchen Werken sich ein Autor auseinandergesetzt hat); hier allerdings ergibt sich eine völlig veränderte Interpretationsperspektive dieses "Familienportraits", wenn man weiß, wie die zweite Zeile des Pavese-Gedichts heißt, nämlich: "Der Tod wird kommen,/ *und wird deine Augen haben*". Bei aller Achtung für die Editionsleistung: an mancher Stelle hätten sich ohne große

Mehrarbeit vielleicht Dinge doch deutlicher gestalten lassen. Und daß Ingeborg Bachmanns - für das Verständnis ihres Werkes wesentliche und, da nur in einem einzigen getippten Exemplar in Wien zugänglich, fast unbekannte - Dissertation über "Die kritische Aufnahme der Existentialphilosophie Martin Heideggers" (1950) ausgespart wurde, ist allerdings ein großes Manko und verfällt dem gleichen Gedankenkurzschluß wie in Adolf Frisés neuer Musil-Ausgabe, man könne literarische Aussage und philosophische Grundlegung so scharf voneinander trennen.

Ingeborg Bachmann: das ist ein Name, der neben unbestreitbarer Qualität auch für das Phänomen des Erfolgs als eines teilweise irrationalen Moments steht. "Die Bachmann": das steht für die unwiderstehliche persönliche Ausstrahlung dieser Autorin, für ihren *Glanz* (Max Frisch), der sie für Freuds These, daß ein bestimmter Künstlertyp schnell Totem-Charakter annehme, zu einem der überzeugendsten Beispiele aus neuerer Zeit machte. Fünf Jahre nach ihrem Tod klärt sich langsam (langsam!), was Legende war und wieviel Qualität. Haupterfahrung nach der Lektüre von etwa 2000 Seiten Bachmann-Texten: Ingeborg Bachmann hat uns noch etwas zu sagen; noch ist nicht alles eingelöst. Für den Klassiker-Himmel ist es (Gott sei Dank) noch zu früh.
Der Tagesspiegel, 1.10.1978

Eine Sprache, die alle Phrasen vernichten will
Von Hans Bender

Ihr Werk sollte weitergehen. Aber von Buch zu Buch steigerte sich auch die Furcht, ob sich die hochgespannten Erwartungen nochmals würden erfüllen können. Vielleicht endete alles mit einem Verhängnis. "Wart meinen Tod ab und dann hör mich wieder ...", sagte sie in einer Gedichtzeile. Ingeborg Bachmann ist gemeint. 1973 ist sie in einem Krankenhaus in Rom - nach Verbrennungen schlimmster Art - gestorben. Erst 47 Jahre alt.

Gegenüber anderen Dichterinnen unseres Jahrhunderts, die oft ein so hohes Alter erreichten, fast eine Anfängerin. Nur zwanzig Jahre des Schaffens und der Beachtung waren ihr vergönnt gewesen. Sonst: eine "heiter, verführerisch lächelnde junge Person, die einen ungewöhnlichen Halsschmuck trug, ein altmodisches Seidenkleidchen". Toni Kienlechner beschrieb sie so in ihrem Nachruf; und andere, die Ingeborg Bachmann gut gekannt haben, behielten sie so ähnlich in Erinnerung. Eine "Dichterin" nochmals, die nicht wahrnehmen wollte, ob es Tag oder Nacht war, ob es regnete oder die Sonne schien. Eine "Dichterin", mit keiner anderen ihrer Zeit und ihrer Generation vergleichbar.

Gerade die Deutschen in der Bundesrepublik haben Ingeborg Bachmann gemocht, bestaunt und verehrt. Die "Gruppe 47" sprach ihr 1953 ihren Preis zu. Alfred Andersch veröffentlichte gleich darauf ihre erste Gedichtsammlung in seiner Reihe "studio frankfurt". Die Hörspielstudios in Hamburg und Baden-Baden brachten die Ursendungen ihrer Hörspiele, und der Bund der Kriegsblinden sprach dem "Guten Gott von Manhattan" seinen angesehenen Preis zu.

Die Universität in Frankfurt am Main lud sie als Dozentin ein, und die Ford Foundation gewährte ihr einen hochdotierten Aufenthalt in Berlin. Fast alle großen und weniger großen Städte holten Ingeborg Bachmann zu Leseabenden, und dann stauten sich die Zuhörer vor den Eingängen. Allein ihre Stimme zu hören war ein Erlebnis. Eine hohe Mädchenstimme, der es schwerfiel, so lang und so laut zu sprechen, und die jeden Augenblick, wie die Saite einer Harfe, zerreißen konnte.

Erstaunlich vielseitig

Nun hat Ingeborg Bachmann eine Werkausgabe, fast eine Gesamtausgabe, vier Bände, 2400 Seiten umfassend. Sie wirken doppelt umfangreich, weil der Verlag großzügig mit dem Satzspiegel umgegangen ist und ein so wuchtiges Format und ein so kräftiges Papier gewählt hat.

Dabei ist diese Großzügigkeit Ingeborg Bachmann gegenüber nicht unangemessen. Jedes Gedicht hat seine eigene Seite. Die Einteilung in die einzelnen Gattungen ist gut zu überblicken. Das Werk wirkt umfangreicher als man erwarten konnte; und erstaunlich vielseitig. Die Essays und Reden und das, was die Herausgeber "Vermischte Schriften" nennen, bestreiten allein einen stattlichen Band. Viele Texte, die nur als Manuskripte vorlagen, frühe und späte Arbeiten, darunter viele Bruchstücke, gewähren nun neue Einblicke. Man sieht, wie Ingeborg Bachmann angefangen und wie sie aufgehört hat; mit Ansätzen, den geplanten Romanzyklus "Todesarten" oder, wie ihn die Herausgeber nennen: "Der Fall Franza", in den Griff zu bekommen.

" - ein Stück Klang, das meine Handschrift trägt", war einer von vielen Vorsätzen, den Ingeborg Bachmann gefaßt und expressis verbis ausgesprochen hat. Die Methoden und Moden der Zeit sind nur im Hintergrund zu erkennen. Als andere so etwas Ähnliches wie den "Kahlschlag" propagierten oder für ihre "Experimente" belobigt wurden, formulierte sie Metaphern, artikulierte sie ihre schöne und deutliche Sprache.

Ein Stück Österreich

Die Vorbilder, die sie selber nannte, - Gide, Valéry, Eluard, Yeats und Trakl -, waren schon damals Klassiker der Moderne. Zudem kam sie aus dem "Haus Österreich", und fühlte sich als dessen letztes Glied. "Im Grunde beherrscht mich noch immer", schrieb sie, "die mythenreiche Vorstellungswelt meiner Heimat, die ein Stück wenig realisiertes Österreich ist." Damit war Klagenfurt gemeint, die Geburtsstadt. Später kam Wien hinzu, dann Italien und Rom.

Die schöne, deutliche, oft pathetische Sprache war auch als Opposition gemeint zu dem, was sie die "schlechte" Sprache oder, zorniger noch, die "Gaunersprache" genannt hat, und die ihren Kontrastfiguren, wie sie in den Erzählungen und nochmals in den letzten Fragmenten auftreten, aus dem Mund sprudelt.

Unvergeßlich jener "Moll" in der Titelerzählung "Das dreißigste Jahr". Der kulturbeflissene, aalglatte, wendige, meinungslose Moll, "der jetzt bei Round-Table-Gesprächen vom einstigen Vermögen zehrt und die Welt keines neuen Einfalls für wert erachtet". Immer, wenn sie von sich oder von der Funktion des Schriftstellers zu reden hatte, kam sie darauf zurück. "Ein Schriftsteller hat die Phrasen zu vernichten, und wenn es Werke geben sollte, auch aus unserer Zeit, die standhalten, dann werden es einige ohne Phrasen sein."

Als sie über Bertolt Brecht schreiben wollte, der ihr eigentlich fremd war, stimmte sie ihm letztlich zu, weil bei ihm "die großen Worte auch an der richtigen Stelle" stehen. "Er hat", faßte sie zusammen und fühlte sich ihm darin nahe, "teilgenommen an der Utopie, an dem vieltausendjährigen Virus gegen die schlechte Sprache. An unserem Ausdruckstraum."

Gerade die kurzen Beiträge - und darunter viele, die nur als Entwürfe stehengeblieben sind - geben zusätzliche Auskünfte. Über Gedichte zum Beispiel. Über Bücher, die sie rezensieren wollte oder sollte. Über Dichter, die ihr begegnet sind: Gombrowicz und Ungaretti.

Eine Hommage für die Sängerin Maria Callas: "die einzige Kreatur, die je eine Opernbühne betreten hat". Beschreibungen von Städten, darunter sogar eine von Leipzig. Dazwischen immer wieder bekennerische Sätze, wie man sie eigentlich in einer Rezension oder Interpretation gar nicht erwartet. Worauf dann auch die Schreiberin, als spüre sie selber, sich zu weit vorgewagt zu haben, schamhaft verstummt.

Eine ihrer schönsten Leistungen bleibt die Übersetzung der Gedichte von Giuseppe Ungaretti, die alle in die Ausgabe hineingenommen wurden. Sie hat die Knappheit, die Frische und die Grazie mit übersetzt, so daß die deutschen Übertragungen den italienischen Originalen ganz nahekommen.

Scheu vor der Welt

Ein Unikum der Werk-Ausgabe: die "Phonographie", eine Dokumentation aller Auftritte Ingeborg Bachmanns bei Funk und Fernsehen, bei Podiumsdiskussionen und Lesungen. Bei einem Werkstattgespräch in Berlin, an dem sie Hans Mayer, Hans Werner Henze, Gustav Rudolf Sellner gegenübersaß, redete Hans Mayer als Gesprächsleiter 43 Minuten lang, - während sie nur eineinhalb Minuten lang zu Wort kam ... - Selbst wem Zweifel aufsteigen an der Anwendbarkeit solcher Poesie, an ihrer Pathetik; Zweifel am - wie Ingeborg Bachmann selber sicher nicht ohne Ironie meinte - "Kryptokristallinischen" ihrer Aussagen zur Zeit, müßte letztlich doch zugeben, wie konsequent sie ihre Rolle als Dichterin gespielt hat und wie sicher sie - bei einer zunehmenden Scheu vor der Welt - ihr Engagement verwirklicht hat.

Kölner Stadt-Anzeiger, 28./29.4.1979

Die belebende Dichterin

Von Werner Helwig

Nach ihrem überaus qualvollen, in seinen Ursachen bisher keineswegs geklärten Tod - sie schlief unter Drogenwirkung mit der brennenden Zigarette im Bett ein und konnte dann im Spital nicht mehr gerettet werden - ist es wohl an der Zeit, sich erneut und intensiv mit Ingeborg Bachmann zu beschäftigen. Was hat sie uns durch ihr hinterlassenes Werk heute noch - oder wieder, in anderem Zusammenhang - zu sagen? Die Gedichte stehen in ihrer sprachlichen Gemessenheit unanrührbar da. Sie haben den großen Eindruck, mit dem sie von Anfang an überraschten, nicht eingebüßt. Sie leben in der ihnen eigenen Kraft und teilen sich dem Leser mit, wann und in welcher Stimmung auch immer er diese Seiten aufschlägt.

Anders verhält es sich mit den Prosastücken, die so stark von der Frau Ingeborg Bachmann zeugen, daß man unwillkürlich in ihnen nach Aufschlüssen über die inneren Abläufe dieses Lebens und nach den Bedingungen dieses bitteren Endes forscht. Da ist vor allem der Fragment gebliebene Roman "Malina", in welchem es sprachbestimmend um die Problematik dessen geht, was eine Frau unter "Liebe" versteht - Liebe als ein Erleiden-Müssen, ja als eine Zwangslage empfunden, der ausgeliefert zu sein, durch die eigene physische Beschaffenheit ursächlich gegeben ist. Und da eben mischen sich, den Standort und die Gefühlssphäre verändernd, Verwirrungen ein. Die Autorin gesteht nämlich: "Ich habe einen Grad von Denkenmüssen erreicht, an dem Denken nicht mehr möglich ist." Damit hat sie sich selbst die Grenze gesetzt, auch hier im Buch. "Roman" ist das nur auf die Art, wie man etwa über einen besonders turbulenten Lebensabschnitt sagt, da habe man einen veritablen Roman erlebt. Dem aufmerksamen Leser bietet sich, was gedruckt dasteht, als eine Folge von Reflexionen, Exkursen und Telefongesprächen à la Cocteaus "La voix humaine"! dar: Duos, die sich musikalisch erfüllen, Cantilenen und Fugen. Wer Ohr hat, könnte Passagen von Vivaldi erraten. Hinzu fügt sich eine visionäre Schau in Blau - das Blau der Marie Laurencin. Innere Vorgänge, die zur Voraussetzung der früheren Gedichte der Bachmann gehören, sind hier gleichsam abgefangen, bevor sie Vers werden konnten.

Der "Roman" ist zugleich mit seiner eigenen Entstehung beschäftigt. Das erzählende Ich (es sei autobiographisch zu verstehen, äußerte Ingeborg Bachmann auf Befragung) weist mehrfach darauf hin, daß ein ganz gewisses Buch zu schreiben sei, um bestimmter Fixierungen willen. In Worten wie "Wer möchte schlafen in einem Nachtwald voller Fragen" und "Es ist des Geistes schönes Morgen, das niemals kommt" deutet sich an, unter welchen Zeichen die Niederschrift vonstatten ging. Ingeborg Bachmanns schöne, sanfte Übertragungen Ungarettis lassen sich da in Nachklängen vernehmen. In großen Teilen aber gerät in "Malina" eine Prosa mit Peitschenantrieb ins Spiel, hastig und trotzdem genau. Sie entspricht symbolisch dem Vorsatz, eine Schilderung der Hölle zu verfassen: die Ich-und-Du-Hölle.

Am Ende jeder großen Liebe bildet sich - wer kennt das nicht? - ein System von Feingoldwaagen heraus, das jedes Wort problematisch, jedes Gespräch zu einer gefährlichen Unternehmung macht. Darin gipfelt das Unternehmen "Malina": Schreiben, schreiben, schreiben, um das Verhängnis zu erschaffen, das einen umbringt. "Es war Mord", lautet der letzte Satz des Romans. Das bestätigt gern, wer ihn durchlas, durchlitt.

Die Verteilung des Stoffes auf drei, schließlich vier unterschiedlich charakterisierte, aber kaum personifizierte Liebhaber (letzterer eine Vaterfigur nach Freudschem Muster) bestätigt die Absicht der Autorin, sich selbst als "Orchester" zu instrumentieren. So wird, was Handlung darin ist, auf ein schlechthin unlösbares Rätsel basiert, Tatsache, die höchst geeignet erscheint, kritischen Guano anzusetzen und die widersprüchlichsten Mutmaßungen zu provozieren. In einem führenden deutschen Blatt hieß es nach dem Erscheinen: "Der Kern dieser Geschichte liegt in einer gespaltenen Persönlichkeit." Keine gute Lage für einen Kern, möchte man einwenden, oder ist gerade das humusbildend? In einem bekannten Wochenblatt las man mit Bezug auf den Liebeshof der Ich-Erzählerin: "Tatsächlich bleibt die Dame Ich ganz allein mit sich selbst und schreibt, wie man so sagt, einen autobiographischen Roman. Nur hat das Ich darin keine private, sondern exemplarische Bedeutung."

Nun, Gedicht-Situation und Freud-Studien im Psychologischen Institut, das liegt im literarischen Wien wohl immer nahe beieinander. Aber bei der angeborenen Scheu (oder auch Vorsicht) der Bachmann atmet das Ganze eben doch in einer Atmosphäre von dunkler Zärtlichkeit. Sie bewirkt, daß man nicht nur als Mitwisser, sondern als Mitschuldiger aus der Lektüre hervorgeht.

Das Romanfragment "Malina" hat Schlüsselbedeutung für das Gesamtwerk der Autorin. Das Gesamtwerk wiederum läuft in deutlich unterscheidbaren Phasen ab. Nach ihren ersten, so erfolgreichen Einbrüchen ins Poetische - man kann auch sagen: nach ihrer so intensiven Ausdruckssuche in der Welt des Gedichts - kam für sie der Moment, wo sie proklamierte: Von jetzt an nur noch Prosa.

Die ihr eigene intellektuelle Qualität, aus dem Dichten/ Verdichten erweckt und nun immer zwingender einströmend, bekundete sich zunächst in Hörspielen ("Der gute Gott von Manhattan"), dann in Dialogen über literarische Gegenstände, wobei die Form des illusionären Gesprächs Weiterungen des Deutens mit sich brachte. So stellte sie sich den beiden einflußreichsten Gestalten der österreichischen Nachkriegszeit: Robert Musil und Ludwig Wittgenstein. Besonders der letztere mit seinen eisklirrenden Konstruktionen in Sachen Sprach-Ergründung kam ihr - einem sehr weiblichen Menschen, dem das nicht leichtfallen konnte - fordernd und leitend nahe.

Um einzelnes herauszugreifen: Ein Prosastück von unanfechtbarem Rang gelang ihr mit "Undine geht", darin sie den heute ja Tatsache gewordenen Untergang aller mythischen Bezüge prophetisch beschwor. Zugehörig wäre die Beschreibung eines Flugerlebnisses mit einer modernen Passagiermaschine mit dem Titel "Die blinden Passagiere" (d. h. blind schienen ihr die Mitreisenden). Eine Fallstudie sozusagen, der eines ihrer stärksten Gedichte "Nachtflug" antwortet. Es deutet den metaphysischen Aspekt an, der jedem realen Ereignis hintergründig eignet. Wohl dem, der das noch herauszufühlen vermag, nachdem das Fliegen durch die Gewöhnung im Massenbetrieb kaum mehr anders als eine Fahrt mit der Elektrischen empfunden wird.

Bezeichnend für ihre komplizierte Redlichkeit in sich selbst ist, daß sie, sich alternd fühlend, dem zwingendsten Ereignis im menschlichen Dasein, dem Sterben, einen leider unvollendet gebliebenen Erzählungenkreis zuordnete, den sie - "Malina" als Auftakt - "Beschreibung von Todesarten" nannte. Ein gleichsam drohender Titel, besonders für sie selbst, da die Tröstungen der Religion in ihre Befunde nicht mit einbezogen sind. Das Schicksal, auf das sie zuging, nimmt sich da aus wie ein "letztes Kapitel", abgeleistet mit allen Konsequenzen ihrer persönlichen Unbedingtheit. Das Gesamtwerk zeigt ihren Weg, den man mit einem etwas abgewandelten Goethe-Zitat kennzeichnen möchte: "Vom Himmel durch den Mann zur Hölle."

Der Verlag ermöglicht uns durch seine preiswerte Sonder-Ausgabe des Gesamtwerkes die Bekanntschaft - oder besser: Erneuerung der Begegnung - zu eigenem Gewinn mit dieser tief an- und aufregenden Schriftstellerin.

Die Bachmann, 1926 in Klagenfurt zur Welt gekommen, die sie 1973 wieder verließ, ist mit ihrer Leistung im allgemeinen Literaturgeschehen allein geblieben. Nichts Vergleichbares bietet sich an, keine Nachfolge in Stil und Art ist zu ermitteln. Die ungemeine Vielfalt ihrer Gestaltungen erfüllte sich in allen gegebenen Möglichkeiten heutiger Wortkunst. Alles ist gleichermaßen von ihrem Atem belebt. Ob Gedicht, Essay, Libretto, Roman, Erzählung, Hörspiel, Notiz oder auch Übertragung (Ungaretti, Thomas Wolfe): es verschmilzt zur Einheit mit ihrer verzweifelten Suche nach Weltverständigung.

Ein jedem Anspruch gerecht werdender wissenschaftlich-philologischer Apparat ist den einzelnen Bänden erläuternd und ordnend beigegeben. Auch eine den Menschen und seinen Werdegang schildernde Vita fehlt nicht.
Rheinische Post, 14.8.1982

Ein Umzug im Kopf

Von Sigrid Weigel

"Aber ich bin schon längst ausgetreten", lautete Ingeborg Bachmanns Antwort 1971 auf die Frage eines Interviewers, sie sei doch "als Lyrikerin" in die Literatur eingetreten. Das war kurz nach der Veröffentlichung ihres ersten Romans, "Malina". Wie eine Litanei zieht sich die Verteidigung ihrer Prosaschriften durch die Interviews und Gespräche, von denen jetzt - pünktlich zum 10. Todestag der Autorin - eine Auswahl erschienen ist. Die Zusammenstellung konzentriert sich auf Gespräche aus den sechziger und siebziger Jahren, einen Zeitraum, in dem Ingeborg Bachmann sich tatsächlich immer mehr als Ausgebürgerte fühlen mußte. Der Literaturbetrieb, dessen Wohlwollen und Bewunderung die Lyrikerin der fünfziger Jahre im Flug erobert hatte, mochte sich mit der Prosaschriftstellerin nicht abfinden - zu gut paßte die dichtende Österreicherin ins Bild lyrikbegabter

Weiblichkeit. Der erste Band mit Erzählungen ("Das dreißigste Jahr", 1961) wurde noch als interessante Erweiterung ihres poetischen Könnens akzeptiert, zumal man eine sprachliche Nähe zu ihren Gedichten feststellte. Als nach zehn Jahren literarischen Schweigens - in denen die Legendenbildung um ihre Persönlichkeit den Ruhm noch ausbaute - der erste Roman vorlag, hatte die bekannteste deutschsprachige Schriftstellerin sich die Sympathien der Literaturkritik weitgehend verscherzt.

Sie selbst wollte den Schritt als "Übersiedlung" verstanden wissen, auf der sie unbeirrt bestand, obwohl der Genrewechsel ihr nicht leichtfiel: "Nach Gedichten Prosa zu schreiben, das war zunächst wie ein Umzug im Kopf." Erst nach ihrem Tod - und nach der Herausgabe der Werkausgabe 1978 mit postumen Erstveröffentlichungen - wurde die ganze Dimension des Werkes offenbar, an dem Ingeborg Bachmann gearbeitet hatte. Malina ist nur der erste Teil eines komplexen Romanzyklus *Todesarten*, zu dem weiterhin der fast vollständige Roman *Der Fall Franza* und das Romanfragment *Requiem für Fanny Goldmann* gehören und in dessen thematischen Horizont auch der zweite Band mit Erzählungen (*Simultan*, 1972) anzusiedeln ist.

Der Akzent der jetzt vorliegenden Gesprächsauswahl liegt auf Erläuterungen Bachmanns zu ihrer "Übersiedlung" und zum Roman "Malina", der auf soviel Unverständnis und Abwehr stieß. Sie stellt richtig, weist Fragen zurück, gibt knappe Erklärungen - streckenweise lesen sich ihre Antworten wie ein Nachhilfeunterricht in die Grundbegriffe der Literatur. Man begegnet einer selbstbewußten - aber zurückhaltenden - Persönlichkeit, die sicher, aber ohne Sendungsbewußtsein widerspricht und fern vom literarischen Trend ihrer Zeit und lange vor der Etablierung der "Frauenliteratur" ihren eigenen literarischen Weg behauptet (und die emphatische Lektüre und enthusiastische Auseinandersetzung um ihre Prosa nicht mehr erleben sollte).

Zu ihren Lebzeiten fand Ingeborg Bachmann mit "Malina" auch außerhalb des etablierten Literaturbetriebs keine Freunde. Denn dort hatte man gerade das Ende der Literatur verkündet. Und so wurde die Radikalität ihrer Texte erst jüngst entdeckt, nach einem Jahrzehnt Frauenbewegung, die die Sensibilität für die Wahrnehmung alltäglicher Gewalt geschärft hat. "Die Gesellschaft ist der allergrößte Mordschauplatz", denn "Es ist immer Krieg. Hier ist immer Gewalt." Das sind Töne, die 1971 weitgehend überhört und übersehen wurden zugunsten einer Lesart, die den Roman als sentimentale Liebesgeschichte beziehungsweise als Dokument einer Neurose verstehen wollte. Gerade die Momente, die als krankhaft oder irrational abgewehrt wurden, sind es, auf die heutige Leserinnen reagieren.

Äußerlich eine Dreiecksgeschichte zwischen der Ich-Erzählerin, Malina, ihrem Wohnpartner (als Figur das männliche alter-ego zum weiblichen Ich) und ihrem Geliebten Ivan, führt der Roman auf den "inwendigen Schauplätzen" eine Zerreißprobe zwischen Überlebens-Ordnung und Ekstase, zwischen Vernunft und Liebesfähigkeit, zwischen Autonomie und Hingabe vor, aufgeschrieben als Erinnerung einer Frau, die auf das Gestern und Morgen verzichtet und sich ganz dem "Heute" aussetzt. In dieser Erinnerung durchquert sie die völlige Unterwerfung und die Trennung; sie wandert durch ihre Träume vom Geschlechterkampf, die immer wieder auf den "Friedhof der ermordeten Töchter führen"; schließlich überäßt sie ihrem Doppelgänger Malina die Überlebensregie und verschwindet in einem Spalt in der Wand. "Es war Mord".

Vor allem dieser letzte Satz ist auf heftige Kritik gestoßen, kann er doch, vordergründig gelesen, als Anklage verstanden werden. In einem Interview kommentiert die Autorin, "er macht ihr nur begreiflich, was mit ihr schon geschehen ist. Sie ist ja schon so oft ermordet worden oder an diese äußerste Grenze gekommen. Sie hat nur den letzten Schritt nicht getan, nämlich dieses Ich zum Verschwinden zu bringen, da es nicht mehr brauchbar ist, weil es zu zerstört ist."

Die Identitätssuche führt Ingeborg Bachmann in ihrer Prosa notwendig durch die Zerstörung der vorhandenen, beschädigten weiblichen Identität, die eigentlich Nicht-Identität ist. Mit der Verbindung von Zerstörung und Neuschaffung hat sie damit eine Schreibweise radikaler Subjektivität entwickelt, die nichts gemeinsam hat mit der Unmittelbarkeit, mit der in der Gegenwartsliteratur autobiographische Erfahrungen zu Literatur werden. In ihren Romanen ist lebendig geworden, was sie 1959 schon in der berühmt gewordenen Preisrede zur Verleihung des Hörspielpreises der Kriegsblinden postulierte, "daß man enttäuscht, und das heißt ohne Täuschung zu leben vermag".

Da eine solche Literatur nicht ohne die Destruktion von Formen auskommt, hat "Malina" nichts von einem konventionellen Roman, weder die Kontinuität des epischen Erzählers noch die Einheit der Personen. Form wird nicht ignoriert, sondern die Bedeutung ästhetischer und moralischer Ordnung gleichermaßen dekonstruiert, "zerschrieben", wie sie es selbst formuliert. Denn "die Ordnung ist ein vorbedachter Mord" (Roland Barthes).

Faszinierend ist die kompositorische Arbeit an ihren Romanen, die früher völlig unbeachtet blieb. Die Schreibarbeit der Ingeborg Bachmann bewegt sich eigentlich in einem Paradox: die schreibende Hervorbringung der Nicht-Ordnung als strenge und disziplinierte Kompositionsarbeit. Wegen dieser Dimension ist heute - trotz einem Jahrzehnt "Frauenliteratur" - der Rückgriff auf Bachmanns Prosa so notwendig. Sie geht dort über die Literatur der ihr nachfolgenden Schriftstellerinnen hinaus, wo sie sich an den Voraussetzungen für Utopie abarbeitet. So auch in dem Roman "Der Fall Franza". Die Vermischung realistischen, inneren und metaphorischen Geschehens ist hier ähnlich komplex wie in "Malina", die Komposition noch ungewöhnlicher. Die "kranke" und "verwüstete" Franziska Jordan, von ihrem Mann/ Psychiater zum Fall gemacht, unternimmt gemeinsam mit ihrem Bruder eine Reise durch die Krankheit. Diese wird dargestellt als Reise durch die Wüste, auf der Franza ihre Zerstörung wiederholt und dabei auf Übergänge zu ihrem geraubten Besitz, zum "anderen" stößt. Mit der (Selbst-) Tötung Franzas wird eine "andere Stimme" wach, die nein sagen kann. In den letzten Worten der Franza, "die Weißen, sie sollen verflucht sein", ist die Kritik an der Kolonisierung der Schwarzen, der Natur und der Frauen zusammengefaßt. In diesem Buch hat Ingeborg Bachmann Thesen formuliert, die in der Bundesrepublik erst in der zweiten Hälfte der siebziger Jahre populär geworden sind.

Deutsches Allgemeines Sonntagsblatt, 16.10.1983

Nicht das Reich der Männer und nicht das der Weiber

Von Eva Christina Zeller

Vor dreizehn Jahren, am 17. Oktober 1973, starb Ingeborg Bachmann an den Folgen ihrer Verbrennungen in Rom, am 25. Juni wäre sie sechzig Jahre alt geworden. Können wir uns die ältere, die späte Bachmann vorstellen? Was hätte sie noch geschrieben? Hätte sie ihren Zyklus "Todesarten", von dem nur der erste Roman "Malina" als Ouvertüre zu Lebzeiten erschien, fertiggestellt? Wie hätte sie zu aktuellen politischen Fragen Stellung genommen, wie zu der neuen Frauenbewegung, von der sie heute vermehrt rezipiert wird? Diese Fragen sind nicht zu beantworten.

Die posthum veröffentlichten Fragmente des "Todesarten"-Zyklus können vielleicht manchen Hinweis geben. Ihr Thema nach dem "Umzug im Kopf", wie sie ihren Genrewechsel von der Lyrik zur Prosa nannte, war von den frühen Erzählungen "Das dreißigste Jahr" über "Malina" bis zum "Todesarten"-Zyklus immer wieder der Tod, das Schweigen, die Stürze ins Schweigen, und die "ungeheuerliche Kränkung, die das Leben ist".

Bachmanns Prosa wurde von der Literaturkritik oft als Innerlichkeit abgetan, und ihr Roman "Malina" wurde zur "Geschichte einer schönen Seele" oder zu dem "Dokument einer Lebenskrise" herabgewürdigt und so entschärft. Übersehen wurde oft, daß ihre Texte eine todbringende Ordnung nachzeichneten, ihre Mechanismen aufdeckten und damit gesellschaftskritisch und in einem radikalen Sinne politisch waren. Die Auseinandersetzung mit dem Faschismus, der nach 45 nicht plötzlich aus der Welt verschwunden war, "bloß, weil hier Mord nicht mehr ausgezeichnet, verlangt, mit Orden bedacht und unterstützt wird", durchzieht ihr ganzes Werk. Dieser Faschismus tritt bei den Figuren Ingeborg Bachmanns als privates Verhalten auf. In ihrem letzten öffentlichen Statement im Juni 1973 faßte sie diese Position in ihrer Radikalität noch einmal zusammen: "Ich habe schon vorher (vor 'Malina', Anm. d. Verf.) darüber nachgedacht, wo fängt der Faschismus an. Er fängt nicht an mit den ersten Bomben, die geworfen werden, er fängt nicht an mit dem Terror, über den man schreiben kann, in jeder Zeitung. Er fängt an in den Beziehungen zwischen einem Mann und einer Frau, und ich habe versucht zu sagen, (...) hier in dieser Gesellschaft ist immer Krieg." Sie hat diesen Krieg dargestellt und diesen Faschismus zum Beispiel in ihrem Romanfragment "Der Fall Franza" in Szene gesetzt. Das exemplarische Täter-Opfer-Verhältnis, das dort vorgeführt wird, fällt nicht in plumpe Schwarzweißmalerei ab. Bachmann beschreibt zwei Denkweisen, die einander zum Leben brauchen, die sich gegenseitig bedingen: Das "Denken, das zum Verbrechen führt", und das Denken, "das zum Sterben führt". Der Täter braucht ein Opfer, das ihn erst zum Täter macht und umgekehrt. Die Vernichteten in den "Todesarten" sind immer Frauen, die - zum Objekt gemacht - nie Subjekt werden dürfen.

Ist es Zufall, daß die Frauen verdrängt, ermordet, ausgeschlachtet werden? Bachmann redet sicher keinem platten Feminismus das Wort. Dennoch ist diese Tatsache auffällig und keinesfalls zufällig. Hatte Bachmann in den frühen Erzählungen hauptsächlich männliche Protagonisten sprechen lassen, so ist eine Zunahme der weiblichen Hauptfiguren im Verlauf ihres Werkes zu bemerken. Der letzte zu Lebzeiten erschienene Erzählband "Simultan" von 1972 hat fünf Heldinnen, die - so unterschiedlich ihre Geschichte und sie selbst sind - doch in der Zusammenschau einen "weiblichen Blickwinkel" erkennen lassen. Die drei Frauen der "Todesarten" haben gemeinsam, daß sie von dem Mann, der exemplarisch die männliche Denkweise, eine bestimmte Art von Rationalität verkörpert, vernichtet werden. Die Schuldfrage wird jedoch nicht gestellt. Die Frauen begeben sich freiwillig, weil sie Schutz suchen, oder sich liebend anvertrauen, unter die fremde Ordnung, die über sie bestimmt und an die sie gebunden sind.

Das Dilemma der Täter-Opfer-Beziehung ist damit benannt. Nur ein Austritt aus dieser Struktur würde eine Lösung ermöglichen. Diese Dialektik zieht sich in Variationen durch Bachmanns gesamtes Prosawerk. In der Erzählung "Ein Schritt nach Gomorrha", die schon 1956/57 konzipiert wurde, wird sie auf zwei Frauen verteilt. Charlotte, Ehefrau und Musikerin, begegnet dem Mädchen Mara, die sich ihr als Opfer quasi aufdrängt. Unverhofft hat sie die Chance, zum "Mann" zu werden und auch endlich einmal die "Welt zu überliefern", den Maßstab zu verkörpern, jemanden zu haben, der ganz und nur für sie lebt und "dem es wichtiger war, mit ihren Gedanken zu denken, als einen eigenen Gedanken zu haben." Doch der Austritt ist nicht möglich, wenn er sich auf eine Umkehrung bezieht, und so bleibt die Hoffnung auf eine Zeit, "wenn dies nicht mehr gilt - Mann und Frau." Dies ist die Hoffnung auf eine neue Ordnung: "Nicht das Reich der Männer und nicht das der Weiber. Nicht dies, nicht jenes."

Ingeborg Bachmann hat in den sechziger Jahren die Wahrheit über die Beziehungen zwischen Mann und Frau ausgesprochen, die erst allmählich in den siebziger Jahren sowohl von der neuen Frauenbewegung und Frauenliteratur, als auch von der feministischen Literaturwissenschaft aufgearbeitet wurde. Auch wenn sie keine positiven und konkreten Utopien aus dem Geschlechterkampf und dem Faschismus zwischen Mann und Frau gewiesen hat, so baut doch eine ganze Generation von Frauen auf ihrer Einsicht "die Wahrheit ist dem Menschen zumutbar" auf. Diese Wahrheit heißt auch: "Auf das Opfer darf sich keiner berufen." Eine Lösung des dialektischen Verhängnisses liegt in der Ablehnung dieser Struktur, und damit sind beide, Täter und Opfer, gemeint und betroffen. Beide müssen das Dilemma erkennen und neue Verhaltensweisen einüben, für die sowohl in der Realität als auch in der Literatur erst Bilder und Muster entworfen werden müssen. Ingeborg Bachmann hat neue Maßstäbe gesetzt; ihre Aktualität besteht darin, daß sie sich und ihren Lesern Wahrheiten zugemutet und Erfahrungen formuliert hat, die erst einige Zeit nach ihrem Tod auch für andere zu lesen, zu entschlüsseln und vor allem zu ertragen waren.

Auffällig ist die geschlechtsspezifische Rezeption Ingeborg Bachmanns. Vor allem in der männlichen Rezeptionsgeschichte fand immer wieder eine Vermischung von Autorin und Werk statt, die aufgrund von Biographie und Erscheinung direkte Schlüsse auf das Werk abgeleitet hat. Bei der jüngsten Forschung, die von der feministischen Literaturwissenschaft betrieben wird und vor allem Ingeborg Bachmanns Spätwerk im Auge hat, ist dies nicht zu beobachten. Dieser "zweiten Rezeptionswelle" geht es mehr um die Exemplarität der Konstellationen und gesellschaftlichen Gegebenheiten, die minutiös beschrieben und in ihren Mechanismen aufgezeigt werden.

Die wechselseitige Bedingung und Festschreibung der Täter-Opfer-Struktur durch die Beteiligten kann nur durch Aufhebung der Herrschaftsmechanismen und Absolutheitsansprüche auf der einen und der Passivität auf der anderen Seite beseitigt werden. Christa Wolf sagt in "Kassandra": "Zwischen Töten und Sterben ist ein Drittes: Leben." Bei Bachmann taucht das "Dritte" nicht in Form einer Person auf, sondern wird durch ihre Schreibweise und ihre Suche nach einer neuen Sprache repräsentiert. Die Monologie der Hauptfigur im "Fall Franza" verleihen ihr eine prophetische Kraft und eine Sprachmacht, die jenseits des Opfers steht. In der Präzision dieser Sprache und im Sprechenlernen um der Existenz willen liegt ein dritter Ort, den wir ahnen und denken, aber doch nicht erreicht haben.
Deutsche Volkszeitung/ die tat, 17.10.1986

DER FALL FRANZA/ REQUIEM FÜR FANNY GOLDMANN (1979)

Ingeborg Bachmanns Zukunft

Von Joachim Kaiser

Wenn je im 20. Jahrhundert der Begriff "Dichterin" auf jemanden paßte, dann auf Ingeborg Bachmann. Als zugleich stolze und verwirrte, verzweifelte und hochmütige Poetin haben wir Ingeborg Bachmann kennengelernt - da paßte es nur zu gut zum Bilde der "Dichterin", daß Ingeborg Bachmanns *lyrisches* Werk ihren Ruhm begründete und befestigte bis auf den heutigen Tag. Daneben wogen die Hörspiele - so bemerkenswert sie gelungen waren, soviel sie der Autorin auch einbrachten an erfreulichen Ehrungen und bitternötigen Honoraren - gewiß etwas leichter. Auch die Essays spielen in ihrem Œuvre wohl nicht ganz die Rolle, wie es beispielsweise in der modernen englischen Literatur der Fall ist, wo eine glückliche Verbindung zwischen radikaler Lyrik und ebenso radikal intelligenter Denkanstrengung die Lebensleistung zahlreicher Autoren charakterisiert.

Und was ist mit Ingeborg Bachmanns Prosa? In einem gedankenreichen eindringlichen Essay über Ingeborg Bachmanns sämtliche Werke hat Peter Hamm die These verfochten, "daß die Prosa doch wohl so etwas wie eine Kapitulation Ingeborg Bachmanns darstellte, die seit Mitte der fünfziger Jahre keine Lyrik mehr zu schreiben in der Lage war ..." Hamm nennt Ingeborg Bachmanns Prosa "oft überanstrengt, überformuliert ..."

Die große vierbändige Ausgabe der "Werke Ingeborg Bachmanns" gibt Gelegenheit, diese These nachzuprüfen. Band 2 und 3 enthalten die gesammelten Novellen, den Roman "Malina" und Bruchstücke aus einem großen Roman-Zyklus, zu dessen Bestandteilen der "Malina"-Roman auch gehörte. Die bisher unbekannten Fragmente "Der Fall Franza" und "Requiem für Fanny Goldmann" hat der Verlag jetzt *auch* gesondert, neben der Gesamtausgabe, verlegt.

Hält man sich die bedeutendsten Gedichte von Ingeborg Bachmann vor Augen, dann wird deutlich, daß Ingeborg Bachmann als Epikerin zunächst gleichsam von einer anderen *Anspruchs*stufe ausging. Gewiß waren ihre Gedichte nicht "schwer" im Sinne völlig hermetischen In-sich-abgeschlossen- und Unzugänglich-Seins. Aber sie waren doch alles in allem meist streng, stolz, unbefleckt von Parlando und Redseligkeit, unnahbar bei aller direkten Herrlichkeit.

Diesem Anspruch schienen sich zu Ingeborg Bachmanns Lebzeiten ihre Prosa-Werke nicht so rigoros zu unterwerfen. Mußte nicht auffallen, daß die Novellen der Sammlung "Das dreißigste Jahr" in Sprache und Erzählhaltung bemerkenswert traditionell schienen? Sie wollten alle beim Verständlichen, Normalen, Gegebenen ansetzen ... (um freilich im höchst Exzentrischen und Außerordentlichen zu enden). Auch Ingeborg Bachmanns Roman "Malina", eine kühne Mischung aus *Charakterstück* (im Wortsinne), Märchen und magischer Sentimentalität, sowie erst recht die späteren Erzählungen "Simultan" wirkten bei aller Originalität doch, grob gesagt, mitmenschlicher, menschenfreundlicher, in jedem Falle verbindlicher als die Lyrik. Fast schien es, als wolle Ingeborg Bachmann in der Prosa jenes Publikum erreichen, das mit Lyrik so schwer zu gewinnen ist. Denn Romane wenden sich an ein *Lese-Publikum* Gedichte nur an *einzelne Leser*.

Die phantastisch fesselnde neue Erfahrung, wie sie aus Ingeborg Bachmanns nachgelassenen und nun in der Gesamtausgabe oder im gesondert studierbaren Fragmenten-Band zum Zukunfts-Bild zusammenschießt, hat mit allen diesen partiell wohlmeinenden, partiell richtigen Qualifizierungen und Haltungen nichts zu tun. Das ist merkwürdig und ganz und gar überraschend. Wenn man diese neuen vier großen - soll man sagen *Stücke* oder *Kapitel* oder Begebenheiten - liest, dann stellt man gewiß fest, daß sie sich auf den ersten Blick kaum entfernen aus dem Bezirk der bisherigen Bachmann-Prosa. Die Namen und die "Voraussetzungen" sind weithin bekannt. Trotzdem erweitert sich das Geschehen, das mitgeteilte innere Erleben, hier geradezu aberwitzig radikal. Es ist, als hätte Ingeborg Bachmann eine riesige Wiener Comédie Humaine im Sinne gehabt, so wie einst Balzac vierzig Bände für sein Paris-Babylon brauchte. Ingeborg Bachmann schwebte für einzelne Teile dieses Zyklus offenbar der Titel "Todesarten" vor. Aber sie war sich dieser Generalüberschrift noch nicht sicher. Angesichts der kühn und grandios ausgreifenden einzelnen Fragmente dieser nie zustande gekommenen Roman-Totalität fragt man sich manchmal beklommen, ob irgendein Genie alles hier Vorliegende in irgendeinen haltbaren Zusammenhang hätte bringen können.

Doch da müssen Kritiker und Freunde nun den Räsonnier-Rotstift aus der Hand legen. Die Autorin ist gestorben, bevor sie zu zeigen vermochte, ob sie das unmöglich Scheinende gekonnt oder vielleicht doch nicht gekonnt hätte. Wer darf nun kritisch-maliziös fragen: "Wie hätte sie das wohl zusammenbekommen wollen?" Denn der Feuertod hat ihren Geist am 18. Oktober 1973 ausgelöscht. Sie durfte die Antwort nicht geben.

"Franza", eine Frau, nach der das aus drei Kapiteln bestehende größte und gewichtigste Stück dieser Nachlaß-Prosa heißt, ist die Gattin eines Psychiaters namens Jordan. Der Mann wurde uns schon in der Novelle "Das Gebell" aus "Simultan" schmählich bekanntgemacht. (Übrigens, solche Beziehung zwischen den Personen der Nachlaßkapitel und den gleichsam aus Ingeborg Bachmanns Autoren-Lebenszeit stammenden Helden und Heldinnen können allenthalben ausgemacht werden. Überlassen wir das ruhig künftigen Philologen.)

Franza glaubt sich von dem ebenso herzlosen wie überlegt sie ausspionierenden und zu Forschungszwecken sezierenden Ehemann zu Tode gemartert. Ein Nervenbündel, begibt sie sich auf die Flucht und zusammen mit ihrem Bruder sogar aus Europa.

Gewiß, einiges ist so witzig und weltläufig - zumal wo es anti-wienerisch pointiert ist -, wie man es von Ingeborg Bachmanns Prosa bereits kennt und eben nicht mit ihren Gedichten in einem Atem nennen möchte. Auch finden sich am Anfang des Fragments einige Stellen allzu rasch funktionierender, typisch kafkanischer Magie. Neu und geradezu sensationell muten nun aber jene Passagen (vor allem aus dem zweiten und dritten Kapitel, "Jordanische Zeit" und "Die ägyptische Finsternis") an, die nicht etwa weniger kühn oder streng sind als Ingeborg Bachmanns Lyrik, sondern eher gewagter, aufregender, wilder! Prosa ist für sie hier wahrlich keine Erholung, sondern die Erkundung von nie eindringlicher beschriebenen Vorgängen gleichsam fruchtbaren menschlichen Versagens. Wenn sie etwa mitteilt, wie ein vollkommen korrekter Ehemann die Gattin *faschistisch* behandelte, so daß diese sich in einer Gaskammer träumte. Wenn sie unvergleichlich einleuchtend mitteilt, wie man, beim Sich-Verlieben, aus vielen, vielen Gründen die *ersten Warnstimmen* überhört. Und dann ein Sterben lang daran leiden muß.

Ingeborg Bachmann wagt es auch, eine Überfigur aus Gatten und Vater darzubieten. Sie schiebt das kinderfreundliche Tabu beiseite, demzufolge Nichten und Neffen immer reizend seien. Weiter: Ihre Franza hat einfach nur vergessen, aus der Kirche auszutreten. Was sie an Erfahrungen und Höllen beim Leiden in Ägypten durchmacht, bei Haschisch, beim Sterben, bei ihrer ungeheuerlich prophetischen Abkehr vom rationalen Wesen des weißen (wissenschaftlichen) Mannes, ja überhaupt des Europäers: so radikal hörten wir sie noch nie.

Zugegeben: der Quasi-Künstlerroman "Requiem für Fanny Goldmann" ist offenbar doch harmloser, weniger exzentrisch - auch wenn Ingeborg Bachmann aus ihrem Haß gegen den wienerischen Betrieb und ihrer Verachtung gegen reichsdeutsches *Hunnentum* keinen Hehl macht.

Es ist ein Lese-Erlebnis sondergleichen, wie Ingeborg Bachmann in diesen Fragmenten über die Grenzen hinausdrängt, die ihrer Prosa gesetzt schienen. Sterben wird nicht als Exitus, als Folge von Krankheit, Koma und Tod beschrieben, sondern als Folge eines Existierens, das falsch anfing und verlief. Natürlich ließen sich Gesichtspunkte, meist männliche Gesichtspunkte, finden, unter denen das Verhalten der Heldin, so sympathisch und schön sie sein mag, als schlicht hysterisch zu klassifizieren wäre. Aber Hysterie ist wahrlich auch eine Krankheit. Und bei den Zusammenbrüchen von Franza wird Über-Reagieren zur Chiffre unauslöschbarer Wahrhaftigkeit. Nur der ist Mensch, der solches Mensch-Sein nicht mehr ertragen kann.

Am Anfang liest man in der Vorrede, die Ingeborg Bachmann sich wahrscheinlich für irgendwelche Lesungen notiert hatte, etwas befremdet den Satz, die Schauplätze der raffinierten und intellekt-gezeugten Verbrechen, von denen hier die Rede sei, seien zwar Wien, Kärnten und alle möglichen Wüsten, dann aber kommt die zunächst allzu aufgedonnert tönende These: "Die wirklichen Schauplätze, die inwendigen, von den äußeren mühsam überdeckt, finden woanders statt. Einmal in dem Denken, das zum Verbrechen führt, und einmal in dem, das zum Sterben führt." Bei der Lektüre füllen sich diese Sätze mit erschreckender Anschaulichkeit. Ein paar gleichgültige Stilfehler, Wiederholungs-Unfälle, Ungeschicklichkeiten, ja auch Eigentümlichkeiten, die den rhythmischen Prosa-Einfluß von Max Frisch verraten, tun hier wirklich nichts zur Sache. Unausdenkbar, was für eine Prosa-Zukunft und Zukunfts-Prosa in Rom verbrannte.
Süddeutsche Zeitung, 16.4.1979

Der gefolterte Mensch

Von Karl Krolow

Literarisches Zeitvergehen ist ein besonders schnell und gefährlich verlaufendes Zeitvergehen. Ingeborg Bachmanns nachgelassene Romanprosa des Zyklus "Todesarten" war zuerst in der vierbändigen Ausgabe ihrer Werke im vergangenen Jahr im Gesamtzusammenhang zu erkennen gewesen. Der anspruchsvolle Entwurf war eine sehr bemerkenswerte Werk"skizze" geblieben, zu der der früher publizierte "Malina"-Roman bereits zu rechnen war. Malina und ihre Umwelt taucht im zweiten Prosafragment des nun gesondert herausgebrachten Buchs mit den beiden Nachlaßarbeiten "Der Fall Franza" und "Requiem für Fanny Goldmann" auf. Es ist nicht mehr als ein kurzes Auftauchen und allenfalls für Eingeweihte und "Malina"-Leser von damals interessant.

Zwischen den beiden Prosatexten, die jetzt im eigenen Buch nochmals vorgestellt werden und dadurch vielleicht mehr Aufmerksamkeit erregen als in der großen Werkausgabe, besteht - was die Fabel, die Geschichte, das Milieu, die österreichische Umwelt betrifft, nur ein flüchtiger Zusammenhang. Die Übereinstimmungen sind anderer, sensitiver, "atmosphärischer" Art. Beides sind Geschichten einer Zerstörung, einer Krankheit, einer Hilflosigkeit, Entwicklungsgeschichten auf einen Mord zu, könnte man sagen, den ein Mensch an einem andern begeht, ein Ehemann an seiner Frau im "Fall Franza", ein Liebhaber an seiner älteren Geliebten, jener Fanny Goldmann, einer geschiedenen Schauspielerin.

Der "Fall Franza" ist zu Anfang der sechziger Jahre noch von Ingeborg Bachmann anläßlich einer Lesung dem Publikum vorgestellt worden. Es existiert der Entwurf einer "Vorrede", mit anderen Worten: eine Einführung in das, was wenigstens für den "Fall Franza" gilt, aber auch für das "Requiem für Fanny Goldmann". Im Grunde handelt es sich in beiden Fällen um Nachrufe feierlicher Art (auch ein wenig ironisch-feierlich ausgedrückt), um "Requiems" für das Scheitern, das Zugrundegehen, das elende Hinsiechen und Sterben einer gequälten Frau, um zwei "Todesarten", die auf diese Art und Weise von Ingeborg Bachmann gezeigt werden wollten.

In jener Vorrede heißt es: "Das Buch ist nicht nur eine Reise durch eine Krankheit. Todesarten, unter die fallen auch die Verbrechen. Das ist ein Buch über ein Verbrechen." Und wenig später formuliert sie: "Es (das Buch) versucht, mit etwas bekanntzumachen, etwas aufzusuchen, was nicht aus der Welt verschwunden ist." Die Rede ist dann von den infamer, komplizierter "sublimer gewordenen" Verbrechen, die der einzelne dem einzelnen antut, im täglichen Leben und Umgang, in der Ehe und in der Freundschaft und eigentlich unter vielen, fast allen Umständen.

Die Autorin ist sogar der Meinung, daß solcherart "sehr viele Menschen nicht sterben, sondern ermordet werden". Freilich findet dieses "Gemetzel innerhalb des Erlaubten und der Sitten" statt. Keine unbedingt neue Überlegung und eine weitere Überlegung zum verheerenden Thema, daß der Mensch des Menschen Wolf sei, so auch in den zwei nachgelassenen Fragmenten. Es geht Ingeborg Bachmann vor allem im "Fall Franza" um ein Denken, "das zum Verbrechen führt", wie es im zweiten Prosastück allgemein um die menschliche Mentalität geht, eine mörderische Mentalität, die zu tödlichen Schädigungen führt wie im Fall der ausgenutzten und schließlich verlassenen Fanny Goldmann.

Beide Frauen - Franza und Fanny - enden in Krankheit und Tod, und es ist gewaltsames Geschehen dabei, das stattfindet, inmitten einer Gesellschaft, die nach Meinung der Autorin "allerhöchster Mordschauplatz" ist. Der Schauplatz war im Falle der jungen Franziska die quälerische, sadistisch geführte Ehe mit einem Wiener Psychiater, der an ihr einen "Fall" ausprobiert und sozusagen exekutiert. Franza muß in eine klinische Behandlung, entweicht, flüchtet sich, dreiunddreißigjährig, zum fünf Jahre jüngeren Bruder ins verlassene Elternhaus in Galicien, irgendwo in der österreichischen Provinz. Als Schemen, von Anfällen geschüttelt und schließlich zu Grunde gerichtet, begleitet sie ihn, den Geologen, auf eine Stipendiumsreise in arabische Länder. Sie überlebt nicht in einem Leben, das ihr durch das Vorgehen des Mannes zu einer psychischen Hölle geworden ist. Das langsame Verbrechen, das Schritt-um-Schritt-Verbrechen, das an ihr, wie auf andere Art und Weise, in der Form der Ausnutzung, der "Ausschlachtung" an Fanny Goldmann durchgeführt wurde, endet im persönlichen Zerfall und Untergehen. Franza sagt zu spät: "Warum ist mir das nie aufgefallen, daß er (ihr Mann) alle Menschen zerlegt, bis nichts mehr da war, nichts geblieben außer einem Befund."

Das Thema der Nachlaßprosa ist das ausgedrückte, das leidenschaftliche Entsetzen, der Protest angesichts der "Folterwerkzeuge der Intelligenz" und eines Lebens, eines Vegetierens "mit Syndromen", die zu den Todesarten zählen werden. Nichts bleibt bei solcher permanent unmenschlichen Szenerie, die in sich erstarrt, übrig als Angst, von der vor allem im "Fall Franza" latent die Rede ist, weil Angst unablässig bis zum Tode anwesend bleibt: "Er hat mir meine Güter genommen. Mein Lachen, meine Zärtlichkeit, mein Freuenkönnen, mein Mitleiden, Helfenkönnen, meine Animalität, mein Strahlen, er hat jedes einzelne Aufkommen von alledem ausgetreten, bis es nicht mehr aufgekommen ist." Es sind bittere Berichte, Verfolgungsberichte ("Sie war nicht nach Luxor gekommen, sondern an einen Punkt der Krankheit, nicht durch die Wüste, sondern durch eine Krankheit"). In der Bitterkeit, in diesem Aufwand von Psychologie, die Ingeborg Bachmann einsetzt, um sich und ihre tödlich getroffenen Frauen verständlich zu machen, steckt die Leidenschaft des Protestes, ein Aufbegehren in einer Sprache, die schön war und bis heute geblieben ist, wehmütig schön anzuhören, mehr als eineinhalb Jahrzehnte nach ihrer Entstehungszeit.

Dem Tod wird auf diese Weise gehuldigt. Er wird ausgesprochen, angesichts der ägyptischen Pharaonengräber, aber auch sonst ist er unausgesprochen das, wie der Schmerz, der zugefügt wurde: "Schmerz, seltsames Wort, seltsames Ding in der Naturgeschichte des Menschen dem Körper zugedacht, aus dem Körper abgewandert und brisanter gemacht in seinem Gehirn." Dies ist es doch wohl: das Bewußtwerden von Schmerz, Angst, Krankheit zum Tode, das hier alles potenziert. Die Bewußtseinsprosa der Ingeborg Bachmann differenziert und potenziert so, wird auf diese Weise heftig und anklägerisch, läßt die Gequälten aufschreien: "Ich will die toxische Dosis." Die vom schreibenden Liebhaber "Ausgeschlachtete", die fünfundvierzigjährige geschiedene Frau namens Fanny Goldmann bekommt sie genauso wie die jüngere Franza, die davonlief und die doch die Folterwerkzeuge der Intelligenz ein für allemal zu spüren bekommen hatte, bis zu jener tödlichen Dosis, die die eine in der Wüste, die andere in der Stadt Wien (als unauffällige Lungenentzündung, auf die es im Grunde überhaupt nicht ankommt) "erledigt".

Denn es geht um "Erledigungen" des einzelnen Menschenwesens, dieser Frauen, durch Gesellschaft und inmitten abgesicherter gesellschaftlicher Verhaltens- und Zerstörungsformen. Ingeborg Bachmann zeigt Einzelfälle, aber viele, eigentlich alle sind gemeint. Von Fanny Goldmann heißt es: "Sie hatte diese etwas größeren Augen, die nicht zum Schauen da sind, nicht zum Anblicken, zum Begreifen, sondern zum Nichtverstehen, zum Starren, zur Fassungslosigkeit." Bei ihr wird dann Haß ihre "Krankheit zum Tode" sein.

Literarisches Zeitvergehen ist rapides und erbarmungsloses Zeitvergehen. Diese Prosa ist in ihrer psychologischen Klugheit, ihrer pathetischen Sensitivität, ihrer gelegentlichen Attitüde schon ein wenig ins Altern gekommen, in ihrem Vertrauen auf die Wirkung der Wörter, des Prosaduktes, des Arrangements, des literarischen "Bescheidwissens" ihrer gelegentlich leicht schwärmerischen Raffiniertheit, ihres delikaten Sprachablaufes, ihrer - noch als Fragment schönen, durchscheinend schönen - "Organisation". Das Skizzenhafte fällt - trotz der nicht mehr ermöglichten Durchführung - von einem bestimmten Augenblick von diesen Fragmenten ab, die tatsächlich - so offen Zusammenhänge bleiben mögen - etwas Geschlossenes und Endgültiges annehmen.
Stuttgarter Zeitung, 21.4.1979

Hallelujah des Überlebens

Von Werner Ross

Ingeborg Bachmann, Jahrgang 1926, war mit siebenundzwanzig berühmt, mit dreißig befestigte sie ihren Ruhm, sie war die Lyrikerin der Stunde. Sie brachte Heideggerschen Tiefsinn und Rilkes Klang-Kunststücke mit, auch - nicht zu vergessen - österreichische Literaturtradition und Formbegabung. Als literarisch Etablierte schrieb sie Hörspiele wie den "Guten Gott von Manhattan" und Libretti für Werner Henze, wagte sich an Erzählungen - Gedichtsammlungen entstanden nicht mehr.

Der "Bachmann-Sound" war den fünfziger Jahren auf den Leib geschrieben. Er war schwer in das neue Zeitalter zu transportieren, das mit dem Ende der sechziger Jahre anhob. Die Zeit ließ sich nicht länger stunden, es mußte in einer neuen Währung bezahlt werden.

Die Lyrik wurde mit Enzensberger ironisch. Die Bachmann war zu "tragisch", um umschwenken zu können oder zu wollen. Sie griff zur großen Form, 1971 erschien der Roman "Malina". Sie hatte inzwischen geerntet, was man ernten kann: den Preis der Gruppe 47, den Bremer Literaturpreis, den Hörspielpreis, den Berliner Kritikerpreis, den Büchnerpreis, den Großen Österreichischen Staatspreis, Lorbeerkränze wie bei einem Olympiasieger.

"Malina" aber wurde nur ein Achtungserfolg. Die Kritik hielt sich zurück, die Leser blieben aus. War sie keine Erzählerin? Sie beharrte, sie schrieb das kleine Meisterwerk "Simultan", sie faßte den ehrgeizigen Plan eines Romanzyklus mit dem makabren Titel "Todesarten", und an diesem Zyklus arbeitend, starb sie 1973 einen makabren Tod, im Bett verbrannt.

Im vorigen Jahr sind ihre gesammelten Werke erschienen, vier Bände, das heißt bei Kritikern ein "schmales Œuvre". Da waren zum erstenmal die Entwürfe und Fragmente der beiden weiteren Romane zu lesen, die unter dem Gesamttitel "Todesarten" zusammengefaßt werden sollten. Beide Texte hat der Verlag nun in einer Sonderausgabe herausgebracht. Sie laden dazu ein, den Fall Bachmann noch einmal zu überprüfen, die schwierige Frage zu erörtern, ob die Bachmann so oder so an ein Ende gekommen wäre, das Ende ihrer Möglichkeiten.

Franza im "Fall Franza" ist eine junge Frau, die mit einem berühmten Wiener Psychiater verheiratet ist. Sie wird, von ihrem Mann experimentell getestet, seelisch krank und flieht mit ihrem Bruder, einem auf solcherlei Unglück eigentlich nicht eingerichteten Geologen, nach Ägypten, getrieben von der doppelten Sehnsucht nach dem einfachen Leben und dem erlösenden Tod.

Das Romanfragment "Der Fall Franza" enthüllt auf frappante Weise, was die Bachmann kann, und wo ihre Kräfte versagen. Wo sie Milieus beschreibt, dörflich-kärntnerische oder wienerische, hat sie an einer Erzähltradition von Schnitzler bis Musil teil, die ihr alles zur Verfügung stellt: die scharf beobachteten Details und den sanft ironischen Tonfall, die scheinbare Lässigkeit des Stils und den darüber gebreiteten zart poetischen Glanz. So beschreibt sie etwa die Wiener "Wohngeheimnisse":

"Denn es dauerte in dieser Stadt ja unendlich lang, bis jemand darauf kam, in welch armseligen Untermietwohnungen, neben wieviel Krankheiten und makabren Familienzusammenhängen jemand lebte, der tagsüber mit sicherer Selbstverständlichkeit auf dem Kohlmarkt die Tür zu Demel aufstieß oder für den Abend Premierenkarten hatte, oder in welch geschmacklosen Neubauwohnungen jemand arbeitete und vegetierte, der auch zu der Schicht zählte, in Wohnungen, deren Architekten Hasardeure der ersten Nachkriegszeit, Spekulanten und Gangster gewesen waren, die verschwunden waren mit Anzahlungen und die für schlechtschließende Türen, sprüngige Wände und beklemmende Enge niemand mehr verantwortlich machen konnte ... Das Geheimnis einer Wiener Wohnung ist fast nicht zu lüften, auch für die besten Freunde nicht, und die Leute, die es wagten, Leute einzuladen, die waren neureich oder altreich und hatten nichts zu verbergen und Badezimmer, in die man Gäste führen konnte, Bedienerinnen oder Köchinnen, die Türen öffneten, Getränke vorrätig und schon die Eisschränke statt der Schaben in der Küche."

Man erinnert sich an ähnliche Glanzstücke österreichischer Lebensschilderung aus "Malina". Es sind zugleich Probestücke für eine Kunst des Erzählens, die den Leser an die Hand nimmt und in angenehme Spannung versetzt. Aber in diese Erzählkunst, die sich Schritt für Schritt ihres Terrains versichert, die ihre Register ausspielt von wohlwollender Menschenfreundlichkeit bis zu tödlicher Ironie, schlägt immer wieder ein ganz anderes Element ein, das sie überwältigt und außer Kraft setzt: ein "lyrisches", das Innenschau betreibt, aber dabei im Halbpoetischen steckenbleibt oder - schlimmer - sich ins Ideologische verfärbt.

Der "Fall Franza" ist in diesem Sinne leider nicht nur der Fall Franza, der Unglücksfall einer mit einem reichlich widerwärtigen Intelligenzler verheirateten seelenvollen jungen Frau, sondern wird für die Bachmann auch der Unglücksfall unserer Zivilisation. So steigert sich die Ägyptenreise des ungleichen Paares zu einer symbolischen Expedition in die Wüste, als die äußerste Herausforderung an die Existenz, und die unglückselige Franza, der man am liebsten einen Kuraufenthalt am Lage Maggiore verschreiben möchte, muß im Hochzeitszelt der Beduinen liebeslüsterne Kinder abweisen, durch blutigen Sand waten, Haschisch rauchen, sich von einem weibstollen Araber um die Pyramide von Gizeh jagen lassen, von einem Zusammenbruch zum nächsten.

Sie sucht unter dem Zwang, der sie treibt, einen in Kairo untergetauchten SS-Arzt auf, der an weiblichen Häftlingen tödliche Versuche unternommen hat, in einer Wüstenvision fließen die Figuren zusammen, der SS-Mann steht für ihren Mann und sein Experimentieren mit ihr, die Vater- und die Mörderfigur im weißen Mantel werden austauschbar, alles Unglück kommt am Ende von den Weißen und ihrem Forscher- und Erobererdrang. Das Gegen-Sakrament ist ein nächtliches Mahl in Wadi Halfa: "Vier schwarze Hände und eine weiße Hand sind abwechselnd im Teller, dann plötzlich alle Hände gleichzeitig, sie stehen einen Augenblick lang alle darin still, damit keine dem anderen in den Weg kommt, höfliche Hände alle, man müßte das Bild versteinern lassen in diesem Augenblick, in dem etwas vollkommen ist, die Hände im Essen, die Finger mit der Prise Essen, es ist der bewußteste Augenblick, der natürlichste, das erste und einzige Essen hat stattgefunden, findet statt, es ist das erste und einzige gute Essen, wird vielleicht die einzige Mahlzeit in einem Leben bleiben, die keine Barbarei, keine Gleichgültigkeit, keine Gier, keine Gedankenlosigkeit, keine Rechnung, aber auch keine, gestört hat. Wir haben aus einem Teller gegessen. Wir haben geteilt und nicht gebetet, nichts zurückgeschickt, keine Bohne stehengelassen, nichts weggenommen, nicht vorgegriffen, nicht nachgenommen."

Noch stärker die neue Frömmigkeit hervorhebend: "Ich bin also zu einer Predigt gekommen, die niemand gesprochen und unter keinem Tempeldach gehalten hat, zur Predigung der Wüste und unformulierter Gesetze, zu Schlucken, Bissen, Gängen, Schlafarten, die unter einer dünnen Kruste von Verständigungen anderer Art auf ihre Stunde gewartet haben, auf das mystische Zusammengehen von Einatmen, Ausatmen, Gehen und Ruhen, auf das Halleluja des Überlebens im Nichts ..."

Das ist in seinem Anspruch unendlich höher als die Momentaufnahme einer miesen Wiener Mietwohnung, es deutet fast eine neue Heilslehre an, eine Erlösung vom Weißen und von den Weißen, die Reise nach Ägypten stellt sich als Wallfahrt heraus. Aber gleichzeitig verliert der Roman seine Konsistenz, löst sich in lyrisch-ekstatische Szenen auf, das mag manchen gefallen, ich selbst meine, das Gewebe ist zu dünn, um dichterisch zu sein. Auch Handlung ist ein tragendes Element des Romans, hier bricht sie in Stücke auseinander.

Das "Requiem für Fanny Goldmann" steckt noch zu sehr in den Anfängen, als daß man ein Urteil darüber fällen könnte. Aber schon dieses Fragment enthält eine Schlüsselszene, die unendlich viel aussagt über die Probleme der Ingeborg Bachmann in und mit der literarischen Szene, auch und gerade mit dem *deutschen* Literaturbetrieb.

Das ist eine Romanstelle, die auch Musil nicht besser hätte schreiben können, mit fünfzig wäre die Bachmann vielleicht so weit gewesen, das Lyrische, das ihr noch anhing, ganz abzustreifen, aber die Todesart, die ihr Geschick für sie wählte, hat sie nur siebenundvierzig werden lassen.
Deutsche Zeitung / Christ und Welt, 25.5.1979

Geheimes Unglück, gestundete Zeit
Von Christoph Graf Schwerin

Ingeborg Bachmanns Ruhm gründete sich auf ein Buch, ihren ersten Gedichtband "Die gestundete Zeit" (1953). In einer Zeit poetischer Schönrednerei wurde eine ganze Generation gefangengenommen von der schroffen Anschaulichkeit und harten Reinheit ihrer Bilder, ihrem festen Ton, ihrer Absage an jede Sprachberuhigung. Dem Abstrakten wurde ebenso mißtraut wie jedem Ornamentalen. Die Wirkung ihrer Gedichte und Hörspiele war so stark, daß bereits 1954 der "Spiegel" ihr die Titel-Story widmete. Welche Verletzlichkeit und Zartheit, welche Unbeholfenheit im Umgang mit der Wirklichkeit sich jedoch hinter dieser Kraft ihrer Verse verbarg, wurde gewahr, wer sie persönlich kannte. Man bangte um diese wunderbare Freundin, man las ihre Erzählungen und Essays mit anderen Augen, da man hinter jeder Zeile ihr Wesen erkannte.

"Es ist Zerstörung im Gang. Ich werde von Glück reden können, wenn dieses Jahr mich nicht umbringt." Dieser Satz aus der Titelerzählung des Bandes "Das dreißigste Jahr" entsprach ihrem Lebensgefühl. "Das Auffallende ist", so schrieb sie über "Die Glasglocke" von Sylvia Plath, "im Anfang der kaum glaubliche Humor, das Komische, das Infantile in dieser Esther Greenwood, die ein Mädchen ist, das plötzlich in New York, zwischen Essen, Parties, dummen Küssereien langsam verunglückt, und sie verunglückt auf eine so unmerkbare Weise, daß man sich selbst nach der dritten Lektüre fragt, wo dieses geheime Unglück anfängt. Es gibt da Stellen, die den Verstand ebenso erschrecken wie erschüttern."

Woher kommt nur diese ständige Angst, fragt sie, woher kommt dieser Haß in der Welt: "Ich glaube, das ist es! Man vereitelt den anderen, man lähmt ihn, man zwingt ihm sein Wesen ab, dann seine Gedanken, dann seine Gefühle ...", heißt es in ihrem nachgelassenen Romanfragment "Der Fall Franza": "Heute nacht habe ich geträumt, ich bin in einer Gaskammer, ganz allein, alle Türen sind verschlossen, keine Fenster, und Jordan befestigt die Schläuche und läßt das Gas einströmen und, wie kann ich sowas träumen, gleich möchte man um Verzeihung bitten ... Spätschäden. Ich bin ein einziger Spätschaden, keine Erinnerungsplatte, die ich auflege, die nicht mit einem schrecklichen Nadelgekratze losginge, kein Sommertag, auf den nicht ein Giftsprühregen niederginge ..."

Ingeborg Bachmann lebte eine Radikalität, die in ihrem Fühlen lag, sie lebte in ihrem geliebten Rom und hatte wunderbare Freunde, alles Künstlerische schien ihr leichthändig zu gelingen, der Erfolg wurde ihr zugetragen; aber die Erinnerung an sie zeigt einen zu Tode leidenden, sehr einsamen Menschen. Ihr schrecklicher Tod hätte nur von ihr erdacht werden können. Sie stirbt an den Folgen eines Brandunfalls in ihrer römischen Wohnung mit 48 Jahren im Oktober 1976. (sic!)

In ihren letzten Jahren arbeitete sie an einem Romanzyklus. Ein abgeschlossener Roman dieses Projektes, "Malina", erschien noch zu ihrer Lebenszeit, ein Romanfragment, "Der Fall Franza", und andere Entwürfe fanden sich in ihrem Nachlaß. "Todesarten" sollte der Zyklus heißen.

Einmal las sie öffentlich Bruchstücke aus "Der Fall Franza" vor, auf denen der heute abend gezeigte Film von Xaver Schwarzenberger beruht. In dem Entwurf zur Vorrede aus dem Jahr 1965 zu diesem Roman heißt es: "Das Buch ist nicht nur eine Reise durch eine Krankheit. "Todesarten", unter die fallen auch die Verbrechen. Das ist ein Buch über ein Verbrechen. Es ist mir durch ... den Kopf gegangen, wohin der Virus Verbrechen gegangen ist - er kann doch nicht vor zwanzig Jahren plötzlich aus unserer Welt verschwunden sein, bloß weil hier Mord nicht mehr ausgezeichnet, verlangt, mit Orden bedacht wird. Aber die Verbrechen sind darum nicht geringer geworden, sie verlangen nur einen anderen Grad von Intelligenz, und sie sind schrecklich."

Es gibt da verschiedene Schauplätze, Wien und ein Dorf in Kärnten und die libysche Wüste. Aber die wahren Schauplätze, die von den äußeren überdeckt werden, sind die inneren, wo die Verbrechen stattfinden, "kraft der Dimension, die wir diesem Leidenmachen oder Erleiden verschaffen können."

Das Verbrechen in uns, das ist das Thema des Buches, ist die schreckliche Gewißheit Ingeborg Bachmanns, die sie für ihre Generation, auch für uns, artikuliert hat.

Die Welt, 13.7.1987

SÄMTLICHE ERZÄHLUNGEN (1980)

Figuren in extremen Situationen

Von Karlheinz Schauder

Ingeborg Bachmann verkörperte schon zu Lebzeiten ihre eigene Legende. Ihr Ruhm gründete auf zwei schmalen Gedichtbänden; in der Folge wurde auch ihr erzählerisches und essayistisches Werk mit namhaften Preisen bedacht. Die österreichische Dichterin verlangte von einer zukünftigen Poesie, daß sie "scharf von Erkenntnis und bitter von Sehnsucht" sei, sie selbst wollte den Leser" zu neuer Wahrnehmung, neuem Gefühl, neuem Bewußtsein" erziehen. In den ersten Resümees nach ihrem frühen und schrecklichen Tod stellte man fest, daß man ihre Lyrik vielleicht überschätzt, ihre Prosa vermutlich unterschätzt hatte.

In einer einmaligen Sonderausgabe von fünfundzwanzigtausend Exemplaren sind nun ihre sämtlichen Erzählungen erschienen. Der Band enthält die Texte der Sammlungen "Das dreißigste Jahr" und "Simultan", dazu in Zeitungen und Zeitschriften veröffentlichte Erzählungen sowie wesentliche Teile des literarischen Nachlasses. Die zwölf bisher nicht in Buchform vorliegenden Arbeiten sind in den Jahren 1945-1959 und 1965-1971 entstanden. Die novellistische Prosa wird in der Textgestalt und Anordnung geboten, in der sie auch im zweiten Band der Gesamtausgabe publiziert wurde.

Die Themen der unveröffentlichten Arbeiten sind aus den beiden frühen Erzählbänden bekannt. Ingeborg Bachmann schildert fast ausschließlich Figuren in extremen Situationen und vor existentiellen Entscheidungen. Ihre alltäglichen Gestalten nehmen dabei fast mythische Dimensionen an. Sie leiden nicht nur unter den aktuellen Nöten der Zeit, sondern erfahren in Schwermut und Trauer das allgemeine Ungenügen der menschlichen Existenz. "An allem ist etwas zu wenig", heißt es in einer 1959 geschriebenen Erzählung. Radikale Illusionslosigkeit, Bereitschaft zum verhängten Schicksal und Ausbruch aus den hergebrachten Lebensformen sind deshalb einige charakteristische Motive dieser Erzählungen. Einige der Novellen demonstrieren die Erfahrung der ausweglosen und unmöglichen Liebe. Ingeborg Bachmann kommt zu dem Ergebnis, daß ihre Vorstellung von der Liebe als Zustand nicht zu halten ist und immer zur Leidensgeschichte werden muß.

Die Grundstimmung der Erzählungen ist lyrisch, nicht episch. Sie zeichnen sich nicht durch eine besondere Handlung aus, sondern leben von der poetischen Sprache der Autorin. Ihre Prosa scheint gelegentlich aus Gedichtzeilen zusammengesetzt und mit lyrischen Pointen versehen zu sein. Das zeigt sich besonders in Beschreibungen, wenn Einzelvorgänge sprachlich illuminiert werden und das lyrische Ich seine seismographischen Fähigkeiten am Gegenstand bewähren kann. Der Tonfall dieser imaginativen Prosa schwingt zwischen Strenge und Zartheit, pendelt zwischen Kühle und Erregung. Ingeborg Bachmanns Vorzug als Erzählerin besteht gerade in dem Gegensatz von sachlicher Diktion und üppiger Metaphorik, von Ironie und Musikalität, von Pathos und Humor. Vielleicht hat sie mit ihren lyrischen Erzählungen die zeitgenössische Novelle aus der Umklammerung durch die short story herausgeführt.

Die Ausgabe der sämtlichen Erzählungen rückt die zeitlich weit auseinander liegenden Prosatexte zusammen, macht bei aller thematischen und stilistischen Verschiedenheit ihre grundsätzlich gleiche Intention sichtbar. Gelegentlich erinnern die holde Verwirrung ihrer Gestalten, ihre Marotten und Exaltiertheiten, an die melancholischen und phantastischen Geschichten des alten Österreich, an Musil, Schnitzler und Hofmannsthal. Trotz dieser Vorbilder und Ahnen hat die Bachmann mit scharfer Beobachtungsgabe und satirischer Begabung gegenwärtige Fragen und Zweifel dichterisch gestaltet, hat sie in psychologischen Porträts und ironischen Milieuschilderungen neue Bereiche literarisch erschlossen. Die Gesamtausgabe ihrer Erzählungen, die zudem den Zugang zu einigen noch unbekannten Texten ermöglicht, fordert dazu heraus, sie als aktuelle Schriftstellerin neu kennenzulernen.
Die Rheinpfalz, 2.8.1980

DIE WAHRHEIT IST DEM MENSCHEN ZUMUTBAR (1981)

Prosa mit Geheimnis

Von Stefan Hüfner

Erinnern wir uns. 1964, Orangerie in Darmstadt. Die fragile, scheue Frau empfängt den Büchnerpreis. Die Dankesrede verwirrt, verstört. Eine Rede über Berlin, verfremdet als sei's ein Stück von Kafka, - oder gar Büchner?
    Der Band mit den essayistischen Schriften der Ingeborg Bachmann enthält diese Rede, neben anderen, Essays und Versuchen. Die Büchnerpreisrede, immer noch ein faszinierendes Stück Prosa, das auch nach mehrmaligem Lesen sein Geheimnis nur andeutet. "Die Versicherung, die für Berlin zuständig ist, erklärt, daß sie nicht zuständig ist, es ist ein vorvertragliches Leiden" oder "Es ist ein Fest, es sind alle eingeladen, es wird getrunken und wird getanzt, muß getrunken werden, damit etwas vergessen wird ..."
    So sind fast alle in diesem Band zusammengefaßten Stücke lieber einmal mehr chiffriert als zu offen. Nur ganz selten entfalten sich die Sätze völlig, so wie in der "Hommage à Maria Callas": "Ecco un artista, sie ist die einzige Person, die rechtmäßig die Bühne in diesen Jahrzehnten betreten hat, um den Zuhörer unten erfrieren, leiden, zittern zu machen, sie war immer die Kunst, ach die Kunst, und sie war immer ein Mensch, immer die Ärmste, die Heimgesuchteste, die Traviata."
    Die Prosa dieses Bandes durchleuchtet die Vielschichtigkeit dieser Welt, hebt Schichten ab, um dahinter zu blicken. Wo das Ende ist, weiß niemand. Kondensierte Erfahrung mit Präzision dargestellt, ist wertvoll.
Saarbrücker Zeitung, 9.4.1981

Unter anderem Polen

Von Heinrich Vormweg

Unter dem Titel "Die Wahrheit ist dem Menschen zumutbar" liegt eine größere Auswahl vor aus Ingeborg Bachmanns Essays, Reden und Kleineren Schriften. Sie setzt ein mit dem 1953 zuerst in den Frankfurter Heften abgedruckten Aufsatz "Ludwig Wittgenstein - Zu einem Kapitel der jüngeren Philosophiegeschichte" und läßt diesem Ingeborg Bachmanns Essays aus den 50er Jahren folgen, Essays unter anderem über Robert Musil, die Stadt Rom, Musik und Dichtung. Anschließend Ingeborg Bachmanns Dankreden zur Verleihung des Hörspielpreises der Kriegsblinden, des Georg-Büchner-Preises und des Anton-Wildgans-Preises. In den "Kleinen Schriften", meist Fragment gebliebenen Texten, finden sich autobiographische Aufzeichnungen, Notizen über frühe Erlebnisse in der Gruppe 47, Überlegungen zu Kafka, Ungaretti, Thomas Bernhard, Brecht und anderen Autoren.

"Die Wahrheit ist dem Menschen zumutbar" ist ein ungemein reizvoller Band, weil er Ingeborg Bachmanns Imaginations- und Schreibweise in ihren Ansätzen im noch unbestimmten Vorantasten zu erkennen gibt, und damit einiges vom persönlichen Hintergrund ihrer Gedichte. Gerade die meist Entwurf gebliebenen Kleineren Schriften aus dem Nachlaß sind unter diesem Aspekt informativ und anregend zugleich - anregend, weil die unausgeführten Beobachtungen, Vorstellungen, Denkverläufe dazu verlocken, die fragmentarisch sich andeutenden Perspektiven über die Texte hinaus fortzuspinnen. Und dem entspricht gewissermaßen der Stellenwert des Bandes innerhalb des aktuellen Taschenbuchangebots: er stimuliert die Aufmerksamkeit für einzelne Titelgruppen.

Eine exemplarische Anthologie

Einer der Entwürfe Ingeborg Bachmanns umkreist die Figur des polnischen Schriftstellers Witold Gombrowicz, den sie 1963 in Berlin kennengelernt hat, ein anderer befaßt sich mit dem Buch "Piotrus" des damals längst in Israel lebenden polnischen Schriftstellers Leo Lipski. Beide Namen spielen ihre Rolle auch in der großen Anthologie "Polnische Prosa des 20. Jahrhunderts", die Karl Dedecius 1969 herausgebracht hat und die jetzt in einer zweibändigen Ausgabe neu vorliegt. Es ist dies eine der exemplarischen Anthologien der letzten Jahrzehnte. Karl Dedecius hat in ihr aus vielseitiger Kenntnis der modernen polnischen Literatur ein Panorama entstehen lassen, das zwischen Klassizismus und Phantastik, Ästhetizismus und Groteske, Surrealismus und Suche nach der faßlichen Wirklichkeit die ganze Spannweite dieser Literatur überschaubar werden läßt, ihre ganze Widersprüchlichkeit, die gerade erst ihre Identität ausmacht. Ein ausführlicher bibliographischer Anhang und ein vorzügliches Nachwort des Herausgebers lassen das Lesebuch fast auch zu einem noch immer aktuellen Nachschlagewerk werden.

Die Neuausgabe ist erfreulich auch deshalb, weil die polnischen Ereignisse in den letzten Monaten die Taschenbuchverlage bisher nicht, wie in vergleichbaren Fällen sonst üblich, zu verstärkten Hinweisen auf die Literatur Polens animiert haben. Der Exilpole Czeslaw Milosz war da nicht einmal eine Ausnahme, denn sein Werk fand nur deshalb erneut Beachtung, weil er der jüngste Nobelpreisträger für Literatur ist. Zwar ist kürzlich Stanislaw Lems fesselndes philosophisch-theoretisches Großwerk "Summa Technologiae" auch erschienen, aber Lem ist ja einer der ganz wenigen, vielleicht der einzige von allen polnischen Autoren, der gegenwärtig fest am bundesrepublikanischen Literaturmarkt etabliert ist. Sonst kein Rückgriff auf den ja keineswegs geringen Vorrat an Übersetzungen aus dem Polnischen.

Der Titel der Ingeborg-Bachmann-Auswahl, "Die Wahrheit ist dem Menschen zumutbar", ist der Titel auch von Ingeborg Bachmanns Dankrede für den Hörspielpreis der Kriegsblinden. Hörspiele sind leider noch immer auffällig unterprivilegiert innerhalb des riesigen Titelangebots der Taschenbuchreihen. Gerade jetzt aber sind ausnahmsweise wieder einmal Hörspiele erschienen. [...]
Süddeutsche Zeitung, 25./26.4.1981

"Himmel aus Hermelin"

Von P(aul) H(übner)

Bei Ingeborg Bachmann sind für den, der nicht gründlicher Kenner der Werkausgabe ist, noch immer Entdeckungen zu machen. Dazu gibt der aus Essays, Reden und besonders den unbekannteren, in Zeitschriften veröffentlichten kleineren Arbeiten zusammengestellte Band in der Serie Piper Gelegenheit. Mit Ausnahme der für ihr Denken und Schreiben wichtigen Büchner-Preis-Rede mit ihren poetischen Variationen über Berlin, wo "alle Leute in Fettpapier eingewickelt sind", handelt es sich hierbei um Gelegenheitsbeiträge oder Entwürfe, die Ingeborg Bachmanns Interessen jenseits ihres lyrischen und erzählerischen Schaffens zeigen.

An dem Aufsatz über den Wiener Philosophen Ludwig Wittgenstein, den sie den unbekanntesten Philosophen unserer Zeit nennt (was nun sicher längst nicht mehr stimmt), wird kund, wie viel die Dichterin, die sich in ihrer Dissertation mit der Aufnahme der Existentialphilosophie Martin Heideggers befaßt hatte, von der Philosophie und besonders der Wiener Schule der Neopositivisten verstand. Sie stimmt in ihrer Betrachtung Wittgensteins Ansichten zum Unsagbaren zu, wo die Logik ihre Grenze als Grenze unserer Welt erfährt.

Die Forderung, mutig zu denken, entnimmt sie aus Musils Roman "Der Mann ohne Eigenschaften", der mit seiner "taghellen Mystik" für die Kritikerin Bachmann zu einer wichtigen Äußerung wurde.

In der für die Zeitschrift "Akzente" geschriebenen Erinnerung "Was ich in Rom sah und hörte" kommt die Italienliebende zu Wort, zu dichterischer Liebeserinnerung an ihre letzte Heimatstadt. Die gebürtige Kärntnerin weist in einer kleinen autobiographischen Skizze einmal darauf hin, daß sie von der österreichisch-slowenischen Grenze stammt mit den Geschichten zweier, dreier Länder, "denn über den Bergen, eine Wegstunde weit, liegt schon Italien".

Zwei Sätze aus der Rom-Schilderung genügen, um die erzählerische Phantasie der Bachmann in einer Nebenarbeit zu spüren: "Ich sah, wo Roms Straßen ausfallen, den triumphalen Himmel in die Stadt einziehen, der sich unter kein Tor bückte und über die sieben Hügel verbreitete, blau nach Raubzügen an den Küsten Siziliens und voll von den Inselfrüchten des Tyrrhenischen Meers, unverwundet nach Überfällen ins Brigantenland der Abruzzen und schwarz von Schwalbentrauben, über den Appennin gerettet. Ich sah den gelobten Himmel aus Hermelin und den armseligen Himmel aus Sackleinwand."

Die Auswahl wird liebenswert durch Skizzen zur Musik, in denen die Dichterin humorvoll und satirisch Dirigenten und Sängern (für die Callas gibt es unter den kleinen Biographien eine Extra-Hymne) auf den Leib rückt: "Wer ständig in einer Musikstadt wohnt, freut sich auf das Ende der Saison, weil dann alle unmusikalischen Menschen wieder fortfahren und die Zeit der Fingerübungen kommt." Solchen Etüden verdankt die vorliegende Sammlung manch gelungenen Satz.
Rheinische Post, 27.5.1981

DIE FÄHRE (1982)

Ingeborg Bachmann "Die Fähre". Erzählungen

Von Andreas Hapkemeyer

Im September 1982 ist ein dünner Band mit weniger bekannten, sonst nur noch in der Werkausgabe von 1978 abgedruckten Erzählungen Ingeborg Bachmanns unter dem Titel *Die Fähre* erschienen. Der Bogen reicht von sehr frühen Texten wie *Die Fähre* oder *Im Himmel und auf Erden*, die aus der Mitte der vierziger Jahre datieren, bis zu *Der Tod wird kommen* und *Besichtigung einer alten Stadt*, die in den Umkreis der letzten Romane der Autorin gehören.

"Im hohen Sommer ist der Fluß ein tausendstimmiger Gesang, der, vom Gefälle getragen, das Land ringsum mit Rauschen füllt": diese rhythmisierte Periode, die die Titelerzählung und zugleich den Band einleitet, zieht den Leser in die Lektüre herein. Die träge, hochsommerliche Atmosphäre einer südkärntnerischen Landschaft in *Die Fähre* kommt neben die unwirklichen und traumhaften Gegenden von *Die Karawane und die Auferstehung*, *Der Kommandant* und *Ein Geschäft mit Träumen* und neben das imaginäre Arkadien und das reale Wien zu stehen. Die verschiedenen Schauplätze können jedoch nicht darüber hinwegtäuschen, daß es letztlich immer um innere Landschaften geht.

Die Texte weisen keinen einheitlichen Duktus auf: realistische und surreale Elemente wechseln miteinander ab. In den beiden spätesten Titeln, die der chronologischen Reihenfolge der Erzählungen entsprechend am Ende des Bandes plaziert sind, zeigt sich ein ironischer Zug, der erst Ingeborg Bachmanns später Prosa, trotz der unmittelbaren Bezogenheit auf den Tod, gelegentlich anhaftet.

Verschiedene Themen werden aufgegriffen, die sich durch ihr gesamtes Werk ziehen: die Begegnung mit absoluten Größen, das Leiden und Sterben des Menschen am Menschen, das Gerede, das alles verfälscht usw. Immer wieder bricht die Aufforderung durch, die vorgefundenen oder selbstgesetzten Grenzen in Frage zu stellen und aufzuheben. Ein auffälliges Merkmal einiger Texte ist ihr hoher Grad an Durchformung: zu nennen sind in diesem Zusammenhang die Titelgeschichte, *Die Karawane und die Auferstehung* und *Auch ich habe in Arkadien gelebt*. Ingeborg Bachmann arbeitet hier mit variierenden und sich steigernden Wiederholungen, Leitmotiven und Wortfeldern. Das bloß zweieinhalb Seiten lange *Arkadien* stellt ein Extrembeispiel an durchgängiger Komposition und Formstrenge dar. Bestimmte Wörter, Sätze oder Abschnitte werden eingeführt wie bei einer musikalischen Komposition, dann fallengelassen, um schließlich wiederaufgenommen und gegeneinander geführt zu werden. Durch diese Elemente nähern sich einige der Texte stark lyrischen Gebilden an, und es ist fraglich, ob man überhaupt noch von Erzählungen im eigentlichen Wortsinn sprechen kann. Da zugleich die Handlung auf ein Minimum reduziert ist, darf man im Hinblick auf einige der Texte von lyrischer Prosa sprechen.

Ingeborg Bachmann war, das vermögen die Geschichten zu zeigen, von Anfang an auch schon mit Prosa befaßt und nicht ausschließlich Lyrikerin. Sie begegnet hier z. T. noch als Suchende. Dennoch finden sich bereits in den frühesten Erzählungen einige für ihr späteres Werk bezeichnende Züge. Der Band ist nicht nur als Einblick in die schriftstellerische Entwicklung der Bachmann von Interesse: die Titelgeschichte und *Auch ich habe in Arkadien gelebt* sind Meisterleistungen der kurzen Prosa. Alleine dieser zwei Texte wegen lohnt es sich, den Band anzuschaffen.
Jahrbuch der Grillparzer Gesellschaft, Folge 3, Bd. 15, 1983, S. 223f.

GIER (1982)

Der dunkle Schatten seit Anfang

Von Sabine Grimkowski-Seiler

"Ingeborg Bachmann hat für die Bibliothek Suhrkamp eine neue Erzählung geschrieben", so heißt es im Entwurf einer Verlagsanzeige aus dem Jahre 1973. Die angekündigte Erzählung "Gier" ist nicht veröffentlicht, nicht einmal mehr vollendet worden. Der Tod Ingeborg Bachmanns im Oktober 1973 hat dieses Vorhaben zunichte gemacht. Geblieben sind Fragmente der Erzählung, die im Nachlaß der Dichterin in der Österreichischen Nationalbibliothek lagern und jetzt veröffentlicht sind in dem Band.

Zu den besonderen Schwierigkeiten der Edition fragmentarischer Werke äußert sich der Herausgeber Robert Pichl. Es ist ihm gelungen, sowohl einen Lesetext - nach dem Grundsatz der vierbändigen Bachmann-Ausgabe - herzustellen als auch den Fragmentcharakter des Textes zu erhalten und "in seiner Geschichtlichkeit rezipierbar zu machen".

Der Text ist, wenn auch Lücken im Handlungsablauf bestehen, so weit durchgestaltet, daß die innere Struktur der Figuren und ihre Handlungsmotivationen erkennbar werden. Darauf kommt es Ingeborg Bachmann, nach eigener Aussage, in ihren späteren Werken an: "Die wirklichen Schauplätze, die inwendigen, von den äußeren mühsam überdeckt, finden woanders statt. Einmal in dem Denken, das zum Verbrechen führt, und einmal in dem, das zum Sterben führt. Denn es ist das Innen, in dem alle Dramen stattfinden, Kraft der Dimension, die wir oder imaginierte Personen diesem Leidenmachen und Erleiden verschaffen können." (Vorrede zu dem Romanfragment "Der Fall Franza").

Das Erzählfragment "Gier" ist ein Teil des Spätwerks und steht nicht nur thematisch in engem Zusammenhang mit den Erzählungen des "Simultan"-Zyklus und der Todesarten-Romane oder Romanfragmente ("Malina", "Der Fall Franza", "Requiem für Fanny Goldmann"). Es zeigt eine typische Eigenart Ingeborg Bachmanns, Personen oder Ereignisse ihrer Werke wiederkehren zu lassen in einer neuen Thematik, unter neuer Perspektive.

Elisabeth Mihailovics, eine Hauptfigur in "Gier", ist bekannt aus den Erzählungen "Probleme Probleme" und "Drei Wege zum See". In der letztgenannten Erzählung gibt eine Zeitungsnotiz einen Abriß der Geschichte, die in "Gier" zum Thema gemacht wird: Der zweiundsechzigjährige Diplomingenieur und Millionär Bertold Rapatz erschießt seine dreiunddreißigjährige dritte Frau Elisabeth Rapatz, geborene Mihailovics, seinen Forstangestellten und zuletzt sich selbst. Die Zeitungen sprechen von einem Eifersuchtsdrama, doch Elisabeth Matrei ("Drei Wege zum See") sagt zu ihrem Vater: "Das ist die Elisabeth Mihailovics, die er geheiratet hat, stell dir das vor, und unsere brave Gendarmerie wird nie herausfinden, was da wirklich los war, denn es stimmt alles nicht, was die sich in ihren beschränkten Hirnen zusammenreimen, da stimmt überhaupt nichts." Über das, "was da wirklich los war", soll "Gier" Aufschluß geben.

"Herr Geldern (anderer Name für Rapatz, der von Ingeborg Bachmann in den Vorstufen verwendet wurde) war ein breiter, hünenhafter Mann, den sie noch keine Minute unglücklich gesehen hatte, und eines Abends beteuerte er ihr auch, er habe sich in seinem ganzen Leben weder gelangweilt, noch unglücklich gefühlt, noch deprimiert, krank auch nicht, ..." Er erzählt derbe Witze, säuft literweise Schnaps und geht morgens um fünf Uhr auf die Jagd. Er liebt die Jagd und seine Geschäfte. Frauen sind Objekte seiner Begierden, lieben kann er sie nicht.

Elisabeth, eine promovierte Kunstgeschichtlerin aus Wien, mit Vorliebe für die französische Literatur, wird bald seine Geliebte, dann seine Frau. Warum bindet sich diese Frau, die "Wiener Porzellandame", wie Rapatz sie nennt, an den gewalttätigen, animalischen Mann, den sie körperlich fürchtet? Elisabeth wird süchtig nach den brutalen Zärtlichkeiten von Rapatz. Sie wird "eine Gefangene von Bertolds Nächten und er ein Gefangener ihrer Unersättlichkeit." Seine Gier ist wie eine Krankheit, mit der er Elisabeth infiziert. Sie wird zu einer seinesgleichen, sie kennt sich selber nicht mehr. Sascha, der Forstangestellte aus Montenegro, schlägt ihr das Kreuzzeichen auf die Stirn, um sie zu erlösen von Rapatz' Bann. In einem mystisch anmutenden Vorgang wird Elisabeth befreit: "... und sie standen nur da, aneinandergepreßt wie Verurteilte, die man nackt vor Jahrhunderten an einen Pfahl gebunden hatte, um sie zu verbrennen, und dieses Verbrennen war mehr als jedes andere Gefühl, das Elisabeth je gespürt hatte und es gab nichts darüber hinaus." Aus eigener Kraft kann sich Elisabeth nicht von Rapatz lösen. Erst die reinigende Kraft des Feuers, das Verbrennen, läßt Elisabeth wieder zu sich selbst finden. Eine Handlungsmöglichkeit wird ihr jedoch nicht gewährt. Instinktiv wittert Rapatz, daß er seine Macht über Elisabeth verloren hat. Er erschießt die abtrünnige Elisabeth, den Forstangestellten, dann sich selbst.

Elisabeths Tod bewahrt sie davor, sich auf den langen Weg einer Suche machen zu müssen, die doch tödlich endet, wie wir aus anderen Werken von Ingeborg Bachmann wissen: Die Ich-Figur in "Malina" verschwindet in der Wand und überläßt dem männlichen Malina das Geschäft des Lebens; Franza wird von ihrem Mann, dem Psychoanalytiker Jordan, psychisch gefoltert und stirbt an den Folgen; Fanny Goldmann findet den Tod durch eine Lungenentzündung, nachdem sie ausgenutzt, betrogen, verraten wurde - Todesarten im Werk Ingeborg Bachmanns.

Die weiblichen Figuren gehen an patriarchalischer Grausamkeit zugrunde. Sie sind und bleiben Objekte männlichen Lebens. Eine männliche Identität anzunehmen, ist den Frauen nicht möglich, eine neue weibliche zu finden auch nicht. Ingeborg Bachmann zeigt keinen Ausweg aus der Situation, doch sie macht den Vernichtungsprozeß durchsichtig, in dem den weiblichen Personen Lebensraum und -möglichkeit genommen werden und an dessen Ende - fast als Befreiung - der Tod wartet.

"Der dunkle Schatten, dem ich schon seit Anfang folge" - dieses Zitat aus einem frühen Gedicht deutet Erfahrungen und Gedanken an, die sich durch das gesamte Werk bis zu den späten Romanfragmenten verfolgen lassen. Dieser Aufgabe widmen sich die sieben Aufsätze in diesem Band. Sie weisen hin auf die Aktualität der Bachmannschen Werke, was die Entwicklung weiblicher Identität und Ästhetik und ihre Hemmnisse betrifft - Christa Gürtler: "Der Fall Franza - Eine Reise durch eine Krankheit und ein Buch über ein Verbrechen"; Sigrid Schmid-Bortenschlager: "Frauen als Opfer - Gesellschaftliche Realität und literarisches Modell"; Karen Achberger: "Bachmann und die Bibel". Sie weisen aber auch auf ihre Geschichtlichkeit hin: Kurt Bartsch: "Geschichtliche Erfahrungen in der Prosa von Bachmann"; Hans Höller: "Die gestundete Zeit" und "Anrufung des Großen Bären".

Diese Vorschläge eröffnen, fast zehn Jahre nach dem Tod der Dichterin, Möglichkeiten zu einem neuen Verständnis des Werks und regen zu erneuter Lektüre an.
Die Zeit, 4.3.1983

"Der dunkle Schatten, dem ich schon seit Anfang folge": Ingeborg Bachmann.
Von Andreas Hapkemeyer

Die von Hans Höller herausgegebene Aufsatzsammlung möchte Anregungen zu einem neuen Verständnis des Bachmannschen Werkes vermitteln. Ausgewiesene Bachmann-Kenner haben sich mit Beiträgen beteiligt.

In einem Aufsatz über den *Fall Franza* arbeitet Christa Gürtler Identitätsverlust und -zerstörung heraus, denen die Frauen in Ingeborg Bachmanns letzten Texten ausgesetzt sind. Sie zeigt zudem Parallelen zu feministischen Autorinnen. Es handelt sich hier um eine der wenigen Arbeiten über dieses Fragment. Außer diesem Beitrag beschäftigt sich noch Sigrid Schmid-Bortenschlager in ihrem Aufsatz "Frauen als Opfer" mit Ingeborg Bachmanns letzter Werkphase. Es geht ihr darum, anhand der Erzählungen in *Simultan* die Rolle der Frau als Opfer des Mannes und der Gesellschaft sichtbar zu machen, wobei sie ihre Interpretation im Kontext der 60er Jahre verankert. Sie trifft wie Gürtler mit ihrer Themenstellung die Zentralproblematik der späten Texte. Eine Berücksichtigung des starken ironischen Elements hätte jedoch einzelne Aspekte leicht verschieben können. Die amerikanische Germanistin Karen Achberger vertritt in "Bachmann und die Bibel" die These, daß in "Ein Schritt nach Gomorrha", gegenläufig zur patriarchalischen Tradition, eine weibliche Schöpfungsgeschichte beschrieben sei. Achberger stellt sich feministischen Deutungen entgegen, die in der Erzählung ausschließlich die Darstellung und Propagierung lesbischer Liebe sehen möchten. Daß diese einseitige Lesart durch eine weitere ergänzt wird, ist zu begrüßen: nur die Beziehungen zur Bibel erscheinen manchmal überstrapaziert. In seiner Untersuchung "Geschichtliche Erfahrungen in der Prosa von Bachmann" geht es Kurt Bartsch anhand von zwei Erzählungen um die Beziehung von Text und historischem Hintergrund. Interessant ist der Nachweis, daß "Jugend in einer österreichischen Stadt" weniger als Autobiographie denn als kollektive Biographie der zwischen 1920-30 in Österreich Geborenen zu lesen ist. Bartsch hat mit "Jugend" und "Unter Mördern und Irren" verdienstvollerweise zwei Texte herangezogen, die bisher in der Germanistik vernachlässigt worden sind. Der Herausgeber selbst richtet sich in seinem umfangreichen Beitrag zurecht gegen ausschließlich ästhetisch-poetologisch orientierte Untersuchungen der Lyrik. Er plädiert dafür, sie aus der spezifischen Situation der 50er Jahre heraus zu verstehen. Höller weist nach, daß sich die Konstanten Hoffnung, Enttäuschung, Aufbruch und Scheitern direkt auf die Nachkriegszeit beziehen. Die Bachmannsche Lyrik ist also durchaus zeittypisch. "An einem kleinen Nachmittag: Brecht liest Bachmann", der Artikel des in der DDR lebenden Gerhard Wolf, ist ein Kuriosum. Wolf geht es um Brechts Rezeption von *Die gestundete Zeit*. Brecht hat durch Unterstreichungen und Bemerkungen in dem von ihm gelesenen Band die Gedichte z. T. extrem zurückgestutzt. Wolf bietet ein lesenswertes Dokument der Beurteilung einer Größe durch eine andere. Dabei wird die unterschiedlich poetische Auffassung der beiden Autoren überdeutlich. In dem Aufsatz "Im ungeistigen Raum unserer traurigen Länder" beschäftigt sich Klemens Renoldner mit dem Utopiedenken und der Vergangenheitsbewältigung bei Christa Wolf und Ingeborg Bachmann. Berührungspunkte werden sichtbar: bei beiden fungiert die Literatur als "Hüterin menschlicher Utopien", bei beiden geht es um ein Nachholen der "Trauerarbeit" und eine "neue Sprache". Renoldner macht aber auch auf die unterschiedliche Einschätzung der Realisierbarkeit der Utopie und der Wirkungsmöglichkeiten des Schriftstellers aufmerksam. Robert Pichl schließlich hat mit der Herausgabe des Erzählungsfragments *Gier* aus dem Nachlaß einen weiteren Bachmannschen Text zugänglich gemacht. Die Edition ist in den einzelnen Schritten genau zu verfolgen. Das Resultat ist ein Text, der vor dem Hintergrund des *Todesarten-Simultan*-Komplexes verstehbar ist. In einem weiteren Beitrag gibt Pichl einen Bericht über Ordnung und Aufarbeitung des literarischen Nachlasses von Ingeborg Bachmann. Jeder an der Benützung des Nachlasses Interessierte findet hier die notwendigen Anleitungen und Informationen.

Hans Höller hat seine Intention verwirklicht: der Band vermittelt tatsächlich Anstöße zu einer neuen Lektüre des Werkes und die Verbindung der spezifisch literarischen Aspekte mit den historischen Zeitereignissen ist im Band mehr oder weniger durchgängig gewährleistet. Die Aufsätze bringen Neues: der bisher noch wenig untersuchten letzten Prosa gilt ein Teil der Beiträge. Öfter Besprochenes erscheint in einem neuen Licht, so etwa die Lyrik. Eine Bereicherung stellt die Hereinnahme des Nachlaß-Fragments dar. Der Band spiegelt den letzten Stand der Bachmann-Forschung.
Literatur und Kritik, Bd. 18, Heft 177/178, 1983, S. 435f.

SÄMTLICHE GEDICHTE (1983)

Mein Teil, es soll verloren gehen

Von jk

Daß Dichtung nicht für die Pose und den Feierabend zu haben ist, daß sie von Liebe und Tod, Leben und Sterben nicht nur handelt, sondern deren Verzahnung in der Biographie erzwingt, daß Literatur ihre Rechnung im Leben stellt - kaum ein dichterisches Werk deutscher Sprache der Nachkriegszeit belegt dies wie das "Œuvre" der Ingeborg Bachmann. Geboren 1926 in Klagenfurt, gestorben 1973 nach einem Brandunfall in Rom und dazwischen: "Es könnte viel bedeuten: wir vergehen,/ ...," "Erklär mir, Liebe", "Ein Toter bin ich, der wandelt/ gemeldet nirgends mehr" und schließlich die letzten Zeilen des letzten Gedichts: "Mein Teil, es soll verloren gehen."

Verzweifelte Zeilen

Wo immer man die "Sämtlichen Gedichte" aufschlägt, stößt man auf solch wunderschöne, solch heillos verzweifelte Zeilen, die die am Leben zerschellte Person in das heimliche Buch der Menschheit, in die Literatur einschreiben. Zum Schluß aber will sie auch auf das Wort, auf Schreiben und Literatur verzichten: "Soll ich einen Gedanken gefangennehmen/ abführen in eine erleuchtete Satzzelle?" und: "Nichts mehr gefällt mir" und: "Mein Teil, es soll verloren gehen." Dichtung als Ausdruck und Ausfluß eines verstummenden Lebens und Frucht einer unausweichlichen existentiellen Bedrohung: "Schon den Versuch bedrohen fremde Zeichen".

Magische Form der Literatur

Im Werk der Bachmann gibt sich die Lyrik nicht allein als die subjektivste der literarischen Gattungen, wie es so schön heißt, sondern als die radikalste zu erkennen, als Ort der Tragödie, als magische Form der Literatur auch, jene, die an nicht, sondern die einen schreibt. Die Horrorvorstellung allen bürgerlichen Kunstverständnisses, daß nämlich Schönheit und Auflösung, Todesnähe und ästhetisches Gelingen zusammenhängen möchten - bei ihr findet man sie geradezu exemplarisch bestätigt.

Todessehnsucht

Nicht konstruktives Denken und erhebendes Fühlen, sondern Verzweiflung und Todessehnsucht als poetische Antriebskräfte teilt sie im übrigen mit den Jessenin, Vallejo oder Celan. Und auch das Wissen, allein in der Literatur jene andere Wirklichkeit zu finden, jenen utopischen Vorgriff tun zu können, der trotz allem in unsere tödliche Realität zurückleuchtet: "Liegt Böhmen noch am Meer, glaub ich den Meeren wieder./ Und glaub ich noch ans Meer, so hoffe ich auf Land."

Böhmen liegt am Meer

Man dürfe bestenfalls hoffen, daß von einem Lebenswerk eine Handvoll gelungener Gedichte übrigbleibe und Bestand haben werde, lautet die Maxime der poetischen Moderne. Mich zieht bei der Bachmann auch die Widerlegung dieser These an. Gerade das Gedicht "Böhmen liegt am Meer" scheint mir unter dem Gesichtspunkt ästhetischer Vollkommenheit durchaus fragwürdig. Gleichwohl ist es ein grandioses Poem. "Ich will nichts mehr für mich. Ich will zugrunde gehn./ Zugrund - das heißt zum Meer, dort find ich Böhmen wieder./ Zugrund gerichtet, wach ich ruhig auf./ Von Grundauf weiß ich jetzt, und ich bin unverloren."
Thurgauer Zeitung, 31.1.1983

Wem es das Wort verschlägt

Von Horst Bienek

Bei der Verleihung des Büchner-Preises an Ingeborg Bachmann im Jahre 1964 erklärte die österreichische Autorin, daß sie "wahrscheinlich keine Gedichte mehr schreiben werde". Und in einem Fernseh-Interview in Rom, 1971, sagte sie schon fest und bestimmt: "Ich werde nie mehr Gedichte schreiben!" In den letzten zehn Jahren ihres Lebens (sie starb nach einem Brandunfall am 17. Oktober 1973) sind nicht mehr als sechs neue Gedichte entstanden, von denen sie fünf noch zu Lebzeiten in Druck gegeben hat (1968), das sechste mit dem Titel "Eine Art Verlust" wurde als einziges im Nachlaß aufgefunden.

Eines dieser späten Gedichte, mit dem biblisch anklingenden Titel "Wahrlich", ist Anna Achmatowa gewidmet, der sie im Dezember 1964 in Rom begegnet ist - kurz danach soll auch dieser Text entstanden sein. Ingeborg Bachmann muß Achmatowas Biographie und einige ihrer Gedichte, bestimmt "Das Requiem", gekannt haben. Sie muß gewußt haben, daß die russische Dichterin in ihrem eigenen Land lange verfemt war und über zwanzig Jahre lang keine Zeile veröffentlichen durfte. Ihr lyrisches Werk ist schmal; darunter gibt es Verse, die als Zeitraum der Entstehung 1936-60 (so etwa das nur achtzeilige Mandelstam-Gedicht) angeben. Solches bedenkend, setzt wohl das Gedicht von Ingeborg Bachmann ein: "Wem es ein Wort nie verschlagen hat, ... dem ist nicht zu helfen."

Angesichts einer Sintflut publizierter Lyrik, weist sie entschieden darauf hin, daß es Erlebnisse und Erfahrungen für einen Dichter geben kann, die ihn zum Schweigen veranlassen. Ja, daß unter bestimmten Umständen das rechte Schweigen ihn erst zu einem wirklichen Dichter macht. In ihrer hochfahrenden poetischen Gestik hatte sie ohnehin Verachtung übrig für jene, die immer eine Antwort bereit haben, die sich "weißgott mit den Worten zu helfen wissen", die "Metaphern ausstaffieren ... die Syntax kreuzigen", wie sie in einem Gedicht ("Keine Delikatessen") ein paar Jahre vorher schreibt. Denen sollte man besser gar nicht über den Weg trauen, auch nicht über Umwege. Brauchte man nicht ein Leben, eine "leiderfahrene Existenz" - um einen einzigen Satz haltbar zu machen? Um "auszuhalten in dem Bimbam von Worten"?

"Bimbam von Worten", das klingt salopp, aber es steckt eine denunzierende Schärfe dahinter; in diesem trivialen Geläut der Wörter: darin muß man aushalten und seinen eigenen Klang hörbar, unüberhörbar machen. Manchmal sogar, indem man schweigt, verstummt. Und deshalb im Schluß dieser beschwörende, bekennende, von einer eisigen Entschiedenheit erfüllte Satz (bei dem man versucht ist, den Titel voranzustellen: "Wahrlich") "Es schreibt diesen Satz keiner, der nicht unterschreibt." Was wohl heißen soll: Der sein Urteil nicht unterschreibt! Und bedeutet das Urteil vielleicht: keine Gedichte mehr zu schreiben?

Man weiß, daß Anna Achmatowa nach zwanzig Jahren des Verbots schließlich im Krieg zwei Gedichtbände veröffentlichen durfte, doch bald danach wurde sie von der Partei angegriffen und 1946 aus dem Schriftstellerverband ausgeschlossen. Erst in den sechziger Jahren wurde sie rehabilitiert. - Sie hat geschwiegen. Sich nicht mit dem Bimbam der Worte gewehrt. Aber sie hat die Sätze haltbar gemacht in ihren Versen. Eine Haltung, die dem poetischen Selbstverständnis von Ingeborg Bachmann nahegekommen sein muß. So ist "Wahrlich" ein Gedicht, das genausoviel über die russische Dichterin Anna Achmatowa wie über die österreichische Dichterin Bachmann aussagt. Und über das Ersticken der Poesie in dem uns umlärmenden Bimbam von Worten.
Frankfurter Allgemeine Zeitung, 4.2.1983

Böhmische Undine

Von Hermann Burger

Zweimal hörte ich Ingeborg Bachmann dieses Gedicht aus dem Jahr 1964 vorlesen, in Basel und in Zürich, und nicht nur vom Text her, auch aus ihrer Vortragsweise wurde klar, daß es - kurz vor dem endgültigen Versiegen ihrer Lyrik - eines der letzten sein würde, die sie in melodischen Langzeilen geschrieben hatte. Darum liebe ich "Böhmen liegt am Meer" besonders, auch wenn es nicht zu ihren besten Gedichten gehört.

Mit dem Titel spielt die Autorin auf Shakespeares Irrtum im "Wintermärchen" an, wo es in der dritten Szene des dritten Aufzugs heißt: "Böhmen, eine wilde Gegend am Meer". Die Reminiszenz wird in der sechsten Strophe auf weitere "Komödien" des englischen Dramatikers erweitert. Doch das geographische Paradox muß in Ingeborg Bachmanns Sinn gedeutet werden.

Wir kennen die zentrale Rolle, die das Element Wasser in ihrem Werk spielt, aus der lyrischen Erzählung "Undine geht", die auf Motive in Fouqués Märchen "Undine" zurückgreift. Der Ritter Huldbrand, der an ihrem Kuß sterben wird, nennt die Nixe eine "Gauklerin". Eine Seele - und damit eine menschliche Sprache - erlangen diese Elementargeister nur in der irdischen Liebe.

Mit ihrer "Undine" hat Ingeborg Bachmann den Kern ihrer Problematik als Frau und gelehrte Dichterin getroffen. Sie ist die Sirene mit dem betörenden Gesang - hier bedient sie sich streckenweise gar des sechsfüßigen Alexandriners -, aber auch das rastlose Wellenwesen, das nicht weiß, "wie man Platz nimmt in einem anderen Leben". Einerseits wird die Liebe erfahren als stärkste Macht der Welt, andererseits ist sie als reine Größe nicht zu verwirklichen.

Was hat dies zu tun mit "Böhmen liegt am Meer"? Das Gedicht führt den Satz "Ich gehe ja schon" aus der Erzählung zu Ende: "Zugrund - das heißt zum Meer, dort find ich Böhmen wieder." Ein "Böhme" ist ein besitzloser Vagant, den nichts hält.

Das Haus, in dem ihre Vorfahren wohnten, Österreicher und "Windische", sagt Ingeborg Bachmann im Fragment "Biographisches", trage heute noch einen fremden Namen. So nahe der Grenze noch einmal die "Grenze der Sprache". Auch die Studierstadt Wien wird zur Heimat an der Grenze, zwischen einer "großen Vergangenheit und einer dunklen Zukunft".

Das Gedicht bringt zwei der wichtigsten Lebens- und Schaffenselemente Ingeborg Bachmanns zusammen: das "Haus Österreich" und das Wasser, das Meer. Hier spricht noch einmal Undine, sie taucht im ersten Vers wie am Ende der Erzählung in das "grüne" Haus; sie muß, hier wie dort, zugrunde gehen und zu Grunde, um von "Grund auf" zu wissen: "Ich grenz noch an ein Wort und an ein andres Land."

"Land meiner Wahl" steht als Chiffre für die eine, das Wasser als Zeichen für die andere Heimat, die Einsamkeit, in die ihr keiner folgt, die sprachlose, aber mächtige Untiefe. Wird Böhmen ans Meer "begnadigt", im "Widerspiel des Unmöglichen mit dem Möglichen" findet die Dichterin ihren geometrischen Ort zwischen Ost und West, Kontinent und Ozean, Vergessen und Erinnern, auch den lebbaren Kompromiß zwischen Intellekt und Gefühl.

Das nach Verankerung drängende Wellenwesen verkörpert die "utopische Existenz", von der sie in ihren Frankfurter Vorlesungen spricht: gebunden an die Vergangenheit, für die Zukunft verloren. Ein Liebesgedicht? Ja, eine Hommage an den Raum, wo "alles einen Begriff von mir hat".
Frankfurter Allgemeine Zeitung, 19.2.1983

Ingeborg Bachmann: Sämtliche Gedichte.
Von Anonym

Ingeborg Bachmann (1926-1973), die allzu früh verstorbene österreichische Schriftstellerin, ist eine der herausragenden Repräsentantinnen deutschsprachiger Lyrik der Nachkriegszeit. Ihre zuerst in schmalen Einzelbänden ("Die gestundete Zeit", "Anrufung des Großen Bären") und in einem Sammelband vereinigten Gedichte, in denen die Autorin aus dem Gefühl eines existentiellen Pessimismus stets wieder um das Problem der Sprache kreist, sind später zusammen mit den Hörspielen, Libretti und Übersetzungen in den ersten Band der Werkausgabe aufgenommen worden. Deren leicht verbesserter Neuauflage ist nun eine Edition "Sämtliche(r) Gedichte" entnommen worden, die in chronologischer Ordnung nach der Erstveröffentlichung die Lyrik Ingeborg Bachmanns von den Jugendgedichten (1942 bis 1945) bis zu den Gedichten der Jahre 1964 bis 1967 enthält.

Anmerkungen orientieren über Erstveröffentlichung und Textgestalt der einzelnen Gedichte.
Neue Zürcher Zeitung, 3.4.1983

Gefährliches Leben

Von Gertrud Fussenegger

Das Gedicht spricht vom Sterben, genauer gesagt, von der Fixierung des lyrischen Ich an Tod und Zerstörung. Das lyrische Ich spricht sich selbst vernichtende Wirkung zu. Zwar - der Schnee, der den Frühling des Tals zur Unzeit heimsucht, die kalte Quelle, die im Wind treibt, sind noch vergleichsweise freundliche Bilder. Dann aber ist vom Tropfen die Rede, der Fäulnis in die Blüte träufelt: Diese Metapher weist auf schleichend wirkende morbide Macht, ein starkes Bild.

Dagegen evoziert das Folgende eher den Auftritt eines ungebärdigen alpinen Poltergeistes, der ruhelos, weil schlaflos umherfährt, Pfeiler stürzt, Mauern höhlt und Steinschlag niedergehen läßt, die personifizierte Erosionskraft, immerhin unter "aller Himmel sicherem Gebäude" - also ist die Welt irgendwie noch in Ordnung, dort mindestens, wohin das zerstörerisch wütende Ich nicht hinreicht. Anderenteils warnt dieses Ich "mit des Meeres fernem Rauschen"; warnt es vor sich selbst? Und vor dem gefährlichen Leben, das es im "Mund der Wasserfälle" führt?

Dann aber lenkt das Gedicht in Gedankliches ein: "Ich bin der großen Weltangst Kind, die in den Frieden und die Freude hängt". Was schon in Zeile 8 erklärt worden ist, wird in der Schlußzeile wiederholt: "Ich bin das Immerzu-ans-Sterben-Denken." Das lyrische Ich identifiziert sich mit dieser düsteren Obsession. Ist diese Feststellung Klage, ist sie Selbstbezichtigung, ist sie stolze Selbstabgrenzung? Der Titel des Gedichts "Hinter der Wand" läßt alle drei Deutungen zu.

Wir haben es hier mit einem frühen Text zu tun, den Ingeborg Bachmann als Typoskript hinterlassen hat. Sie hat ihn nie veröffentlicht. Er ist erst in der Gesamtausgabe erschienen. Wir dürfen fragen, was die Dichterin veranlaßt hat, dieses Gedicht zurückzuhalten. War sie nicht zufrieden mit ihm? Vielleicht störte sie die Doppeldeutigkeit dessen, was sie in diesem Gedicht "Sterben" nennt, vielleicht schreckte sie davor zurück, sich selbst verstörend-vernichtende Kräfte zuzuschreiben; vielleicht kam sie auch nur mit den zwei vorletzten Zeilen nicht zurecht - "wie Glockenschläge in des Tages Schreiten/ und wie die Sense in den reifen Akker". Das klingt weniger nach Bachmann als nach Weinheber oder nach noch Früherem, Pathetischem. So etwas ließ sie sich nicht durchgehen.

Was mich an dem Gedicht beschäftigt, ist ein Doppeltes: erstens, daß mir die plakative Aussage "Ich bin das Immerzu-ans-Sterben-Denken" als treffende Formel erscheint für die ganze österreichische Literatur von Grillparzer bis Bernhard; zweitens berührt mich das hier eingebrachte lokal-alpine Erfahrungsgut, das ich mit der Kärntnerin Bachmann gemeinsam habe: daß der Schnee im Frühling bis ins Tal herabkommt, daß die Quelle als Wasserfahne im Wind weht, daß Geröll vom Berg herabpoltert; und die Blüte, die "wie um einen Sumpf" fault, kann ich mir gut als Schneerose vorstellen.

Daß ein Gedicht beides leisten kann, Formel und Sinnfälligkeit, Sehr-Allgemeines und Ganz-Besonderes, hat mir den Text zu langem Nachdenken aufgegeben.

Frankfurter Allgemeine Zeitung, 6.8.1983

WIR MÜSSEN WAHRE SÄTZE FINDEN (1983)

Die Rache des Gefangenen
Von Jürgen P. Wallmann

Viele Jahre lang hat Ingeborg Bachmann, die 1953 ihren ersten Gedichtband "Die gestundete Zeit" veröffentlichte, die Aura einer Poetessa assoluta umgeben: ein Gespinst aus ehrfürchtigen Legenden und Klatschgeschichten. Und diese Aura wurde noch verstärkt durch die geheimnisvollen Umstände bei jenem Brandunfall, bei dem sie vor nunmehr zehn Jahren, am 17. Oktober 1973, grausam ums Leben kam.

Aus einem Bestand von mehr als fünfzig Interviews, Gesprächen und Statements wurden dreißig Texte (zum Teil Tondokumente aus Hörfunk und Fernsehen, darunter auch eines von Alois Rummel) für den Abdruck ausgewählt. Ingeborg Bachmann war, seit ihr "Der Spiegel" 1954 eine Titel-Story gewidmet hatte, immer wieder Gegenstand journalistischer Neugier. Aber sie stand den Medien mit Skepsis gegenüber. Und so hat sie nicht nur auf plumpe und dreiste Fragen nach Privatem die Antwort konsequent verweigert - auch mit Ansichten und Meinungen zu politischen oder künstlerischen Fragen war sie äußerst zurückhaltend. Gewiß, man kann hier und da Äußerungen zum Film oder zum Hörspiel lesen, zur "Gruppe 47" oder zu ihrer Wahlheimat Rom, zum Nationalsozialismus oder zur Emanzipation, gelegentlich auch Hinweise zum Verständnis ihrer Dichtungen. Im allgemeinen aber lehnte es Ingeborg Bachmann ab, Ansichten kundzutun ("Ansichten sind überhaupt unwichtig"), Meinungen zu verkünden: weil sie davor zurückscheute, Phrasen und Worthülsen zu verwenden, weil sie nicht bloß "Worte machen" wollte; diese Skepsis läßt ihre Affinität zu Vorbildern wie Kraus und Wittgenstein deutlich erkennen. Sprachskepsis (oder besser: höchstes Verantwortungsgefühl gegenüber der Sprache) ist denn auch ein zentrales Thema dieser Interviews. Ihr Verhältnis zur Sprache umschrieb Ingeborg Bachmann mit einem Zitat von Nestroy: "Ich hab' einen Gefangenen gemacht, und der läßt mich nicht mehr los."

Mit dieser Haltung gegenüber der Sprache hängt auch die oft gestellte Frage zusammen, warum Ingeborg Bachmann nach den zwei Lyrikbänden von 1953 und 1956 kaum noch Gedichte geschrieben habe. Im Gespräch mit Kuno Raeber sagte sie 1963: Aufgehört habe sie mit dem Gedichteschreiben, als ihr der Verdacht gekommen sei, sie "könne" jetzt Gedichte schreiben, auch wenn der Zwang, welche zu schreiben, ausbliebe: "Schreiben ohne Risiko - das ist ein Versicherungsabschluß mit einer Literatur, die nicht auszahlt." Und 1971, im Gespräch mit Otto Basil, sagte sie auf die Frage, ob sie vielleicht aufgehört habe, weil sie sich zu schwach fühle: "Aufhören ist eine Stärke, nicht eine Schwäche."
Rheinischer Merkur, 21.10.1983

Mal zuwenig, mal zuviel

Von Hermann Burger

Zwei Publikationen sind zum zehnten Todestag Ingeborg Bachmanns am 17. Oktober dieses Jahres erschienen: ein Band mit Interviews und Gesprächen und das großformatige Album "Bilder aus ihrem Leben". In beiden Fällen freut und ärgert man sich zugleich, denn aus falsch verstandener Pietät - was letztlich nur der Legendenbildung dient - wird im Interviewband zuviel, im Bildband zuwenig geboten.

Was bringt es dem geneigten Leser, was der Bachmann-Forschung, wenn man erfährt, daß Harald Grass - geboren 1941 in Klagenfurt - am 1. Mai 1965 für die Klagenfurter Volkszeitung die Frage stellt: "Weil wir gerade von großen Romanciers sprechen, wie gefällt Ihnen Beckett?" Die Herausgeberinnen Christine Koschel und Inge von Weidenbaum sind sich dieser Problematik bewußt. Ingeborg Bachmann, so entnehmen wir dem Vorwort, habe nicht gewünscht, sich in Büchern mit Interviews verewigt zu sehen. Der befragte Schriftsteller tappe nur "tolpatschig in den Gegenden" herum, in denen er sich schreibend einmal zurechtgefunden habe.

Und zum Glück, sagt sie ein andermal, "verrauschen" Rundfunkgespräche. Hier sind sie mit allen Nebengeräuschen festgehalten. Zwar beteuern die Editorinnen, dort gekürzt zu haben, wo sich die Antworten überschneiden, etwa auf die Frage, warum Ingeborg Bachmann nach "Anrufung des Großen Bären" keine Gedichte mehr geschrieben habe. Sie taucht durchschnittlich in jedem dritten Gespräch auf; doch die gültige Erklärung wird ein einziges Mal abgegeben: "Ich habe aufgehört, Gedichte zu schreiben, als mir der Verdacht kam, ich 'könnte' jetzt Gedichte schreiben ..."

Warum hat man es nicht dabei bewenden lassen und alle vagen Verlegenheitsformeln mitaufgenommen in ein Konzept der "wahren Sätze"? Hat denn nicht Ingeborg Bachmann selbst im Roman "Malina" die groteske Situation des Frage- und-Antwort-Spiels ironisiert, im seitenlangen Gespräch mit dem Journalisten Mühlbauer von der Wiener Nachtausgabe? Die Fragen verkümmern zu numerierten Auslassungspunkten, und in den Entgegnungen, von denen man nie weiß, wurden sie nun aufgenommen oder gerade gelöscht, potenzieren sich die Verwirrungen: "Anderswo wird jetzt auch gefragt und geantwortet, noch seltsamere Probleme werden anvisiert."

Warum hatten Christine Koschel und Inge von Weidenbaum nicht einfach den Mut, das Überflüssige wegzuschnipseln und - unter Verweis auf die Originalquellen - ein quasisynthetisches Muster-Interview aufzubauen, eine "Konferenzschaltung" mit den Partnern herzustellen und jene Anstöße zu berücksichtigen, welche zu den ergiebigsten Äußerungen führten? Sie hätten damit dem Negativbeispiel in "Malina", das ja auch auf konkrete Befragungen zurückgehen dürfte, ein positives gegenübergestellt.

Herausragend das Gespräch mit Kuno Raeber von 1963. Nicht der Fragenkatalog, sondern die Persönlichkeit des Gegenübers ist ausschlaggebend. Der Schriftstellerkollege Raeber versteht, was für ein "Aberglaube" einen daran hindern kann, über entstehende Werke zu plaudern. Und gerade, weil er keine heißen Kastanien hervorkitzeln will, spricht Ingeborg Bachmann offener: "Schreiben ohne Risiko - das ist ein Versicherungsabschluß mit einer Literatur, die nicht auszahlt." Schreiben aber als Risikoexistenz in dem Sinne, wie es Ingeborg Bachmann im Gedicht "Wahrlich" formuliert hat - "Es schreibt diesen Satz keiner,/ der nicht unterschreibt" -: davon vermag der von Andreas Hapkemeyer betreute Bildband wenig zu vermitteln. Er ist zu brav, zu adorantenhaft geraten, das Layout erinnert zu sehr an Fotochronik-Attentate auf Klassiker zu Lebzeiten. Einerseits verspricht der Herausgeber die Erhellung von Hintergründen, welche für das Verständnis des Werkes, "aber auch der Person von Bedeutung sind".

Andererseits wird unter Berufung auf die Diskretion der Dichterin in persönlichen Fragen das Privatleben nur lückenhaft dokumentiert. Zum Beispiel fehlt ein Bild von Max Frisch (siehe F.A.Z. vom 12. Oktober 83), mit dem Ingeborg Bachmann ein paar Jahre zusammengelebt hat. Warum soll, was nachzulesen ist in "Montauk", und im Roman "Mein Name ist Gantenbein" seinen Niederschlag gefunden hat, hier verschwiegen werden? Es kann nicht die Aufgabe einer Bildchronik sein, Lebenden und Verstorbenen Zensuren für ihr Verhalten zu erteilen.

An die zwei Dutzend Bilder zeigen Ingeborg Bachmann auf Tagungen der Gruppe 47, bei Preisverleihungen und anderen Empfängen. Ein einziges Mal sehen wir sie an der Schreibmaschine, einmal in der "wienerischen" Bibliothek in Rom. Auch wenn der Festglanz zu ihrem Wesen gehörte - die Proportionen stimmen nicht. Da war mehr Chaos und Arbeit als Repräsentanz.

Beim Jugendabschnitt erweist es sich als problematisch, wenn über weite Strecken hinweg der Text "Jugend in einer österreichischen Stadt" illustriert wird. Die Bilder - Geburtshaus, Radetzkystraße - sind wichtig, aber gerade nicht für das Verständnis der Erzählung, welche die zufälligen autobiographischen Lokalitäten transformiert. Da wird der Leser zu einem falschen Aha erzogen.

Beispielhaft für ein gelungenes Kapitel ist die Dokumentation der Studienjahre in Innsbruck, Graz und vor allem Wien. Paul Celan, 1947 aus Rumänien geflohen; der Lesesaal der Österreichischen Nationalbibliothek in Wien, Ort der Erkenntniskrise in "Das dreißigste Jahr"; die Nervenheilanstalt "Am Steinhof", in der Ingeborg Bachmann praktizierte; Ludwig Wittgenstein; der Förderer Hans Weigel und das Literatencafé Raimund; das Büro des Senders Rot-Weiß-Rot: das sind, karg dokumentarisch und unsentimental, Stationen, Fixpunkte einer vielschichtigen Entwicklung. Hier wird mit wenigen Strichen ein kulturelles Klima skizziert, das Klima, in dem die ersten Gedichte entstanden sind.

Dafür wird man gleich im nächsten Kapitel mit einer Totale von Neapel erschlagen, die mit dem Zyklus "Lieder auf der Flucht" ebensowenig zu tun hat wie ein Sonnenaufgang mit dem Hymnus "An die Sonne". Das Dilemma des Herausgebers lag offenbar darin, daß er einerseits nicht verzichten, anderseits nicht aufs Ganze gehen wollte. So entstand eben ein Gemischtwarenladen, ein Poesiealbum mit Sperrbezirken, und nicht die verläßliche Chronik, wie sie, als Spiegel "wahrer Sätze", Ingeborg Bachmanns Werk angemessen wäre.
Frankfurter Allgemeine Zeitung, 13.12.1983

Wahre Sätze finden

Von Doris Reimer

"Die Wahrheit ist dem Menschen zumutbar" - ein Satz von Ingeborg Bachmann, die schon zu Lebzeiten ihre eigene Legende war, genauer: seitdem ihr der "Spiegel" 1954 eine Titelstory gewidmet hatte. Am 17. Oktober 1973 verstarb die in Klagenfurt geborene Dichterin an den Folgen eines Brandunfalls in Rom.

Jetzt, zehn Jahre später, erscheint ein von Andreas Hapkemeyer herausgegebener Bildband mit Texten aus Ingeborg Bachmanns Werk. Leider hält er nicht, was er verspricht. Er bietet zwar "Bilder aus ihrem Leben", zeigt die wechselnden Wohnorte (Wien, Rom, München, Zürich, Berlin) der Schriftstellerin, die sich selbst einmal als Vagabundin bezeichnete, aber das "Porträt einer Dichterin" entsteht daraus noch lange nicht. Die Gedichte und Zitate aus Prosa, Hörspielen, Essays und die Dissertation der Bachmann über "die kritische Aufnahme der Existentialphilosophie Martin Heideggers" scheinen recht willkürlich ausgewählt zu sein. Das einzig nennbare Kriterium ist wohl, daß die Texte jeweils ungefähr aus der gleichen Zeit stammen wie die Photos.

Daß man die Wahrheit über die private Ingeborg Bachmann aus diesem Band nicht erfährt, liegt nun zum einen daran, daß ihr brieflicher Nachlaß und damit die persönlichsten Dokumente noch 40 Jahre lang gesperrt sein werden. Zum anderen wollte der Herausgeber bewußt diskret sein angesichts der scheuen Zurückhaltung, die Ingeborg Bachmann immer dann übte, wenn sie auf ihr Privatleben angesprochen wurde. Er entschloß sich deshalb, sich mit der Nachzeichnung ihres Werdegangs als Schriftstellerin zu begnügen. Aber: Wenn in einem Fotoband über "Leben und Werk" der Dichterin u. a. "ihre Beziehungen zu anderen Schriftstellern und Künstlern" belegt werden sollen, darf dann ein Mann wie Max Frisch gänzlich fehlen, nur weil er vier Jahre lang (von 1958-1962) eine Liebesbeziehung zu ihr hatte? Das ist denn wohl doch zu viel der Diskretion! Werden fast alle wichtigen persönlichen Begegnungen im Leben der Bachmann verschwiegen, so muß auch die Darstellung von Stationen ihres schriftstellerischen Schaffens zu einer blutleeren Sache, kann z. B. ihre Entwicklung von der Lyrikerin zur Prosaschreibenden kaum verständlich gemacht werden.

Wer sich für das Selbstverständnis der Bachmann als Schriftstellerin interessiert, dem seien die von Christine Koschel und Inge von Weidenbaum herausgegebenen Gespräche und Interviews empfohlen. Wichtige Themen der Dichterin werden in diesen Dokumenten aus zwanzig Jahren angesprochen. Sprachskepsis, Liebe zur Literatur und Musik, Leiden am Leben und Überzeugtsein von der Notwendigkeit des Sich-Erinnerns, Glauben an die Liebe und die Erfahrung ihrer Unmöglichkeit durchziehen ihr viel zu kurzes Leben. Die Interviews zeigen Ingeborg Bachmann als eine keineswegs unpolitische Schriftstellerin, die aber alle Schlagworte bewußt vermeidet. Zu tief sitzt das Mißtrauen gegen Phrasen, die sie als eine, die Wirklichkeit darstellen will, nicht verwenden darf. Da in den privaten Untaten "die Keime für all das, was die großen Untaten sind", liegen, gilt es die privaten Beziehungen, vor allem die zwischen Mann und Frau unter die Lupe

zu nehmen. Dabei geht es Ingeborg Bachmann nicht etwa um die Rolle der Frau, sondern um das "Phänomen der Liebe". Besonders um den "Grenzfall" der absoluten Liebe, für die es keinen Platz in dieser Welt gibt. "Liebe ist ein Kunstwerk", sagt Ingeborg Bachmann, das die wenigsten Menschen können. Sie hat es geschaffen mit ihrer Poesie, die auch in ihrer Prosa lebt.
Rhein-Neckar-Zeitung, 24.12.1983

"Fluchtpunkte und Schwerpunkte"

Von Ha(nsres) J(acobi)

Zehn Jahre nach ihrem Tod - sie starb am 17. Oktober 1973 in Rom - beschäftigt die österreichische Schriftstellerin Ingeborg Bachmann unvermindert ihre Nachwelt. Die Mutmaßungen über die nie völlig geklärten Umstände ihres Todes halten an, aber wesentlich wichtiger ist ihre geistige und künstlerische Präsenz im Werk. Dem legitimen werkbezogenen Interesse an ihr kommt die von Christine Koschel und Inge von Weidenbaum herausgegebene Sammlung von Gesprächen und Interviews entgegen, die unter dem Titel "Ingeborg Bachmann: Wir müssen wahre Sätze finden" erschienen ist. Von den über fünfzig öffentlichen Verlautbarungen, die Ingeborg Bachmann zwischen 1953 und 1973 abgegeben hat, werden in chronologischer Reihenfolge dreißig in Presse und Rundfunk veröffentlichte Texte vorgelegt, die geeignet sind, wesentliche Auskünfte über die Autorin, ihr Leben und Werk zu vermitteln, obschon sie zeitlebens eine unverkennbare Scheu vor Interviews gezeigt hat. "Ich sehne mich nach Frieden und suche meine Zuflucht daher in der Anonymität", sagte sie einmal, und auf die Frage nach ihrer nächsten Veröffentlichung antwortete sie: "Das sage ich besser nicht, weil ich sonst nicht weiterarbeiten könnte." Ihre Abneigung gegen öffentliche Statements war grundsätzlicher Natur, "denn im Sprechen bleibt man ja hinter dem Schreiben zurück und tappt tolpatschig in den Gegenden herum, in denen man sich schreibend schon einmal zurechtgefunden hat".

Leben und Werk

Aus den unterschiedlich ergiebigen Gesprächen gehen mancherlei interessante Auskünfte, zunächst über ihr Leben, hervor. Schon früh (1955) bekannte sie: "Begegnungen mit der Wirklichkeit, mit Orten, Ländern und Menschen sind oft wichtig gewesen und können in verwandelter Form nach Jahren wieder auftreten", aber einige Jahre später erklärte sie, der Ort, wo sie lebe, habe keine Bedeutung mehr für sie: "Es kommt mir nur noch darauf an, ein ruhiges Zimmer zu haben, mit zwei Tischen womöglich und vielen Büchern an der Wand." Sie, die in vielen Städten gelebt hatte, bezeichnete die Begründungen für die Wahl eines bestimmten Ortes als Ausflucht, "um über Fluchtpunkte und Schwerpunkte, die man sich selber schafft, schweigen zu können". Dennoch fällt auf, daß sie den größten Teil ihrer letzten zwanzig Jahre in Rom verbrachte, dessen große Vitalität und die Verbindung des Alten mit dem Neuen sie fesselte, das ihr "als letzte Großstadt unter den mir bekannten erscheint, wo man ein geistiges Heimatgefühl haben kann", so wie sie in Italien "froher geworden" sei. Aufschlußreich ist ihr Bekenntnis aus dem Jahre 1969, "daß ich zwar in Rom lebe, aber ein Doppelleben führe, denn in dem Augenblick, in dem ich in mein Arbeitszimmer gehe, bin ich in Wien und nicht in Rom. Das ist natürlich eine etwas anstrengende oder schizophrene Art zu leben. Aber ich bin besser in Wien, weil ich in Rom bin, denn ohne diese Distanz könnte ich es mir nicht für die Arbeit vorstellen." Tiefe Eindrücke empfing Ingeborg Bachmann von ihrer Reise 1973 nach Polen, wo der Überlebensmut des durch den Zweiten Weltkrieg schwer geprüften Volkes sie bewegte.

In den Interviews äußerte sich die Schriftstellerin auch über äußere und innere Aspekte ihrer Arbeit. Sie schilderte ihre Arbeitstechnik, aber wichtiger sind das Bekenntnis zur inneren Notwendigkeit als Voraussetzung für das Schreiben und die Forderung nach "intellektueller Redlichkeit". Selber eine große Lyrikerin, betonte sie mehrmals, daß sie nur wenig Gedichte lese. Ein Gedicht zu schreiben war für sie "ein komplexes Tun, es reicht "vom Sätze erproben bis zum Warten auf den Einfall", und sie empfand ihre eigenen Gedichte als Gelegenheitsgedichte im Goetheschen Sinne, deren Entstehung eines inneren notwendigen Anlasses bedurfte. Sowohl bezüglich ihrer Erzählungen als auch des Romans "Malina" warnte sie davor, darin autobiographische Bezüge "herkömmlicher Art" erkennen zu wollen.

Rigorose Sprachmoral

Interessant sind auch Ingeborg Bachmanns Antworten auf die immer wieder gestellten Fragen nach Einflüssen anderer Dichter. In ihrer Lyrik sah sie sich von keinem Vorbild beeinflußt. Von Rilke fühlte sie sich "sehr weit entfernt", und auch Georg Trakl war ihr kein Vorbild; zu beiden Dichtern aber bestand eine Beziehung durch das österreichische Sprachklima. An Brecht bewunderte sie die Kunst der "ganz komplizierten und schwierigen Übersetzung in die vermeintlich so einfache Sprache", den Romancier Beckett schätze sie wegen der "Radikalität, mit der er das Ich-Problem stellt", und einen großen Eindruck hinterließen in ihr Thomas Bernhards "Verstörung" und einige seiner Erzählungen sowie Peter Handkes "Der kurze Brief zum langen Abschied" und "Wunschloses Unglück". Im April 1956 nach allfälligen späteren Romanplänen befragt und auf Kafka angesprochen, erklärte sie: "Ich liebe Kafka, nicht aber das Kafka-Epigonentum ..." Das erste Buch, "das in frühen Jahren einen ungeheuren Eindruck auf mich gemacht hat", war Robert Musils Roman "Der Mann ohne Eigenschaften", und zu ihrer später bevorzugten Lektüre gehörten "das 19. Jahrhundert der französischen und die russische Literatur". Wenn sie auch keinen direkten Einfluß Ludwig Wittgensteins auf ihr Werk sah - "denn zwischen Philosophie und Schreiben ist der Unterschied zu groß" -, so bezeichnete sie diesen als eine ihrer wichtigsten geistigen Begegnungen, insbesondere seiner Frage nach der Sprache wegen, und sie zitierte auch seinen Satz: "Die Grenzen meiner Sprache bedeuten die Grenzen meiner Welt."

Die Forderung nach einer rigorosen Sprachmoral durchzieht als eine Konstante Ingeborg Bachmanns Äußerungen. Schon Anfang 1950 bezeichnete sie als die einzige sinnvolle Bemühung beim Schreiben die Bemühung um die Spra-

che: "Wenn die Sprache eines Schriftstellers nicht standhält, hält auch, was er sagt, nicht stand." Und ein Jahr später forderte sie: "Wir müssen wahre Sätze finden, die unserer eigenen Bewußtseinslage und dieser veränderten Welt entsprechen." Zum Schreiben gehörte für sie deshalb immer wieder die Verdächtigung der Sprache, das Mißtrauen gegenüber den Worten, aber auch die Weigerung, sich der Sprache zu bedienen:
"Ein Schriftsteller kann sich der Sprache überhaupt nicht bedienen, sondern ich glaube, bei Nestroy heißt es einmal: Ich hab' einen Gefangenen gemacht, und der läßt mich nicht mehr los." Das ist natürlich auch ein Bild, aber ein recht intelligentes, für das ganz andere Verhältnis, das ein Schriftsteller zur Sprache hat."

Österreich

Ein weiteres Thema, das sich kontinuierlich in diesen Gesprächen findet, ist Österreich, dessen politischer und kultureller Eigenart sich die Autorin schon früh bewußt ist:
"Dichter wie Grillparzer und Hofmannsthal, Rilke und Robert Musil hätten nie Deutsche sein können. Die Österreicher haben an so vielen Kulturen partizipiert und ein anderes Weltgefühl entwickelt als die Deutschen. Ihre sublime Serenität erklärt sich daraus; aber auch ihre Trauer und manche unheimlichen Züge - die manchmal vernünftig, manchmal wahnsinnig aussehen und ihren Grund in tragischen Erfahrungen haben."
Ingeborg Bachmann fühlte sich dem "Haus Österreich" zugehörig und von dessen geistiger Formation geprägt. Für sie unterschied sich Österreich von allen anderen kleinen Ländern heute, "weil es ein Imperium war und man einiges lernen kann aus seiner Geschichte. Und weil die Untätigkeit, zu der man dort gezwungen ist, den Blick ungeheuer schärft auf die große Situation und auf die Imperien von heute." Ingeborg Bachmann stellte sich bewußt in die große österreichische Tradition, indem sie in ihrer Erzählung "Drei Wege zum See" die Figur von Joseph Roths Trotta wieder aufnahm und zur Schlüsselfigur machte. Auf eine Eigenart dieser Figur, auf ihr Nicht-mehr-Verstandenwerden angesprochen, antwortete die Dichterin mit Sätzen, die auch auf Hofmannsthals "Schwierigen" zutreffen und dessen Kernproblem aufgreifen:
"Ich glaube, daß aus allen Büchern herauskommt, daß alle Menschen in allen Beziehungen aneinander vorbireden; dieses scheinbare Verständnis, das man Offenheit nennt, ist ja gar keines. Verstehen - das gibt es nicht. Offenheit ist nichts als ein komplettes Mißverständnis. Im Grunde ist jeder allein mit seinen unübersetzbaren Gedanken und Gefühlen."

Dichter in dieser Zeit

Dem Verwachsensein mit den österreichischen Überlieferungen entsprach bei der sich auch für politische Fragen sehr interessierenden Ingeborg Bachmann die Überzeugung von der Notwendigkeit der Geschichtserfahrung. Als unermüdliche Leserin setzte sie sich mit zahlreichen historischen Werken auseinander, getragen von der Überzeugung: "Man kann nicht schreiben, wenn man die ganzen sozialhistorischen Zusammenhänge nicht sieht, die zu unserem Heute geführt haben."

Aus diesem historischen Verständnis ergab sich für sie auch ihr schriftstellerisches Selbstverständnis, das geprägt war durch ein kritisches Verhältnis zur Wirklichkeit und durch "den ernsten und unbequemen Geist, den verändern wollenden". Für sie war es klar, "daß die Gesellschaft durch eine neue Dichtung zu einem neuen Bewußtsein kommt, erzogen wird. Natürlich kann man durch ein Gedicht nicht die Welt verändern, das ist unmöglich, man kann aber doch etwas bewirken, und diese Wirkung ist eben nur mit dem größten Ernst zu erreichen, und aus den neuen Leid-Erfahrungen, also nicht aus den Erfahrungen, die schon gemacht worden sind, von den großen Dichtern, vor uns."

Bilddokumentation mit Lücken

Gleichzeitig mit der Sammlung von Interviews ist der von *Andreas Hapkemeyer* herausgegebene Band "Ingeborg Bachmann: Bilder aus ihrem Leben" erschienen, der in Photographien, die begleitet sind von Texten aus ihrem Werk, die Erdenbahn der Dichterin im Überblick vergegenwärtigen will. Die Verbindung von Bild und Text soll, nach den Worten des Herausgebers, "Zusammenhänge und Hintergründe erhellen, die für das Verständnis des Werkes, aber auch der Person von Bedeutung sind", wobei "in erster Linie Ingeborg Bachmanns literarischem Werdegang, ihren Kontakten mit Künstlern und Schriftstellern, vor allem, wenn sie von Einfluß auf ihr Schaffen gewesen sind, nachgegangen wird".

Verglichen mit dem Interviewband ist die Bilddokumentation weniger ergiebig. Neben eher banalen Aufnahmen aus dem Familienalbum sieht man vor allem Bilder, welche die Schriftstellerin bei Schriftstellertreffen, bei Parties und Empfängen zeigen - "Gruppenbild mit Dame" -, neben Städteansichten werden zahlreiche Außenaufnahmen der Häuser gezeigt, in denen sie vorübergehend oder längere Zeit wohnte. Wo offenbar keine Bilder zu finden waren, welche Ingeborg Bachmann mit Schriftstellerkollegen zeigen, behalf man sich mit Porträtaufnahmen der betreffenden Autoren. Auffallenderweise fehlt unter diesen Max Frisch, mit dem Ingeborg Bachmann in den Jahren 1958 bis 1962 in Zürich und dann in Rom zusammenlebte, Jahre, die ihr Dasein entscheidend mitprägten. In der Bildauswahl ist, ohne jede nähere Angabe, nur eben Frischs Wohnhaus in Ütikon am See abgebildet. Die Auslassung hinterläßt beim Betrachter das ungute Gefühl, daß ein zentrales Kapitel aus Ingeborg Bachmanns Leben verschwiegen werden sollte.

Die steingewordene Sappho

So erweist sich die Vergegenwärtigung im Wort stärker als jene durch das Bild. Unmittelbarer als in den aneinandergereihten Photographien wird die Persönlichkeit präsent in den Erinnerungen derer, die ihr begegnet sind, etwa in jenen des Schauspielers Ernst Schröder, der in seinen Memoiren "Das Leben - verspielt" schrieb:

"Was war das Faszinierende an Ingeborg Bachmann? Sie konnte sich niemals und nirgendwo anpassen, sie war das Gegenteil eines Chamäleons. Ich habe sie kurz in Paris und dann längere Zeit in Zürich, in Berlin und in Rom erlebt, sie veränderte sich durch keinen örtlichen Rahmen. Sie blieb das beunruhigende un-

durchdringliche Bild. Die steingewordene Sappho. Eine kuhäugige Göttin, verborgen hinter den Schleiern ihres Gedichts. Wenn sie dasitzt, wundert man sich nicht, daß Eichhörnchen unbemerkt ihr Botschaften zutragen, daß der Große Bär in ihr Ohr flüstert. Eine kraftvoll schöne Frau und doch keine. Ein pythischer Felsen, unbeeindruckbar. Beunruhigend in ihrer weit gespannten Ruhe. Keine Person, die sich bewegt. Ein fester Erdteil, der ihren Namen trägt, und der, nach dem Schlaf, am anderen Morgen auftaucht an unbekannter Stelle im Meer."
Neue Zürcher Zeitung, 7./8..1.1984

Glanzvolle Wahrheiten

Von Joachim Kaiser

In Ingeborg Bachmanns "Malina"-Roman findet sich ein zugleich tiefsinniges und ironisches Virtuosenstück: die Aufzeichnung eines Interviews, das Herr Mühlbauer ("der früher am *Wiener Tagblatt* war und ohne Skrupel zur politischen Konkurrenz, zur *Wiener Nachtausgabe* gewechselt hat ...") der Ich-Erzählerin abverlangte. Sieben Fragen, auf welche die Autorin im Roman poetisch kühne Antworten gibt. Antworten, die aber gar nicht Mühlbauers banalen Erwartungen entsprechen, so daß der gequälte Journalist teils merkwürdig nervös, teils betroffen, teils abwehrend reagiert und versehentlich auch noch das besprochene Interview-Tonband löscht. Mühlbauer ist indiskret und auch ganz hübsch ahnungslos, er kennt, beispielsweise, ein berühmtes Shakespeare-Widmungszitat nicht ...

Es sei mir gestattet, hier eine private Erinnerung einzufügen. Ich habe Ingeborg Bachmann nämlich, als der "Malina"-Roman längst erschienen und besprochen war, vergnügt gefragt, warum denn dieser Mühlbauer ein derartiger Volltrottel habe sein müssen. Sie antwortete, verglichen mit dem, was ihr von Interview-Partnern zugefügt worden sei an Anrempeleien und Ahnungslosigkeiten, finde sie ihren eigensinnigen Herrn Mühlbauer eigentlich ganz nett.

Dies alles liegt lange zurück. Nun hat der Verlag ein Buch herausgebracht, das Gespräche und Interviews der Ingeborg Bachmann gesammelt vorlegt (und dessen Erscheinen die Dichterin einst weder geahnt hat noch gewollt haben dürfte).

Beim ersten Überfliegen bereits spürt man, wie wenig manche Interview-Partner der Autorin gewachsen sind. Der eine zitiert Nietzsche falsch, der andere hat Hölderlin nicht parat. Sie korrigiert das stets kühl und kenntnisreich. Oft berufen sich die Interviewer auf Klappentexte Bachmannscher Werke, statt die Essenz der Werke zu diskutieren. Die Fragen - nach Lese-Erlebnissen, nach biographischen Umständen, nach politischen Überzeugungen, nach dem Verhältnis zu Italien und zu Österreich - gleichen sich, unvermeidlicherweise, ziemlich.

Aber wenn man nicht zu schnell das Bändchen zuschlägt, dann kann man ihm sogar gewisse Grundzüge einer Ästhetik der Ingeborg Bachmann abgewinnen.

"Ist das nicht ein bißchen zuviel verlangt, die eigene Problemkonstante zu kennen? Oder ist nicht die Frage falsch gestellt?" antwortet sie zwar einmal defensiv-aggressiv - doch bemerkenswerterweise lassen sich den Gesprächen gewisse Problemkonstanten durchaus entnehmen. Denn Ingeborg Bachmann war unfähig, etwas Verlogenes, Plattes, Phrasenhaftes zu sagen. So teilt sie im vielleicht ergiebigsten Gespräch - mit Eckehart Rudolph vom 23. März 1971 - faszinierend mit, inwiefern ihr Verhältnis zur Sprache durchaus politisch sei. Es geht ihr nämlich um das *Ausdrücken*, nicht um die *Kundgebung von Meinung*. Ein Schriftsteller dürfe sich der vorgefundenen Sprache, "also der Phrasen", nicht "bedienen, sondern er muß sie zerschreiben". Sie zitiert Nestroy: "ich hab' einen Gefangenen gemacht, und der läßt mich nicht mehr los.' Das ist natürlich auch ein Bild, aber ein recht intelligentes, für das ganz andere Verhältnis, das ein Schriftsteller zur Sprache hat."

Schon um solcher Bemerkungen willen wäre das Buch für jeden Bachmann-Bewunderer wichtig. Doch auch über ihr Verhältnis zu Heidegger, ihre Schätzung der Gruppe 47, ihre Bindung an Wien finden wir Bedenkenswertes. Zwischen manchen Äußerungen bestehen aufregende Spannungsverhältnisse. Damit ist nicht gemeint, daß Ingeborg Bachmann sich gelegentlich kühn und gelegentlich konservativ äußert; denn manches für bewahrenswert zu halten (und manches nicht), das hat ja mit Konservativismus noch nichts zu tun. Aber vielleicht werden zumindest einige Leserinnen doch stutzen, wenn Ingeborg Bachmann sich *einerseits* radikal gegen die Ehe ausspricht: "Ich habe von Anfang an gewußt, daß ich gegen die Ehe bin, gegen jede legale Beziehung. Obwohl das nicht ausschließt, daß Beziehungen, die nicht legalisiert sind, genauso tragisch und fürchterlich sein können wie die, die legal sind. (...) Die Ehe ist eine unmögliche Institution. Sie ist unmöglich für eine Frau, die arbeitet und die denkt und selber etwas will."

So Ingeborg Bachmann im Juni 73. Bedeutet es einen Widerspruch dazu, daß sie kurz zuvor im Gespräch mit Ilse Heim *andererseits* scharf antifeministisch argumentierte? "Vielleicht ist das sehr merkwürdig für Sie, wenn ausgerechnet eine Frau, die immer ihr Geld verdient hat, sich ihr Studium verdient hat, immer gearbeitet hat, immer allein gelebt hat, wenn sie sagt, daß sie von der ganzen Emanzipation nichts hält. Die pseudomoderne Frau mit ihrer quälenden Tüchtigkeit und Energie ist für mich immer höchst seltsam und unverständlich gewesen."

Von jedem der hier wiedergegebenen Zitate, und es ließen sich noch mehr aus dem Bändchen zusammensuchen, geht der Glanz Ingeborg Bachmannscher Wahrhaftigkeit aus. Wer diese Meinung des Rezensenten teilt, der wird auf die Lektüre der Gespräche und Interviews nicht verzichten wollen.
Süddeutsche Zeitung, 14.1.1984

Scharfer Blick aus der Ferne

Von Dora Klinck

Zum zehnten Todesjahr von Ingeborg Bachmann haben die Mitherausgeberinnen der Bachmann-Werkausgabe Christine Koschel und Inge von Weidenbaum Interviews, Gespräche und Statements aus dreißig Jahren vorgelegt. Darunter ein bislang unveröffentlichtes und zwei unvollständige Interviews aus dem Nachlaß.

Dieser Sammelband, der auch das entlegenste Archivmaterial zugänglich macht, ergibt ein facettenreiches (Selbst-)Porträt, das insbesondere durch seine aufschlußreiche Rückbindung an die Zeitläufe zu einer spannenden Dokumentation wird.

Geradezu leitmotivisch zeigt sich Ingeborg Bachmanns rigorose Sprachmoral: "Wenn die Sprache eines Schriftstellers nicht standhält, hält auch, was er sagt, nicht stand." Ein Ausweichen in die Routine erlaubte sie sich nicht. Die gefeierte Lyrikerin wurde immer wieder mit der Frage konfrontiert, warum sie sich nach der "Anrufung des Großen Bären" auf die Prosa verlegte. Die Variationen ihrer Antworten gipfeln in der Aussage: "Ich habe aufgehört Gedichte zu schreiben, als mir der Verdacht kam, ich 'könne' jetzt Gedichte schreiben ..."

Es ist ein Vorzug dieses Bandes, daß die Herausgeberinnen zwar inhaltliche Wiederholungen aussparen, die Variationsbreite der Antworten zu bestimmten Fragekomplexen jedoch unangetastet lassen. Da wird der Tatsache Rechnung getragen, daß eine Antwort allein der Wahrheit selten nahe kommt, und was da manchmal wie eine Flucht der Bachmann ins Ausweichmanöver aussieht, erweist sich schnell als eine Form von Diskretion gegenüber der eigenen Person.

Unüberhörbar deutlich ihre Distanz zur Bundesrepublik: Sie betonte ihre Verbundenheit mit der kulturellen Tradition Österreichs und beklagte - damals zu Recht - die geringen Publikationsmöglichkeiten der österreichischen Autoren im eigenen Land. Geradezu Sturm lief die gelernte Philosophin gegen den Irrationalismus der raunenden deutschen Metaphysik. Die Bewunderin Ludwig Wittgensteins, bei dem Philosophie zu Sprachkritik wird, promovierte über Heidegger - mit dem fröhlichen Ansinnen: "diesen Mann werde ich jetzt stürzen!"

Die Beschäftigung mit Politik und Geschichte war für die Bachmann immer eine Selbstverständlichkeit. Völlig absurd fand sie den Vorwurf der Radikalität, dem ihre Kollegen von der Gruppe 47 ausgesetzt waren, zumal diese nach ihrer Meinung "ausnahmslos derart gemäßigt denken, daß sie sich in einem anderen Land, etwa in Italien, dem Verdacht aussetzen, zuwenig zu denken". Die Sicht aus der Ferne - Ingeborg Bachmann lebte lange Jahre in Rom - schärfte ihren Blick für die provinzielle Mentalität der deutschen Restaurationsphase, war wohl aber auch Grund für Mißverständnisse, als sich die Zeiten änderten.

Die Jahre der Studentenbewegung scheint sic wie eine persönliche Kränkung erlebt zu haben, obwohl ihr erweiterter Politikbegriff mit dem der Außerparlamentarischen Opposition weitgehend übereinzustimmen scheint. Es war insbesondere das Schlagwort vom "Tod der Literatur", durch das sie sich aufs äußerste herausgefordert fühlte, weil sie die Schriftsteller schon auf eine Art "Programmusik" verpflichtet sah. Hinzu kam, daß ihr Roman "Malina" (1971) in dieser Phase der Politisierung der Kultur als "zu privat" attackiert wurde.

Persönliches ist tabu

Ihre fundamentale Kritik am Verhältnis der Geschlechter zueinander, die auch ihre Interviews zu diesem Roman bestimmt, wurde zunächst ignoriert. Ihre Einsicht, daß der Faschismus in der Beziehung zwischen Mann und Frau beginnt, fiel auf noch nicht beackerten Boden, und ihre letzten Statements in der Sache lesen sich heute wie ein Vorgriff auf feministische Positionen.

Persönliches "und ähnliche Peinlichkeiten" - wie Ingeborg Bachmann sich ausdrückt - bleiben in diesen Interviews tabu. In Zeiten, wo das Ausstoßen unartikulierter Urschreie schon für erkenntnisfördernd gehalten wird, ist die Lektüre dieses Bandes eine Wohltat: denn hier verbindet sich intellektuelle Redlichkeit mit professioneller Kompetenz.
Kölner Stadt-Anzeiger, 21./22.7.1984

Wir müssen wahre Sätze finden

Von Andreas Hapkemeyer

Christine Koschel und Inge von Weidenbaum, zwei der drei Herausgeber der Bachmannschen Werke, haben nun auch die Herausgabe einer Auswahl von dreißig Interviews mit Ingeborg Bachmann besorgt. Sie stammen aus dem Zeitraum zwischen 1953 und 1973 und umfassen somit die beiden Jahrzehnte, während derer sie im Rampenlicht der Öffentlichkeit gestanden ist. Zu ihren Gesprächspartnern gehören in diesem Band u. a. Gustav René Hocke, Walter Höllerer, Kuno Raeber, Ernst Schnabel, Toni Kienlechner, Otto Basil.

Die Herausgeberinnen unterschlagen nicht Ingeborg Bachmanns generelle Skepsis gegenüber dem Interview, bei dem selten die Genauigkeit des geschriebenen Wortes erreicht werden kann. Daß die Sammlung dennoch vorgelegt wird, ist zu begrüßen, da die verstreut veröffentlichten Interviews und Gespräche hier erstmals zusammengefaßt sind und zahlreiche neue Einblicke vermitteln. Der Band spiegelt die Entwicklung der eben erst entdeckten Dichterin zu einer der großen und legendenumwobenen Gestalten der deutschen Literatur. Die Häufigkeit der Interviews nimmt mit den Jahren deutlich zu, erleidet bloß zwischen 1965 und 1970, also während Ingeborg Bachmanns mehrjährigen Schweigens, einen starken Rückgang.

Die Gespräche geben aus erster Hand Aufschluß über die Bedeutung ihrer Herkunft aus dem Kärntner Grenzgebiet für ihr Leben und Werk; ihre Verbundenheit mit Österreich, dem in ihren Augen aus der Geschichte ausgetretenen Land, ist für das Verständnis ihres Werkes grundlegend. Ihre Aussagen über Italien explizieren, was ihre Gedichte in Sprachbildern zeigen: daß sie der mediterrane Bereich, in dem sie fast zwanzig Jahre lang lebte, nicht wegen seiner Schönheit anzog und arkadische Züge annahm, sondern für sie ein durchaus harter und erkenntnisklarer Lebensraum war. Licht fällt auch auf die für ihr Werk kardinale Spannung zwischen Italien und Österreich: allein die geographische Distanz, gewährleistet durch das Leben in Italien, gab ihr den geistigen Abstand, den sie zum Schreiben ihres Prosazyklus über Österreich brauchte. Ganz deutlich wird, wie sehr Ingeborg Bachmann in ihren letzten Lebensjahren der Gedanke beherrscht, daß die Menschen einander in ihrem Zusammenleben die Hölle bereiten.

Immer wieder zeigt sich, daß für sie die Sprache im Zentrum allen Bemühens steht: ohne adäquaten Ausdruck bleibt jeder Inhalt fragwürdig. Das Ringen um eine gute Sprache ist die ihr Gesamtwerk durchziehende Konstante. Trotz allem politischen Engagement dringt nichts Tagespolitisches in ihre Arbeiten ein. Das einzig mögliche Engagement in der Literatur, so macht sie wiederholte Male deutlich, ist das Bemühen um Wahrhaftigkeit, und das heißt um eine wahre Sprache. Alles andere bleibt zum Scheitern verurteilt. Nicht umsonst haben die beiden Herausgeberinnen den Satz "Wir müssen wahre Sätze finden" als Titel für ihren Band gewählt.

Durch Kürzungen und Auslassungen von Wiederholungen haben die beiden Herausgeberinnen die Lesbarkeit des Gesamttextes verbessert, was vielleicht nicht ganz unproblematisch ist, da dem Leser das eine oder das andere vorenthalten wird. Schade ist zum Beispiel, daß der Text, der im Zusammenhang mit Gerda Hallers Film über Ingeborg Bachmann im Jahr 1973 entstand, so stark zusammengeschnitten ist: auch wenn Ingeborg Bachmann an manchen Stellen wiederholt, was sie schon anderswo gesagt hat, so finden sich die Aussagen doch immer wieder mit neuen Aussagen durchsetzt.

Die Interviews und Gespräche bleiben, bis zur Freigabe der Briefe in vierzig Jahren, die letzte Primärquelle für Leben und Werk Ingeborg Bachmanns. Die wenigen Aussagen zu ihrer eigenen Person, die sie vor der Öffentlichkeit getan hat, finden sich fast ausschließlich hier. Der von Christine Koschel und Inge von Weidenbaum herausgegebene Band enthält für jeden, der sich eingehend mit Ingeborg Bachmann beschäftigt, unverzichtbare Informationen. Die Arbeit der Herausgeberinnen hat sich ohne jeden Zweifel gelohnt.

Literatur und Kritik, Bd.19, Heft 181-190, 1984, S.331

INGEBORG BACHMANN. BILDER AUS IHREM LEBEN (1983)

Fälschung

Von Marcel Reich-Ranicki

Am 16. September 1980 hieß es in dieser Zeitung: "Die Wahrheit über die 1973 unter mysteriösen und nie ganz aufgeklärten Umständen gestorbene Dichterin Ingeborg Bachmann sollte nicht verborgen bleiben: Sie ist den Zeitgenossen und Nachgeborenen zumutbar." In den drei seitdem vergangenen Jahren hat sich nichts geändert: Weder ist der Ruhm der österreichischen Poetin verblaßt, noch sind die Gerüchte verstummt, die wissen wollen, daß zu ihrem Tod Umstände beigetragen haben, die in den mehr oder weniger offiziellen Berichten unerwähnt bleiben, ja vielleicht sogar absichtlich verheimlicht werden.

Derartigen Gerüchten, die sich nicht alle in den Bereich der Phantastik verweisen lassen, leisten die Angehörigen Ingeborg Bachmanns Vorschub. Denn sie halten es für richtig, ihre Briefe und Aufzeichnungen, über deren Umfang nichts bekannt ist, dem Einblick der Literaturwissenschaftler zu entziehen: Sie sollen, heißt es, zugänglich gemacht werden, aber erst im Jahre 2023.

Dies mag eine nicht ganz unbegreifliche Entscheidung sein. Bedauerlich ist sie dennoch, weil sie, angeblich im Dienste der Diskretion, jene Legenden begünstigt, die entstellen, statt zu erhellen, die verklären, statt aufzuklären. Indes genügt es diesen Angehörigen nicht, Dokumente der Öffentlichkeit vorzuenthalten. Sie möchten noch auf ganz andere Weise auf die Vorstellung, die wir von Ingeborg Bachmann haben, Einfluß ausüben.

Soeben ist zu ihrem zehnten Todestag ein Band mit Fotos und Texten erschienen, die, wie es in der Nachbemerkung des Herausgebers heißt, Zusammenhänge und Hintergründe zeigen sollen, "die für das Verständnis des Werkes, aber auch der Person von Bedeutung sind". Besondere Aufmerksamkeit des Herausgebers galt "ihren Kontakten mit Künstlern und Schriftstellern, wenn sie von Einfluß auf ihr Schaffen gewesen sind".

In der Tat, an Fotos fehlt es hier nicht. Wir sehen Ingeborg Bachmann plaudernd, lachend, tanzend, trinkend - mit Paul Celan, Peter Huchel, Alfred Andersch und Karl Krolow, mit Ernst Bloch, Rolf Liebermann, Hans Werner Henze, Siegfried Unseld und noch mit vielen anderen, [...]

Wo sich Fotos, die Personen aus ihrer Umgebung zusammen mit Ingeborg Bachmann zeigen würden, offenbar nicht finden ließen, begnügte man sich mit Porträtaufnahmen. Da sind sie alle: Hans Werner Richter, Martin Walser und Thomas Bernhard, Ilse Aichinger, Uwe Johnson und Peter Handke. Auch an Ausländer, mit denen ihre Kontakte eher flüchtig waren, hat man gedacht, so an Anna Achmatova, Witold Gombrowicz und Stephen Spender. Und was hat hier ein Bild der Maria Callas zu suchen? Nun denn: Ingeborg Bachmann hat sie 1956 in der "Traviata" gehört und darüber einige (nicht sonderlich originelle) Bemerkungen notiert.

Allerdings fällt auf, daß es in diesem Buch kein einziges Bild von Max Frisch gibt. Sein Name wird nirgends genannt. Spielte er keine Rolle in der Biographie der Dichterin? Gehört er nicht zu jenen Personen, die Einfluß auf ihr literarisches Werk hatten?

Die Fakten sind klar und einfach: Ingeborg Bachmann hat mit Max Frisch mindestens vier Jahre zusammengelebt, von 1958 bis 1962 - zuerst in Zürich, dann in Rom, in der Via Margutta 53b. Die Wohnungen, die sie im Laufe der Jahre bewohnte, sind alle abgebildet, nur die eine, die sie zusammen mit Frisch gemietet hat (man kann es in seiner Erzählung "Montauk" nachlesen), wurde weggelassen.

Hier sollte jeder Lebensabschnitt - behauptet der Herausgeber - "in seiner Unverwechselbarkeit erkennbar werden". Wahr ist hingegen: Hier wird ein wichtiger Lebensabschnitt kurzerhand unterschlagen. Warum? Weil dies, so die Auskunft des Verlags, die Geschwister Ingeborg Bachmanns, Isolde Moser und Heinz W. Bachmann, die den Nachlaß verwalten, ausdrücklich und kategorisch verlangt hätten. Alle Bemühungen, die Nachlaßverwalter umzustimmen, seien vergeblich gewesen. Und ohne deren Genehmigung hätte der Band nicht erscheinen können.

Vermutlich hat der Familie Ingeborg Bachmanns deren Freundschaft mit Frisch nicht gepaßt. Sie aber hat gelebt, wie sie leben wollte. Niemand konnte sie daran hindern, auch nicht ihre Angehörigen. Diese möchten jetzt, was einst geschehen ist, ungeschehen machen: Frisch hat es, sollen wir glauben, in ihrer Biographie überhaupt nicht gegeben. Doch übertreibt man wohl nicht, wenn man sagt, daß die Beziehung mit Frisch ein zentrales Ereignis in der Geschichte der Ingeborg Bachmann war, vielleicht ihr tiefstes erotisches Erlebnis.

Wird hier von den Nachlaßverwaltern etwas retuschiert oder entstellt? Das wäre eine unzulässige Beschönigung des traurigen Sachverhalts. Vielmehr handelt es sich um eine so dreiste wie unverschämte Fälschung. Man rede nicht etwa von Diskretion und vom Schutz der sogenannten Intimsphäre. Es war unter der Würde Ingeborg Bachmanns, ihre Freundschaft mit Max Frisch zu verschleiern oder zu verheimlichen. Wir müssen uns auch fragen: Wenn dies gefälscht wurde - was noch? Mit Pietät hat das alles nichts zu tun. Wer das Leben eines Menschen bewußt fälscht, der tritt sein Andenken mit Füßen. Ebendas haben die Angehörigen Ingeborg Bachmanns getan - und der Verlag war sich nicht zu schade, dabei mitzuwirken.

In der Geschichte der Literatur sind Fälschungen gang und gäbe, die zumal von Familienangehörigen organisierte Legendenbildung hat schon viel Unheil angerichtet. Wer dieser Tradition heute zu folgen versucht, sollte wissen, daß die Öffentlichkeit derartiges widerlegen kann und widerlegen wird. Das sind wir schuldig - nämlich dem Andenken der Dichterin Ingeborg Bachmann.
Frankfurter Allgemeine Zeitung, 12.10.1983

Zuviel Pietät ist zu wenig

Von Ursula Krechel

In Ingeborg Bachmanns Erzählung "Das dreißigste Jahr" findet sich die Bemerkung: "Im Moralhaushalt der Menschheit, der bald ökonomisch, bald unökonomisch geführt wird, herrschen immer Pietät und Anarchie zugleich. Die Tabus liegen unaufgeräumt herum wie die Enthüllungen." Andreas Hapkemeyer, der Herausgeber des Bildbandes "Ingeborg Bachmann" hat diesen Text wohl gelesen, denn er hat ihn in den Band aufgenommen, seine möglichen Konsequenzen für die Arbeit eines Herausgebers aber nicht bedacht.

Aus Pietät entschied man sich für einen würdigen und optisch konservativ aufgemachten Band zum zehnten Todestag der Dichterin. Das Layout geriet jedoch allzu bieder. Die Anarchie, die verschwenderisch, unökonomisch sein könnte, ist hier so konservativ wie die Pietät. Sie leert Schubladen und Kästchen aus, wie im Quiz stellt sich die Frage: Alles oder nichts? Der Herausgeber, der über die späte Prosa der Bachmann promoviert hat, entschied sich, schwankend zwischen Tabu und blasser Enthüllung, dafür, nur niemandem weh zu tun und alles zu verwerten. So sieht man denn ein Dutzend Häuser, in denen Ingeborg Bachmann wohnte, Partybilder, niedliche Kinderbilder, die den Abgründen der "Jugend in einer österreichischen Stadt" nicht gewachsen sind, man darf Ingeborg Bachmann als Nebenperson bei der Hochzeit ihres Bruders bewundern. Das Familienalbum blättert hochglänzende Banalitäten auf. Auf den Knipsorgien nahezu blinder Provinzphotographen rücken die Laiendarsteller im Kulturbetrieb zusammen.

Nur ein schwaches Bild von einer Lesung, aber eines beim Autogrammgeben, kein Bild am Schreibtisch, aber eines beim Wirtschaften in der Küche. Man klage nicht, die richtigen Bilder habe es nicht gegeben. Fehlen sie, nutzen auch drei falsche Bilder nichts. Sie machen die Auswahl noch falscher. Textstellen aus dem Werk illustrieren die Illustrationen. Das Gedicht "Hôtel de la Paix" wird gebraucht, um ein grauschlieriges Briefmarkenphoto zu beschriften. Die wenigen Photographien, die eine eigene Bilderschrift entwickeln, etwa die von Renate von Mangoldt, Stefan Moses, Wolfgang Kudronowsky, gehen beinahe unter. Eine Entdeckung: Uwe Johnson als empfindsamer Porträtphotograph.

Seit das Knipsen in Haus, Garten und auf Reisen ein Massenunterhaltungsmittel geworden ist, entstehen Bilder, die nach dem ersten fröhlichen Aha-Erlebnis am besten im Papierkorb aufgehoben sind, das Weitere regelt die Erinnerung. Der Bildband suggeriert, das Leben der Bachmann sei eine Kette von Empfängen, Preisverleihungen, geselligen Zusammenkünften mit Kollegen und deren Gattinnen in den Couch-Ecken der fünfziger Jahre gewesen. Immer neue Halsketten, man wird gebeten, der Entstehung einer Stirnfalte und dem Erblonden beizuwohnen. Das soll es geben, daß das Leben schwächer, bilderloser ist als die Literatur. In einem solchen Fall verzichte man auf die Bilder aus dem Leben und behalte die Literatur. Die der Ingeborg Bachmann wird wieder und wieder gelesen.
Süddeutsche Zeitung, 15./16.10.1983

Bachmann-Bild "dreist gefälscht"

Von Anonym

Vor zehn Jahren starb die österreichische Dichterin Ingeborg Bachmann in Rom. Nun präsentiert der Verlag einen Band (160 Seiten) "Bilder aus ihrem Leben" - eines fehlt, das von Max Frisch. Die Erinnerung an den Schweizer Dichter, mit dem die Bachmann rund vier Jahre zusammenlebte und der die Verbindung in seiner Erzählung "Montauk" behandelt hat, wurde von der Bachmann-Familie unterbunden. Als einzige Konzession gestatteten die Bachmann-Erben, mit denen der Verlag alljährlich neue Verwertungsverträge aushandeln muß und die die Bachmann-Briefe unter Verschluß halten, ein Photo von Frischs "Haus zum Langenbaum", Ütikon, Kanton Zürich. Literaturkritiker Marcel Reich-Ranicki über das Mängel-Werk: "Eine so dreiste wie unverschämte Fälschung."
Der Spiegel, 17.10.1983

Unter der Rosenlast

Von Anonym

Zum zehnten Todestag der Dichterin Ingeborg Bachmann in diesem Jahr zwei Überraschungen. Die schöne zuerst: In dem von ihnen herausgegebenen Band "Wir müssen wahre Sätze finden" können Christine Koschel und Inge von Weidenbaum ein bislang unveröffentlichtes Interview und zwei unvollständige Gespräche aus dem Nachlaß veröffentlichen. Aber auch die insgesamt dreißig Interviews oder Statements, davon sechzehn aus Funk oder Fernsehen, elf aus Zeitungen, bringen Neues. Wer sammelt schon Tonbänder oder Ausschnitte der Klagenfurter *Volkszeitung*. Es stimmt also nicht ganz, was Ingeborg Bachmann, vielleicht sich selber zum Trost, einmal notierte: "Interviews im Rundfunk, die verrauschen ja." Auch wenn sie selber manche ihrer Statements für den Druck nicht freigegeben hätte: Nun, da wir sie nur noch in ihrem Werk und in ihren gelegentlichen Äußerungen kennenlernen können, verdienen auch beiläufige Bemerkungen bewahrt zu werden, damit ein gerechtes Bild der Dichterin möglich wird. Deshalb ist das zweite Buch des Verlages eine Täuschung des Lesers, unterschlägt es doch Max Frischs Existenz im Leben der Dichterin.
Die Zeit, 16.12.1983

DIE KRITISCHE AUFNAHME DER EXISTENTIALPHILOSOPHIE MARTIN HEIDEGGERS (1985)

Hatte sie Heidegger nicht gelesen?

Von Joachim Kaiser

Daß Fräulein Dr. phil. Ingeborg Bachmann *über Heidegger* dissertiert hat, wußten und wissen alle Bewunderer der Dichterin - aber die Doktorarbeit selber kannte kaum jemand.

Ingeborg Bachmann äußerte sich manchmal maliziös über ihre Dissertation; im Mai 1973 berichtete sie dem Warschauer Ästhetik-Professor Karol Sauerland: "Ja, ich sage immer, wenn ich über diese Dissertation spreche, ich habe gegen Heidegger dissertiert. Denn ich habe damals gemeint mit zweiundzwanzig Jahren, diesen Mann werde ich jetzt stürzen! ... Die Begeisterung, die Freude sowohl am Angriff wie am Bewundern war mit zweiundzwanzig Jahren sehr groß. Und Heidegger habe ich natürlich nicht gestürzt. Aber damals war ich fest überzeugt, diese Dissertation wird er nicht überleben ..."

Übrigens erzählt Ingeborg Bachmann dann weiter, Heidegger (der später einer der wenigen Leser ihrer Dissertation wurde) habe sich zur Festschrift für seinen 70. Geburtstag beim Verlag ausgerechnet "ein Gedicht von Paul Celan und eines von mir" gewünscht. Beide sagten: Nein. Ingeborg Bachmann verzieh dem großen Philosophen seine "Verführung ... zum deutschen Irrational-Denken" nicht.

1985 liegt nun endlich vor, was Ingeborg Bachmann im Dezember 1949 ihrerseits der Wiener Philosophischen Fakultät vorgelegt hat. Man kann bezweifeln, ob es klug und nötig war, diese Arbeit über "Die kritische Aufnahme der Existentialphilosophie Martin Heideggers", die möglicherweise nur ein paar Bachmann-Philologen interessieren wird, die dann ihrerseits weitere Dissertationen verfassen, der Öffentlichkeit mitzuteilen.

So wie Enzensberger, als er seine Brentano-Arbeit publizierte, die Dissertation erst *aus dem Germanistischen ins Deutsche* übersetzen mußte, so befand auch Ingeborg Bachmann ihre Arbeit später als "in einer erbarmungswürdigen akademischen Diktion" geschrieben. (Man fragt sich wirklich, ob das unvermeidlich ist. Ob ein Schritt für Schritt nachprüfbarer, "wissenschaftlicher" Stil denn immer gleich ein ledern schlechter Stil sein muß. Gutes, lebendiges Deutsch ist offenbar unwissenschaftlich; das hat bereits die Kritik des berühmten Professors Willamowitz an der Dissertation des womöglich noch berühmteren Dr. F. Nietzsche insinuiert.)

Ingeborg Bachmann freilich verzichtete in ihrer Heidegger-Arbeit nicht nur auf Sprachdifferenziertheit, sondern weithin auch auf persönliche Akzente und Beurteilungen!

Es ist eine (gewiß nicht schlecht, wohl aber farblos, uninteressant geschriebene) Fleißarbeit intellektueller und parteiischer Stoffgliederung. Aus welchen Ecken wird Heidegger kritisiert - wie sehen die Positionen der Kritiker aus? Nur sehr indirekt, wenn überhaupt, nimmt die junge Autorin zu diesen Positionen wertend Stellung. Sie grenzt klug und ziemlich knapp ab, was Neukantianer oder Phänomenologen oder Theologen gegen Heidegger vorbrachten. Etwa: "In seinem Aufsatz "Heideggers Philosophie vom Standpunkt des Katholizismus" will Hans Urs von Balthasar sich nicht durch "prunkende Düsterkeit" und "magische Faszination" beirren lassen, die Heideggers System für viele hat, sondern sachlich die Zauberformeln des Existentialphilosophen wie "Dasein", "In-der-Welt-Sein", "Sorge" und "Angst" auf ihren Gehalt hin prüfen, allerdings vermißt man die Einlösung dieses Versprechens." (Nun, wenn das so ist, dann hätte der leere Versprecher Balthasars eigentlich gar nicht erwähnt zu werden brauchen.)

Die junge Doktorandin gliedert also Urteile und faßt sie zusammen. Man kann daraus ablesen, was sie interessierte. Eine selbständige Bewertung, Bestätigung oder Widerlegung der kritischen Argumente strebt sie anscheinend gar nicht an, sondern hauptsächlich einen klärenden Sekundärliteratur-Bericht.

In seinem Nachwort behauptet Friedrich Wallner (seit 1981 ist er Privatdozent am Philosophischen Institut in Wien): "Es ergibt sich aus der Arbeit mit ziemlicher Sicherheit, daß Ingeborg Bachmann weder "Sein und Zeit" noch ein anderes Werk Heideggers zur Gänze im Original gelesen hat" (Seite 178) - was, wenn es sich wirklich so verhielte, ja ein ganz hübscher Skandal wäre. Wallner begründet diesen haarsträubenden Vorwurf nicht hinreichend - er bezieht sich auf die vielen "nachweisbaren Zitate aus zweiter Hand". Aber beweist der Umstand, daß die referierende Dissertantin fehlerhafte Zitate von Heidegger-Kritikern einfach (ohne Korrektur also) übernimmt, daß sie den Autor nicht gründlich gelesen hat? Wallner unterstellt es. Und Robert Pichl, der Herausgeber, läßt darüber hinaus wissen, die Arbeit sei ungenau im Zitieren. Er wolle sich hüten, den Text so philologisch durchkorrigiert zu bieten, "daß er beim bloßen Lesen als Dokument einer von Fehlern strotzenden Dissertation wirkt bzw. mißverstanden wird". (Was immer der Wissenschaftliche Oberrat am Institut für Germanistik in Wien auch unter "bloßem Lesen" verstehen mag.)

Das alles läßt die Dissertation und ihre Präsentation in seltsamem Lichte erscheinen. Nun geht es uns freilich nicht um Heidegger-Erkenntnisse, sondern um Einsichten ins Denken und Fühlen der jungen Ingeborg Bachmann, der hier sogar ein Deutschfehler unterläuft. (Man erfahre "erschütternd" - statt: erschüttert - die "Gewalt des Grauens" ...)

Plötzlich resümiert der Nachwort-Schreiber, Ingeborg Bachmann - auch wenn sie *die Rolle der Philosophie bei Wittgenstein nicht durchschaut* - sei eine "ungeheure philosophische Begabung" gewesen. Und dies deshalb, weil die Dissertation vor allem zeige, wie nah Ingeborg Bachmanns zwischen Kunst und wissenschaftlicher Philosophie gespanntes Denken dem Wiener Kreis und zumal Wittgenstein kam. Daraus leitet Wallner, freilich nur sehr punktuell, Beziehungen ab zwischen Ingeborg Bachmanns späteren "Wittgensteinismen", ihrem Anti-Psychologismus und etwa der Ich-Problematik des "Malina"-Romans.

Zwingend belegt scheint das alles dem "bloßen Leser" noch nicht. Zudem paßt die subjektive Ausdruckskraft, die Schmerz-Intensität Bachmannscher Lyrik wahr-

lich auch zur Expressions-Ästhetik der Frankfurter Schule. Adorno bewunderte die Dichterin - sollte sie ihn nicht auch geschätzt haben? (Ich glaube, mich aus Gesprächen von damals daran zu erinnern, könnte aber nicht *belegen*, daß sie es tat.) So bietet diese Dissertations-Präsentation eine seltsame Mischung aus Trockenheit, kurzen Antizipationen (die Dissertantin schließt als Künstlerin mit Hinweisen auf Goya und Baudelaire!) und interessanten, aber allzu knappen, einseitigen Andeutungen.
Süddeutsche Zeitung, 5.12.1985

Bachmann über Heidegger

Von Anonym

Lange Zeit war Ingeborg Bachmanns Doktorarbeit über Heidegger (Wien 1949) ein kaum überprüfbares Gerücht; die Autorin selbst fand später, das Werk sei in einer "erbarmungswürdigen akademischen Diktion" verfaßt. Jetzt, zwölf Jahre nach dem Tod der Dichterin, ist die Dissertation doch noch als Buch erschienen: "Die kritische Aufnahme der Existentialphilosophie Martin Heideggers". Schwierigkeiten machten bei der Herausgabe die zahlreichen ungenauen, offenbar aus zweiter Hand übernommenen Heidegger-Zitate im Text. Der Wiener Philosophiedozent Friedrich Wallner schließt daraus in seinem Nachwort "mit ziemlicher Sicherheit, daß Ingeborg Bachmann weder "Sein und Zeit" noch ein anderes Werk Heideggers zur Gänze im Original gelesen hat". Dennoch findet er, "gemessen am Standard von Dissertationen der Nachkriegszeit", sei die Bachmann-Arbeit "überdurchschnittlich".
Der Spiegel, 23.12.1985

AUSGEWÄHLTE WERKE (1987)

Sensibel und streitbar für das Humane

Von Carsten Gansel

Ingeborg Bachmann (1926 bis 1973) galt schon zu Lebzeiten als "neue Klassikerin" und nahm innerhalb der österreichischen Literatur eine Sonderstellung ein. Bereits 1953 erhielt sie nach dem Erscheinen ihres ersten Gedichtbandes "Die gestundete Zeit" den Preis der "Gruppe 47" und erlangte rasch große Popularität. Eine Bibliographie weist mittlerweile mehr als 2000 Arbeiten über sie aus.

Sensibel wie wenige hat Ingeborg Bachmann die Schranken der kapitalistischen Gesellschaft empfunden. Beständig hat sie sich dagegen zur Wehr gesetzt. Sie schonte sich nicht, rieb sich an ihrer gesellschaftlichen Umwelt Wunden. Doch Resignation war ihre Sache nicht. Ihr Werk stellt den Versuch dar, "humanistische Werte gegenüber dem totalen Zerstörungsbetrieb der spätkapitalistischen Gesellschaft zu verteidigen" (Christa Wolf).

Ingeborg Bachmanns selbsterteilter Auftrag als Dichterin war ein moralischer. Sie gewann diese Moral des Schreibens aus ihrer "Leiderfahrung" in der bürgerlichen Gesellschaft. Es waren zwischenmenschliche Verletzungen, aber vor allem ihre nichteingelösten Hoffnungen auf gesellschaftliche Veränderung, die sie in Gedichten wie "Alle Tage" oder "Psalm" artikulierte. Sie, die eigentlich still und zurückhaltend war, offenbarte - insbesondere in den fünfziger Jahren - ihren Zorn über eine Entwicklung in der BRD, die einer wirklichen Abrechnung mit der Zeit des Faschismus aus dem Wege ging. "Seht zu, daß ihr wachbleibt!" rief sie warnend. Später traten dann direkte gesellschaftliche Bezüge zugunsten einer bildhaftpoetischen Metaphorik zurück.

Ingeborg Bachmann hat auf berührende Weise die tiefgreifende soziale Verstörung vieler innerhalb der bürgerlichen Gesellschaft in poetische Bilder zu kleiden vermocht. Ihre Klage über die "Not des Sagens" wie über ein "verzweiflungsvolles Unterwegssein" erscheint in ihren Texten fast körperlich fühlbar. Ihr Empfinden war auf eine, wenn auch unbegriffene Krisenerfahrung gegründet. Den Weg an die Seite der Arbeiterklasse hat sie nicht gefunden.

Für Ingeborg Bachmann war Dichtung nie bloß kulinarischer Genuß. Sie wollte keinen billigen Trost spenden, sondern strebte Wahrhaftigkeit und Genauigkeit an. Sie sprach von einem Denken, das "Erkenntnis will und mit der Sprache und durch die Sprache hindurch etwas erreichen will". Der Leser wurde von ihr als Partner gesucht und gebraucht. Sie plädierte immer für ein "lebendiges" Verhältnis zur Literatur. Und wie zutreffend das ist, zeigen für mich ihre eigenen Texte. Sie bieten unterschiedlichen Lesarten Raum und stellen immer wieder aufs neue eine Herausforderung an den Leser dar.

Die vorliegende Auswahl enthält die wichtigsten Arbeiten Ingeborg Bachmanns, stellt ihre Lyrik ebenso vor wie die Hörspiele und ihre Prosa. Besonders wichtig ist die Aufnahme von Texten, die etwas über ihre Schreibintentionen aussagen (Frankfurter Vorlesungen, Radio-Essays, Reden). Das ist deshalb von Bedeutung, weil der Leser sich so ein umfassendes Bild von ihrer Persönlichkeit machen kann, nicht nur auf die sehr vieldeutigen literarischen Zeugnisse angewiesen ist, den Autor auch da hört, wo er unverschlüsselt spricht.

Das Nachwort von Sigrid Töpelmann ist sorgfältig und versucht einfühlsam den Weg der Dichterin nachzuzeichnen. Was die Bachmann für den Umgang mit Literatur gefordert hat, findet sich hier praktiziert: die wichtigsten Informationen über die Autorin, Angaben zur Werkgeschichte, Hinweise, die das Verständnis der Lektüre erleichtern, aber vor allem das Bemühen, die poetische Konzeption der Ingeborg Bachmann für uns einsehbar zu machen. Die philosophischen und literarischen Abstoßpunkte sind benannt, aber auch Widersprüche und Brüche im Schaffen werden deutlich. Auf dieser Basis werden Lesarten angeboten, die sich nicht als autoritäres Urteil verstehen, sondern Vorschlag sind. Der Leser kann sie teilen, erweitern, aber auch korrigieren.
Neues Deutschland, 21.12.1987

Zumutbare Wahrheiten

Von Klaus Pankow

Adolf Muschg, 1988 in einem Gespräch: "Die Wahrheit, auch die entsetzliche Wahrheit über den Menschen muß, um mit Ingeborg Bachmann zu sprechen, zumutbar bleiben. Die Wahrheit, auch die unangenehme, ist uns zumutbar. Es gibt keine unangenehmere Wahrheit über den Menschen als Auschwitz. Und sie ist passiert. Ich halte es für notwendig, daß man den Menschen die Bilder dessen zeigt, wessen sie fähig sind." Und Ingeborg Bachmann (1926-1973) in ihrem Roman "Malina" (1971) über die Beziehungen zwischen den Geschlechtern: "Es ist immer Krieg. Hier ist immer Gewalt. Hier ist immer Kampf. Es ist der ewige Krieg."

Daß die Literatur nicht der Ort für das Verschweigen sein darf und für die schonende Rede, eint Muschg und Bachmann über die Jahre und die Unterschiede ihrer Schreibansätze hinweg.

Die Österreicherin Ingeborg Bachmann hat uns ein großes Werk hinterlassen; die Auseinandersetzung mit ihren Gedichten, Erzählungen, Romanen und Essays hält die Wunden offen, ohne die es kein Lernen aus der Geschichte geben kann. Metaphern des Krieges, des Kampfes durchziehen viele Texte der Bachmann: Kindheit in Klagenfurt, Jugend im faschistisch okkupierten Österreich, Nachkrieg, Restauration, das schmerzhafte Scheitern wirklicher Partnerschaft, die immer erneute Erfahrung von Herrschaft und Unterwerfung - Untergründe, Hintergründe ihres Schreibens und Lebens. "Der Krieg wird nicht mehr erklärt,/ sondern fortgesetzt. Das Unerhörte/ ist alltäglich geworden. Der Held/ bleibt den Kämpfen fern. Der Schwache/ ist in die Feuerzonen gerückt./ Die Uniform des Tages ist die Geduld,/ die Auszeichnung der armselige Stern/ der Hoffnung über dem Herzen." ("Alle Tage") Die hier noch formulierte Erwartung angstfreieren Lebens läßt sich nicht aufrechterhalten, der unvollendete Romanzyklus "Todesarten" notiert die Vergeblichkeit: "Es ist der ewige Krieg".

Ein Wiederlesen der Gedichtbände "Die gestundete Zeit" (1953) und "Anrufung des Großen Bären" (1956) zeigt überraschend deutlich, was vor allem die deutschsprachige Nachkriegslyrik der Bachmann verdankt: Das zögernde, skeptische Liebesgedicht machte sie möglich, *nach* Auschwitz, *mit* der Erfahrung Auschwitz.

Wenn es so etwas wie ein weibliches Element des Schreibens gibt, dann wäre es - wohl nicht nur bei Ingeborg Bachmann - in der Klarheit einer Sprache zu finden, die nicht versöhnt und nicht vergißt, die gerade die Ausweglosigkeit der Geschlechterbeziehungen zu beschreiben versucht. Die dauernde poetische Substanz des Bachmannschen Werkes ist permanent in der Gefahr, hinter den Legendenbildungen und Mythisierungen der Autorin zu verschwinden. Ingeborg Bachmann führte auch ein Leben vor den Kameras der Reporter, und noch ihr plötzlicher Tod in ihrer römischen Wohnung nährte die Spekulationen um ihre nervöse, zerrissene Existenz. In der neueren deutschsprachigen Literaturgeschichte ist dieses Übermaß der Personen-Dominanz des Autors ohne Beispiel.

Eine umfangreiche Werkauswahl, die neben dem Bekannten auch Verstreutes, Marginales und neu zu Entdeckendes sammelt und kommentiert, ist die sinnvollste Reverenz, die der literarischen Arbeit der Bachmann erwiesen werden kann. Nur die intensive Lektüre der Texte konstituiert Nähe oder/ und Distanz zu den vorgeführten Verhaltensmodellen, sie allein ist der Ernsthaftigkeit des Geschaffenen angemessen.

Schon 1978 legte der Verlag eine vierbändige Werkausgabe vor, die bis heute in Textgestalt und Apparat (Anmerkungen, Editionsbericht, Verzeichnisse) Gültigkeit beanspruchen darf. Zehn Jahre später folgen Konrad Paul und Sigrid Töpelmann in wesentlichen Teilen dieser Ausgabe. Allerdings gruppieren sie Texte um, nehmen einige Essays und Notate nicht auf, reduzieren die Anmerkungen zur Textgeschichte auf ein Minimum. Neu für diese Auswahl wurde von Sigrid Töpelmann ein 130-Seiten-Nachwort geschrieben, das unter der Hand zu einem selbständigen Essay geriet. Paul und Töpelmann ordnen ihre Auswahl in folgender Weise: *Band 1*: Die Gedichte/ Hörspiele und ein Libretto, *Band 2*: Die Erzählungen, *Band 3*: Malina/ Der Fall Franza/ Requiem für Fanny Goldmann (also der Zyklus "Todesarten")/ Nachwort. In der BRD-Ausgabe ist der gesamte vierte Band dem Teil "Reden, Essays ..." vorbehalten. Der äußerst knapp gehaltene Editionsbericht von Paul und Töpelmann macht dem dann doch verblüfften Leser kenntlich, daß der Titel "Ausgewählte Werke" vor allem auf die Auslassungen im Bereich der Essays und Notate zutreffend ist, das literarische Werk nämlich wurde vollständig ediert. Aber die Auslassungen umfassen - zieht man das gesamte Unternehmen in Betracht - nur relativ wenige Druckseiten, warum waren sie unumgänglich? Warum keine unveränderte Übernahme der 1978er Werkausgabe, die ja neben ihrer Vollständigkeit weitere Vorzüge besitzt? Warum wurden die außerordentlich hilfreichen Anmerkungen der BRD-Herausgeber, die akribisch die

Textgrundlagen vorstellen und eine Vielzahl von Zitaten namhaft machen, nur selten, und dann arg verkürzt, übernommen? Diese Fragen sind notwendig; sie zu stellen ist durchaus im Interesse der Leser, denen wahrlich keine "historisch-kritische" Edition zugemutet werden soll, sondern eine in mehrfacher Hinsicht transparente, handhabbare Ausgabe. Raum genug dafür hätte es gegeben, das verdienstvolle Nachwort von Sigrid Töpelmann wäre zwar der Grundstein einer monographischen Publikation, belastet *diese* Ausgabe jedoch über Gebühr. Textgeschichte ist Werkgeschichte, dies sollte bedenken, wer sich dem anspruchsvollen Unterfangen einer Werkauswahl stellt.

Immerhin, und das ist sehr viel: Fast alles aus dem Werk Ingeborg Bachmanns ist nun greifbar, steht bereit für das Lesen, das Verstehen, die Beunruhigung.
Der Sonntag, 14.8.1988

BRIEFE AN FELICIAN (1991)

[Ohne Titel]
Von Anonym

Ingeborg Bachmann, Schriftstellerin, hat in ihrer Jugendzeit offenbar Briefe an eine nicht existierende Person geschrieben. Unter dem Titel "Briefe an Felician" wird sie der Verlag im nächsten Frühjahr herausbringen. Mit dem geplanten Band werden die zunächst letzten noch nicht veröffentlichten Werke Ingeborg Bachmanns vorliegen. Briefe, die an reale Adressaten gerichtet waren, dürfen erst 50 Jahre nach ihrem Tod publiziert werden.
   Die Familie der Dichterin hat den handschriftlichen Nachlaß der österreichischen Schriftstellerin, die 1973 in Rom gestorben ist, der österreichischen Nationalbibliothek in Wien geschenkt. Aus Anlaß des 60. Geburtstages, der er am 25. Juni gewesen wäre, findet in Klagenfurt eine Ausstellung statt.
Westfälische Rundschau, 28.6.1990

Zur Edition und Auswahl

Grundlegung
Die Bachmann-Rezeption gleicht einem Mythos. Schon seit der „Spiegel"- Titelgeschichte (1954), vor allem aber seit dem Tod der Dichterin (1973) wurden gerne und häufig stereotype Äußerungen über ihr Leben und Werk verbreitet, die im Laufe der Jahre immer wieder wiederholt wurden und zu inhaltslosen Worthülsen verkamen. Besonders auffällig zeigt sich dies in vielen Zeitungsartikeln, doch auch die akademische Forschung ist davor nicht sicher. Es ist ein auffälliges Phänomen, dass sich die Wissenschaft oft auf einige bekannte Zeitungsartikel bezieht, die ein bestimmtes Bild Ingeborg Bachmanns entwerfen, das nicht selten unhinterfragt übernommen und tradiert wird. Übersehen wird dabei häufig, dass die Rezeption doch differenzierter ist. Dieses Manko liegt vor allem daran, dass eine umfangreiche Sammlung mit Rezeptionsdokumenten, wie sie hier erstmals vorgelegt wird, bisher nicht zur Verfügung stand. Selbst die Dissertation von Constance Hotz („Die Bachmann". Das Image der Dichterin: Ingeborg Bachmann im journalistischen Diskurs. Konstanz 1990) weist noch den Mangel auf, tatsächlich eine nur relativ geringe Anzahl von vornehmlich bekannten Artikeln einschlägig analysiert zu haben.
Der vorliegende Band enthält klassische Rezensionen zu Buchveröffentlichungen Ingeborg Bachmanns, der für die zweite Auflage ausgegliederte zweite Band unserer Dokumentation versammelt allgemeine Aufsätze und Artikel sowie Besprechungen von Lesungen, Radio- und Fernsehsendungen etc. In beiden Bänden wird die Wirkungsgeschichte Ingeborg Bachmanns erstmals über einen längeren Zeitraum sichtbar. Damit ist es möglich, den Beginn bestimmter Rezeptionslinien auszumachen und sie über die Jahre und Jahrzehnte weiter zu verfolgen. Es ist zu erkennen, dass ein Kritiker vom Vorgänger Aussagen übernimmt, die sich zuweilen bis in die Wortwahl gleichen. Man sieht aber auch, dass die Aufnahme des Bachmannschen Werks doch differenzierter ablief, als bisher angenommen. Interessant ist ferner, dass Filme von und über Bachmann oder ihr Werk nicht unwesentlich das Image der Dichterin beeinflussten. Dies wird indirekt in einigen Artikeln erkennbar, die in den Bänden Aufnahme fanden.

Materialbasis
Für diesen Band konnten die bibliographischen Bemühungen von Otto Bareiss und Frauke Ohloff fruchtbar gemacht werden, die bis 1988 das gesamte Schrifttum von und über die Autorin verzeichnet haben. Darüber hinaus haben die Herausgeber Material bis zum Jahr 1994 systematisch gesammelt und ausgewertet. Zum Abdruck kommen allerdings nur Beiträge bis 1992. Jeder noch so intensiven Materialsuche sind gewisse Grenzen gesetzt, die nicht im Verantwortungsbereich der Bibliographen liegen. Verluste sind vor allem bei regionalen Zeitungen und kurzlebigen Stadtblättern zu beklagen, ebenso bei Rundfunk- und Fernsehmanuskripten, da es hier längst nicht üblich ist, Artikel und Typoskripte den Verlagen und Archiven zuzuschicken. Eine systematische Ermittlung ist deshalb hier nicht möglich; sie bleibt dem Zufall überlassen. Dass Verlage heute häufig kein systematisches und auf Vollständigkeit angelegtes Archiv fuhren oder keinen Zugang gewähren, ist im Fall Bachmann nicht zu beklagen. Allerdings wurde von Seiten des Piper Verlags nur wenig Material zur Verfügung gestellt. Glücklicherweise konnten die dadurch entstehenden Lücken nahezu vollständig durch aufwendige Recherchen geschlossen werden. Insgesamt lagen den Herausgebern für beide Bände mehr als 1500 Besprechungen, Porträts, Reportagen und Typoskripte als Basis vor.

Auswahl
Bei der kaum noch zu überschauenden Fülle an Material musste notwendigerweise auf den vollständigen Abdruck aller Beiträge verzichtet werden. Ziel konnte es nur sein, eine möglichst große Anzahl von Besprechungen in repräsentativer Auswahl vorzulegen. Natürlich gab es in den 50er Jahren wesentlich weniger Beiträge als etwa nach der Veröffentlichung des Romans "Malina" (1971), sodass für den späteren Zeitraum eine strengere Auswahl getroffen werden musste, wohingegen die Anfänge vollständiger dokumentiert sind. Selbstverständlich wird auf den Abdruck von kürzeren, oft nur wenige Zeilen umfassenden Hinweisen leichter zu verzichten sein, sofern sie nicht zu den beinahe einzigen Zeugnissen eines Werkes gehören, als auf substantiell hervorragende Rezensionen. Dennoch sollen möglichst alle Richtungen und (Irr-)Wege der Bachmann-Rezeption vertreten sein.
Anhand der Anzahl der im Band abgedruckten Artikel zu den jeweiligen Büchern der Bachmann kann in der Regel die Presseresonanz abgelesen

werden. Wenn also zu „Simultan" (1972) viermal so viele Besprechungen dokumentiert sind als zu "Der gute Gott von Manhattan" (1958), dann entspricht das Zahlenverhältnis der tatsächlich ermittelten Anzahl von Besprechungen.
Einige Bücher Bachmanns, vornehmlich die aus dem Nachlass herausgegebenen, sind selten oder gar nicht rezensiert worden. So etwa die Publikation der „Frankfurter Poetikvorlesung" (1980) oder die "Briefe an Felician" (1991).
Das Ziel einer repräsentativen Auswahl – so wagen die Herausgeber zu vermuten – scheint gelungen, auch wenn einige Artikel nicht nachgedruckt werden durften. Es besteht aber für die Benutzer die Möglichkeit, Beiträge, die aus irgendeinem Grund nicht dokumentiert sind, sei es aus Urheberrechtserwägungen heraus, sei es, weil sie der Auswahl zum Opfer fielen, bei den Zeitungen oder über das Fernleihesystem zu bestellen.

Darstellung
Die Artikel sind nach den einzelnen Werken Bachmanns in chronologischer Reihenfolge ihres Erscheinens angeordnet, beginnend mit Rezensionen zu "Die gestundete Zeit" (1953). Wiederauflagen oder nur leicht veränderte Nachdrucke erhalten keine eigene Rubrik, Rezensionen dazu werden unter der Erstauflage subsumiert. Wenn allerdings ein Neudruck vom Charakter her eine deutlich veränderte Edition darstellt, erhält das Buch ein eigenes Kapitel.
Die Artikel innerhalb eines Kapitels sind ebenfalls chronologisch geordnet und jeweils mit Kurzüberschrift und Verfasserangabe im Kopfteil bzw. mit Erscheinungsort und -datum am Ende des Beitrags versehen. Die chronologische Einordnung erfolgt dergestalt, dass Monatsschriften am Ende des Monats, Quartalsschriften am Ende des Quartals und Jahrbücher am Ende des Jahres stehen. Die vollständige bibliographische Angabe kann der Leser den einschlägigen Spezialbibliographien entnehmen. Bei Sammelrezensionen zu mehreren Büchern Bachmanns ist die Besprechung unter dem in der Hauptsache besprochenen Werk eingeordnet. Gegebenenfalls findet man den Artikel auch im zweiten Band, in dem die Rubriken "Allgemeines zu Leben und Werk", "Zu Lesungen", "Nachrufe" u. a. dokumentiert sind.

Abdruck
Der Abdruck erfolgt in der Regel vollständig, wort- und zeichengetreu. Verbessert wurden lediglich eindeutige Satzfehler, Falschschreibungen von Titeln, Irrtümer der Erscheinungsjahre o. a. (sofern diese nicht geradezu charakteristisch für die Besprechung selbst sind). Falsche Zitate aus den Bachmann-Werken werden übernommen und z. T. mit einem (sic!) versehen. Genauso wurde bei der Schreibung von Eigennamen verfahren. Bei Auszeichnungen und Titeln mussten zuweilen Vereinheitlichungen vorgenommen werden. Normalerweise wurde aber die Typographie der Vorlage übernommen. Kürzungen wurden nur dort vorgenommen, wo Sammelbesprechungen auch auf Bücher eingehen, die nicht von Ingeborg Bachmann stammen, oder im Falle von längeren Leseproben aus dem Werk. Gedichtnachrucke hingegen wurden übernommen. Auslassungen und Zusätze der Herausgeber stehen in Klammern bzw. werden durch Auslassungszeichen in Klammern gekennzeichnet; Auslassungen im Text werden durch ... markiert. Weggelassen wurden generell auch Preisangaben für Bücher, die Verlagsangabe oder Termine für Lesungen. Es mag Gründe geben, gerade beim Problem der Textkürzungen nicht eine solche Vorsicht walten zu lassen, denn der Leser wird mit einigem Recht fragen können, warum er so häufig die gleichen biographischen Angaben zum Autor mitlesen muss.
Ein besonderes Problem ist der Wunsch einiger Rezensenten, den in der Zeitung abgedruckten Artikel für den Band an einigen wenigen Stellen abzuändern, oder besser: in die Urform zu bringen, da Redakteure zuweilen eigenmächtig Texteingriffe vornahmen, die sich nicht mit den Absichten der Verfasser deckten und zudem nicht für die Ewigkeit erhalten bleiben sollten. Andererseits sind sich die Herausgeber darüber bewusst, dass durch einen, gegenüber dem Zeitungsabdruck veränderten Nachdruck der Dokumentationscharakter der Ursprungspublikation eingeschränkt ist. In drei Fällen haben die Herausgeber hier - nicht ohne Bedenken - zugestimmt, da es sich um eine Vereitelung sachlicher Fehler handelt oder die Abdruckgenehmigung nicht erteilt worden wäre. Ein Artikel von Peter Hamm und zwei Beiträge von Marcel Reich-Ranicki folgen einer deutlich veränderten Version, die in Buchform erschienen ist. Darauf wird am jeweiligen Artikelende hingewiesen.

Register
Ein Register der Publikationsorgane und ein Verfasserregister ermöglichen dem Benutzer das schnelle Auffinden der Besprechungen. Ist eine Rezension unter einem Kürzel veröffentlicht worden, findet man in dem entsprechenden Registereintrag möglicherweise den Verweis auf den Autor, sofern er ermittelt werden konnte.

Danksagung
Am Zustandekommen dieses Bandes haben zahlreiche Personen und Institute mitgewirkt, denen wir für ihre Hilfsbereitschaft herzlich danken: die Mitarbeiter der Verlage und Archive, der Zeitungen, Zeitschriften und Sender. Besonders danken wir aber allen Autoren und Autorinnen sowie anderen Rechteinhabern, die die Abdruckerlaubnis erteilten. Leider konnten nicht alle Verfasser ermittelt werden, da Zeitungen nicht mehr existieren, Adressen verloren gingen oder Antworten aus nicht geklärter Ursache ausblieben. Einige Anonyme oder Pseudonyme konnten nicht aufgelöst werden. In allen Fällen bittet der Verlag, sich mit ihm in Verbindung zu setzen, um etwaige Ansprüche abzugelten.

Paderborn, Juli 1994   Heike Kretschmer/Michael M. Schardt

Zur Edition und Auswahl

Grundlegung
Die Bachmann-Rezeption gleicht einem Mythos. Schon seit der „Spiegel"- Titelgeschichte (1954), vor allem aber seit dem Tod der Dichterin (1973) wurden gerne und häufig stereotype Äußerungen über ihr Leben und Werk verbreitet, die im Laufe der Jahre immer wieder wiederholt wurden und zu inhaltslosen Worthülsen verkamen. Besonders auffällig zeigt sich dies in vielen Zeitungsartikeln, doch auch die akademische Forschung ist davor nicht sicher. Es ist ein auffälliges Phänomen, dass sich die Wissenschaft oft auf einige bekannte Zeitungsartikel bezieht, die ein bestimmtes Bild Ingeborg Bachmanns entwerfen, das nicht selten unhinterfragt übernommen und tradiert wird. Übersehen wird dabei häufig, dass die Rezeption doch differenzierter ist. Dieses Manko liegt vor allem daran, dass eine umfangreiche Sammlung mit Rezeptionsdokumenten, wie sie hier erstmals vorgelegt wird, bisher nicht zur Verfügung stand. Selbst die Dissertation von Constance Hotz („Die Bachmann". Das Image der Dichterin: Ingeborg Bachmann im journalistischen Diskurs. Konstanz 1990) weist noch den Mangel auf, tatsächlich eine nur relativ geringe Anzahl von vornehmlich bekannten Artikeln einschlägig analysiert zu haben.
Der vorliegende Band enthält klassische Rezensionen zu Buchveröffentlichungen Ingeborg Bachmanns, der für die zweite Auflage ausgegliederte zweite Band unserer Dokumentation versammelt allgemeine Aufsätze und Artikel sowie Besprechungen von Lesungen, Radio- und Fernsehsendungen etc. In beiden Bänden wird die Wirkungsgeschichte Ingeborg Bachmanns erstmals über einen längeren Zeitraum sichtbar. Damit ist es möglich, den Beginn bestimmter Rezeptionslinien auszumachen und sie über die Jahre und Jahrzehnte weiter zu verfolgen. Es ist zu erkennen, dass ein Kritiker vom Vorgänger Aussagen übernimmt, die sich zuweilen bis in die Wortwahl gleichen. Man sieht aber auch, dass die Aufnahme des Bachmannschen Werks doch differenzierter ablief, als bisher angenommen. Interessant ist ferner, dass Filme von und über Bachmann oder ihr Werk nicht unwesentlich das Image der Dichterin beeinflussten. Dies wird indirekt in einigen Artikeln erkennbar, die in den Bänden Aufnahme fanden.

Materialbasis
Für diesen Band konnten die bibliographischen Bemühungen von Otto Bareiss und Frauke Ohloff fruchtbar gemacht werden, die bis 1988 das gesamte Schrifttum von und über die Autorin verzeichnet haben. Darüber hinaus haben die Herausgeber Material bis zum Jahr 1994 systematisch gesammelt und ausgewertet. Zum Abdruck kommen allerdings nur Beiträge bis 1992. Jeder noch so intensiven Materialsuche sind gewisse Grenzen gesetzt, die nicht im Verantwortungsbereich der Bibliographen liegen. Verluste sind vor allem bei regionalen Zeitungen und kurzlebigen Stadtblättern zu beklagen, ebenso bei Rundfunk- und Fernsehmanuskripten, da es hier längst nicht üblich ist, Artikel und Typoskripte den Verlagen und Archiven zuzuschicken. Eine systematische Ermittlung ist deshalb hier nicht möglich; sie bleibt dem Zufall überlassen. Dass Verlage heute häufig kein systematisches und auf Vollständigkeit angelegtes Archiv führen oder keinen Zugang gewähren, ist im Fall Bachmann nicht zu beklagen. Allerdings wurde von Seiten des Piper Verlags nur wenig Material zur Verfügung gestellt. Glücklicherweise konnten die dadurch entstehenden Lücken nahezu vollständig durch aufwendige Recherchen geschlossen werden. Insgesamt lagen den Herausgebern für beide Bände mehr als 1500 Besprechungen, Porträts, Reportagen und Typoskripte als Basis vor.

Auswahl
Bei der kaum noch zu überschauenden Fülle an Material musste notwendigerweise auf den vollständigen Abdruck aller Beiträge verzichtet werden. Ziel konnte es nur sein, eine möglichst große Anzahl von Besprechungen in repräsentativer Auswahl vorzulegen. Natürlich gab es in den 50er Jahren wesentlich weniger Beiträge als etwa nach der Veröffentlichung des Romans „Malina" (1971), sodass für den späteren Zeitraum eine strengere Auswahl getroffen werden musste, wohingegen die Anfänge vollständiger dokumentiert sind. Selbstverständlich wird auf den Abdruck von kürzeren, oft nur wenige Zeilen umfassenden Hinweisen leichter zu verzichten sein, sofern sie nicht zu den beinahe einzigen Zeugnissen eines Werkes gehören, als auf substantiell hervorragende Rezensionen. Dennoch sollen möglichst alle Richtungen und (Irr-)Wege der Bachmann-Rezeption vertreten sein.
Anhand der Anzahl der im Band abgedruckten Artikel zu den jeweiligen Büchern der Bachmann kann in der Regel die Presseresonanz abgelesen

werden. Wenn also zu „Simultan" (1972) viermal so viele Besprechungen dokumentiert sind als zu „Der gute Gott von Manhattan" (1958), dann entspricht das Zahlenverhältnis der tatsächlich ermittelten Anzahl von Besprechungen.
Einige Bücher Bachmanns, vornehmlich die aus dem Nachlass herausgegebenen, sind selten oder gar nicht rezensiert worden. So etwa die Publikation der „Frankfurter Poetikvorlesung" (1980) oder die „Briefe an Felician" (1991).
Das Ziel einer repräsentativen Auswahl – so wagen die Herausgeber zu vermuten – scheint gelungen, auch wenn einige Artikel nicht nachgedruckt werden durften. Es besteht aber für die Benutzer die Möglichkeit, Beiträge, die aus irgendeinem Grund nicht dokumentiert sind, sei es aus Urheberrechtserwägungen heraus, sei es, weil sie der Auswahl zum Opfer fielen, bei den Zeitungen oder über das Fernleihesystem zu bestellen.

Darstellung
Die Artikel sind nach den einzelnen Werken Bachmanns in chronologischer Reihenfolge ihres Erscheinens angeordnet, beginnend mit Rezensionen zu „Die gestundete Zeit" (1953). Wiederauflagen oder nur leicht veränderte Nachdrucke erhalten keine eigene Rubrik, Rezensionen dazu werden unter der Erstauflage subsumiert. Wenn allerdings ein Neudruck vom Charakter her eine deutlich veränderte Edition darstellt, erhält das Buch ein eigenes Kapitel.
Die Artikel innerhalb eines Kapitels sind ebenfalls chronologisch geordnet und jeweils mit Kurzüberschrift und Verfasserangabe im Kopfteil bzw. mit Erscheinungsort und -datum am Ende des Beitrags versehen. Die chronologische Einordnung erfolgt dergestalt, dass Monatsschriften am Ende des Monats, Quartalsschriften am Ende des Quartals und Jahrbücher am Ende des Jahres stehen. Die vollständige bibliographische Angabe kann der Leser den einschlägigen Spezialbibliographien entnehmen. Bei Sammelrezensionen zu mehreren Büchern Bachmanns ist die Besprechung unter dem in der Hauptsache besprochenen Werk eingeordnet. Gegebenenfalls findet man den Artikel auch im zweiten Band, in dem die Rubriken „Allgemeines zu Leben und Werk", „Zu Lesungen", „Nachrufe" u. a. dokumentiert sind.

Abdruck
Der Abdruck erfolgt in der Regel vollständig, wort- und zeichengetreu. Verbessert wurden lediglich eindeutige Satzfehler, Falschschreibungen von Titeln, Irrtümer der Erscheinungsjahre o. a. (sofern diese nicht geradezu charakteristisch für die Besprechung selbst sind). Falsche Zitate aus den Bachmann-Werken werden übernommen und z. T. mit einem (sic!) versehen. Genauso wurde bei der Schreibung von Eigennamen verfahren. Bei Auszeichnungen und Titeln mussten zuweilen Vereinheitlichungen vorgenommen werden. Normalerweise wurde aber die Typographie der Vorlage übernommen. Kürzungen wurden nur dort vorgenommen, wo Sammelbesprechungen auch auf Bücher eingehen, die nicht von Ingeborg Bachmann stammen, oder im Falle von längeren Leseproben aus dem Werk. Gedichtnachrucke hingegen wurden übernommen. Auslassungen und Zusätze der Herausgeber stehen in Klammern bzw. werden durch Auslassungszeichen in Klammern gekennzeichnet; Auslassungen im Text werden durch ... markiert. Weggelassen wurden generell auch Preisangaben für Bücher, die Verlagsangabe oder Termine für Lesungen. Es mag Gründe geben, gerade beim Problem der Textkürzungen nicht eine solche Vorsicht walten zu lassen, denn der Leser wird mit einigem Recht fragen können, warum er so häufig die gleichen biographischen Angaben zum Autor mitlesen muss.
Ein besonderes Problem ist der Wunsch einiger Rezensenten, den in der Zeitung abgedruckten Artikel für den Band an einigen wenigen Stellen abzuändern, oder besser: in die Urform zu bringen, da Redakteure zuweilen eigenmächtig Texteingriffe vornahmen, die sich nicht mit den Absichten der Verfasser deckten und zudem nicht für die Ewigkeit erhalten bleiben sollten. Andererseits sind sich die Herausgeber darüber bewusst, dass durch einen, gegenüber dem Zeitungsabdruck veränderten Nachdruck der Dokumentationscharakter der Ursprungspublikation eingeschränkt ist. In drei Fällen haben die Herausgeber hier - nicht ohne Bedenken - zugestimmt, da es sich um eine Vereitelung sachlicher Fehler handelt oder die Abdruckgenehmigung nicht erteilt worden wäre. Ein Artikel von Peter Hamm und zwei Beiträge von Marcel Reich-Ranicki folgen einer deutlich veränderten Version, die in Buchform erschienen ist. Darauf wird am jeweiligen Artikelende hingewiesen.

Register
Ein Register der Publikationsorgane und ein Verfasserregister ermöglichen dem Benutzer das schnelle Auffinden der Besprechungen. Ist eine Rezension unter einem Kürzel veröffentlicht worden, findet man in dem entsprechenden Registereintrag möglicherweise den Verweis auf den Autor, sofern er ermittelt werden konnte.

Danksagung
Am Zustandekommen dieses Bandes haben zahlreiche Personen und Institute mitgewirkt, denen wir für ihre Hilfsbereitschaft herzlich danken: die Mitarbeiter der Verlage und Archive, der Zeitungen, Zeitschriften und Sender. Besonders danken wir aber allen Autoren und Autorinnen sowie anderen Rechteinhabern, die die Abdruckerlaubnis erteilten. Leider konnten nicht alle Verfasser ermittelt werden, da Zeitungen nicht mehr existieren, Adressen verloren gingen oder Antworten aus nicht geklärter Ursache ausblieben. Einige Anonyme oder Pseudonyme konnten nicht aufgelöst werden. In allen Fällen bittet der Verlag, sich mit ihm in Verbindung zu setzen, um etwaige Ansprüche abzugelten.

Paderborn, Juli 1994   Heike Kretschmer/Michael M. Schardt

Register der Rezensenten
(Kretschmer)

A

Anonym *45, 81, 114, 140, 278, 297, 300, 305*
Amery, Jean *176*

B

Baden, Hans-Jürgen *84*
Becker, Jürgen *49*
Beckmann, Heinz *59, 122*
Bender, Hans *243*
Bienek, Horst *66, 276,*
Blöcker, Günter *17, 75, 137, 169, 223*
Bondy, Barbara *62*
Braem, Helmut M. *56*
Bremer, Thomas *240*
BS *20*
Burger, Hermann *215, 231, 277, 282*

C

Callsen, Max *186*

D

Delling, Manfred *52*
Drewitz, Ingeborg *167*

F

Fritzsche, Walter *166*
Fussenegger, Gertrud *279*

G

Gansel, Carsten *301*
Gebert, Christian *142*
Gregor-Dellin, Martin *163*

Grimkowski-Seiler, Sabine *271*
Grissemann, Stefan *396*

H

Hahn, Ulla *39*
Haider, Hans *198*
haj (siehe Jacobi, Hanres)
Hamm, Peter *204*
Handke, Ulla *183*
Hapkemeyer, Andreas *269, 273, 292*
Hartl, Edwin *98*
Hartlaub, Geno *65, 131, 145, 179, 210*
Ha rtung, Rudolf *125*
Heise, Hans Jürgen *90*
Heißenbüttel, Helmut *128*
Helwig, Werner *246*
Henscheid, Eckhard *174*
Henze, Helene *69*
Heselhaus, Clemens *16*
Hieber, Jochen *220*
Hinck, Walter *38*
Hohoff, Curt *29*
hp*21*
Hübner, Paul *130, 268*
Hüfner, Stefan *266*

J

Jacobi, Hansres *285*
Jaesrich, Hellmut *212*
Jens, Walter *71*
jk. *275*

K

Kaiser, Joachim *172, 254, 289, 298*
Klinck, Dora *290*

Klingner, Irmgard *195*
Koopmann, Helmut *25*
Krechel, Ursula *296*
Krolow, Karl *19, 34, 112, 201, 257*
Kuhn, Christoph *181*

L

Leppmann, Wolfgang *35*

M

Mayer, Hans *134*
Mechtel, Angelika *117*

N

Neubauer, Caroline *103*

P

Pankow, Klaus *302*
P. H. (siehe Hübner, Paul)
Plog-Handke, Ulla *238*

R

Rainer, Wolfgang *164*
Reich-Ranicki, Marcel *78, 187, 294,*
Reimer, Doris *284*
Roeder, Gustav *213*
Rotzer, Hans-Gerd *101*
Ross, Werner *37, 259*

S

Schauder, Karlheinz *96, 264*

Schiffner, Andrea *154, 190*
Schiocker, Georges *120*
Schmied, Wieland *32*
Schwerin, Christoph Graf *262*
Spiel, Hilde *24, 156*

Springer, Michael *151*

T

Tank, Kurt Lothar *110*
Tillinger, Ruth *99*
Toman, Lore *157*

U

Uchtmann, Marianne *94*
Unseld, Siegfried *27*

V

Völker, Klaus *227*
Vormweg, Heinrich *266*

W

W.A. *21*
Wagner, Klaus *9, 43*
Wagner, Petra *185*
Wallmann, Jürgen P. *21, 109, 193, 281*
W (siehe Weber, Werner)
Weber, Werner *41, 148*
Weigel, Sigrid *248*
Wirsing, Sybille *105*
Wohmann, Gabriele *115*
Wolken, Karl Alfred *54*
Wondratschek, Wolf *46, 88*

Z

Zeller, Eva Christina *251*

Register der Zeitungen und Zeitschriften
(Heike Kretschmer)

A

Aufwärts *96*

B

Basler Zeitung *227*
Berliner Allgemeine Wochenzeitung *187*
Berliner Morgenpost *186*
Buchhändler heute *195*
Bücherei-Nachrichten *20*
Die Bücherkommentare *163*

C

Christ und Welt (siehe Rheinischer Merkur)

D

Darmstädter Echo *193*
Deutsches Allgemeines Sonntagsblatt *131, 179, 210, 248*
Deutsche Post *154, 190*
Deutsche Volkszeitung *90, 109, 157, 251*
Deutsche Zeitung (siehe Rheinischer Merkur)

F

Frankfurter Allgemeine Zeitung *16, 19, 24, 25, 27, 35, 37, 38, 39, 43, 69, 117, 223, 276, 277, 279, 282, 294,*
Frankfurter Hefte *84, 145, 174*

Frankfurter Rundschau *142, 235*

H

Hannoversche Allgemeine Zeitung *183, 238*

J

Jahrbuch der Grillparzer-Gesellschaft *269*

K

Kölner Stadt-Anzeiger *243, 290*
Konkret *151*

L

Literatur und Kritik *21, 156, 273, 292*

M

Merkur *46, 49, 137, 169*

N

Neue Deutsche Hefte *30, 78, 105*
Neues Deutschland *301*
Neue Zürcher Zeitung *41, 148, 215, 278, 285*

Nürnberger Zeitung *213*

R

Rheinische Post *66, 130, 246, 268*
Rhein-Neckar-Zeitung *284*
Die Rheinpfalz *264*
Rheinischer Merkur *54, 59, 99, 101, 122, 128, 259, 281*

S

Saarbrücker Zeitung *266*
Salzburger Nachrichten *21*
Der Sonntag *302*
Sonntagsblatt *65*
Spandauer Volksblatt *94*
Der Spiegel *9, 81, 115, 204, 297, 300*
Steit-Zeit-Schrift *88*
Stern *114, 464*
Stuttgarter Zeitung *56, 164, 166, 201, 257*
Süddeutsche Zeitung *17, 62, 103, 172, 254, 266, 289, 296, 298*

T

Tages-Anzeiger *181*
Der Tagesspiegel *75, 112, 167, 240*
Die Tat (siehe Deutsche Volkszeitung)
Thurgauer Zeitung *275*

W

Die Wahrheit *185*
Die Welt 21, *29, 52, 100, 120, 212, 262*
Die Welt der Bücher *45, 140*
Welt und Wort *34*
Die Weltwoche *134, 176, 231*
Westfälische Rundschau *305*
Wort in der Zeit *32, 98, 309*

Z

Die Zeit 71, 125, 220, 271, 297